U0936564

珍藏本·增订本

纪念版

汉译世界学术名著丛书

中世纪史料学

〔苏〕亚·德·柳勃林斯卡娅 著

庞卓恒 李琳 等译

郭守田 胡敦伟 等校

胡敦伟 总校

商务印书馆
SINCE 1897 The Commercial Press

А. Д. Любпинская

ИСТОЧНИКОВЕДЕНИЕ ИСТОРИИ СРЕДНИХ ВЕКОВ

Издательство Ленинградского Университета, 1955

根据苏联列宁格勒大学出版社 1955 年版译出

汉译世界学术名著丛书
（120 年纪念版·珍藏本）
增订本出版说明

2017 年 10 月，为纪念商务印书馆创立 120 周年，本馆推出“汉译世界学术名著丛书”（120 年纪念版·珍藏本），计七百种。近五六年来，仰赖学界同人倾力支持，订正旧译，增补新译，拓展新著，积累日多。为满足读者需要，本馆在七百种的基础上，继续推出“汉译世界学术名著丛书”（120 年纪念版·珍藏本·增订本）三百种。至此，“汉译世界学术名著丛书”累计出版已达千种。

今后，本馆将继续推进丛书的翻译出版工作，在积累单本名著的基础上陆续分辑刊行，汇印出版。为促进中外文明互鉴、推动我国学术发展，使“汉译世界学术名著丛书”这项对我国学术文化有基本建设意义的重大工程发挥更大作用，诚望海内外学术界、翻译界继续给予支持，帮助我们把这套丛书出得更好。

商务印书馆编辑部

2024 年 2 月

汉译世界学术名著丛书
（120年纪念版·珍藏本）
出 版 说 明

2017年2月11日，商务印书馆迎来120岁的生日。120年前，商务印书馆前贤怀揣文化救国的理想，抱持“昌明教育，开启民智”的使命，立足本土，放眼寰宇，以出版为津梁，沟通中西，为中国、为世界提供最富智慧的思想文化成果。无论世事白云苍狗，潮流左右激荡，甚至战火硝烟弥漫，始终践行学术报国之志，无改初心。

迻译世界各国学术名著，即其一端。早在20世纪初年便出版《原富》《天演论》等影响至今的代表性著作，1950年代后更致力于外国哲学和社会科学经典的译介，及至1980年代，辑为“汉译世界学术名著丛书”，汇涓为流，蔚为大观。丛书自1981年开始出版，历时三十余年，迄今已推出七百种，是我国现代出版史上规模最大、最为重要的学术翻译工程。

丛书所选之书，立场观点不囿于一派，学科领域不限于一门，皆为文明开启以来，各时代、各国家、各民族的思想与文化精粹，代表着人类已经到达过的精神境界。丛书系统译介世界学术经典，引领时代思想，为本土原创学术的发展提供丰富的文化滋养，为推动中国现代学术和现代化进程做出了突出的贡献。

为纪念商务印书馆成立120周年，我们整体推出“汉译世界学术名著丛书”120年纪念版的珍藏本，寄望既利于文化积累，又便于研读查考，同时向长期支持丛书出版的译者、编者和读者致以敬意。

两甲子后的今天，商务印书馆又站在了一个新的历史时间节点上。我们不仅要铭记先辈的身影和足迹，更须让我们的步伐充满新的时代精神。这是商务人代代相传的事业，更是与国家和民族的命运始终紧密相连的事业。我们责无旁贷，必须做好我们这代人的传承与创造，让我们的努力和成果不仅凝聚成民族文化的记忆，还能成为后来人可以接续的事业。唯此，才能不负前贤，无愧来者。

商务印书馆编辑部

2017年10月

中译本前言

这部《中世纪史料学》中译本如今得以面世，是一件颇为值得学界同仁庆幸的事。

本书作者苏联著名学者柳勃林斯卡娅，是享有国际盛名的中世纪权威专家。这部著作虽是半个多世纪以前的作品，但在中世纪史料学领域至今仍有它不可替代的学术价值。侯树栋教授对此已做了精辟扼要的述评，我无须再添赘语。

这样一部跨世纪学术译著得以面世，是几代学人锲而不舍、坚持奉献的结果。首先我们要为此深深追念我国中世纪学科奠基人之一郭守田先生，在20世纪80年代，以耄耋之年的病弱之躯，伏案笔耕，校改我们的译稿；又亲自组织打印，印出第一个打印本，作为研究生教材；他生前还亲自联系出版单位，争取出版，终因未能筹集足够的出版经费，未得遂愿。有幸的是，在郭老先生辞世之后，他的弟子张绪山教授、徐家玲教授不忘先生遗愿，为争取此书出版继续努力。最后，终于从北京大学"希腊研究中心"获得出版资助。素来以慷慨支持学术著作出版名世的商务印书馆，也同样以为学术奉献的精神承接了出版任务。就这样，经过30余年曲折历程，本书才终于得以面世。谨以此语，忆念学术之艰难和学人之素志。

庞卓恒谨识于2016年12月

中世纪史料学的旧作与新篇

——写在柳勃林斯卡娅《中世纪史料学》中译本出版之际

侯树栋

柳勃林斯卡娅《中世纪史料学》中译本据苏联列宁格勒大学出版社 1955 年版译出。原作出版距今整六十年，中译本从翻译到校对再到出版历经半个多世纪。这样一部跨世纪的“旧作”，为什么至今还有出版价值呢？这当中确有它的缘由。

有关西欧中世纪资料选集一类的书，国内已有多种，但中世纪史料学，即对中世纪主要史料的概述和分析，迄今尚无一部。柳勃林斯卡娅《中世纪史料学》的内容，是对整个中世纪西欧历史进程的主要史料（文字史料）的评述，中东欧地区和国家、北欧地区和国家的史料情况也有专章叙述。全书评述的史料从古罗马恺撒的《高卢战记》直至 17 世纪中叶的史料（按苏联学界的划分，17 世纪中叶为中世纪的下限），分成“古代晚期”、“早期中世纪”、“成熟的封建主义时期”和“中世纪后期”四部分，除“古代晚期”，每部分首先评述特定时段内史料的一般特点，然后或按族群，或按国家和地区分别评述相关史料。中世纪遗存下来的文字史料，一时一地的情况需具体对待，但就整体而言，数量庞大，种类繁多，而且很多尚未整理和出版。[①]《中世纪史料学》以清晰的线索，系统、连贯地呈现了西欧中世纪的基本史料及特点。本书内容丰富，结构简洁，作为国内正式出版的第一部中世纪史料学，对于我国欧洲中世纪史的研究和教学，显然有重要的参考价值。

这里不可能对《中世纪史料学》进行全面评价，仅就其几个突出特点，结合着近年来的研究动态略作讨论。

第一，本书对中世纪史料的分类比较合理，至今仍然可以作为走进中世纪文字史料库的"导引"。由于史料庞杂，对中世纪史料进行的任何一种"概述"或"评述"，都必须有所取舍或选择，这就涉及了史料的分类。可以从不同角度对史料进行分类，国外学者通常将文字史料分成叙述与非叙述两大类，还有的分成叙述类、政府档案与私人档案。[②] 柳勃林斯卡娅将中世纪史料分成三大类：第一是文书类，包括公共文书、私人文书、经济类文书和行政文书。第二是法律类，包括习惯法、民法、刑法，教会法、法令、城市法，国家宪章、条约、审判记录，法律诠释。第三是叙述类，包括年代记、编年史、回忆录、日记、名人传记、圣徒传、私人函件和政论。[③]

2012 年英国出版了一本中世纪史料学方面的著作，主编在"导论"当中指出，传统学术的焦点是政治史和外交史，所以政府方面的记录和编年史最受学者的关注。然而现在的兴趣变了，中世纪的家庭生活、妇女、儿童、两性关系、人口、健康等议题变成热点，

① J. T. Rosenthal, ed., *Understanding Medieval Primary Sources: Using Historical Sources to Discover Medieval Europe*, London: Routledge, 2012, p. 1.

② Ibid., pp. 1 - 2.

③ 见本书"序论"。

有关家庭、私人或个人方面的史料越来越多地摆到学者的书桌上。[①] 一个时代的学术趋势往往决定着学者对“史料”的取舍，柳勃林斯卡娅也不例外。作为出版于六十年以前的著作，作者对史料的取舍也许不完全切合当下流行的家庭史、文化史、心态史、观念史研究的需要，但由于作者是马克思主义史家，马克思主义的历史观、史学观，早已超越西方传统的政治史和外交史的狭窄视野，她对史料的取舍自然也远非政治史和外交史所能限定。她评述的范围既有政治史方面的史料，也有经济、社会和精神生活方面的史料。循着这一分类，我们就可以认识中世纪史料的一般情况和特点。

第二，《中世纪史料学》对圣徒传给予了全面、客观的评述，至今读来仍然富有启发，富有价值。作者从马克思主义历史观出发，强调史家应当关注中世纪基层社会和普通民众的历史。正是基于这一点，她深刻阐述了圣徒传这类资料的重要价值。

中世纪早期的资料较为贫乏，反映基层生活的史料更是稀少，所以中世纪早期遗存下来的一种典型资料——圣徒传，就具有不可替代的价值。基于19世纪实证主义基础上的史料观，在与所谓“事实”打交道的史学家和与所谓“虚构”打交道的圣徒传作者之间划定了一条严格界限：前者提供的资料被认为是可靠的，因而是重要史料，后者提供的资料被认为是虚构的，因而不能用作史料。今天不少学者提出应超越这条界限：无论是历史著作、传记、年代记、

① J. T. Rosenthal, ed., *Understanding Medieval Primary Sources: Using Historical Sources to Discover Medieval Europe*, p. 2.

编年史，还是圣徒传，都有其偏见、预设和目的，然而它们都是宝贵的史料；须知，中世纪早期的“史学家”也创作圣徒传。[①] 柳勃林斯卡娅高度重视圣徒传这类资料，认为它们不仅包含着政治史和教会史，更显示着中世纪人特别是普通民众的风俗习惯和精神生活，是后人透视中世纪普通人内心世界的窗口。她说：

> 早期中世纪的圣徒传乃是极为重要的历史资料。其中保存了当时民间生活的许多特色，包含着描述教会的历史及其地产的增长的珍贵资料，往往还可以发现政治史的事实。用于研究早期封建社会时代的风俗、道德、意识形态和宗教历史，反映生活诸方面的史料一般是极为贫乏的，古老的圣徒传在这方面是不可代替的。固然，它们充满着传奇和超自然现象，其中笼罩着神话。然而它毕竟是一种自有特点的历史资料。[②]

这是对圣徒传作为史料的价值和局限的一种全面和科学的评价，对于今天怎样研读和利用圣徒传仍然不失其指导意义。近来论者十分重视利用圣徒传探讨中世纪人的内心世界和基层生活，认为圣徒传的内容不仅为普通信众提供了行为的榜样，而且表达着对某一地方小共同体的认同，并将这一共同体的命运与圣徒的

① R. McKitterick, ed., *The New Cambridge Medieval History*, vol. Ⅱ, c. 700-c. 900, Cambridge: CUP, 1995, p. 12; T. Reuter, ed., *The New Cambridge Medieval History*, vol. Ⅲ, c. 900-c. 1024, Cambridge: CUP, 1999, p. 3.

② 见本书第 43 页（指原书页码，即边码。余同）。

命运等同起来，所以圣徒传是理解中世纪人的宗教期待和道德向往的一把关键的钥匙。[①] 柳勃林斯卡娅分析法兰克国家墨洛温王朝时代圣徒传的创作情况时，就这类资料的价值作了相当具体和深刻的分析：

> 圣徒列传——墨洛温时期特别丰富——提供了许多极为重要的政治方面的资料，然而更多的是文化-习俗性质的资料。遗憾的是，墨洛温圣者传的大部分内容在以后的加洛林时期都按照文学-修辞的方式加以重编，以致原有的朴素性和许多真实生活情景消失不见了。然而那些没有受到歪曲或千篇一律的陈词滥调之害而完整保存下来的圣者传尤为珍贵。它们对于描述法兰克社会下层阶级的习俗和生活条件是特别重要的，因为这些大多数乡土性的"圣徒"形象，在那时与其说是由教会人士创造的，不如说是多神教的人民的想象所创造的。这表现在：那类传记的大多数主人公都是普通出身的人，而且在他们的朴素的传记里——自然是掺杂着各种传奇的大量糟粕——在一定程度上也反映了普通人的生活及其苦难和愿望。[②]

根据这番评述，我们知道"圣徒"形象的主要意义：由于其乡土

① R. McKitterick, ed., *The New Cambridge Medieval History*, vol. Ⅱ, c. 700-c. 900, p. 12.

② 见本书第 67 页。

性和“接地气”，因而可以在一定程度上引导后人走进早期中世纪的基层生活。柳勃林斯卡娅对圣徒传的评述还点出了早期中世纪基层社会在宗教信仰方面的复杂情景：基督教与多神教人民的想象共存。20 世纪 70 年代兴起的“晚期古代”(Late Antiquity)研究，充分展示了罗马帝国后期和早期中世纪宗教信仰多样而复杂的情景，论者普遍慎用“基督教化”一词描绘当时的宗教形势。他们认为，异教徒的皈依远非意味着基督教化，基督教文化是透过异教或前基督教的影响和习俗传播的，这种情况一直延续到 12 世纪。[①] 圣徒传正是可以用来证明这种情况的典型资料。柳勃林斯卡娅已经指出，早期中世纪欧洲诸民族多数只是表面上皈依了基督教，教会不可能完全克服多神教的自发势力。“本地的大小神祇、山林川泽等等的保护神被同样是区域性的‘苦行者’、‘殉道者’、‘隐士’或‘虔诚的’主教所代替，在大多数场合下，他们也仅仅是在一个大小不等的狭小区域内为人们知晓和崇拜。这些早期中世纪的地方圣徒，对于民间的多神教群众来说，较之官方基督教信仰的神，更加亲近和更易接受。”可见，研究民间信仰，“早期中世纪的圣徒传乃是极为重要的历史资料”。[②]

第三，《中世纪史料学》对法律类资料的价值有着客观、科学的认识。研究中世纪史，不能不重视法律资料。通常认为这类资料不像叙述类那样有着作者强烈的主观意识，因而比较客观、比较可

① P. Fouracre, ed., *The New Cambridge Medieval History*, vol. Ⅰ, c. 500-c. 700, Cambridge: CUP, 2005, p. 4.

② 见本书第 43 页。

靠。然而近年来论者越来越关注法律资料的局限性，指出大量法律是规定性的而非描述性的，特别是立法有相当的虚拟性。每一份令状其实都在陈述一个故事，即使令状在法律意义上真实可靠，也无法保证它所陈述的故事的历史真实性。[①] 所以从法律资料当中寻求权威的、可靠的证据仍需小心谨慎。不仅如此，正因为当时和后世极为重视这类正规记录，有时“赝品”的出现也就在所难免。[②] 柳勃林斯卡娅将法律资料单作一类，足见对这类资料的重视，但同时也对法律资料的“客观”保持着清醒的认识。柳勃林斯卡娅指出，法律文件的可靠程度各不相同，“习惯法和审判记录通常比中央政权颁布的法律或律令诠释更接近历史的实际情况。在使用法律资料时，准确地判定立法者的倾向和企图，是十分必要的”，在许多情况下，国王的法令“不过是一纸空文。至于律令诠释，其作者主要是法官。在其中，统治阶级的利益反映得最为突出”。[③] 作者在六十年前提出的这些论断，完全符合当下学界的基本认识。

当然，从今天来看，这部出版于六十年前的书不可避免地具有时代的局限。非文字性史料，譬如中世纪的各种图像和考古证据

---

① R. McKitterick, ed., *The New Cambridge Medieval History*, vol. Ⅱ, c. 700-c. 900, p. 14; T. Reuter, ed., *The New Cambridge Medieval History*, vol. Ⅲ, c. 900-c. 1024, p. 5.

② R. McKitterick, ed., *The New Cambridge Medieval History*, vol. Ⅱ, c. 700-c. 900, p. 17.

③ 见本书第7页。

即所谓物质文化方面的资料，日益为史家关注，[①]也越来越多地出现在中世纪史研究的论著当中。这一点固然不能改变中世纪的主要史料仍为文字史料这一基本事实，但对中世纪史料的认识若只限于文字史料，显然是不够的。另外，伴随家庭史、心态史、妇女史、异端团体和民间宗教研究的流行，反映这些方面的史料，如遗嘱、书信、布道词等，[②]也受到学界的重视。《中世纪史料学》在这些方面也是不足的。不过，新的史学分支的出现并不意味着政治史、社会经济史等传统研究失去价值，而是为进行再认识提供了新的视角和方法。所以《中世纪史料学》重视并进行评述的那些"史料"，仍然是史家可资利用的珍贵资料，作者柳勃林斯卡娅在书中的分析和论断在今天仍然是可资参考和借鉴的。如果对照着国外新近出版的史料学著作阅读这部出版于六十年前的《中世纪史料学》，以相互取长补短，则会相辅相成，相得益彰。

① 参见 J. T. Rosenthal, ed., *Understanding Medieval Primary Sources: Using Historical Sources to Discover Medieval Europe*, chap. 15, 16。

② 参见 J. T. Rosenthal, ed., *Understanding Medieval Primary Sources: Using Historical Sources to Discover Medieval Europe*, chap. 3, 4, 5。

目　　录

前言 …… 1
序论 …… 3

古代晚期

第一章　古代日耳曼人、斯拉夫人、晚期罗马帝国和拜占庭历史的史料(至7世纪中叶) …… 17
日耳曼人 …… 18
晚期的罗马帝国(4—5世纪) …… 27
7世纪中叶以前拜占庭和南部斯拉夫人历史的史料 …… 43

早期中世纪

第二章　5—9世纪史料的一般特点 …… 57
第三章　“蛮族”国家史料 …… 70
西哥特人 …… 70
汪达尔人 …… 83
勃艮第人 …… 84
班诺尼亚的匈奴人 …… 86
东哥特人 …… 86

伦巴德人 …………………………………………………………… 92
法兰克人 …………………………………………………………… 97
第四章　查理帝国历史的史料………………………………………… 115
第五章　英国和爱尔兰历史的史料(迄至11世纪中叶) …… 152
英格兰……………………………………………………………… 152
爱尔兰……………………………………………………………… 167
苏格兰……………………………………………………………… 171
第六章　拜占庭历史的史料(自7世纪中叶起)……………… 172
第七章　西斯拉夫人和南斯拉夫人历史的史料
(自7世纪起)……………………………………………… 182
西斯拉夫人………………………………………………………… 182
南斯拉夫人………………………………………………………… 185

成熟的封建主义时期

第八章　10—15世纪史料的一般特点 ………………………… 191
第九章　十字军远征历史的史料……………………………………… 203
第十章　法国历史的史料……………………………………………… 221
第十一章　英吉利历史的史料(自11世纪中叶起) ………… 280
第十二章　德意志历史的史料………………………………………… 321
第十三章　意大利历史的史料………………………………………… 371
第十四章　西班牙和葡萄牙历史的史料(始于8世纪)……… 404
第十五章　拉巴河流域和波罗的海沿岸斯拉夫人
历史的史料(13世纪前) ………………………… 428
第十六章　捷克历史的史料…………………………………………… 432

第十七章　波兰历史的史料 …………………………………… 451
第十八章　拜占庭历史的史料 ………………………………… 466
第十九章　南斯拉夫国家历史的史料 ………………………… 491
保加利亚 ………………………………………………………… 491
塞尔维亚 ………………………………………………………… 499
克罗地亚　达尔马提亚　波斯尼亚 ……………………………… 505
杜勃罗夫尼克 …………………………………………………… 508
第二十章　匈牙利历史的史料 ………………………………… 511
第二十一章　斯堪的纳维亚半岛各国和冰岛历史的史料 …… 518
丹麦 ……………………………………………………………… 519
瑞典 ……………………………………………………………… 522
挪威 ……………………………………………………………… 526
冰岛 ……………………………………………………………… 527
第二十二章　罗马教廷和教会历史的史料 …………………… 532

中世纪后期

第二十三章　16—17 世纪中叶的史料概述 ………………… 543
第二十四章　一些国家历史的史料 …………………………… 554
16 世纪的英国 …………………………………………………… 554
法国 ……………………………………………………………… 560
荷兰 ……………………………………………………………… 567
意大利 …………………………………………………………… 569
西班牙和葡萄牙 ………………………………………………… 571
德国 ……………………………………………………………… 579

捷克 …… 584

波兰 …… 585

匈牙利 …… 587

斯堪的纳维亚国家 …… 588

教会 …… 589

希腊 …… 590

保加利亚 …… 591

塞尔维亚和杜勃罗夫尼克 …… 592

索引 …… 595

前　言

3

这部教科书是对封建时代西欧各国(阿拉伯统治下的西班牙和土耳其除外)历史的主要史料的概述。

在外国的历史编纂学中,史料学教程只涉及国别史的史料。即使在革命前的俄国历史科学中,也没有一本包括整个中世纪史料的教科书或一篇概论性的文章。

这部教科书的主要目的,在于密切地联系封建时代欧洲各国总的发展进程,探索各种史料出现和发展的规律性;还在于阐明,这一或那一史料向历史研究者提供了什么样的启示。

书中对材料所作的篇章划分,根据的是中世纪史一般课程采用的分期法,但也根据论述对象的特点作了某些变动。首先,古代日耳曼人和斯拉夫人的史料以及晚期罗马帝国的史料没有列入早期中世纪的范围,因为按其性质,它们完全属于古代,而且不可能放在早期封建时代的史料范围内加以处理。按同样的考虑,6 世纪到 7 世纪中叶的奴隶制拜占庭的史料也归入了古代的篇章,况且两次使用这部分史料(第一次作为古代斯拉夫人的史料,第二次作为 6 世纪到 7 世纪中叶拜占庭史料)也显得很不合理。其次,成熟的封建主义时期的史料范围,不是开始于 11 世纪,而是 10 世纪。因为有关加洛林帝国和其他帝国的史料基本上结束于 10 世纪,并且在那时也出现了反映形成于当时欧洲各部族各方面生活的史料。

与早期封建主义和成熟封建主义时期所占的篇幅相比，论述16世纪到17世纪中叶的史料篇幅不大。这是因为，在16—17世纪时，反映历史过程的几乎一切方面的绝大多数史料，都是文书资料，可以进行分类综述，因而篇幅也就比较紧凑。至于16—17世纪时期的大量历史著作，其中大部分主要具有历史编纂学的意义，而不是史料学的意义。

为了避免重复，在每一篇的开头对该时期的史料基本类型作了总的评述，而在论述个别国家史料的各章中，阐述了这些史料的具体特点。

4 史料的评述都分为两大部分：社会经济关系史方面的史料和政治史方面的史料。这两部分史料的数量比例，在各自的情况下取决于各有关国家发展的具体条件和史料保存的完善程度。但是应该看到，第一部分通常是对大批史料（如封赐证书、行会章程之类）的评述，而第二部分则是对各具体史事的记述。

如要把整个中世纪的文学和科学著作都列入史料学的教程，那是不可能的，因为那就会极大地增加篇幅。只有史诗、民歌和民间传说当作例外，因为研究这些史料会有助于了解封建时代人民群众的历史。

许多章节和关于拜占庭史料的部分章节，是由教育科学副博士、国立萨尔蒂科夫-谢德林公共图书馆善本部一级研究员 E. Э. 格兰斯特雷姆撰写的。

在正文下面的脚注里，读者可以见到对该项史料的基本评价。

序　　论 5

一切过去的遗迹，无论是实物、文字或口头的东西，只要是反映人类社会历史某一个方面的，都可称为史料。属于实物史料的有：考古文物、建筑物、钱币、日常用具；属于文字史料的有：铭文、文书、年代记、编年史、回忆录；属于语言史料的有：语言史和地名学（地名的总汇）的资料。民间口头艺术创作——史诗或其他歌谣、传说、谚语，诸如封建时代欧洲的诗人、作家所创作的文艺作品，也是独具一格而又极为珍贵的历史资料。造型艺术遗迹也可以这样认识。历史学家还从人类学资料里吸取重要材料。

史料学是一门辅助性历史学科，其任务乃是搜集历史资料，进行科学的整理和批判性的考订。在所有辅助历史学科中，史料学占据中心地位。它综合其他学科在分别研究各种不同史料时所获得的成果。例如，古字学（文字史）涉及手抄本；古文书学涉及文书格式；印章学涉及印章；古钱学涉及钱币；纹章学涉及徽章等标志；系谱学涉及家族系谱；等等。史料学包括历史资料的全部领域，也正因为如此，它有赖于其他辅助学科所取得的成果。史料学研究史料的内容，对它们进行批判的分析归类，把它们纳入一定的体系，从而为历史研究提供资料。史料学是同历史科学一起产生和发展起来的，同历史科学有着不可分割的联系。

马克思列宁主义关于基础和上层建筑的学说，对历史资料的科学的研究和整理，有着巨大的意义。它指出史料的研究必须密切联系产生史料的社会制度。一切留存于今的遗迹，都是由于当时人们社会活动的结果而产生的，都是在当时人们的社会生活中产生的。它们在成为历史科学的资料以前，曾对其同时代人起过文书和法律的作用，为当时生活的不同方面所必需；或者，它们曾是当时事件的记录。因此，每一社会制度有其本身所特有的历史资料领域，其内容取决于该社会制度的基础和上层建筑所独有的
6 特点，其外表形式则以相应的物质文化和书写技术的发展水平为转移。建立在马克思列宁主义方法论基础之上的史料学，揭示出各种类型的史料随着社会关系的发展而出现、发展和消逝的规律性，评价它们在这样或那样的国家的发展进程中，以及在上层建筑对基础的积极作用过程中，所具有的社会意义和史料作用。对于每件个别的史料，不应该孤立地去研究，而应作为统一整体的一部分，作为历史过程的一定方面的特定反映进行研究。

西欧中世纪史料学所包括的范围，是西欧封建制时代（也就是5世纪到17世纪中叶）各国所产生的史料。容纳这许多世纪历史的各大章节，封建主义形成、繁荣和解体的每一个时期，在史料类型方面都有其明显的、独具一格的特点，而那些特点又是由这一或那一时期总的规律所引起的。此外，在史料里还体现着由各国历史发展的具体形式而带来的特殊性。因此，在对历史资料进行一般考察以及具体分析时，既要估计到典型性（如编年史的共同特点），也要估计到这一或那一国家个别史料发展的特殊性（例如有的国家有所谓的《王室编年史大全》，有的国家就没有）。

历史资料只有经过批判的分析，即鉴定其真伪之后，方可使用。历史科学采用各种不同的方式对史料进行批判的验证。把一些古代文献进行互相对比，对史料中讲的事情进行严密的考证；估量这一或那一史料产生过程中所提出的目的和任务；弄清历史著作作者的阶级和政治倾向；等等。每一个历史学家应该充分地掌握对史料进行科学考订的一切方法，犹如生物学家应该掌握实验技能一样。

中世纪史料的绝大部分，属于文字史料范围。考古资料对于封建主义初期阶段的历史，有着巨大意义，因为那时留下的文字史料不多，考古资料的数量却一直在不断增加，而中世纪早期历史的文字资料量几乎还是没有变化。在以后的一些时期，考古资料在研究生产力的发展方面是重要的，可是这些材料的意义渐趋缩小，因为各种文献以及造型艺术遗迹（壁画、雕刻）中保存了大量有关农业、手工业、建筑、交通工具等的历史的珍贵的材料和描述。建筑遗物、日常用具和钱币对于了解物质文化和货币交换的历史也是重要的。然而封建社会的历史主要是反映在大量的文字史料之中，这些文字史料可以分为几个大的方面。

应归于第一个方面的是文书资料，其中主要可分为以下几类：
(1)政权代表人物发布的公共文书（其中有国王的、公侯的及其他 7
人物的文书，发表的缘由各不相同：还有国际交往的文书）；(2)私人文书，也就是在个人之间发生财产交易或其他协议时以适当方式制定而具有法律效力的文书（买卖文据、典当和租赁契约、遗嘱、婚约、借据、凭证等）；(3)经济性的文书（寺院或其他所有主的地产清单、地产管理人员的报告和账目、给管理人员的指令）；(4)行政的、财政的、军事的以及诸如此类的国家政权的文件，还有负责官员的官方往来函件。

在各种史料中，文书资料最直接地记录了生活的不同方面，因而也就具有最大的可靠性。但是，在国王、公侯和教皇的文书（特别是早期的）中，有不少赝品，只有经过缜密分析后才能利用。一般来说，文书资料需要有一套特殊的研究和考订方法，那些方法是由专门的辅助学科——古文书学确定下来的。私人文书和国家政权机构的文件往往需要大批地研究。因为每一件个别的文书或文件通常只是证明一项协议或一件事实。而要研究一个完整的过程，就必须查阅大量文书，有时竟达成千上万件。

第二方面包括以下几类法律资料：(1)各种古老的习惯法，也就是有关诉讼、农业、行会和其他方面的惯例；(2)民法、刑法和教会法的大全（法典）；(3)个别的法律和法令；(4)城市宪章以及立宪国的宪章；(5)国家的或其他的条约；(6)反映实际审判情况的审判记录；(7)法律诠释，系统地反映了实际的法律、法律理论和政治观点。

形成法制的古代法律文件，是封建社会上层建筑的一部分，其目的在于用法律来巩固统治阶级的地位，并从而积极地对基础施加影响。古代法律文件的可靠程度各不相同。习惯法和审判记录通常比中央政权颁布的法律或律令诠释更接近历史的实际情况。在使用法律资料时，准确地判定立法者的倾向和企图，是十分必要的；但也应看到，在封建社会中，王权的实际力量并不是总能使其野心如愿以偿的（关于教皇政权，也是如此）。审判记录和负责官员的政务函件是反映实际诉讼情况的资料，研究那些资料，有可能以更为可靠的方式去判断国王立法行为的规模和性质，在许多情况下，它不过是一纸空文。至于律令诠释，其作者主要是法官。在其中，统治阶级的利益反映得最为突出，有时更胜于对实际事物真实状况的确切叙述。

属于第三方面的，是叙述性资料（来自拉丁文 narratio——讲述）：(1)年代记，也就是按年代顺序对重大事件所作的简略记述；(2)编年史，对事件已有连贯的记述，通常都编排在严密的编年顺序之中；(3)回忆录和日记；(4)政治家和社会活动家的传记；(5)圣徒传，对于早期封建时期的历史特别重要；(6)非官方性质的函件； 8
(7)政论，因为封建社会中还没有定期报刊，政论作品就以单篇的政论文和小册子形式出现。

比起文书及法律资料来，叙述性资料是在更大程度上通过作者的感情意识来反映事物的。因此，这类资料或大（如回忆录）或小（如年代记）地突出意识上的主观性。这种主观性有时发展为对这一或那一事件的有意缄默，甚至进行歪曲记述。尤其当中世纪编年史家们记述人民起义时，他们的阶级意识表现得特别明显。一般来说，叙述性资料都必须经过最严谨的考订。

民歌、史诗和文学作品构成民间创作和文学资料的一个特殊的部分，是历史科学和文艺学共享的资料。不过，历史学家利用那些资料时，其着眼点同文艺学家有所不同。历史学家首先感兴趣的是，这样或那样的社会经济过程和政治事件是怎样在人民群众或创作者的意识中反映的，人民群众的意识又是怎样形成的。这些歌谣和民间传说是研究封建时代劳动群众精神生活史的主要史料。某些材料可以从语言史、民间艺术和民间礼仪中吸取。那种民间礼仪长期保存下来，几乎一成不变，特别是在欧洲的偏僻山区，尤其如此。

绝大多数的中世纪史料，都出自于统治阶级代表人物之手，在这种情况下史料中留下了他们自己的烙印。各种各样的文书巩固了统治和隶属的关系。法律也服务于同样的目的。阶级倾向在叙述性史料（年代记和编年史）里表现得特别鲜明，其中记述的主要是封建主、教会和封建国家认为头等重要的政治事件。“显赫的国家的政治行为是历史上决定性的东西这种观念，已经像历史记载本身一样古老了，而且这种观念是给我们保留下来的关于民族发展的材料如此之少的主要原因，民族的发展是在这个喧嚣的舞台背后悄悄地进行的，并且真正地起着推动作用。”[1]因此，作为马克思主义历史学家主要研究对象的劳动群众的历史，在中世纪史料中反映得远不如帝王将相的历史那样充分。人民自己的创作，如歌谣和民间传说等，虽然在人民思想感情的历史方面提供了特别珍贵的材料，但保存得极不完整，而且一般都是比较后期的记载。

按照内容进行的史料分类，与按照史料的各别类型而进行的分类，并不是完全吻合一致的。大部分的文书和法律史料主要是反映封建制度在其发展过程中的生产力和生产关系。叙述性史料
9 则主要包含政治史方面的内容。应该根据史料内容的这些基本特点，采取最合理的方法对史料进行记述和分类。同时，需要着重指出的是，某些史料，主要是古老的，因而也是特别珍贵的史料（例如

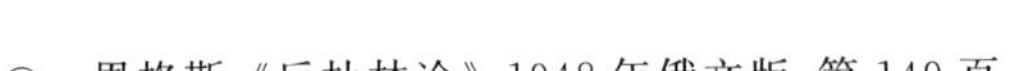

① 恩格斯：《反杜林论》，1948 年俄文版，第 149 页。

封建主义的最初几世纪中的国王封赐证书),除了主要是反映封建土地所有制关系的基本内容之外,还包含法权史的重要材料,有时还有政治史方面的史实。另一方面,在古老的年代记和编年史中,虽然主要是反映政治史的内容,也包含着某些社会经济关系史方面的资料,尽管并不丰富。对古老的文书和编年史进行批判的分析,可以从中汲取各种各样的史料,历史学家们可以根据自己具体研究课题去加以利用,然而,古代史料的多方面利用,绝不意味着它们因而就完全丧失了自己或者作为社会经济关系史料或者作为政治史料的基本特征。在发达的封建主义时期,尤其是封建主义的解体和资本主义形态的萌芽时期,史料内容方面的上述两个基本类型的分野,就更为鲜明了。

中世纪史料的数量多少,在各个时期极不平衡。某些世纪里保存下来的史料,同比较接近于我们的时代相比,稀少得不堪比拟。这首先是因为很多古代遗物泯灭了。然而,此外还应估计到,早期中世纪的社会关系比较简单,不像发达的,特别是解体中的封建关系那样需要那么多的文书、律令和编年史等。还有,每个国家的具体生活条件,不仅影响到史料的种类,而且影响到史料保存的完整程度;为什么某些国家历史的某些种类的史料甚为贫乏,而另一些种类的史料却堪称丰富,其原因也在于此。

早期中世纪的史料,流传到我们时代的已为数不多,且具有重大的科学价值。它们早就吸引了历史学家的注意,已有众多的学者对其进行研究,并多次刊印出版。发达的封建主义时期的史料,虽然多次地被使用,但整个来说,研究得比较少。10—15世纪的编年史几乎全都刊印过了,可是对文书资料的考订却做得远远不够，而且只是部分地做了刊印。16—17 世纪的文书，为数甚巨，而投入学术交流的，只是其中一小部分，其余的大量文书资料还在那里等待着自己的研究者。这个时期的叙述性史料，大都在当时就已经刊印出来。对它们进行的批判性研究，除少数例外，一般是做得极为不够的。

中世纪史料学同历史编纂学中那些研究封建社会产生的叙述性著作的领域，有许多毗连点。在上述场合下，历史编纂学的主要资料就是中世纪的年代记纂修者、编年史家、回忆录作者以及诸如此类的作者的著作；而这些著作也正是史料学所研究的历史资料总件中的一部分。然而，在分析叙述性史料时，历史编纂学的目的与史料学有所不同。前者考察的是封建主义历史学家的历史观点发展过程以及这个意识形态领域中进步原则同反动原则的斗争。史料学也研究那些年代记、编年史等，但它的着眼点是考察那些史

10 料中包含的史实的确凿性及其在社会生活中起何种作用。与此同时，历史编纂学同史料学又彼此交流成果，互相取长补短，不了解作者的历史观，就不可能正确地评价史料的可靠性；另一方面，史实表述的真伪，又是同渗透其全部著作中的总的历史观完全不可分割的。

史料学在史学研究的批判中起着巨大的、重要的作用，因为历史著作的作者的判断和结论的正确程度，有赖于史料运用的正确性。史料运用的正确性如何，可按下述方式进行检验：对于作为研究基础的文书资料和叙述性著作的搜集的充分程度如何？作者对于专门的史料学文献的掌握程度如何？这一或那一领域的空白通常都会导致史实材料的减少和不加批判地运用史料。最后，把史

料中包含的材料同作者的判断进行仔细的对比，就能确定他的研究水平，因而也就能确定他的结论的质量。

在资产阶级历史编纂学中，歪曲历史过程的含义和内容，同时也歪曲了历史资料的含义，那样的情况是屡见不鲜的。在揭露资产阶级历史学家错误观点的同时，还必须揭露他们对待史料的不正确方法，首先表现在，如果某项史料同作者的见解相违，就把该项史料的一部分加以忽略，甚至整个地置之不理。资产阶级历史编纂学过去曾不止一次地求助于直接伪造史料，现在也是如此。后者表现为，对这样或那样的史料特别是古老的史料加以曲解，诋毁其科学价值，最后宣布为赝品（例如《萨利克法典》）[①]。这类事例在现代的美国历史编纂学中尤为多见。

必须指出，就是那些自认为绝不可以没有科学良心的资产阶级历史学家，他们的著作也很难对史料进行充分的揭示和追根究底的探究。资产阶级历史学家的方法论在他们和史料之间设置了障碍。马克思曾就阐述18世纪初俄国和瑞士之间冲突历史的史料问题指出："那些史料'当然是一切历史学家所熟知的，但是他们没有可以用来理解它们的钥匙'。"[②]对于史料中的材料缺乏正确理解的钥匙，这种情况在某种程度上是一切资产阶级历史学家所固有的。把他们的著作拿来跟史料的事实材料加以对比，就会暴露出他们对材料的有意无意的歪曲。恩格斯在对爱尔兰历史的史

① 参见本书第59—60页。

② 《马克思恩格斯全集》第22卷，俄文版，第114页。

料和文献进行研究时，每一步都遇到这样的歪曲。他曾写信给马克思说，“糟糕的是，并不总是能弄到第一手资料，可以从中搞到比从加工过的资料中要多得多的东西，因为加工过的资料把原来简单明了的地方都弄糊涂、弄混乱了”①。

11 马克思列宁主义经典作家在自己的著作里提供了深刻、全面的研究和运用历史资料的光辉典范。他们通过基于马克思列宁主义方法论的分析，从资产阶级学术拥有的史料中，找出真实的材料，以之揭示社会发展规律的作用，它是天才总结的基础。全部历史资料宝库，无论对于资产阶级历史学家，还是马克思主义历史学家，绝无两样，然而，以马克思的形象的话来说，只有后者才拥有理解它们的钥匙。

资产阶级史料学主要从事的是对过去遗迹进行形式上的考订，特别着重于历史资料的形式和类型。而对史料的分类也是按形式上的特征来进行。史料被划分为“历史遗物”（überreste，按德国历史学家的术语），其中包括文书、钱币、考古和建筑的遗迹；以及“历史的传述”，包括各种文字或口头的叙述作品，也就是编年史、回忆录、历史故事等。这种划分的基础是历史资料的评价原则，它不是按照阐明历史过程这一或那一方面的内容，而是按照形式进行评价。这样的分类，对于充分揭示史料内容以及把全部现存史料按各别时期进行划分，都是不够的。

在资产阶级科学中，没有能包括西欧封建时代所有国家的所有基本史料类型的史料学概论和教程，而在按国别史评述史料时，

---

① 《马克思恩格斯全集》第24卷，俄文版，第263页。

也没有把各种类型的史料综合在一起。在那样的著作中，通常只阐述到年代记和编年史，关于政治史方面的文书资料，只是附带地提及。而关于生产关系方面的史料，几乎完全不理。史料的概述通常是按年代顺序和体裁作一番罗列，而史料的分析往往只是对其内容作一简短的转述。史料的考察常常是跟社会经济关系的发展割裂开来，在最好的情况下，也只是稍许联系到国家的政治史。因此，在资产阶级科学中，联系到社会关系发展的史料科学分类是没有的。

然而，资产阶级历史学家在史料学的领域里，也如一般在辅助历史学科领域一样，是有巨大成就的。早在文艺复兴时代就已开始，在对中世纪史料进行查找、刊布和考订上他们做了大量的工作，在相当大的程度上是由资产阶级历史学家完成的，因而积累了丰富的事实材料，提出了史料研究的许多考订方法；资产阶级史料学还在考证史料所提供情况的确凿性方面做了许多工作。他们特别重视对中世纪早期的文书、法律、年代记、编年史的考订。但是，资产阶级历史学家由于自己方法论的局限性，在很多情况下，阻碍了他们在判断这样那样史料的时代以及类似问题时得出可信的结
论。在研究叙述性史料时，资产阶级历史学家通常只顾及到编年 12
史、回忆录以及政论著作的作者们的政治倾向，对他们的阶级倾向性几乎完全置之不理，只是到了这种阶级倾向性明显到不顾及就根本不行时才对它予以某些关注。因此，他们在评价那样的史料时，往往就错误百出。

在西欧中世纪史料的研究领域里，苏联历史科学面临着艰巨

的任务。有关中世纪史各方面问题的史料，无论是已出版的，还是保存在苏联的图书馆和档案馆中的，都需要研究。

（庞卓恒译　郭守田校）

古代晚期

第一章　古代日耳曼人、斯拉夫人、晚期罗马帝国和拜占庭历史的史料（至7世纪中叶） 15

可供研究各“蛮族”人——克尔特人、日耳曼人、斯拉夫人古代时期的社会制度和发展状况的史料，是极为多样的；考古学提供了许多有关物质文化水平的珍贵材料；语言学和民俗学的材料也是重要的。此外，从公元前1世纪，科学界就已有了可供利用的文字史料了。

由于古代的克尔特、日耳曼和斯拉夫部落早在其发轫期就跟当时较发达的地中海沿岸各国毗连为邻，我们对他们早期的历史要比还被神奇传说笼罩着的罗马最初几世纪的历史知道得更确切，更充分。刚值罗马人跟克尔特人和日耳曼人发生接触，而且开始了时战时和的交往之际，在罗马人中就出现了记述高卢和日耳曼尼亚居民的军事力量、社会制度和生活习俗的著作。在6世纪时，拜占庭跟斯拉夫人的关系也重复出现了类似的情形。所有这样的材料都具有特殊的价值。因为关于克尔特人、日耳曼人和斯拉夫人在这段生活时期，本身还难以留下有如罗马和拜占庭作家的著作中所记述的那样详细和系统的材料。他们生活在氏族制度下，在那一阶段还没有自己的发达的文字，这种文字只有随着阶级的产生才出现，也就是在社会发展的一定的阶段上。在塔西佗时期（1 世纪末），按恩格斯的话来说，在日耳曼部落那里，“鲁恩文字是模仿希腊和拉丁字母造成的，仅仅用作暗号，并且专供宗教巫术之用”。[①] 甚至过了 150—200 年之后，鲁恩文字还是主要用于宗教目的。[②] 鲁恩文字通常是刻在木棒上面，字母具有棱角形特征。“蛮族”人自己本身的文字资料只是在很晚以后才出现。

日耳曼人

罗马人早在公元前 5 世纪就同克尔特部落发生接触。跟日耳曼人的接触要晚些。一个从马赛出发的希腊商人匹泰阿斯大约在公元前 325 年报道了有关日耳曼人的最初的一些确实材料。这些材料保存在老普林尼的著作中。匹泰阿斯经过北海的拉曼什航行到“琥珀海岸”，在那里（可能是在埃姆斯河口）发现了条顿人和古顿人的部落。但是总的说来，古典作者著作中的材料主要是记述
16 罗马人与高卢人和日耳曼人的相互关系，而且是属于古代史的范围。而这里应该提及的只是那些记述关于古代日耳曼人的社会制

① 《马克思恩格斯全集》第 16 卷第 1 分册，俄文版，第 119 页。

② 同上书，第 375 页。

度材料的著作。

在这类史料中，首先要提到恺撒（公元前100—前44年）的七卷[①]《高卢战记》(*Commentarii de bello gallico*)，他于公元前58—前55年担任罗马帝国的高卢省总督，在书中记述了征战高卢过程以及高卢部族的生活习俗和社会制度。这些部族当时还处于父系氏族统治阶段，但是已经开始分化出氏族贵族，也出现了穷人。同力图从东方渗入高卢地区的日耳曼人发生的冲突，使恺撒也提供了关于他们的材料。这些材料描述了日耳曼人的半定居生活方式和氏族制度统治的情况。在《高卢战记》中，除了关于罗马人跟高卢人战争和反对日耳曼人的征战材料外，还有两个所谓的"日耳曼附记"。第一个附记编入第四卷的头三章，是记述苏维汇的日耳曼大部族的。他们为了进攻其他部族，曾于公元前55年渡过莱茵河，进抵高卢领土。第二个附记编入第六卷（第21—29章），记述了日耳曼部族的一般生活习俗和社会制度，以及日耳曼尼亚的自然环境。在它前面详细记述了高卢部族的生活习俗和社会制度，在第二个附记中这些部族的情况只随题有所联系。在研究这两个附记时，不可避免地会提出它们两者相互关系的问题，因为，比起第一个附记来，在第二个附记中有些重复，也有些变化。这个问题是和整个著作本身的性质紧密联系的。照某些学者的意见，《高卢战记》是由恺撒每年向罗马元老院呈递的年度报告纂辑而成的；这种报告也是按年发表的。在这种情况下，第二个日耳曼附记就是第六卷的有机组成部分，并且也就合乎规律地补充了阐述高卢人

① 第八卷是由一个和恺撒亲近的将领阿夫勒·吉尔齐撰写的。

的生活习俗和社会制度的篇章。另一些历史学家认为,《高卢战记》的全部正文是在公元前 52—前 51 年间一次编纂而成,也是在那个时候发表的。如果采纳这个假设,那么,第二个附记就是在对全部材料作总修订过程中而作的后期增补。不管怎样,第六卷里的第二个附记比起第一个来,更为充分和可靠,因为它属于恺撒对日耳曼人比较后期的认识。

在记述罗马人、高卢人跟日耳曼人的军事冲突方面,恺撒部分凭的是他自己的观察,至于他有关日耳曼部族社会制度和生活习俗的材料,则主要是以高卢人和日耳曼人自己的叙述为基础的。不应该忽略:罗马人恺撒自己的观点,同在日耳曼人中占统治地位的习俗和关系格格不入;他不理解这些习俗和关系,因而不自觉地作了歪曲。日耳曼部族生活最重要的特点之一是:以氏族为单位共同使用土地和经常变换耕地,恺撒叙述得不确切。恩格斯曾就这个问题指出:“不应该从字面上去理解恺撒关于每年更换耕地的
17 那种说法;通常总在收获两三次以后,才换种新土地。非日耳曼人所有的那种由君主和官吏分配土地的办法,尤其是强加在日耳曼人身上的这种迅速更换土地的情节,所有这些地方都反映了罗马人的想象。对于罗马人来说,这种土地更换的办法是不能理解的。”①这些“强加在日耳曼人身上的动机”就是:耕地的变换不会养成定居生活的习惯;谁也不愿意以农业来代替战争;没有扩大农业经营的刺激因素;也不需求固定的住所;没有对金钱的贪欲;普通百姓感到自己是跟贵族平等的。恺撒的著作总的说是极为有价

① 《马克思恩格斯全集》第 16 卷第 1 分册,俄文版,第 346 页。

值的史料。无论是有关高卢人，还是在公元前1世纪中叶“穿过中欧林野慢慢移动的好战的半游牧部落”[①]的日耳曼人，它都提供了他们发展水平很重要的材料。但是，在利用恺撒所提供的材料时（也正如后来的塔西佗和其他罗马的以及拜占庭的作家提供的材料一样），必须考虑到那个时代的罗马和拜占庭的作者透过自己的偏见而折射出来的对真实面貌的某种歪曲。

尽管恺撒提供的材料简短，但他对日耳曼部族社会制度所作的描述，即那时日耳曼人还不知道土地私有制，而且他们是以氏族公社为单位：共同耕种土地。这是不容置疑的。

> 这些材料，对于否定公社和社会公有制以及颂扬似乎是永恒的私有制统治的反动资产阶级历史学家来说，是极为不利的。因此他们投入了不少力量来曲解恺撒所提供的事实的含义。例如，奥地利历史学家多普什和他的追随者硬说，恺撒所见的日耳曼部族不是在和平的情况下，而是在他们辗转征战的时期。在那时，由于战争条件，他们不得不暂时地协作共耕土地。对史料作那样的解释完全是凭空想当然的，完全暴露了那些作者的马脚，他们为了自己的阶级利益而伪造日耳曼人的古代史。恺撒的材料完全被以后的文字资料和考古遗迹所证实。

有关日耳曼部族在公元前后交替时期的重要材料，记载于希

① 《马克思恩格斯全集》第16卷第1分册，俄文版，第347页。

腊学者斯特拉波(约公元前 64—公元 19 年)的《地理学》一书中。斯特拉波主要是依靠现今已大多失传的希腊资料,在该书第四、第七卷中记述了日耳曼尼亚的山、河、森林和湖泊,列举到一部分日耳曼部族,描述了其中某些部族的生活习俗,诸如:他们主要靠牲畜获得自己的主要食料,以及经常变换居住地云云。但是,他本人没有到过日耳曼尼亚。易北河以东的区域,他一无所知。

著名的罗马博物学家老普林尼(约 24—79 年)曾服役于驻日耳曼尼亚莱茵区的罗马军队。在他的大约完成于 77 年的《博物志》一书中,作者以亲身观察所得,零散地记载了一些很有价值的材料,诸如有关日耳曼尼亚的动物和植物、土地施肥方法,日耳曼人培植的五谷和蔬菜、他们的衣着和某些习俗、琥珀的开采等。普林尼还访问了北海沿岸(现在的弗里斯兰地区),详细地记述了居住在那里的哈夫克人的生活方式。第四卷第 99 章的一段特别重要,里面,普林尼把日耳曼部落划分为五个基本部群,并且提供了关于他们的人口分布的某些材料。

18 在 1 世纪,日耳曼人完成了由半游牧生活方式到定居生活的过渡,按恩格斯的话来说:“从恺撒到塔西佗这段时间,是日耳曼人历史的第一个大段落,在这段时间内,从游牧生活最后过渡到了定居生活,至少这个民族的大部分,自莱茵河起远至易北河以东,是这样。这个部落的名称,开始或多或少地和一定的地区结合了起来。”[①]由于这个原因,帕布利乌斯·科尼利乌斯·塔西佗(约 55—120 年)在他的《关于日耳曼人的起源、居地和习俗》(*De Origine*,

① 《马克思恩格斯全集》第 16 卷第 1 分册,俄文版,第 349—350 页。

Situ, moribus ac Populis Germaniae)，通常简称为《日耳曼尼亚志》(*Germania*)这部著作中，不仅记述了日耳曼人的社会制度和生活习俗，而且还详细地记述了他们在日耳曼和斯堪的纳维亚广阔土地上的分布状况。塔西佗本人没有访问过日耳曼尼亚，但是，他可能到过莱茵河和多瑙河一带地方。塔西佗在这部著作里(也如同他的另外的历史著作——《编年史》和《历史》一样，其中有跟日耳曼人作战的材料)，引用了他的前人的著作：提图·李维的著作，斯特拉波的著作，以及现已失传的老普林尼的《日耳曼战争》(*Bella Germaniae*)。他能够从罗马商人和将领那里，还可以从在罗马军队中服役的日耳曼人，或从作为人质和战俘奴隶而生活在意大利的日耳曼人那里等渠道获取很多材料。

塔西佗的书分两部分。第一部分(总论，第27章)记述日耳曼尼亚的自然环境和地理位置，以及日耳曼人的社会制度、习俗和宗教。此时日耳曼人已经转入稳定的定居生活，在农业和畜牧业的发展方面也已取得巨大的成就。在这个时期，他们当中已有了氏族贵族，也有奴隶。第二部分(第28—46章)是描述个别部落及他们在日耳曼尼亚土地上(由莱茵河向东和东北直抵波罗的海沿岸)的分布。塔西佗把维尼迪人(西斯拉夫人)排列在苏维汇人的后面，但是他不知道应该把他们归入日耳曼人还是萨尔马特人。产生这种疑问的原因在于斯拉夫人区域距离罗马十分遥远，他们之间又缺乏直接的联系。

也像恺撒一样，塔西佗不总是正确地解释日耳曼人的一些生活特征，也不理解他们的宗教。在有些情况下(但并不多)，行文并不是十分清楚。这部分地是由于转抄人的差错。特别涉及第26

章的一个重要地方，那里谈到了土地使用问题，也就是在判断日耳曼人占统治地位的所有制类型上一个至关重要的问题。在资产阶级学者中间，围绕对这个段落的解释，发生了激烈的争论。马克思(1868 年 3 月 25 日致恩格斯信[①])和恩格斯(《家庭、私有制和国家的起源》[②])对于上述段落作出了正确的训诂和解释：该段落证明了耕地(arva)的定期重分，同时也存在公社的土地(ager)。恩格斯指出，在由恺撒的叙述到塔西佗的陈述之间的 150 年里，日耳曼人不可能由恺撒描述的土地共耕制过渡到完全的土地私有制，因为“在这样短的时间内，而且没有任何外来干涉，要从共同耕作过渡
19 到土地完全私有，是根本不可能的”[③]。塔西佗的原文谈到土地由个体农户进行耕作以及每年进行重分，这正反映了由土地公有制到土地私有制的过渡阶段。

总的来说，塔西佗的著作提供了很明确的、完整的、基本上是确实的图景。在中世纪的德国，它获得了“金石宝卷”(libellus aureus)的称号。实际上，如果没有它，我们关于古代日耳曼人的材料就会更加贫乏到不堪设想了。

在资产阶级历史学中，《日耳曼尼亚志》一书引起了很多争论。一些历史学家认为它是一个政治小册子，是为了使图拉真皇帝放弃征服日耳曼人的打算而写的。另一批历史学家

① 《马克思恩格斯通信选集》，俄文版，第 201 页。

② 恩格斯：《家庭、私有制和国家的起源》，1949 年俄文版，第 144—145 页。

③ 同上书，第 145 页。

贬低塔西佗的书，把它说成是对罗马习俗的讽喻；还有一些历史学家根本否定它的可靠性。因为其中的资料比恺撒的材料对他们更不利。曾提及的多普什对塔西佗的材料中很多不符合他口味的，就干脆缄默不理。法西斯种族主义“历史学家”对《日耳曼尼亚志》文本作了新的歪曲。例如，他们在古代日耳曼人的军事领袖中找到了“元首制”(Fuhrertum)的来源，似乎这是“高等北方种族”所特有的东西，而且正是它使日耳曼人征服了罗马帝国。一切诸如此类的杜撰跟科学毫无共同之处。在考察塔西佗的著作时，应该把它们完全抛弃。

无论就这本书出现的事实本身，还是就其中所搜集的材料来看，《日耳曼尼亚志》一书都说明，由于罗马帝国和日耳曼人之间总的相互关系，在罗马对这个题材有着巨大的兴趣。日耳曼部族逐渐成为一支不得小看的力量，应该知悉它，并且也真值得重视。自然，塔西佗这位旧罗马贵族思想方式的最后代表者，这位走向没落的贵族政治意识的捍卫者，总不免要把自己时代的罗马习俗的颓废腐化现象，跟粗犷、朴素的日耳曼人的生活方式加以对照，从而对前者加以谴责。但是这种对照在他的著作中只是一个细节，不能以此来判断《日耳曼尼亚志》一书的全部内容。

把塔西佗的材料跟恺撒、斯特拉波和普林尼的材料加以比较，就可明显地展示出日耳曼部族的发展道路。强调这一点是重要的。因为这些史料所描述的发展阶段具有典型的性质，而且就其基本特征而论，这是处于氏族公社阶段和其解体初期的一切部族所共有的。

著名的希腊学者托勒密(2 世纪前半叶)甚至曾力图把日耳曼部落和维尼迪人描绘在地图上。他利用的是从文字资料和罗马商人那里获得的材料，那些罗马商人在 2 世纪时不仅已经经常到日耳曼尼亚的西部，而且还到过东部(易北河以东)，知道了很多地名，托勒密因此能列举出近百的居民点，他的某些材料具有很高的价值。但是，与此同时，他的地图也有不少不精确之处。总的说来，正如恩格斯指出："他的关于日耳曼尼亚的地理毕竟是错误的。"[①]应该指出，这个时期关于斯拉夫的材料还是极为贫乏的。至于日耳曼部落，在 2—3 世纪，罗马方面对他们的兴趣已经有所减弱了。帝国曾试图把西日耳曼变成罗马的一个行省，经过多次
20 失败之后，被迫放弃了自己的侵略打算。罗马转入了防御，而它跟日耳曼人的疆界也暂时固定下来。因此，我们没有 3—5 世纪的关于日耳曼人的专门著作。恩格斯写道："在塔西佗和托勒密以后，关于日耳曼尼亚内地情况和事件的文字史料便中断了。但是我们却得到了其他一系列更明了的史料，这就是可以归入我们研究的这个时代的许多古代文物。"[②]在日耳曼尼亚发现的 3—5 世纪的考古文物，提供了有关农业、手工业、造船业、跟罗马之间的贸易等方面的大量珍贵材料。考古文物发现得特别多的地区是日耳曼尼亚的东部和北部：沿着通过摩拉维亚和西里西亚的商道，以及什列兹维格泥炭沼泽地区。发现的大量罗马钱币说明了跟罗马帝国有着频繁的贸易往来。还有各种各样的铁质和贵重金属制成的当地产

① 《马克思恩格斯全集》第 16 卷第 1 分册，俄文版，第 351 页。

② 同上书，第 364 页。

品(锁子甲、金属盔、发勒、扣链、指环、装饰用的金属片等),说明金属加工方面的显著进步。用于波罗的海航行的巨型的栎木船、玻璃器皿、串珠、陶土器皿、刀鞘、系带鞋、布匹以及其他什物,还有粮食颗粒以及家畜骨骼,这一切都使得有理由作出结论:在 3—5 世纪时期,日耳曼人在农业、畜牧、造船以及各种手工业方面都取得了显著成就,也就是在这个时期,鲁恩文字普遍传播了,而且完善化了,除了用于宗教目的之外,还用于题铭和简短书写。

晚期的罗马帝国
(4—5 世纪)

对罗马帝国存在的最后两个世纪的史料作一个完整的、详尽的概述,不属于中世纪史料学的任务范围。必须把叙述范围局限于最重要的一些史料,它是了解未来封建制度的萌芽成分(佃农制)、了解震撼当时罗马帝国的阶级斗争史以及“蛮族”入侵史等问题的基本材料。此外,还应该注意古典世界的历史编纂学遗产,因为随后就要在早期封建社会中运用到它们。

总的说来,帝国东部和西部史料的性质是共同的,不仅 4 世纪如此,而且帝国在 395 年分裂之后,即使在西部已经开始了日耳曼人的入侵和与此相关的奴隶制关系的破坏,仍然没有改变这个共同的性质。5 世纪时,在东哥特、西哥特以及勃艮第诸国中,日耳曼法律还是跟罗马法并存的。而史书主要是由当地的罗马人中产生的基督教主教撰写的。在整个帝国的欧洲部分以及北非,官方文件和律令仍旧沿用拉丁文。希腊语在那时主要是在亚洲诸省和埃及使用。4—5 世纪的叙述性资料，既有用希腊文写的，也有用拉丁文写的。在受过教育的人中间，两种文字都流行。此外，希腊文的编年史往往被翻译成拉丁文、亚美尼亚文、叙利亚文以及其他文字。

史料保存的完整程度在不同省份是大不相同的。文书资料中保存得最好的是几乎遍布整个帝国疆域的石刻铭文（关于战绩及
21 城市的建造和修饰的记述、法律和指令条文、墓志铭等）。碑铭的释读和研究构成古代史的一个辅助学科——题铭学。其余的数量最多的文件（主要是私人文书）绝大多数没有保存下来。最为流行的古代书写材料是纸草（它是在埃及用尼罗河的芦苇制成的），它的质量足以满足当时对书写材料的需要，却经不起岁月的考验。流传到我们时代的仅仅是些写在纸草上的微不足道的手稿残篇。文献资料受到了特别大的损害。4—7 世纪的古代作家的文本、律令汇编等，倒是大部分转抄到了另外一种比较更为坚固的材料——羊皮纸上（用牡绵羊、山羊或小牛的皮制成的），因而能够为后代保存下来。

唯有一个省份——埃及——由于气候特别干燥，保存下大宗 4—7 世纪（直到阿拉伯人于 641 年征服埃及为止）的纸草文书。这些文书的文字，由于写在纸草上而具有某些独特的性质，其语言也充满着独特术语，所以研究它有了一个特别的辅助学科——纸草文书学。发掘出来的 4—5 世纪[①]的纸草文书数量达好多万件，而且还在随着接连不断的考古发掘而增加着。首先，它们对于研

① 参见本章“7 世纪中叶以前拜占庭和南部斯拉夫人历史的史料”一节。

究埃及本身的农业制度、税收体系，以及经济生活的其他方面的历史，是极有价值的；同时，它们也有助于搞清整个罗马帝国后期历史的一些普遍性问题：奴隶制的解体、佃农制的发展、帝国的税收政策、东罗马帝国的公社作用等等。在这些文书中可以看到租佃契约、买契和保证字据（典质保证书）、各别地产的账单，某些经营地产的函件、地方档案、借据、各种协议、税收账目，居民向政权当局提出涉及各种问题的请愿书，监狱犯人的花名册，等等。这些文书证明有大片的地产和大量份地集中到大地主和寺院的控制之下，还证明小自由土地所有者为保卫土地和自由而进行的斗争，以及政权当局对他们施加的暴力和佃农制的发展。

法律资料对于研究整个帝国的社会经济关系具有重大的意义。4—5 世纪时广泛的立法，涉及帝国生活的一切方面。但是，首先它们对于研究以下一些问题具有首要的意义，诸如奴隶和佃农的地位（把佃农固定在土地上，他们的人身依附性的加大），作坊工人的地位，以及赋税的征收、行省的控制，等等。法律突出地描绘出国家和奴隶主对于人民群众惊人的压迫以及对那些起而反抗这种压迫的人所施的严刑峻法。应该对这一时期的基本法律资料加以阐述的原因还在于，它们对于某些早期日耳曼国家的立法产生了强烈的影响。

早在 2—3 世纪，已经有个别的法学家纂辑出非官方的皇帝敕 22
令汇编（2 世纪中叶的 *Papiri Justi*，戴克里先在位时的 *Codex Gregorianus*）。4 世纪初时又增添了《赫摩根里鲁斯法典》（*Codex Hermogenianus*）。第一部官方的罗马法汇编，出现于东罗马帝国狄奥多西二世皇帝在位（408—450 年）时期，而且以他的名字命名

《狄奥多西法典》(*Codex Theodosianus*)。这部汇编公布于435年,早在君士坦丁大帝时,就有一个专设的委员会,开始对皇帝律令的文本进行部分的审订,并加以系统化;这部狄奥多西法典(传世至今的已不完整)由十六卷组成,其中又分许多章。编纂者尽力在各章里保存了敕令的年代顺序。还必须提到2世纪的法律家盖乌斯的题名为《法学阶梯》(*Institutiones*)的罗马法教科书。这本教科书不仅在4—5世纪广为流传,而且还成了日耳曼人了解生活在新的日耳曼国家政权统治下的罗马人的法律的资料。

基督教会从4世纪初变成了国家机构,它具有广泛的立法权力。在定期召集的宗教会议上,教会颁行全体教徒必遵的教规。这种会议法规(Acta Conciliorum)不仅是教会史,而且也是整个历史的重要资料之一,因为几乎一切的社会和政治事件在其中都有反映。

350年,一位走遍了帝国东部的商人撰写的《世界纪行》(*Expositio totius mundi*)是一部最重要的文献。在这部文献里,他详细而生动地记述、记载了亚历山大里亚、以弗所、士麦拿、比提尼亚省以及弗拉基亚省的自然资源、农业经济、手工业、贸易等方面的材料。

在了解帝国的行政、地理和军事制度方面,有一些重要的官方文件,其中首先要算在5世纪初(不早于410年)编成的《关于(帝国)东部与西部民政和军政管理和职责的资料》(*Notitia dignitatum et administrationum Omnium tan Civilium quam militarium in Partibus Orientis et Occidentis*)。跟这个资料紧密相关的另一个资料是《关于高卢地区的城市和省份的资料》(*Notitia pro-*

vinciarum et Civitatum Galliae）。在这两个文件中，记载着各省负责官员的名单，驻扎在那些省份的军团的名称，以及关于国家工场的报告材料。这些史料提供了5世纪日耳曼部落入侵前夕罗马帝国的行政和军事制度的图景。帝国的地理概观则可从所谓的《庇廷格尔地图集》（*Tabula peutingeriana*）中看到。该地图集由12幅图组成（其中没有帝国的最西部分），它可能早在2世纪时就已经绘制成了，随后，一直到查士丁尼统治时期都作了补充。地图载有道路、要地名称、区域以及居住在那些区域的部落、人民的名称。本地图保存下来的只是它的13世纪的抄本。16世纪初，德国人文主义者康拉德·策尔特斯发现了它，把它赠给奥格斯堡城的文书官和历史编纂家康·庇廷格尔，由于他的刊行，地图便以他的名字命名。

4世纪的历史，记述在阿密安纳斯·玛尔策林纳斯、萨尔德的攸纳匹乌斯和卓西穆斯等几位历史学家的著作中。阿密安纳斯·玛尔策林纳斯（约330年—4世纪末）原籍希腊。他于353—363
年参加了在东方和高卢的朱理安战争，以后住在安提俄克和罗马。 23
在罗马，他用拉丁文写了《功业纪》（*Res Gestae*）[1]三十一卷，有意作为塔西佗的《编年史》和《历史》的续编。传到现在的只有包括353—378年间的十八卷，大约于390年写成，其中关于帝国跟波斯人、哥特人、阿勒曼人、法兰克人、勃艮第人等的战争作了详尽的、连贯的叙述，而且在上述那一段年代中是独一无二的叙述。其中有些战争，作者曾亲身参加，另一些战争也深为熟悉。因此他所

[1] 参见本书第六章。

提供的资料翔实可信。例如,阿密安纳斯·玛尔策林纳斯曾亲眼看到过匈奴人,因而能通过亲身的观察来记述他们的风土人情和作战方式。他的著作,在研究朱理安跟阿勒曼人的战争史(357年)以及帝国跟哥特人的斗争史方面,是基本的和最好的资料。这样的一些事件,如同4世纪末5世纪初的历史,在希腊人卓西穆斯(约5世纪后半叶)那里也有记述。他以可靠的资料(今已失传)为基础撰写的著作,记述到410年。卓西穆斯的著作虽然简短但却包含内容十分重要的因西哥特人的入侵而爆发的奴隶和佃农的革命起义的资料。还记有小亚细亚、叙利亚、弗拉基亚等地区起义的材料。

萨尔德的攸纳匹乌斯(4世纪中叶—5世纪初)撰写的历史著作,只是在卓西穆斯著作中保存下来一些片段,包括270—404年的事件。这些材料的重要性不及他的另一部著作《哲人传》。《哲人传》中记载了他的许多同时代人的传记。因而它是一部对文化史,特别是那时期的哲学思想史都很珍贵的史料。

攸纳匹乌斯的后继者是信奉多神教的希腊历史学家,底比斯的奥林比奥多尔(4世纪后半叶—425年以后)。他的历史著作记述了407—425年的事件,是献给狄奥多西二世皇帝的。这部著作只是在卓西穆斯和9世纪的拜占庭作家福蒂乌斯[①]的著作中保存下来一些片段。

---

① 参见本书第六章。

帝国境内纂修的官方的大事编年录，对于早期封建社会的编年记录的发展有着巨大的影响。这类编年录中，首先应该提到的是罗马的《执政官年鉴》(*Fasti Consulares* 或 *Consularia*)。这些编年录是罗马官方的执政官名簿，以后又在其中增记了发生在有关年份的国家重大事件的简短记载。在罗马，以后在拉文纳和君士坦丁堡，《执政官年鉴》一直按期地续编到 6 世纪末。年鉴不止一次地校订，因而也就有了越来越新的续编。人们认为，这些年鉴的原文，是由 445 年、456 年、493 年、526 年和 572 年分别相继编成的若干部分组成的。它们成了 4—6 世纪编纂的所有历史著作的依据。随着西罗马帝国逐渐地分裂成一些半独立的省份，《执政官年鉴》的记录还在各地延续编写。不仅是跟那些年鉴同时代的历史学家，而且以后的历史学家都从这些年鉴里汲取了政治史的资料。例如，6 世纪时在高卢写作的图尔的格雷戈里在自己的著作中就利用了阿尔里和安热尔的年鉴，这两部年鉴现在都已失传了。

执政官年鉴还成了大量的历书汇编的基础。人们知道，罗马作家菲洛卡勒在 354 年所编纂的，就是那种汇编之一。载有他的编录原文的手稿，到 17 世纪时还存在，以后才失传了。德国历史学家特·蒙森曾搜集了保存在各种手稿里的零散片段，力图把这部独特的历史年鉴的全貌恢复起来，它被称 24
为《354 年年鉴》(*Chronographus anni 354*)，由以下几部分组成：(1)载有指明皇帝出生、元老院会议和公共表演日期的历书；(2)到 354 年为止的执政官年鉴；(3)从 312 年到 412 年的

复活节一览表(也就是复活节及其他基督教非固定节日的核算);(4)254年到354年间的罗马地方长官名册;(5)到352年为止的罗马教皇名单;(6)罗马城市的地理记述;(7)到334年为止的世界大事记;(8)到354年为止的罗马城市的年代记。有些片段在5世纪的其他类似汇编里保存了下来。

4—5世纪形成了一种新类型的历史著作,它对整个早期中世纪历史编纂学产生了巨大的影响。这就是基督教历史学家撰写的世界编年史。它们是在基督教的广泛传播和其被确立为国教时期——也就是出现了以"世界宗教来补充世界帝国的需要"[①]的时期——产生的。这也是帝国摇摇欲坠,奴隶、佃农纷纷起义的世纪,是教会跟大量的异端进行斗争的世纪,在这些异端中,在宗教外衣之下隐寓着穷困无靠的群众对整个社会制度的抗议。在这种情况下产生的教会和统治阶级的新的意识形态,是由宗教精神熏陶出来的,这也反映在历史观念当中。罗马的历史,这个征服了整个地中海区域的"永恒城市"的历史,曾是罗马历史编纂学的中心。到4世纪时,这个观念丧失了自己先前的意义,罗马不再是地中海世界的中心和帝国的首都了。它的军事威力衰弱了。变成了残酷的阶级斗争舞台的各个行省具有相当大的独立性。帝国的政治统一消逝了,它分裂成两个部分,囊括了希腊化东方的最先进和最古老文化的区域的东半部占了优势。正是在那里产生了新的历史观念,它的基础已不是罗马强国的历史,而是包括近东各民族在内的

① 《马克思恩格斯选集》第2卷,1948年俄文版,第378页。

整个地中海区域的历史。历史进程的编年和地域范围大大地扩展了。罗马的历史不仅变成为只是时间上最近的一个环节，而且也失去了它原有的具有首要意义的地位，而让位于所谓的“神圣历史”(Historia Sacra)即犹太族、基督教和基督教会的历史。

这种对以往数世纪历史的新观点，在凯撒利亚的尤西比乌斯主教(约 267—338 年)的著作中获得了初步的体现，由于掌握着一个收藏古典作家和教会作家著作的丰富的图书馆，尤西比乌斯得以利用很多迄今已失传的文字资料，把那些资料摘录到他自己的著作中，其中首要的是《编年史》。这部书的希腊原本已经失传。它由两部分组成：第一部分是年代记，其内容是把古典世界、古代东方及圣经体系作一比较考察。这一部分的文本只有亚美尼亚的译本保存下来。第二部分是叙述从创世记[①]直到 325 年的世界历史。在其中，巴勒斯坦、埃及、亚述、希腊和罗马的历史事件按照年代顺序并列安排。其年代是按照第一部分的“年代记”计算办法。25
第二部分的文本有亚美尼亚文、叙利亚文和拉丁文的译本保存下来，而且，拉丁文和亚美尼亚文的译本采用的是尤西比乌斯本人编写的希腊文本的两种不同的说法。

尤西比乌斯《编年史》的拉丁文本翻译者是 4—5 世纪的拉丁教会作家之一：叶洛尼姆(约 350—420 年)。他还为这部《编年史》作了续编。他的祖籍本是斯特里登(在今匈牙利和卡林提亚边界一带)。本人曾先居于罗马、特里尔和阿奎利亚，从 374 年起又移居巴勒斯坦和君士坦丁堡。在那里，他大约于 381 年把尤西比乌

① 这个神话事件，按《圣经》推算，是发生在公元前 5507 年。

斯的著作翻译成拉丁文，而且把它续编到378年。后来他还编成了圣经的拉丁译文修订本（称为俗语本），代替了最初的有缺陷的译本（官话本），这样一来，在说拉丁语的帝国西部，尤西比乌斯继编年史的译本广泛流传；而且，继叶洛尼姆后，又出现了许多新的续编。

凯撒利亚的尤西比乌斯的另一部著作是《教会史》，大约于326年写成。它的叙述，包含着丰富的史实，也像他的编年史一样，叙述到325年为止。由于作者的广博知识，这部著作（除了神话成分以外）构成了我们关于早期基督教会史资料的基础。阿奎利亚的鲁芬奴斯大约于400年把它翻成为拉丁译本（更确切地说是改写本），从此，这部著作在拉丁语国度中成为人所共知。这位译述者还把尤西比乌斯的文本续编到395年。

凯撒利亚的尤西比乌斯的著作，在东罗马帝国是以希腊文原本和亚美尼亚文译本流传的。在西罗马帝国是以附有续编的拉丁译本流传的，成了4—5世纪广泛发展的基督教历史编纂学的嫡亲始祖。"世界历史"这一观念，把近东各族人民纳入到自己的视野之内，并从而突破了先前占统治地位的罗马历史编纂学的较为狭窄的范围，这是一个进步；但是，与此同时，在反对以人的作用作为主体的古典历史观念时，基督教历史观把神的意志（天意论）置于历史过程的推动力的首要地位。这是一个相当大的退步。

尤西比乌斯的著作，特别是《编年史》；包含着那个时代的一个重要的历史政治观念。尤西比乌斯把罗马帝国描述成伟大的古代帝国的后裔和继承者，阐发了一个所谓的彼此相继更迭的四王统模式：亚述—巴比伦、米底—波斯、希腊—马其顿和罗马。最后的罗马帝国没有和基督教对立，相反受到了教会的支持，而且被教会神圣化。因此，尤西比乌斯的历史观就担负了论证、巩固教会和帝国联盟的使命，也正是在东方，在那里，所有的民族都有自己不可能抹煞的历史，而且需要从东罗马帝国和教会利益的角度来加以阐释。

在东罗马帝国，4—5世纪时，还写出了三部阐述教会历史的著作。学院大师索克拉特(4世纪末—5世纪中叶)的目的是续编尤西比乌斯的《教会史》。他的著作首先把305—439年的政治历史事件作了一个简短概述，然后专门叙述教会历史。他的《教会史》是按照编年顺序叙述的，而且按照东罗马帝国皇帝的统治年代排列的。这种编排使得整个著作具有分别叙述的特点。索克拉特的著作中，无论是叙事，或是日期，都往往错误百出。

索卓敏(约5世纪初)的《教会史》也属于这同一时期，作 26
为索克拉特的教会的一部续编。索卓敏的叙述包括324—421年的事件。他尽力模仿古典历史作家。这部著作的价值在于，作者不仅利用了他的前辈历史学家的著作，还运用了许多文献资料。

基鲁斯的提奥多里特主教(393—约465年)留下了丰富的文学遗产。他有两部著作：(1)叙述325—426年事件的《教会史》，具有护教性质。这部著作的价值主要在于，作者引用了大量的各种资料。(2)关于修士和苦行僧的生活故事汇编。这部著作大约于444年撰成，为5世纪的修士生活历史提供了宝贵的资料。

在西罗马帝国没有一个民族在罗马被征服以前有自己发达的、有记载的历史,在那里,尤西比乌斯的历史观念不能纯粹表现其本来面貌。在西罗马帝国,罗马以及它的历史,仍旧保有比在东罗马帝国更大的意义。因此,在西罗马帝国,罗马历史学家的著作就是在4—5世纪仍然被继续传抄和注释着,特别是攸特洛匹乌斯的记述到363年为止的《罗马简史》。在伦巴德的历史学家助祭保罗8世纪编成的改写本中,它后来就成了中世纪人民吸取罗马史知识的基本源泉。至于尤西比乌斯在西罗马帝国的历史观念,它在阿奎丹的神甫苏勒比秀斯·塞维鲁斯(约365—425年)的著作中得到了自己的体现。他的《神圣历史》(*Historia Sacra*)记述到403年,这是一部圣经的改写本和罗马与高卢的基督教史。它面向广大的读者,向他们传播新的基督教历史观。以其形式和风格而论,它是属于罗马文学传统的。

由于奴隶、佃农对西哥特人的支持和援助,阿拉里克于410年攻克了罗马。这一事件给当时的人留下了深刻的印象。但是,这种印象是各不相同的。在广大人民群众看来,"永恒之城"的覆灭意味着奴役人民的滔天罪行遭到了报复。在统治阶级看来,这个使罗马奴隶主陷于毁灭的事件,是他们的统治和生存的可怕威胁。逃到非洲、埃及、亚洲的罗马贵族和富豪惶恐万状。残酷的阶级斗争当时在那些省份如火如荼。在这种情况下,北非希波的主教奥古斯丁(死于430年)的著名著作《上帝之城》(*De Civatate Dei*)问世了,它的使命是解释所发生的事件的意义,指点出路,从意识形态上辩护和巩固垂死的奴隶制统治。

奥古斯丁的著作对西欧封建社会的神学、哲学和历史思想有着巨大的影响。因此，应该对奥古斯丁的历史观作一简短分析。他的著作写于410—426年，这是在罗马陷落之后，也正值他所居住的非洲本身发生起义的时期。天意论在他的著作中已具有了一个完整体系的形式。奥古斯丁认为，世俗国家在过去和将来都很容易遭受各种劫难。特别是多神教的罗马，依作者的意见，归根到底等待着它的是毁灭。但是，基督教会不应该把自己的命运跟罗马联系在一起。从君士坦丁时代开始产生的新的基督教国家，为天国的出现和善战胜恶准备着条件。人类历史乃是神的意志存在的历史，而这种意志将把人类导向天国的永恒幸福。类似的思想在410年以后的其他天主教作家的著作中也表现出来，但是，表现得最为充分的还是奥古斯丁的著作。他把历史过程描绘成为由不同阶段（年龄）组成的图式，以基督教为其完满的终结。在我们的时代，奥古斯丁乃是那些身披法衣、在帝国主义和梵蒂冈赞助下，在意大利、比利时和美国的天主教大学里说教的反动天主教“历史学家”的老师。

因此，在奥古斯丁的著作中贯穿着这样一种意图：就是为奴隶制和剥削进行辩护的基督教会必须和君士坦丁堡皇帝的真正的基督教政权结盟。必须估计到，这种联盟对于北非的奴隶主上层是特别重要的，那里是阿哥尼斯特起义的舞台，而且那里的奴隶主在对帝国的态度上，是有离心情绪的。作为正统教会的代表人物，奥古斯丁看到只有教会和帝国联合才是唯一的得救之路，所以就号召跟君士坦丁堡团结一致。

随着奴隶制社会灭亡和封建社会诞生过程的发展，基督教的天意论也具有了不同的色彩。在西方，奥古斯丁关于异教的罗马必遭灭亡的思想，面对着早期各日耳曼国王认为他们的政权是从西罗马帝国政权直接继承下来的这一重要得多的思想，显得黯然失色了。这样，奥古斯丁的学说，总是被修改来适应这一或那一时代的需要，只有它的最本质的核心——基督教和依附于它的国家的永恒性——是依旧不变的，因为这反映了统治阶级的基本利益。

奥古斯丁和叶洛尼姆的学生保罗·奥罗修斯（4世纪末—约417年）把奥古斯丁的学说当作自己的历史著作的基础，这部著作题名为：《反对多神教徒的七卷史》（*Historiarum libri* Ⅶ *adversus paganos*）。值得注意的是，尽管全书整个说来是为了执行奥古斯丁关于保卫基督教、使其不致为罗马的覆灭而遭谴责的嘱咐而写作的，尽管具有争辩的尖锐性，奥罗修斯并没有对于哥特人的入侵表示敌意。相反，他认为，西哥特人把呻吟于罗马国家重税压迫下的罗马行省加以占领，乃是正义之举。他的著作所叙述的事件讫于417年，也就是包括了西哥特人出现在奥罗修斯的故土西班牙最初的年代。奥罗修斯的编年史的后一部分，作为所描写的事件的当时人的证据，是很有价值的。这是关于西班牙的西哥特国家形成过程的基本史料。

过了二十到三十年后，约440—450年时，马赛的主教萨耳维安奴斯（约死于480年）写了一部《论神的统治》（*De gubernatione Dei*）。我们在其中看到的已不是单纯跟日耳曼人妥协，而是把他们当作打破罗马帝国枷锁的解放者而致以热诚的敬意。萨耳维安奴斯以激动情绪尖锐地批判奴隶制和在高卢的罗马秩序。他揭露那些为了满足富人的贪欲而从穷人那里夺去最后一点财物的人。恩格斯写道："马赛的主教萨耳维安奴斯还愤怒地反对此种掠夺，说罗马官吏和大地主的压迫已达到不可忍受的地步，以致许多罗马人纷纷逃往野蛮人所占领的地方，而移居那里的罗马公民最怕的是重新落入罗马统治之下。"[①]萨耳维安奴斯赞美日耳曼人，尤 28
其是哥特人纯朴的习俗，颂扬他们的生活方式。他附带提供了许多生动地反映出奴隶制度灭亡情景的有趣材料。萨耳维安奴斯是奥古斯丁哲学思想的追随者，然而，他却反其师之道而行，以另一种方式来解决未来的基督教会问题。他看到的出路，不是跟奴隶制的东罗马帝国联盟，而是跟日耳曼人融合。他有鲜明的民主思想，这是跟奥古斯丁迥然不同的。在把他的著作作为史料来评价时，正是这种情况是主要的；而绝不应只看到其叙述词藻的雄辩方面。然而，资产阶级历史学家正是竭力强调他的叙述词藻浮华，责难他夸大其词。

5世纪中叶，阿奎丹人普罗斯匹尔·蒂洛的《编年史》于445年发表，此后，于456年又发表增订本。他是奥古斯丁的朋友，又是罗马教皇里奥一世的秘书。他利用了尤西比乌斯-叶洛尼姆的《编年史》，并且补充了属于5世纪前半叶的新材料。他是阿提拉入侵和汪达尔人摧毁罗马的同时代人。他本着偏袒教会的精神提供自己时代的历史。在他的著作里，有着虽然简短，却是极为珍贵的关于高卢的巴高达起义的记述。

① 恩格斯：《家庭、私有制和国家的起源》，俄文版，第156页。

> 普罗斯匹尔的《编年史》在6世纪时,分别在几个地方由几位作者作了续编:在东南高卢,是阿万斯的主教马利;在非洲,是顿努恩的主教维克托尔;在西班牙,是主教依达兹和比克拉尔的约翰[①]。

这样一来,凯撒利亚的尤西比乌斯的世界编年史就成了按基督教精神叙述的不仅是过去年代历史的基础。5—6世纪时,在西罗马帝国的不同地区已经以早期封建的日耳曼国家形式开始了自己的生活。在这段时期,凡是利用过尤西比乌斯《编年史》的人,都为该书增补了自己的续篇,这些续篇最终转向于记述这一和那一日耳曼国家的早期政治史,因此它们的"全世界"的性质也就越来越少。正是《编年史》的那些后续部分具有很高的史料价值,因为它们包含着最重要的材料。至于他们的总的倾向性,则取决于相应的条件。在叙述早期中世纪各日耳曼国家史的史料时,我们将要进一步加以考察。这里指出两点是重要的:第一,由于有了那种编年史,在理解历史过程时,和作者同时代的历史(即使是小范围的)才没有丧失跟古典地中海各民族和国家远古历史的联系。第二,由于有了那样的续编,科学界才拥有5—7世纪历史的很有价值的事实材料。

大量颇为重要的社会和政治生活事件的材料,散存在4—5世纪各种各样的资料中,诸如政治和教会活动家的题铭、书信,布道文件和主教函件,基督教诗人的作品,对帝王将相的颂词,等等。

① 参见本书第三章"西哥特人""汪达尔人""勃艮第人"等节。

4—5 世纪时，出现了第一批圣徒传，主要是迫害基督教时期牺牲的基督徒殉道者的传记。这些传记具有神话传说性质，是十分不可靠的史料，但间或也能从中发现有关个别事件或生活习俗 29 历史的有价值的资料。圣传文学（圣徒列传）的繁荣期属于早期中世纪。

7 世纪中叶以前拜占庭和南部斯拉夫人历史的史料

奴隶制社会的解体过程，在东罗马帝国，比西罗马帝国进行得缓慢，这使得古代的和希腊化时期的遗迹和传统，特别是文化领域的遗迹和传统，在拜占庭保留得更为长久。拜占庭的著作家和国务活动家曾着重强调了拜占庭文化跟古希腊文化之间的这种继承关系；不仅在 6 世纪当奴隶制还占着统治地位时是如此，就是在拜占庭存在的整个漫长时期也是这样。

6 世纪的拜占庭文献资料还保留着一系列希腊化或罗马时期的文献的特点，而拜占庭的历史学家在自己的著作中却竭力追随古典希腊的历史编纂学传统。

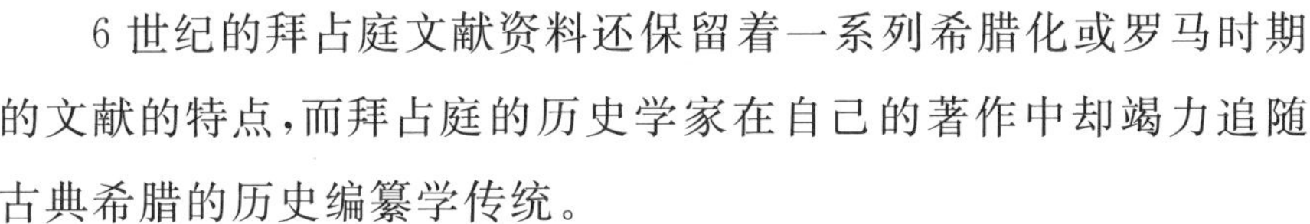

6 世纪的东罗马帝国社会经济史的主要资料是罗马法汇编。这是查士丁尼在位时于 528—534 年编纂成的，而且冠上了他的名字《查士丁尼法典》。它由四部分组成：第一部分是“查士丁尼法典”主体部分（529 年纂成），这是按照新的条件将《狄奥多西法典》加以修订而成，此外还补充了狄奥多西之后颁布的法律。第二部分是《法理汇要》（*Digesta* 或 *Pandectae*）（533 年），这是最权威的罗马法学家的系统化的法律诠释汇编。这些法学家对重大法律问题的见解事实上具有法律效力。第三部分是《法学阶梯》(533年),这是罗马法的简明教程。这三部分都是用拉丁文写的。以后,又补入了第四部分《法令新编》(*Novellae*),也就是534年之后颁发的皇帝诏令,这是拜占庭自己的法律的最早遗篇。这些“新律”的大部分已是用希腊文写的。

《查士丁尼法典》的史料价值在于,其中反映了奴隶制社会危机的全部特征。例如关于佃农制历史及一般农民历史的最为广泛的资料,正是保存在这部法律古籍中。同时,还应该考虑到,制定这部法典的目的,是以它来巩固并进而恢复原先状态的奴隶制关系。

在研究6世纪帝国的社会经济制度方面,查士丁尼及其以后的皇帝的《法令新编》,具有最重要的意义。这些《法令新编》涉及了各种问题:土地所有权、奴隶所有制、佃农制、行省管理、税收、行政和军事的管理、国际关系等。

《查士丁尼法典》在12世纪获得了《民法大全》(*Corpus juris civilis*)的名称。在商品货币关系已经在西欧各国开始发展时,这部法典就成了法律家(律师)研习罗马法的主要资料。他们研究它、诠释它、在学校里传授它,并且从其中吸取定则,用来处理随着商品生产而发生的各种关系:买卖、借贷、债务、契约等。

30 皇帝的法令大部分是涉及整个帝国的。因此,比起前面提到的埃及纸草文书来,它具有更广泛的意义。但是,在纸草文书里,关于佃农的人身依附性的增长、作坊工人和奴隶的处境、租佃、租税征课、行省的管理等,也有很丰富的材料。有一批(属于5世纪末到7世纪初的）纸草文书，是关于一个显赫的拜占庭家族——阿庇翁家族的领地的。在这些文书里，保存了关于这些领地的规模、复杂的管理机构、租税的征收、运输工具等的有趣材料。属于6世纪的阿弗洛迪多地域的纸草文书，生动地反映了自由土地所有者和豪绅之间的相互关系。这个富庶的、设备良好的乡镇，位于下菲瓦依德的安特诺波尔区，这里的居民由于无力支付重税，政权当局开来军队（照控诉书的话来说，那是"真正的强盗"），向居民进攻，把这个乡镇抢劫一空，在进攻时，破坏了灌溉渠道，造成了颗粒无收的后果。在这些非法抢劫中，本地的大地主帮助了政权当局。

在另一些纸草文书里，还保存着另外一些村庄和一些小所有者同类命运的类似资料。

还有说明教会和寺院土地所有权增长的文书，例如：一些寺院的收支账目、拒绝把土地交给教会和寺院的私人遗嘱、租佃契约、居民对教会非法行为的申诉书（有一个申诉书谈到赫尔莫波里斯教会的所谓布采利亚里武装部队）等。

在6世纪拜占庭的叙述性史料中，保存着的主要是关于帝国政治史的材料。特别应该指出的是关于斯拉夫部落入侵和移居东罗马帝国领土的材料。斯拉夫人出现在拜占庭帝国疆界是6世纪的事，但是希腊和罗马的著作家几乎是在知悉日耳曼人的同时，就知道斯拉夫人了。诚然，老普林尼、塔西佗和托勒密[①]所能提供的有关斯拉夫人的资料有限；然而，他们的简短材料却有极高的价值，因为它们证明斯拉夫人在很古的时期已移居到中欧和东欧。

① 参见本章"日耳曼人"一节。

考古学提供了大量材料，农耕工具、陶器、金属制品、装饰品等，显示出古斯拉夫人的农业和手工业的高度发展水平。

从6世纪起，在文字史料中，就有更为详细的报道。哥特人历史学家约尔丹（6世纪中叶）[①]依靠迄今已失传的史料以及他自己的亲自观察，也写过斯拉夫人的情况。因为哥特人长期同斯拉夫人直接为邻，跟他们有着经常的交往。约尔丹在叙述哥特历史时，记述了他们跟斯拉夫人的冲突，指出斯拉夫人的分布地区，并且指出了三个基本的斯拉夫部落群：维尼迪人、安迪人、斯克拉文人（以后由这些部落群形成了西斯拉夫人、东斯拉夫人和南斯拉夫人）。约尔丹提供了关于安迪人以博日王（4世纪末）为首的政治联合的材料，那是我们所知道的这方面的最早材料之一。这些材料证明在斯拉夫人中，很早就产生了部落联盟。这就粉碎了某些资产阶
31 级史学家的荒谬论断；按照那种论断，似乎斯拉夫人没有独立的政治结合能力。

关于6世纪的南部斯拉夫人的基本材料，保存在拜占庭作家的著作中。那时，他们无论谁也不可能避开这个主题。因为斯拉夫人的入侵以及随后把巴尔干半岛变成自己的殖民地，这是那个时代的最重大事件。

关于6世纪的拜占庭历史，特别是查士丁尼统治时期的历史。有三个历史学家的著作是最重要的。这是三个相互承继的历史学家：凯撒利亚的普洛可比、米林涅的阿加提亚，以及密南德尔·普罗季克托尔。他们的著作互相衔接，是用希腊文写的，叙述的是

---

① 参见本书第三章“东哥特人”一节。

527 到 582 年间的事件。

凯撒利亚的普洛可比(5 世纪末—约 562 年),属于帝国的高级官僚集团,曾担任贝利萨留将军的秘书和法律顾问。由于他的显要的社会地位,还由于他是很多事件的目击者,又具有高度的洞察力,这使得普洛可比视野广阔而又深悉时情。他的首要巨著通常称为《战争史》,写于 550—554 年,共八卷,第一、二卷写的是关于跟波斯人的战争,第三、四卷是关于跟汪达尔人的战争,第五、六、七卷是关于跟哥特人的战争,最后的第八卷是关于 554 年以前的事件的概述。普洛可比并不只是局限于战争进程的叙述以及战役和外交谈判的描写,而且还提供了跟拜占庭军队发生冲突的那些民族的地理学和人种学方面的材料。他也涉及了帝国的内部历史,详细地记述了 532 年的“尼卡”起义。

普洛可比的另一部著作《秘史》(有时也称作 *Anecdota*),写于 550 年,相当详细地阐述了帝国的内部状况,以强烈的敌对口气来描写了查士丁尼。同时,作者着重指出了人民群众的艰难处境,不堪忍受的租税压迫,行政和司法机构的营私舞弊,手工业、商业和军队的解体。这一切罪恶,照作者看来,都是政府当局残忍自私政策的结果。在普洛可比的笔下,查士丁尼本人、西娥多拉皇后以及一些高官显宦都是罪恶淫荡之徒。

《秘史》是一部独特的史料。其中除了提供帝国和人民的一般状况的正确图景以外,因为作者对皇帝个人怀有极度的反感和仇视情绪,以致使得历史的真实图景遭到一些歪曲。《秘史》中对于皇帝的强烈仇恨的内容,引起人们怀疑这部著作是否出自普洛可比的手笔。因为他另外一部著作是以颂扬精神来描写查士丁尼的。这样一来,《秘史》的第一个刊行者阿勒曼尼于1623年按照他所发现的手稿发表了这部著作,这样便蒙受了伪造的罪名。然而,无论是根据分析遗稿,还是根据后来的拜占庭作家(斯维达斯等人)关于普洛可比的这部著作留存于世的报道,都证明该书为普洛可比所著。

普洛可比的第三部著作是题为《论建筑》的论文,写于558—560年。他以赞扬的口气评述了查士丁尼的建筑活动。在论文中
32 记述了查士丁尼所修复、加固和改建的城市和要塞,还记述了在他主持下新建的城市和要塞。由于其中有地形学和拜占庭城市及边疆堡寨历史方面的丰富材料,这部著作得以归属于6世纪的最重要史料之列。

普洛可比的后继者是米林涅的阿加提亚(约536—约582年),他是历史学家和诗人。他的《论查士丁尼的统治》是一部未写完的著作,由五卷组成。其中记述了在纳尔锡斯将军指挥下,在552—558年跟哥特人、汪达尔人、法兰克人和波斯人所进行的战争。像普洛可比一样,阿加提亚是深悉时情的,而且还作了确切的叙述。他的著作对于研究4—6世纪的伊朗萨珊王朝的历史也是很重要的,因为在其著作中(有希腊文的译本),保存了迄今已失传的波斯编年史籍的断片。

阿加提亚的著作又为密南德尔·普罗季克托尔(6世纪后半叶)续编下去。密南德尔撰述了558—582年的帝国历史。这部著作仅仅在斯维达斯的辞书和出身皇家的君士坦

丁·巴格里亚诺罗德[1]的著作中保存下来一些片段。密南德尔也像自己的前辈那样，提供了跟拜占庭毗邻的各族人民的地理学和人种志学的宝贵材料。

在普洛可比、阿加提亚和密南德尔的著作中，保存了6世纪时关于古代斯拉夫人以及跟他们之间的战争的最详细材料。斯拉夫部落向巴尔干半岛的初期入侵、对城市的围攻，以及对帝国军队的胜利，都被记述在普洛可比——他是其中很多事件的目击者——的《战争史》中。他还对斯拉夫人的外貌、他们的勇敢、坚韧和强健的体力，他们的衣着、军事装备、军事计谋、信仰和社会制度等作了有趣的报道。在谈及他们的社会制度——民权政治时，他指出，由于那样的制度，"在他们那里，生活中幸运和不幸都被认为是属于大家共有的"。普洛可比的著作中还有关于斯拉夫社会中开始阶级形成过程的材料。尽管作者对于给拜占庭人带来屡屡惨败的斯拉夫人存有敌意，可是普洛可比还是不得不承认，他们"本质上不是坏人，更全然不是恶人"。在《论建筑》的著作中，他列举了大量位于帝国北部疆界的碉堡和城寨，这些都是用来防御斯拉夫人入侵的。在阿加提亚的著作中，也有一些关于斯拉夫人的报道，这些报道有的是根据目击者的叙述，部分是依靠作者的亲身观察。

密南德尔提供了关于6世纪后半叶斯拉夫人跟阿瓦尔人以及和拜占庭人之间的相互关系的重要材料，为写作那段时期的斯拉夫人的外交和军事史奠定了基础。

① 参见本书第十八章。

摩里斯跟斯拉夫人和阿瓦尔人之间的战争的具体史实是由希拉克略皇帝(610—641 年)的秘书费奥费拉克特·西莫卡特(7 世纪前半叶)的《历史》一书提供的。整个说来,这是关于摩里斯皇帝(582—602 年)统治时期历史的主要的、最好的史料。这部著作中包含有相当确切的材料。

在 7 世纪前半叶的史料中,应该指出格奥尔基·匹西达的具有历史性质的诗歌作品。他是希拉克略皇帝统治下的君士坦丁堡圣索菲亚大教堂的辅祭。在他的诗作中,有一部记述了希拉克略反对波斯人的出征;另一部记述了 626 年阿瓦尔人对君士坦丁堡的袭击;第三部《希拉克略颂》,是对希拉克略战胜波斯人的颂扬。这些诗作在文笔上是极为浮华夸张
33 的。它们的价值在于其中所提供的事实材料。那是希拉克略统治时期唯一的当代史料。

《复活节编年史》——这样称呼是因为在其中按照基督教的纪年体系对未来若干年的复活节作了推算;它也被世人称为 *Chronicon Alexandrinum*、*Chronicon Constantinopolitanum* 或 *Fasti Siculi*——是希拉克略皇帝的同时代人编纂的,而且,很有可能是接近君士坦丁堡主教塞尔吉乌斯的神甫编写的。这部世界编年史是由范围广阔的,从创世记到 629 年为止的事件编年表组成,其中还补充了各种的增补和历史注释。

6 世纪(从 532 年起)直到摩里斯统治时期(582—602 年)结束的事件,叙述十分简略,而且几乎只有《执政官年鉴》有所

叙述。在7世纪时(从摩里斯统治结束到627年以前希拉克略统治的最初十七年这段时期),当代作者对当时的事件的叙述比较详细。由于7世纪历史的当代史料十分缺乏,即使那些简略的提示也应该予以注意。

有一部匿名著作《圣德米特里传奇》,是记述斯拉夫部落在6世纪末7世纪初围攻帖萨罗尼卡城的,其中保存了关于这次长期围攻详情的绝无仅有的重要资料。斯拉夫人带着自己的家眷和财物出现在帖萨罗尼卡城下,打算拿下城市以后就在那里安家立业。他们在围攻期间所运用的战术,成了叙利亚历史学家以弗所的约翰(死于585年)描绘的精彩插画。他用本土语言写成的《教会史》,以其本来的面目保存下来的只有对其有影响的记述当代事件最后的那一部分,尽管简略,但却给广布在巴尔干半岛各省的斯拉夫人提供了一幅栩栩如生的图景。用作者的话来说,"他们泰然而居,无忧无虑",既拥有畜群,也拥有金银和武器,"在军事方面,他们学得比罗马人(即拜占庭人)本身还要高明"。后面这段叙述特别重要。因为它表明斯拉夫人固有的军事才能有了迅速发展;这保证了他们能以战胜拜占庭人,并保住他们所夺得的土地。

这同一个主题在《兵法》一书中,也有极为详细的论述。这部关于军事艺术的著作早先被归之于摩里斯皇帝的手笔,事实上是他的某个同时代人撰写的。(这位作者通常被称为伪摩里斯)。《兵法》保存了关于斯拉夫人的战术,以及他们的武器装备和一些生活习俗特征等极为有趣的资料。作者无疑是个军人,他在著作里总结了他的前人和自己本身的经验,他写道:"我尽可能按照自己的经验和古人的训示，写作这一切，把各方面都加以注意。我的写作有助于那些陷入了那样的处境”，也就是被迫对斯拉夫人的进攻进行防御或者与之交战的人们。就其军事性材料的丰富程度来说，这部论著不仅在6世纪末，就是在此后的许多世纪中，也是无与伦比的。其中十分明显地表明，斯拉夫人已经成了拜占庭人最为危险的敌人。他们是怎样地善于运用各种战术，以及怎样地英勇善战。这部论著追求的是具体的、实践的目的——研究这些作战方法，学会跟斯拉夫人打仗。作者无疑曾有机会亲自观察斯拉夫人的生活，而且曾与他们兵戎相见。他指出，斯拉夫人极为好客，指出斯拉夫人中广为盛行的特别的、温和的奴隶制形式（仅是在有限的时间范围内），指出他们有丰盛的粮食储备和大量的牲
34 畜。他所报道的全部情况描绘出那时斯拉夫部落占统治地位的氏族制度的典型图景。

在6世纪时，从世界编年史的总流中，另外形成了一种独具特色的拜占庭世界编年史（称为年代记），并开始独立地存在了。这种编年史的作者大部分是修士。那时，记述当代事件的历史著作主要是由君士坦丁堡的贵族或高级官吏撰写的，他们模仿的是修昔底德或波利比阿的语音和文体。修士们一般说来，并没有受过很多教育，他们撰著世界编年史时，用的是习用口语。他们叙述古代世界史，根据的是圣经和教会史——其中补充了一些希腊神话和埃及、亚述、罗马历史的资料。这些作者在运用古典文学著作和资料时，往往是用的各色各样的改写本，以致弄得错误百出。

有许多拜占庭世界编年史，在漫长的世纪里都是希腊修士们极为喜爱的历史读物，而且，在部分的人民群众中（特别是在城市）

也是如此。这也说明，为什么有些这类编年史保存在大量的抄本中，而且从9世纪起被译成了其他文字。

拜占庭年代记的第一个范本是安提俄克人约翰·马拉拉(5世纪末—6世纪中叶)的世界编年史。马拉拉(叙利亚语是修辞家之意)的编年史——保留其原先面貌的只有一个不完整的抄本——记述的事件到563年为止。根据保存在拜占庭著作家书中的编年史片段来看，可以推测，马拉拉本人曾把他的著作记述到查士丁尼死去之年(565年)，而且还由同时代的一位不知名的作者续编到573年。照马拉拉自己的说法，他的到474年的事件叙述，根据的是各种文字资料，其中不仅有一部分是迄今已失传的许多著作家的历史著作，而且还依据了安提俄克的城市档案文献。在编年史的以后部分，还利用了同代人的口述资料和作者本人搜集的材料。显然，安提俄克的编年史构成了前十七卷的基础，世界史事件是由作者增补进去的。最后的第十八卷，作为史料最有价值的是以君士坦丁堡的城市编年史为基础而编成的，在研究吉莫[①]运动方面是特别重要的。马拉拉的编年史是一部不用文言而是用民间希腊语——其中夹杂着拉丁语和东方语——写成的历史著作。在10世纪初，它被译成古代保加利亚语，这个译本，比它传世至今的唯一的希腊文抄本更为充分地保存了编年史的原文，后来它构成了《希腊化的编年史家》一书的基础。该书是古代俄罗斯的世界编年史之一。约翰·马拉拉的编年史，还有拉丁语和格鲁吉亚语的中世纪译本，也被保存下来。

(庞卓恒译　张庆喜、郭守田校)

① 吉莫——形成于6世纪的宗教党派，是拜占庭城市居民自己的政治组织。

早期中世纪

第二章　5—9 世纪史料的一般特点 37

早期中世纪包括封建主义的形成时期，也就是封建生产方式的形成和封建社会、封建国家的产生时期。与此同时，也进行着由部落和部落联盟发展成封建部族的过程，这通常是它们之间融合的结果。在西欧、中欧和南欧，总的说来，这个时期包括的是 5—9 世纪，不过，在某些国家，它开始得稍微晚些。封建生产关系和与它相应的上层建筑，在欧洲各民族中不是完全同时产生的，其产生的基础也不是完全相同的。在西罗马帝国的领土上——那里从 5 世纪开始形成新的日耳曼国家——在封建主义之前有过奴隶制生产方式，而且具有最充分和完整的形态。在这些国家里，封建主义乃是奴隶制（以及它所固有的完全的土地私有制）崩溃和日耳曼公社解体的结果。这一结合促使日耳曼征服者中的土地公社所有制迅速解体，由于这种情况，封建主义在法兰西、西班牙和意大利发展得比较快，它在法兰西具有自己的典型形态。在拜占庭地区，封建关系也是在同样的综合因素的基础上产生的，但是进行得较为缓慢，而且伴随着颇多的古代奴隶制残余。那里保存下来的拥有发达的手工业和商业的大城市，具有重要的意义。在另一些国家里（德国、英国、爱尔兰、匈牙利、斯堪的纳维亚和斯拉夫诸国），在

封建生产方式产生之前，没有发达的奴隶制，而仅仅是父权奴隶制形态的奴隶制结构，因此，在这些国家里公社关系的解体、土地私有制的发展以及封建关系的形成，都进行得更为缓慢，而封建主义的政治形式也没具有像法国那样充分和完整。

欧洲封建主义具体发展形成方面的这种极为重大的差别，在考察这一时期的文字史料时，有着不小的意义。首先，属于这一发展阶段的史料，在不同的民族，并不是同时出现的。其次，关于那些在西罗马帝国领土上形成的国家的历史——它们在编年体系上直接跟西罗马帝国历史衔接着——以及关于拜占庭的历史，都还有颇大一批晚期罗马史料保存了下来。这些史料反映了以后成为

38 独立国家的帝国的一些地区的生活。关于其他欧洲国家类似的史料就更加无比地贫乏了。

但是，尽管早期中世纪各国历史具有相当重大的差别，这一时期的史料却都是属于一个十分清楚的类型：它们在一切地方都反映了封建化过程的主要特征。考古学为这一时期提供了考察生产力发展水平的极为珍贵的资料。这一时期的文学史料，整个说来数量是极少的，这不仅是因为其中有很多丢失了，还由于社会一般发展水平的低下。只有在拜占庭，因为存在着大城市和中央集权国家，经济联系和政治生活都具有明显的多面性的特点；而文化的高度发展水平也是西方无法相比的。因此，在那里没有出现“蛮族”国家那样的史料贫乏情况。就其形式来说，拜占庭的史料仍旧是古典传统的继续。

封建基础的形成以及与它相应的上层建筑的出现，在各个地方都引起了以下种种需要：编定习惯法、国王律令、确认土地私有

制增长的证书、在意识形态上论证产生中的国体、记录现实生活的重大事件,等等。

我们现在就转而考察诸如此类史料出现的规律性和它们的价值,以便在以后各章,分别叙述各个国家的每一种史料的具体存在情况。

日耳曼人对西罗马领土的征服,西哥特人、汪达尔人、勃艮第人、法兰克人、东哥特人以及伦巴德人的国家在那里的形成,也正如斯拉夫人对巴尔干半岛的渗入以及第一批斯拉夫国家的出现一样,在"蛮族"和罗马帝国居民的社会制度中带来了重大的变迁。在日耳曼人和斯拉夫人中,阶级形成的过程加速了,军事贵族的势力变强大了。在西罗马帝国,在奴隶制和罗马国家的废墟上,产生了新的社会制度和新的国家。在那样的国家中,占据首位的是开始变成国王的日耳曼部落军事首领。日耳曼人向高卢、西班牙和意大利的扩展,导致他们跟被征服的居民,跟他们所陌生的罗马法律和秩序发生密切的交错的联系。日耳曼人"到处推行他们日耳曼人的马尔克制度,连同森林和牧场的公共占有制,以及马尔克对已分土地的最高统治权"。[①] 另一方面罗马的土地私有制促进了日耳曼人的公社土地所有制的解体,使他们当中产生了自主地,也就是自由转让对耕地和牧地的所有权。而且自主地不仅在贵族中盛行,就是在农民群众中也是如此。随后,发展起封建土地所有制和农民的农奴化。

新的生产关系的产生,需要制定成文法律,来调节日耳曼人本

① 恩格斯:《德国农民战争》附录,1952年俄文版,第118页。

身之间以及他们与被征服省份的居民之间的相互关系。随后，被剥削阶级对封建主的从属地位就通过法律获得了巩固。因此，从5世纪开始，随着阶级的发展和国家的形成。在日耳曼人中产生了自己的成文法，其中，旧有的民间习惯法已显著改变。这些法律在封建制度形成的初期阶段，不仅是反映社会经济关系的最重要
39 的，而且也是唯一的文字史料。这些法律，按其作用来说是法典，也就是各种大小罪过的罚金和其他惩罚的评定标准；它们为考察公社解体和封建制诞生时期的生产力发展水平、研究那个时期的所有制的形态，已经开始了的社会分化、氏族公社制的残余以及诉讼过程的形式等方面，提供了丰富的而且是极为有价值的材料。在拜占庭，斯拉夫人所带来的公社秩序，在8世纪时正式形成为书面的习惯法，由国家加以合法化了。

随后，在其他一些散居在北欧和中欧的克尔特人、日耳曼人和斯拉夫人的民族中也产生了这样的成文法，他们还未经受过奴隶制和罗马的统治。不过，由于在他们那里，氏族——公社制的解体以及封建制度的形成过程，比较移居到罗马帝国省份的斯拉夫人和日耳曼人来说，进行得较为缓慢些。因此，法律的书面化，在那里实现得稍微晚了一些：是在8—9世纪。

由此可见，整个说来，法律的形成时间历经了相当长一段时期——从5世纪到10世纪。就其性质来说，它们或多或少都是属于同一类型的，因为它们大体上都是处于早期封建社会的同一发展水平。但是，由于不同民族的发展程度并不是绝对相同，所以它们也具有某些差别。

在俄国历史学中，这类法律遗编按类似的俄罗斯古代法律的

名称而称为“лравды”(法典)。它们通常的拉丁文名称(大部分是用拉丁文写的)是:lex(即法律),再加上部落或民族的名称(例如:Lex Saxonum)。有时也有另外的名称:ewa、pactus、edictus。起初,法典并不是王室政权的古法条规,而只是习惯法的记录,也就是在社会中自然而然产生的法律准则。那样的记录是内情人通过询问调查才实现的。有时是按照国王的倡议和以国王的名义实现的,但也是那些内情人的赞同。以后的法典编纂者,往往以某一种较为古老的其他民族的法律记录作为范本,从中借用个别条款的说法。但是,整个说来,这些古老法律遗篇是自然而然产生的,按其性质来说,不可能是模仿的。不同法典中个别条款的吻合,原因在于产生这些条款的生活条件具有共同性。由于这同一个原因,拜占庭的古习惯法《农业法》跟西欧各族的法典也有很多类似特点。

古法典的文本随着封建制度的发展而改变和补充,在这一阶段,人民群众已不参与立法,已巩固的国家政权垄断着立法的职能,并以此为新生的封建主阶级的利益服务,颁布了经过修改的旧的习惯法条例的法律。这样一来,古法典逐渐消亡了。它们是处于封建制度创立阶段的社会法权基础,并随着发达的封建关系的形成而退入了后台。古法典盛行的时期,在不同民族不可能是完全同时的,但总的说来,它大约维持到10世纪,而在某些特殊的情况下(例如西班牙),还要晚一些。它们中的某些条款,主要是刑事
性质的条款,若干世纪后逐渐变成习惯法了。 40

一般说来,法典文本的架构是很复杂的,因为有后人的掺杂、增补,又有不同版本的存在。各种版本的相互关系以及它们在年

代上的继承性，研究起来十分困难，在史学界中大部分还是有争议的问题。尤其传世至今的法典文本的手稿一般都是后期的抄本。这就更增大了难度。法典分为许多章（Титулы），章又分为节。诉讼复杂事件缺乏真正的系统分类。章节次序，或多或少是随便排列起来的。

早期中世纪的文书资料，除了关于拜占庭帝国、埃及的历史资料以外，极为贫乏。这不单是因为传到我们时代的只是实际文书的很少一部分，还因为那时的社会生活本身需要用文件加以正式确定的关系的领域，是相对狭小的。国家管理体系还很原始，商业联系微不足道。王室法庭的条规（地方法庭还没有使用文字记载），因自主地的产生而出现的土地馈赠，交换买卖的文书、遗嘱，以及最后，巩固依附关系的文书——所有这些，就其总的特点来说，就是早期封建文书的基本类型，它说明发生在社会中的最主要的社会经济过程。但是，除了为数不多的保存下来的文书以外，科学还能掌握另外一些可能部分地替代已经丧失了的文书的史料。这就是公文程式汇编（有时也被称为程式目录）。也就是世俗的或教会的办公室编制的规范文书文本的汇集，用它作为范本，来书写各种不同内容的实际文书。在公文程式里没有姓名、日期，土地的具体记述等，它们提供实际完成契约的一切类型，但只是给一个抽象的模式，没有指出具体人、具体事和具体的时间。它们好像是现实通行的一个缩影，但没有其具体的材料。它们所记述的只是在这一地区或那一地区里，在或长或短的时期内，封建关系形成的一般途径，但没有提供能在时间上描绘出这个过程的详细图景所需要的情况。然而，这些程式汇编在一定时期，在这一或那一地区的出现这一事实本身，就已经证明那里存在着封建化的过程。在研究财产、统治和隶属关系方面，公文程式汇编是很有价值的史料。它们在以后的世纪里也还继续存在，成为一切办公机构的实际往来的不可缺少的一部分，而且流传至今的为数不少。但在以后时期，它们作为史料的意义大大降低了，因为留存下来的文献在数量上不断增多，愈来愈把抽象材料排挤到次要地位。至于说到早期中世纪，由于保存下来的文据资料不多，这样的公文程式汇编就具有特殊意义。

关于拜占庭的文书资料，应该指出十分缺乏，这是因为异邦的征服使拜占庭的档案遭到多次劫掠和破坏，这些档案几乎全被毁坏了。

在 8—9 世纪，随着封建生产方式的进一步发展和巩固，出现 41
了一些史料。这些史料比起古法典、公文程式汇编和文书资料来，在生产力和生产关系的状况方面，反映更为直接、更为丰富。在寺院里，产生了详细的地产清册（称为 политихи），文据及其他文件副本集（称为 Картулярии，拉丁文 Chartularium，文件汇编之意）。出现了管理大地产的指令等等。运用这些史料，研究者就能在相当大的程度上，清楚地想象出生产力的发展进步，封建大地产的组织，对教会和王室的大地产中的依附居民的剥削形式，以及依附农民的基本类型，等等。但是，关于其他的土地所有形式的历史，史料特别贫乏。除了古法典的新版本外，还出现了内容广泛的、各种各样的国王法典，在查理大帝的帝国尤其如此。在拜占庭，皇帝敕令的出版，从罗马帝国末期以来就没有间断过。

一些民族的年代记和"历史"，是恢复早期中世纪一些国家的政治史以及部分社会史的史料。

在西欧，编年记录被称为年代记（annales，由 annus 而来），是由罗马继承下来的，从 7 世纪起在寺院里出现。起初它的形式是在复活节表报上简要地，甚至最简短地记一些事情，复活节表报提前几年登了不固定的基督教复活节的庆祝日期。初期的纪要，跟这类表报上的个别年代并不相符合，而且远不是每一年都记下了一定的事件。以后，记事变得更多了，而且归入了一些专门的手稿。这种初期形式的年代记几乎完全没有保存下来，因为在绝大多数情况下，它们在以后都被改编过。从 7 世纪末起，在很多寺院里，这种年代记已经逐年系统地记录下去。应该着重指出：在早期年代记之中，不仅存在着巨大的共同性，在某些情况下，甚至文本完全相同，因为修道院为了校正和补充自己的记录，经常地交换年代记，别处的年代记的文本，往往被作为新成立的修道院的编年记录的基础，同时补入了地方事件的材料，并且把它续编下去。那样的地方消息的综合报道的存在，是确定年代记产生地的标准。

恩格斯对爱尔兰年代记所作的生动评语，适用于西欧所有早期年代记："在其中（也就是在那些年代记中——著者）保存了关于某某人物的死亡或登基、战争、战役、地震、时疫、斯堪的纳维亚的强盗袭击等的简短、枯燥的记载。然而有关人民社会经济生活的记载都是微乎其微。"[①]恩格斯作了极为重要的指示，强调把年代记与古时法律中吸取的材料联系起来研究的重要性。因

① 《马克思恩格斯文库》第 10 卷，俄文版，第 83 页。

为与这些材料结合起来，简短的年代记要才会具有更深刻的意义。

随后，在8—9世纪，出现了疆域更为广阔的年代记。同时，在
这些年代记中，越来越明显地表现出早期封建帝国强大起来的王
权所特有的政治倾向。那样的编年史成了封建意识形态的体现 42
者。它表现在对相应历史事件的看法。官方编纂的年代记也产生
了：在查理大帝统治的大陆，在阿尔弗雷德时期的英国等。

年代记中保存了一切主要历史事件的记载。因此，所有与它们同时代的著作家以及以后的史书作者都从其中吸取材料。年代记跟“历史”一起，成了以后发展起来的编年史书的基础。这种编年史已经不是个别的编年记事，而是一种多少带有连贯性的事件叙述。然而，7—9世纪时期——还包括10—12世纪的一部分——的早期编年史，按其形式来说，毕竟还是很接近于年代记，因为作者们在重编或者注释年代记时，自己的叙述在一定程度上还都遵循着那种叙述方式。

在西欧的国家中，从6世纪起，除了记载当时事件的年代记外，出现了大型的历史著作——散居在罗马帝国各省的日耳曼个别部落的“历史”。它们的出现，是以先前提到过的在早期中世纪社会存在的古典末期历史编纂的传统为前提的。正如将要表明的那样，在这样的作品里，在这一或那一“蛮族”王国的历史前面，通常都有一些或多或少的4—5世纪的世界编年史的很多摘录。在“历史”中，保存了极有价值的史实。其中包括当时流传于人民当中的古代史诗，关于祖先、迁徙、早期的公爵和国王的传说，民间歌谣，还有比年代记远为详细的有关东哥特人、西哥特人、法兰克人、伦巴德人、盎格鲁-撒克逊人等的早期历史的材料。在上述那些民

族与被征服居民的融合过程中，逐渐形成了西欧封建社会未来的部族。同时，在这些通常由主教或修士撰写的著作中，很明显地表现出新形成的封建主阶级需要从意识形态上来辩护和巩固建立的封建基础和封建国家。作者们颂扬王权、教会和贵族，夸大他们在社会中的意义，贬低人民群众的作用。这一倾向本身就表明一个重要的历史事实，它标志着新的封建意识形态的确立的一种形式；按照那样的意识形态，人民群众仅仅处于从属地位。然而，与此同时，无论是年代记，或是“历史”，都是早期封建社会生活中很重要的和进步的现象。在政治和教育上的影响很大；这些典籍中记入了国家的历史，而且促进了那一时期历史思想的形成。尽管这样的历史思想在当时是极为初步的，但在其中却为我们保存了现代欧洲各民族的远古历史。

这一时期的拜占庭的叙述性史料具有特殊的性质。它们也如文件资料一样，直接地跟古代保存下来的传统衔接起来。许多历史著作的作者都是高级官吏或僧侣，也像自己的先辈一样，模仿修昔底德和波利比阿，广泛地运用古代神话和古典希腊文学作品。他们比西方历史学家具有更为广阔的政治视野，在自己的历史著作中不仅提供了拜占庭的历史，还提供了与它相邻的民族的历史。
43 这使得这类著作成为斯拉夫人，高加索人以及前亚细亚诸民族的特别珍贵的史料。

我们暂且不谈其他较为次要的史料，而只讲早期中世纪特别典型的一种史料，这里所说的就是圣徒列传(即圣者传)。

教会在早期封建社会中起了巨大作用。它是从古代世界保存下来的唯一的机构。它不仅在早期中世纪社会中保存了自己的实力，而且还加强了实力。恩格斯曾指出，(他所谈及的是高卢，但这个指示对其他国家也是正确的)，尽管教会在罗马时期已集有大量财富，“高卢教会的黄金时代，只是随着法兰克人皈依基督教来到”。[①] 教会以自己的威望册封新建国家的王权，教会在半异教群众的意识中，不仅灌输基督教的教条，还灌输服从和驯顺世俗和宗教权力的思想意识。然而，与此同时，教会本身也经受了重大的改变，成了最大的地主和封建主，卷入了早期封建社会的全过程，教会本身也是这个社会的不可分割的一部分。而这就意味着，它不可能完全克服那种新的封建欧洲诸民族——他们多数只是表面上皈依了基督教——所具有的多神教自发势力。《谨慎的教皇用圣徒的形象为多神教的农民恢复了他们的大量保护神》[②]——恩格斯在论及出现在早期中世纪的不计其数的圣徒崇拜时这样写道。本地的大小神祇、山林川泽等等的保护神被同样是区域性的“苦行者”、“殉道者”、“隐士”或“虔诚的”主教所代替，在大多数场合下，他们也仅仅是在一个大小不等的狭小区域内为人们知晓和崇拜。这些早期中世纪的地方圣徒，对于民间的多神教群众来说，较之官方基督教信仰的神，更加亲近和更易接受。早期中世纪的圣徒传乃是极为重要的历史资料。其中保存了当时民间生活的许多特色，包含着描述教会的历史及其地产的增长的珍贵资料，往往还可以发现政治史的事实。用于研究早期封建社会时代的风俗、道德、意识形态和宗教历史，反映生活诸方面的史料一般是极为

① 《马克思恩格斯全集》第16卷第1分册，俄文版，第394页。

② 《马克思恩格斯全集》第27卷，俄文版，第201页。

贫乏的，古老的圣徒传在这方面是不可代替的。固然，它们充满着传奇和超自然现象，其中笼罩着神话。然而它毕竟是一种自有特点的历史资料。在神话中，在某种程度上（虽然是以特殊的形式），反映了在新的生产关系——它第一次把沉重的剥削枷锁加于破产的公社成员——农民身上——的迅速发展时期人民群众的愿望。

在过去的西罗马帝国领土范围内，这一时期的全部史料都是用拉丁文写的。但是，除少数例外，用的都不是拉丁的标准语言，而是用的普遍流行的行省方言，它战胜了日耳曼征服者的语言，并逐渐发展成拉丁诸部族的语言，因此，在这些国家，年代记和历史著作的语言，特别是法律和文件的语言，是为全体居民所懂得的。
44 在法兰克国家的日耳曼人地区——那里占统治地位的是日耳曼方言——法律要译成这些方言。在英国、爱尔兰和冰岛，法律和有些历史著作是用民间通行的语言写成的（历史著作有时由拉丁文翻译过去），因为拉丁语对于克尔特和日耳曼民族是完全陌生的，终究只是教会语言。

在查理大帝时期，年代记的语言，以及特别是历史著作的语言，稍有些接近于拉丁文言。由于学校的某种程度的发展，这种拉丁文言渐为较广大的贵族界所掌握，而且，一般说来在当时起了文学语言的作用。因为未来的民族语言还仅仅处在形成阶段。

拜占庭的史料，无论是文献的，或是叙事的史料都是用一切阶级都能懂得的中世纪希腊语写的。其特点在于个别场合下，或者由于某些作者力图模仿古典作家，或者相反，由于作者缺乏文学创作的技巧（如约翰·马拉拉），因此使用对话语言。在保加利亚和克罗地亚,9 世纪出现的文据、法律和简要记录,是用古斯拉夫语写成的,那种语言是现代斯拉夫语的基础。

（庞卓恒译　郭守田校）

45

第三章 “蛮族”国家史料

各日耳曼“蛮族”国家历史的资料，或多或少都是属于同一类型的。其中包括法典、文书程式汇编、年代记、历史、圣徒列传。然而，与此同时，这些国家的发展和历史命运在史料的性质上也反映出其特点。每一个国家都由此而形成了反映上述差别的自成一体的古文献资料。

西哥特人

建立在西罗马帝国领土上的最早的“蛮族”国家是南高卢以及随后的西班牙境内的西哥特王国。在日耳曼诸国最早的国家中出现了最古老的(按其产生时间)法典。

早在狄奥多里克一世(419—451 年)时，就编纂了第一批法律，关于这些法律只有模糊的记载。大约在 475 年，在国王攸利克(466—484 年)时期，出现了内容丰富的法律汇编，就是所谓的《攸利克法典》(*Codex Euricianus*)，估计有 340 条以上。但传世至今的只是一些片段。(52 条，其中有 17 条是完全被歪曲了的。因为保存这一珍贵史料的唯一稿本是羊皮纸抄本，也就是抄有复文的稿本)。完整的攸利克法典的复原工作，是学者们根据这些残篇和最晚的西哥特法典版本，以及其他的日耳曼法典（勃艮第、萨利克、阿勒曼尼以及巴伐利亚法典等）来完成的。——这些法典的编纂者在当时曾利用过攸利克法典。从这部法典中我们得知，在5世纪末，西哥特人还保留着——虽然是微弱的——氏族制遗迹和公社土地所有形式的某些残余，土地还不能自由割让，但是已经有了依附农民（不过不是奴隶和隶农），这些依附农民的被剥削形式比罗马帝国时较为缓和。虽然在当时，征服者和战败者，西哥特人和罗马人，是作为两个不同的民族而生活着，各有自己的法律，两者间的通婚也是被禁止的；然而，西哥特的法律也受到了罗马法的强烈影响。在攸利克法典中，有的地方直接借用了狄奥多西法典和盖乌斯的著作等。

攸利克法典在西班牙，被随后的法典所代替。但是在南法兰西，它通行了相当长的时间。

在下一个国王阿拉里克二世（484—507年）时期，大约于506年编纂了哥特人统治下的罗马人特别法典——*Lex Romana Wisigohtorum*，以后被称为《阿拉里克法令简编》（*Breviarium Alaricianum*）。这是用来解决罗马人与哥特人之间的诉讼和争端
的，也是一部各种罗马法资料的逐字逐句的摘录汇编（只有盖乌斯 46
的《法学阶梯》被改编）。它以这种形式来使旧的罗马法适应于西哥特国家中形成的新条件。在西班牙本部，它大约经过150年以后被废除了。因为哥特人已经与罗马居民融合了，为罗马人保存特别法律的必要性也消失了。但是在另外一些还调整征服者与当地居民的法律关系的国度《阿拉里克法令简编》被用作范本，经过某些修改后，通行于南高卢、勃艮第和普罗旺斯。

从塞维尔的伊西多尔的著作[1]中得知，在利欧维希尔德王(568—586年)时期也编纂过法律文献。

它的基础是攸利克法典，但是从其中删除了完全过时的部分，编入了以后的国王的法律。这个文献没有传到我们的时代。学者们依靠后来的法典(按计算已是第三部)——在那部法典中，利欧维希尔德在位时期编纂的法律称为“古法”(lex antiqua)——部分地将其恢复起来了。后来，这第二部法律(已经失传)在伦巴德、意大利编纂洛塔尔敕令时，曾被利用过。

上述的第三个修订本，也是西哥特自己的一部法典(Lex Wisigothorum)[2]。它的准备工作开始于亨达斯文特王时期。在这个全民必守的法典的附律里，哥特人和罗马人之间已不再划出区别。但是，在列泽斯文特王时期(649—672年)全部浩繁的古法材料被再次审阅，而且最后大约在664年以系统的形式编成了名为《法官书》(Liber iudiciorum)的法典。它是以查士丁尼法典作为样本来编写的，由12篇组成，各篇以下又分为节和条，附有注释，指明某条某款源自利欧维希尔德法典(古法)或源自其后的某某国王的新法。自从列泽斯文特法典出现后，就规定全体居民只能使用这部反映哥特人的罗马人融合(特别是社会上层)的法典，尽管受到罗马法规的强烈影响，但是日耳曼法仍旧是这部法律的基础，如果仔细分析就能看出许多更为古老的社会制度——特别是公社——形态的残余。西哥特法典提供了研究7世纪西哥特人封建

① 参见本书第48—50页。
② 参见本书第十四章。

化过程的初期历史的基本材料。罗马法制的影响还表现在“偿命钱”[①]被刑事惩罚所代替。

7 世纪末，在埃尔维吉亚王时期(680—687 年)，于 681 年还出现了一个法律文本，以后的埃吉卡(687—701 年)和维齐茨(701—709 年)的法律就是以它为基础的。

阿拉伯人的征服，结束了西哥特王国的独立，中断了西哥特法的正常发展过程。但是，在埃尔维吉亚时期编成的、综合了 7 世纪末至 8 世纪初的国王法律的最后法律文本，构成了所谓《西哥特法典通俗本》，这个文本不断增补，不仅在南高卢(塞普提马尼亚地区)，而且在阿拉伯控制下的西班牙，作为一切基督教居民的共同法典而继续使用着。随着列康吉斯达运动[②]的发展，法典的应用范围也逐渐扩大。在 13 世纪作了一次大的改编，而且翻译成了卡斯提尔语(Fuero Juzgo)[③]；在加泰罗尼亚地区，它于 13 世纪中叶停止了使用。

西哥特法律的历史表明，西哥特法典是多么复杂的史料。其中日耳曼法和罗马法的因素并存着，而且是在几乎两百年的时期中并存着，流传到我们手中的法典中唯一完整的一部法典——《法

---

① “偿命钱”是日耳曼“蛮族”法典规定的对人命案件中的被害者氏族方面给予血钱补偿的定额，用以代替氏族制社会时期的血族复仇习惯，其数额大小依被害者的社会地位、年龄、性别和民族而定。在某些法典中规定，显贵人物“偿命钱”比普通人高六倍。——译者

② 列康吉斯达，来自西班牙文 Reconquista，夺回、恢复之意。是西班牙人和葡萄牙人为夺回阿拉伯人和柏柏尔人在 8 世纪初占去的土地而进行的斗争，始于 718 年，结束于 15 世纪末。——译者

③ 参见本书第十四章。

官书》，是属于后期的——这一时期离国家产生时期已过两个半世纪。很显然，其中反映的是早已过去的封建化过程，同时也带有大量的罗马法制的残余。这使得西哥特法典具有特别的性质，这些特性使得它成为哥特西班牙史的最珍贵史料，但是，在研究封建化初期阶段的欧洲社会方面，它的用处不大。

西哥特公文程式汇编（Formulae Wisigothicae）包括 46 种各不相同的文书程式。有分别为哥特人和罗马人撰定的，也有为两者共同交往的手续而撰写的。汇编可能是科尔多瓦的公证人于 615—621 年间编纂的。7 世纪后半叶于其中补充了若干新的程式。其中载有阿拉里克的简编和利欧维希尔德法典的摘引。土地的出卖、转让、割让的文书程式等，反映了自主地和封建土地所有制的发展情形。公文程式中也反映出穷人丧失自由的过程（卖身为奴、转为隶农地位等）。这种材料也如法律一样，表明了封建制度确立的强化过程。

西班牙的西哥特王国于 711 年由于阿拉伯人征服而覆没，这给 5—7 世纪史料的保存带来了令人失望的影响，那些史料有许多没有流传下来。一些西哥特编年史佚失了。而且我们也没有足以充分反映这个民族于 6 世纪末在比利牛斯半岛最后巩固地建立起西哥特国家以前时期的历史著作。

在奥罗修斯和普罗斯匹尔的著作中，有一些关于高卢的西哥特人的零星资料。这类资料在西多尼·阿波利纳里（430—约 484 年）的著作中，比前述二人更多，作为显赫的里昂家族成员，曾任文官要职，此后，于 472 年曾任奥维尔主教。起初他与西哥特人作战，成了攸利克王的俘虏，后来，被释放留在宫廷，以拉丁诗哥颂扬西哥特统治的功绩。他留下了若干诗集和发表于 473—484 年的九卷书信。西多尼·阿波利纳里是高卢的最后一个古典文学作家。他的著作，特别是书信，在研究罗马在高卢统治最后年代的历史、西哥特人、勃艮第人、法兰克人征服其领土的历史，以及阐明征服者和战败者之间相互关系的情景方面，都是很重要的。在他的书信中，对 5 世纪的这位有钱有势的高卢主教的社会和政治作用也有很好的描述。同一类型的资料在列兹的浮斯特主教（约死于 480 年）和里摩日的鲁利兹主教（约死于 507 年）及其他等人的书信中也是丰富的。

西哥特人和勃艮第人对阿利乌斯派的信仰使得他们的国王与天主教会之间的关系复杂起来。两种力量——教会与王权——的联盟，在西哥特王国只是到 6 世纪末才形成。这是
西哥特国家的发展和封建主阶级形成的一个重要阶段。在此 48
以前酝酿了数十年的西哥特历史编纂学的繁荣，也属于这一时期。

在论及比利牛斯半岛的日耳曼国家历史的史料时，应该举出前已提及的 5—6 世纪的奥罗修斯、依达茨和比克拉尔的约翰的世界编年史①，但是，在奥罗修斯的写于 417 年的编年史中，仅有关于西哥特人侵入西班牙的最初若干年的资料。

依达茨（Идадий）（约 427—470 年）是加里西亚的主教，这是属苏维汇地区的，那里占统治地位的是为他们激烈反对

① 参见本书第 27—28 页。

的阿利乌斯教派。在他的记述379—468年事件的编年史中，提供了关于汪达尔人、苏维汇人在西班牙生活的最初数十年的极简短的资料。依达茨的记述部分地依据口传，部分地依据目睹。在研究西班牙的日耳曼国家早期历史方面，他的编年史是最有价值的史料。

6世纪的西哥特人的部分历史记述在比克拉尔的约翰的编年史中。约翰在599—610年是赫罗纳(Херона)的主教，以后是比里牛斯的比克拉尔修道院院长。他的编年史以其叙述材料的翔实可靠而著称。作者是他们记述的567—590年事件的深悉情况的同时代人，而且主要的注意力又是集中于西哥特王国的。正是在他的时代完成了西哥特人由阿利乌斯派到天主教的过渡。这一过渡，是由于国王和贵族欲通过与教会结成联盟，来加强自己的势力，以压制被奴役的人民群众不断高涨的反抗而引起的。这一联盟极大地加强了双方的力量，而且在新条件下，主教的政治作用迅速地增长了。这些主教一般是旧西班牙-罗马贵族出身的。比克拉尔的约翰就是其中之一。他是一个很有教养、在君士坦丁堡研究过希腊文的人。他的编年史，前半部是按拜占庭皇帝纪年编写的，后半部则是按西哥特国王纪年编写。这一改变很明显地表现出他的政治倾向的转变。

萨拉戈萨的主教马克西姆的编年史，没有流传下来，但是从其中被引用的、主要是有关东北西班牙的材料，保存在最著名的西班牙历史学家——塞维尔的主教伊西多尔(исидор)(570—636年)的著作中。这位多产作家的传记和作品突出地反映了西班牙境内由哥特贵族与罗马-西班牙贵族融合而成的封建阶级上层的形成过程。伊西多尔的出身也正是属于这一阶层。他是旧西班牙-罗马家族的成员,同时也是西哥特国王的外孙。他受到了在当时算是最良好的古典及教会的教育。他于599年继任了他哥哥的塞维尔主教职位。他的哥哥曾付出很多力量使西哥特人转皈天主教。伊西多尔占据了西班牙教会的最重要职位,主持着宗教会议。他成为一位很有影响的宗教和政治活动家,与王权有着密切联系的统治阶级利益的代理人。他的历史著作总的倾向是颂扬教会、国王和贵族对被剥削人民的统治。

西哥特人征服西班牙之后,保留下罗马-西班牙文化的残余。在6—7世纪的西班牙图书馆,保存着许多载有古典作家和古希腊罗马晚期作家的著作稿本。当时的西班牙作家从这些稿本中摘引了许多片段。由于这份文化遗产的相当大一部分在以后湮没了,我们所能知道的仅仅是古典后期著作的一些片段。伊西多尔在其全部作品中,利用了前人的大量著作。他主要是一个编纂者,而且还并非时时都是谙练、精确的编纂者。在把他的著作跟他所利用的原始资料加以比较时,这一点就很明显了。 49

他的历史著作中,最有意义的有《哥特人、汪达尔人和苏维汇人的历史》(*Historia Gothorum, Wandalorum et Svevorum*;书名在不同稿本里有所不同)。有两种版本传世:简本,截止于621年;详本记述到624年。后一种版本,乃是以史料的复用和大量道德与宗教—神学性材料的增补为基础,对简本加以扩编而成。这个扩编本,跟简本不同,反而得到广泛流传。

伊西多尔在《哥特人历史》中利用了自己的前人和同时代西班牙人的著作，然而，他既不知晓完全从事于同一题材著述的卡休多鲁斯的著作，也不了解图尔的格雷戈里的《法兰克人史》[①]，后者有着许多关于西哥特的土鲁斯王国的情况。这说明伊西多尔所运用的史料范围有很大的局限性，也说明6—7世纪初西欧一些地方普遍存在、日益严重的文化闭塞情况。除了文字资料以外，伊西多尔还利用了口头历史传说，其中民间传说和史诗故事占了相当大的比重。从590年起，他根据自己的材料和观察来写作，按照西哥特王统治发生的事件来安排。伊西多尔著作中所引用的材料并不全是精确的，而年代也常常是混乱不堪，或付诸阙如。然而，此书毕竟是6世纪末和7世纪初的西哥特西班牙史的最充分的史料。关于汪达尔人和苏维汇人的资料，则无比稀少。关于汪达尔人的材料，伊西多尔全都是从顿努温的维克托尔那里引用来的。[②] 关于苏维汇人的材料，与我们所知道的史料（主要是宗教会议文件）比较起来，也没有提供任何新的东西。

作为《哥特人历史》序论在某些稿本中，有一段的文字标题为"西班牙颂"（Laus 或 Elogium Hispaniae），其中以强烈的爱国情感歌颂了西班牙的自然环境和人民。某些研究家否认伊西多尔对这段文字的著作权，认为这一作品是某个转抄的修士的补充。但是，无论就其精神，还是就其文体而论，它

① 关于卡休多鲁斯和图尔的格雷戈里，参阅本书第54—55页、63—65页。

② 参见本书第52页。

> 都很接近于伊西多尔著作的结语部分。这个结语部分标题为“对哥特人的简短复颂”(Recapitulatio in Laudem Gothorum)。它无疑是属于伊西多尔的手笔。由此可见,即使“西班牙颂”不是伊西多尔本人所写,那么,无论如何它也是既重复了他的思想,也重复了《哥特人历史》结语部分所特有的诗人豪情。

伊西多尔在其全部著作中,都是以教会与王权联盟的坚决拥护者出现的。为了巩固社会上层阶级的统治,他拥护哥特人与被征服居民的团结,因为这一团结便于消除骚乱和纷争,为统治者保证现存制度的巩固。在这方面,我们在伊西多尔的著作中发现了很有趣的思想;显而易见,这种思想与其说是对西哥特人进入西班牙(已经是遥远的)回忆,毋宁说是怀念由拜占庭人在西班牙的不久前的统治(查士丁尼时期)。伊西多尔写道:“生活在哥特强国统治下的罗马人,喜欢哥特人的政权,这是因为他们感到跟哥特人过穷日子,比在罗马统治下作一个身负沉重捐税压迫的强者要好些。”

伊西多尔的另外一部历史著作,是他的世界编年史,也有两种 50
版本保存下来——简本(记述到 627 年)和扩编本(记述到 615 年)。也如撰写《哥特人历史》著作的情形一样,伊西多尔先撰写了简本(Chronica minora)。把它归入他的《语源学》一书的第五卷,尔后再重新扩编原文,而且当作单独的著作发表(Chronica majora)。两种版本都是或多或少由尤西比乌斯-叶洛尼姆、普罗斯匹尔、奥罗修斯的编年史以及奥古斯丁的著作纂辑而成。记述伊西

多尔当代事件的最后的一部分，是他独自写的。在这部编年史里，伊西多尔根据奥古斯丁学说制定出历史分期——它在早期中世纪时流传四方。创世记以来的全部历史被分为六个人类“生长期”(aetates)。前四期截止于巴比伦之囚的全部犹太人历史。第五期结束于基督诞生。第六个“生长期”还正在延续着。而且他的历史是按照罗马皇位来叙述的。但是，在此以后，在伊西多尔的著作中，是按西哥特王位来叙述的。在这一历史分期里，日耳曼国王政权(在这一情况下就是西哥特国王政权)对罗马皇权继承性的确是显而易见的。这一观念在早期中世纪社会统治者上层中获得流传。主要可从日耳曼国家发展的总的条件中得到解释。在这些条件中，无论是统治阶级在由旧的罗马贵族与新的日耳曼贵族的代表人物而形成，还是前已提及的天主教会与国王政权的联盟，都起了重要作用。

在伊西多尔其余的著作中，应该举出他的《语源或语源学》(*Originum sive Ethymologiarum libri XX*)，其中特别明显地表现出作为利用古代和与他同时代文献的编纂者的伊西多尔特点。《语源学》是一部特别的百科全书，在其中解释了各种专有名词的起源和意义。这种专有名词的解释是按照系统的顺序安排的：学校与教育、医药、法律、历史、人类、动物界、建筑、农艺等。伊西多尔著作中的纯粹语源学方面，通常都是杜撰的。但在其中的记述本身中有许多他基于当时的西班牙的具体生活条件所作的真实和生动的观察。例如，某些关于农艺、建筑、法律等的资料就是其例证。其《语源学》第五卷中，伊西多尔对罗马法律和社会制度的历史作了有趣的概述。前已指出，他把“世界编年史”列为《语源学》

的一个组成部分。伊西多尔的这部著作给他带来很大荣誉，而且博得了广泛的声望。这种情况一直到13世纪新的百科全书出现才告结束，这一新百科全书是由于欧洲社会中已经产生了新的需要而出现的。

> 7世纪末到8世纪初的西哥特西班牙历史的特点是各个贵族集团之间争夺政权的残酷斗争，这是封建化过程的政治表现。这一斗争的最重大事件之一反映在《673年哥特王万巴的托勒多出征史》中（*Historia de Wambae regis gothorum toletani expeditione anno 673*）。这次出征以镇压塞普提马尼亚的起义而告结束。于680—690年担任托勒多主教的朱利安是此书的作者。出征的记述是以作者——事件的同时代人的大量见闻为依据的，西班牙圣徒列传的最好的东西之一——7世纪托勒多主教依里德封斯行传，也是属于他的手笔。

西哥特王国的后期历史，记述在8世纪前半叶的两种编年史 51
中，其中第一种，比克拉尔的约翰的编年史的不记名的《续编》（*Continuatio*），是720—740年，在北非某处由信奉基督教的阿拉伯人纂写的。在编年史中记述了阿拉伯人在亚洲和非洲的征服，并用伊西多尔著作中（有关7世纪的部分）关于西哥特西班牙的材料作了补充。第二部编年史即所谓的“科尔多瓦无名氏”（有时被错误地归之于巴琴的伊西多尔的手笔）的编年史具有重要的意义。因为这些独立撰述的7世纪末到8世纪初的西哥特王国历史，作

者无疑是西班牙人，但未必是在科尔多瓦写作的；他很可能是托勒多中心寺院牧师会的成员，而且曾得以接触到托勒多宗教会议文件，这些文件曾被他们用到编年史中。（关于那类会议中的一次会议，我们仅仅从他的著作中才能得知，因为这次会议的文件已经湮没了），编年史的一部分已经佚失了。无论就其确实、丰富的事实材料，或是编年史总的政治倾向，都是极为重要的。首先，作者身为中级的城市僧侣成员，不是贵族和王权的辩护者（在早期中世纪历史编纂学中，这是罕见的现象）。他敌视导致后来覆灭的西哥特社会上层的纷争。其次，作者对人民有着明显的同情心。在西哥特国王中，他只同情末后的维齐茨王，这个国王的政策是倾向于反对封建贵族和高级僧侣的。由于这一切缘由，科尔多瓦无名氏编年史包含了描述西哥特王国覆灭的基本原因的丰富和可靠的材料。

429—694 年，在西班牙产生了大量宗教会议的文件，这些文件（也像在教会成长为强大的政治力量和大封建地主时期的一切此类史料一样），包含着 5—7 世纪的西班牙教会、社会和政治史的大量资料。托勒多会议的决议经国王确认后，具有法律效力。

文件史料保存下来的数量不多，西哥特国王的名谱（*Chronologia et series regum Gothorum*），属于此类，它在 8 世纪末才编成，史实翔实，是仿罗马教皇名谱编撰的。

586—633 年的文件汇编，即所谓的《西哥特函简》（*Epistolae visigothicae*）是 7 世纪中叶编成的，这是记述西班牙跟拜占庭以及和南高卢关系的材料。

汪达尔人

被拜占庭征服了的北非阿兰人和汪达尔人的为时不久的国家(439—534年)的历史，十分模糊地反映在古代史料里。这些民族的法律没有保存下来。正如已经提及的那样，塞维尔的伊西多尔曾对他们的历史作过若干记载。

在汪达尔国王该萨里克和浑里克征服非洲沿岸时期，在当地居民中进行着残酷的阶级斗争。人民群众在阿高尼斯特教派的宗教口号下进行着反对奴隶主的起义，渴望日耳曼人的到来和帮助，这也是后者迅速而轻易地发动进攻的原因。记述这一斗争以及日耳曼人的入侵和直至484年为止的事件的唯一著作，是由北非的一个主教，维腾的维克托尔撰写的，它被称为《难史》(*Historia*

persecutionis)，是以明显的统治阶级的立场撰写的。它充满了神 52
奇和各种超自然事件。其中的年代可靠性不大。

希波主教奥古斯丁的行传。由一个努米底亚主教波希底于432年左右撰成，其中含有5世纪初汪达尔开始入侵时罗马非洲史的某些材料。顿努温主教维克托尔的编年史没有完整地流传下来。保存下来的第二部分从444年开始。记述到567年的事件为止。这部编年史作为研究6世纪事件的历史资料是有价值的。但是，它的注意力更多是放在跟异教徒斗争方面。

拜占庭历史学家凯撒利亚的普洛可比的著作中[①]有很重要的

① 参见本书第31—32页。

资料披露。他作为贝利萨留的秘书参加了533—534年的非洲远征。此次远征以拜占庭军队征服北非和消灭阿兰—汪达尔国家而告终。

勃艮第人

勃艮第人在东南高卢时期(443—534年)作为独立国家的存在也为时不久。但是,在法兰克人征服之后,勃艮第人把自己的法律保存下来了。因此,它的文本得以流传到我们手里。到衮多巴德王(约474—516年)为止,法律是以口传形式存在的。后来,大约是在490年编为成文法,并以国王名字作为该法典名称:*Lex Gundobada* 或 *Lex Gombata*。其中有些内容是袭用西哥特《攸利克法典》的。西吉斯蒙德王在位时期(517—524年),曾于517—518年进行过重编,还作了一些补充。这就是《勃艮第法典》(*Lex Burgundionum*),它一直使用到9世纪。流传下来的稿本(绝不会早于9世纪)分为两类。占多数的一类,其本文由88条组成。另一类是105条。从第55条到第62条以及后面的某些条款是在西吉斯蒙德时期作的补充(称为新律)。

在有些稿本里,还载有一些没有编入法典文本的单篇(Extravagantes)。其中有两篇属于衮多巴德时期。一篇属于西吉斯蒙德时期,第四篇被称为教会法规摘录。这是在勃艮第王国独立存在的最后年代(可能是在524年),在安别略举行的代表大会上通过的。由此可见,《勃艮第法典》是按自己的结构编成的。

《勃艮第法典》不仅对勃艮第人有效力,而且对他们跟罗马人之间的争讼也有效力。此外，其中还有某些两个民族共同适用的条款，而且具有全体居民共同法的效力。为罗马居民制定的《勃艮第罗马法》(*Lex Romana Burgundionum*)是《勃艮第法典》的补充。它颇似法学教材，不是以立法精神，而是以训诫精神编撰成的，还包括有各种罗马法资料的摘录(狄奥多西法典、新律、盖乌斯教本等)，它大概也是衮多巴德王时期问世的，但不早于西哥特的阿拉利克法规简编。

勃艮第人的法律，这个民族定居高卢领土之后，经过半个世纪之后才得以正式形成。也正如西哥特人一样，勃艮第人散居在当地居民之中，很快地丧失了自己的语言和公社—氏族制度。因此，在勃艮第法典中也渗透着强烈的罗马影响。但是，与此同时，在其中也能发现日耳曼人的生活特征在土著居民中的反映。旧制度中 53
的某些特点仍旧保存下来了。例如，氏族民员(фараманны)有时一齐迁居，一齐清除森林。在这方面，勃艮第法典比西哥特人的法典更接近于日耳曼法。总的说来，封建土地所有制的增长和社会的分化能够在勃艮第法典中十分清楚地追溯出来。

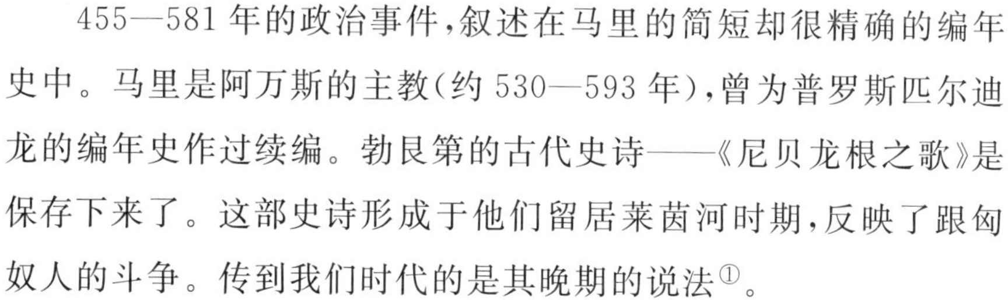

455—581年的政治事件，叙述在马里的简短却很精确的编年史中。马里是阿万斯的主教(约530—593年)，曾为普罗斯匹尔迪龙的编年史作过续编。勃艮第的古代史诗——《尼贝龙根之歌》是保存下来了。这部史诗形成于他们留居莱茵河时期，反映了跟匈奴人的斗争。传到我们时代的是其晚期的说法[①]。

① 参见本书第300页。

班诺尼亚的匈奴人

关于匈奴人的在欧洲掠夺侵袭的资料,保存在罗马、拜占庭和法兰克历史学家的许多著作中。至于有关5世纪中叶在阿提拉领导下形成的班诺尼亚的短暂的部落联盟史,那么,拜占庭外交家,潘尼亚的普里斯库斯的《往事》就是主要的,而且几乎是唯一的史料。他于448年作为使节抵达阿提拉的宫廷,《往事》乃是一些没有完整保存下来的历史著作的片段。它们被收存在《君士坦丁文集》之中,这部文集是遵照出身皇家的君士坦丁七世的指令于10世纪中叶编纂的。普里斯库斯详细地记述了自己前往阿提拉宫廷的旅行,跟阿提拉的会见,匈奴人的风土人情,并转述了俘虏们的叙述。

东哥特人

自493年至555年存在于北部和中部意大利的东哥特人国家中,胜利者和战败者之间的妥协,由于一系列原因,具有最明显的形式。哥特人在那里按自己的习惯生活(有关他们的资料没有保存下来),而罗马法对罗马人依旧有效。但是,狄奥多里克一世已经颁布了(大概是在507年以前)《狄奥多里克敕令》(*Edictum Theodorici*),由155个不大的篇章组成,这些篇章包括了哥特人与罗马人之间最经常发生的法律诉讼问题。敕令在大多数场合下运用了罗马法律资料和罗马法学文献。流传到我们时代的还有提奥多里克和阿塔拉里克的单篇敕令。从这些法律看出，东哥特人中迅速地发生了社会分化的过程，以及跟罗马贵族融合起来的土地贵族的形成过程。

意大利的东哥特国家覆没之后，罗马法重新取得了胜利。但是迁居到普罗旺斯的东哥特居民中的余部，照史料中的简略记述看来，仍旧保持了自己民族的习惯。

早在狄奥多里克时期，也就是征战刚刚结束之后，哥特人阿布拉维就撰写了《哥特人历史》，但是，这部著作没有流传下来。

关于征战进程和以后事件的情况在罗马史料中有所披露。474—526 年的意大利历史，反映在匿名作者瓦列茨的拉文纳[①]编年史(按 17 世纪的第一个刊印者命名)之中，这部编年史保存下来的只是一些片段。关于哥特人的征战和狄奥多里克的措施很重要的情节，记述在巴维亚主教艾诺第(473—521 年)的著述中，在他于 507 年左右撰写的对狄奥多里克的歌颂作品、圣徒行传和大量 54
书信(300 件以上)之中。

至于从意识形态上辩护和颂扬意大利的新统治者，这个任务是由在狄奥多里克和他的继承者在位时期最重要的国务活动家之一，奥里略·卡休多鲁斯(约 490—575 年)来履行的。身为显赫的罗马家族成员，大地主兼大奴隶主，卡休多鲁斯同时又是哥特统治的彻底拥护者。哥特王国赖以缔造起来的政治调和，在他这个人物中得到了生动的体现，卡休多鲁斯的父亲已经为奥多里克效过劳。他本人在哥特人统治下很快地攀着尊荣官阶青云直上。于

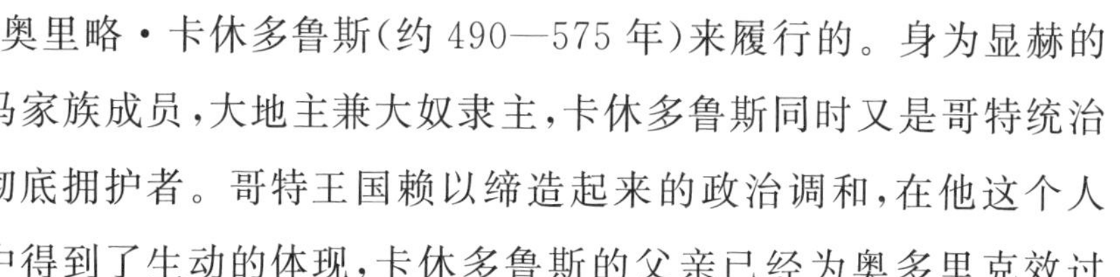

① 拉文纳——意大利城市(拉丁文 Ravenna)。——译者

533 年成了法院长官。在奴隶、隶农掀起的革命起义的尖锐的阶级斗争时代，卡休多鲁斯的看法和相当大一部分罗马奴隶主贵族的观点同出一辙，认为哥特人的政权是保存这些贵族的经济和政治地位的保障。“罗马人虽然失掉了一部分土地，但是从哥特人那里为自己找到了保护者”。——在卡休多鲁斯的这段话里，概括了一个基本思想，这个思想在初期成了罗马元老院贵族对待意大利新统治者态度的基础。

卡休多鲁斯的第一部历史著作——《编年史》(*Chronica*)约成书于 519 年，是遵狄奥多里克女婿之命撰写的。提图·李维、攸特洛匹乌斯的著作，尤西比乌斯-叶洛尼姆、普洛斯匹尔的编年史，执政官年记及其他著作，是他的编年史的史料来源。有关 496—519 年时期，作者运用了自己的材料。早在这部编年史中，狄奥多里克所出生的哥特王族阿玛尔家族史，已经占据了相当多的篇幅。

卡休多鲁斯的主要著作《哥特人历史》(*De rebus gestis gothorum*)的原本没有流传下来，它仅以约尔丹[①]编的缩写本见知于世，这部著作的完整文本的缺失是科学的重大损失。因为卡休多鲁斯利用的是可靠的史料(特别是阿布拉维的《哥特人历史》和古老的民间传说故事)。他的著作的全文本，本来是可以大为扩充我们的知识的。

《哥特人历史》撰写于 526—533 年，正是为此，卡休多鲁斯被封为法院长官一职。阿塔拉里克王曾声称：卡休多鲁斯在自己的著作中从模糊的古代把阿玛尔王族的尊严和哥特人的全部古代历

---

① 参见本书第 55—56 页。

史提炼了出来。这一褒奖说明作者成功地完成了国王赋予他的任务。的确，卡休多鲁斯推算出阿塔拉里克的祖先阿玛尔家族——哥特贵族曾为这个家族的继承权而争执——的17代王统，“证明”其王统是极为古老的，而且按照他的解释，哥特人是一个并不亚于罗马人的古老的民族。因为卡休多鲁斯把希罗多德和修昔底德早已提及的弗拉基亚的格特人当作哥特人，而希腊神话女儿国的亚马孙族被当作哥特的女人。这样一来，阿玛尔家族的祖先竟成了古代的神话英雄，而哥特人的古代史就被当作是希腊—罗马史的一个组成部分。卡休多鲁斯的著作的一个目的就是歌颂哥特人，特别是吹捧阿玛尔统治王朝。照卡休多鲁斯看来，无论是罗马贵族或是哥特贵族，都应该跟那样古老的，具有充分权利做罗马皇帝

继承者的王族的统治和好相处。在全部早期中世纪历史著作中，55
正是卡休多鲁斯的著作最明显地表现了日耳曼王权继承帝国政权的思想，颂扬在部落贵族中处于统治地位的家族，以及罗马贵族与日耳曼贵族联盟的说教。

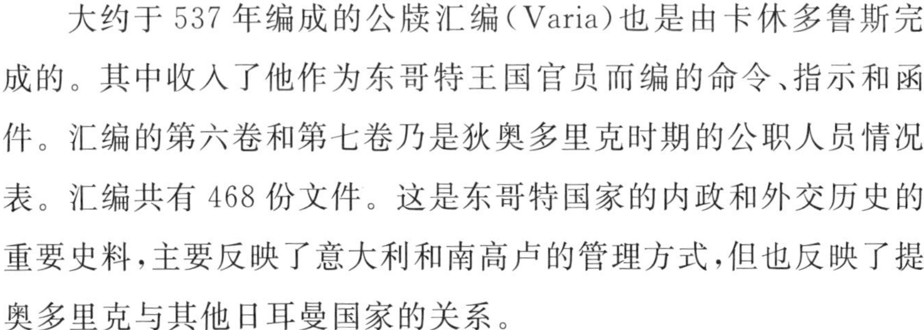
大约于537年编成的公牍汇编（Varia）也是由卡休多鲁斯完成的。其中收入了他作为东哥特王国官员而编的命令、指示和函件。汇编的第六卷和第七卷乃是狄奥多里克时期的公职人员情况表。汇编共有468份文件。这是东哥特国家的内政和外交历史的重要史料，主要反映了意大利和南高卢的管理方式，但也反映了提奥多里克与其他日耳曼国家的关系。

大约在540年，卡休多鲁斯退隐到他在卡拉布里亚建立的修道院。大家知道，他主张调和的政治路线在狄奥多里克

的继承者时期，即被罗马贵族，也被政府所推翻；在修道院里，他建立了丰富的图书馆和书房，他的主要精力，在那一时期是放在教会和对异端斗争方面，这一转变是值得注意的，表明他想要寻求一个能够支持旧罗马贵族要求的新支柱。他的《教会史三篇》（*Historia ecclesiastica tripartita*）是属于他的晚年作品，这是根据三个希腊教会历史学家的著作编纂而成的。[①] 在拉丁语世界，它长期被用作早期基督教会史的教本。卡休多鲁斯的这部著作具有纯粹编纂性质，而且没有什么价值，因为其中所利用的史料都保存下来了。

卡休多鲁斯在哥特人历史领域的继承者是前已提到的约尔丹。按母系计算，他应该算是阿玛尔家族的亲戚，而且生活于6世纪。他在传记中叙述的事实颇有争议。他晚年大概成了天主教徒，可能是一个主教，而且曾力图说服东哥特人放弃阿利乌斯教派。他在其《论哥特人的起源和勋业》（*De origine actibusque Getarum*）一些书简称为 *Getica*——一书中，基本上继续保持了他所引用的卡休多鲁斯著作的政治倾向。

Getica 是在君士坦丁堡撰写的，撰写时间是551年，这是在奴隶制的拜占庭战胜东哥特人及其受人民群众支持的国王托提拉的前夕。他对托提拉敌忾填膺，而认为哥特人的唯一出路是跟罗马当局——也就是和东罗马帝国的和平统一。他预见查士丁尼的统帅们胜利在即，把希望寄托在从前的王朝，也就是阿玛尔朝的东山

---

① 参见本书第25—26页。

再起。这些论点决定了他的著作总的政治和阶级倾向。

然而,他所搜集的事实材料是很有价值的。即使只对他的著作的内容作一简短提示,也能对其有一定的了解,开头部分记述日耳曼人的发源地——斯堪的纳维亚和哥特人向黑海的移居。约尔丹记述了斯基泰人的历史和高度文化,随后追溯了阿玛尔族的王谱以及格尔曼那里克以前的哥特人历史,匈奴人的入侵和哥特王国在他们入侵下的覆灭,阿提拉的远征和卡泰隆原野上的战役。结尾部分记述了直至540年的哥特人历史。

约尔丹的*Getica*不仅对哥特人历史,而且对整个黑海沿岸的历史都是重要的史料之一。作者提供了部落和民族分布的图景,披露了其他史料中所没有的一些情况,仅仅在他的著作中,人们才
从文字资料里得知还处在由日耳曼尼亚移居黑海时期的哥特人的 56
历史。关于约尔丹的著作对古代斯拉夫人历史的价值,前面已经说过了。

约尔丹的另一部历史著作:《论世运之终极或罗马民族的起源和勋业》(*De summa temporum vel origine actibusque gentis Romanorum*),简称为*Romana*,是一部极不高明的纂辑。其中,重点叙述的是罗马历史,据说,罗马历史不仅仅直接延续为拜占庭的,而且还延续为东哥特王国的历史。在这部著作中,约尔丹继续站在*Getica*一书中所持的立场上。这部编年史起于创世记,讫于551年,它大概是在*Getica*一书之后不久编成的。

约尔丹虽然在6世纪中叶——那时的正式语言还是拉丁语——的君士坦丁堡，但他对文学体裁却掌握得并不好，他的著作是用与6世纪的某些意大利和巴尔干的碑铭同一类型的民间拉丁方言写成的。

伦巴德人

伦巴德人于568年征服了意大利，他们是以日耳曼和斯拉夫部落的统一联盟为首来到那里的。氏族联系在他们当中还是很有力量的。他们按氏族集团散居下来。第一部法律汇编几乎经过了80年，在洛塔尔王(636—652年)在位时期，于643年编成。这部法律被称为Liber edictus，但却是以《洛塔尔敕令》(*Edictus Rothari*)见称于世，按其内容和意义来说，它是一部由国王和贵族确立的，记录了伦巴德的习惯法——这种习惯法含有跟伦巴德人一齐养成的其他部落(哥特人、格鲁尔人、格匹德人等等)的某些习惯成分——的典型日耳曼法典。它是用拉丁文编写的，但用了大量的日耳曼词汇。其中对罗马人只字未提。相反，它被当作是国内全体居民(一直包括任何外来者)必须共同遵行的法律，而且也不承认罗马法跟自己同时并存，像西哥特人、东哥特人、勃艮第人做过的那样，这是因为伦巴德人的征服，跟东哥特人相反，根本摧毁了奴隶所有制，而且由此使得罗马贵族和罗马土地所有制几乎完全被铲除。

《洛塔尔敕令》描述了处于氏族制度和公社土地使用形态解体状况下的伦巴德社会。居民被划分为自由民、半自由民和奴隶。

土地私有制和人身依附的发展，以及由氏族贵族和新军事贵族形成统治阶级的现象还刚刚开始。

留特普兰德王(713—735 年)在位时期，曾制定了新的成文法，也是经过贵族讨论了的(在第 15 次会议上)，也同样获得了敕令的称号。它反映出，在伦巴德自由民中已经有了相当明显的分化，他们之中的上层比下层享有多一倍的偿命金；同时，无立锥之地的人也出现了。

后来，在这个伦巴德法律文本中，又补进了一些单篇的国王敕令，格里莫阿尔德王 668 年的敕令、拉特西斯王 745—746 年的法令，和埃斯土里夫王的 755 年法令。从这些最晚的法律中看出，在 8 世纪的伦巴德社会中，封建土地所有制已开始形成。大地主和依附农民出现了。伦巴德人已经跟当地居民混合了，而且忘掉了自己的族语。

在贝内文托公国——在 8 世纪末已经成为完全独立于伦巴德国王的公国——制定了伦巴德法律的特别改编本，在其中补充了 8 世纪末和 9 世纪中的地方王公的法律，它们对全体居民是一律有效的；这一点从保存下来的希腊文译本(大概是属于 9 世纪末的)这一事实可以说明。

类似的改编本，于 9 世纪初在弗留里公国也制定出来了， 57
称为 Concordia。

伦巴德的习惯法，在意大利一直保持到 13 世纪，甚至在罗马法复活之后，它的残余还保留了很长时间。

伦巴德人的国家存在了约二百年，但是，由于前述的原因，它的形成和发展同西哥特人和东哥特人的国家相比，显得缓慢一些。

与封建生产关系和封建国家较为缓慢的发展速度相适应，伦巴德国家的历史编纂也受到制约。第一部这类著作不属于伦巴德人的手笔。它是由一个罗马人、特里登特主教塞琨德（死于612年）撰写的。记述讫于7世纪初年，也就是说，只包含了伦巴德人定居到意大利的最初数十年。这部著作没有流传下来，我们只是凭8世纪末从其中作出的一些摘引而知道它。这些摘引是在唯一的一位伦巴德历史学家助祭保罗的著述里。

伦巴德人民和国家的特殊历史命运，很明显地表现在这位杰出作家的创作和生活里。出身于显赫的伦巴德家族，保罗（约720—780年）在自己的故乡弗留里受到了在当时说来是优越的古典教育，甚至还稍懂得一些希腊文。还在青年时代，他就迁往伦巴德国家首都——巴维亚，到了拉特希斯宫廷，以后是狄西德略宫廷。在巴维亚，他成了著名的诗人和作家。此后，大约已经是在狄西德略王国被法兰克人征灭之后，他进入了蒙特·卡西诺修道院，这是意大利最大、最有名的修道院，它是当时的意大利文化中心。他感受了他所热爱的人民遭受的悲剧命运。在丕平在位时期，伦巴德国家被臣属于法兰克，此后，被查理大帝完全摧毁。这些事件，也影响到蒙特·卡西诺的修士的命运，保罗的哥哥积极地参加了于776年在弗留里爆发的反对法兰克统治的起义，在起义被镇压后，他被查理大帝解送到高卢作为人质之一。保罗为了营救他的哥哥和其他同胞，于782年主动地到了那里。在高卢滞留了五年（782—787年），他终于达到了目的。毋庸置疑，保罗是加洛林王朝时期文化复兴的最有才干和有素养的活动家之一，是宫廷智囊团(翰林院)成员之一，是受到查理大帝和他的亲戚阿达拉里德、科尔比修道院的院长的器重。在留居高卢时期，他写了许多诗著：颂诗、碑铭、贯顶诗[①]等。大概也是在那里，他构思了自己的基本著作：《伦巴德民族史》(*Historia gentis Langobardorum*)，这部著作被认为是他已经返回蒙特·卡西诺之后写的。在资产阶级历史编纂学中，这部著作被认为是没完成的，因为他没有记述到伦巴德国王灭亡为止，而只讫于744年。奥·安·多比阿什-罗日杰斯特文斯卡娅教授提出了另外一个较为可信的看法。[②] 经过对保罗著 58
作的彻底分析和精细地研究了载有这个文本的8世纪稿本(特别是著名的载有保罗致阿达拉里德亲笔信的稿本，此稿本保存在萨尔蒂柯夫-谢德林公共图书馆里)之后，奥·安·多比阿什-罗日杰斯特文斯卡娅作出了结论，认为作者是有意地把自己的著作结束于744年，也就是最后一个独立的伦巴德国王留特普兰德身死之年。按她的看法，保罗不可能以亲法兰克精神来描述伦巴德人对丕平和查理大帝的屈服——这有悖于他对自己人民的热爱，这种爱贯穿在他的全部著作中。另一方面，他也不可能以爱国观点来描述伦巴德人反对法兰克的斗争。因为查理依旧是意大利的全权统治者。个人利益和家庭利益也受到这种情况的制约。奥·安·

① 贯顶诗，来自希腊文：akrostichion，源自akros，边缘；Stichos，诗行。这种诗的特点是，将一定的物名或成语分作单字，插入诗句的首尾或其他部分。——译者

② 参见奥·安·多比阿什-罗日杰斯特文斯卡娅(О. А. Добваш-рождественская)：《早期的弗留里小写字体与8世纪伦巴德历史学家的创作生活的一个问题》，载《辅助历史学科》论文集，莫斯科-列宁格勒1937年版。

多比阿什-罗日杰斯特文斯卡娅的结论不仅完满地解释了保罗著作的结构，而且也完满地解释了它的总的特点。作为一部具有非凡的文学天才的人所写的著作，它不仅以其文学的格调和语言，而且主要是以其精神而明显地区别于其他早期中世纪历史学家的同类著作，保罗经历了伦巴德国家的灭亡，自己的人民被异邦人的征服和统治，最后，还有反对征服者的起义被粉碎。他没有在胜利者面前卑躬屈膝，以特别的谨慎记述自己民族的历史，而且这还是在那样的时刻，那时，"在伦巴德国家覆灭之后，已经很难出现对一个被推翻国家的历史感到兴趣的历史学家了"[①]。所有这些情况，决定了保罗著作的总的格调。这不是对王权的颂扬，也不是对天主教会的辩护。祖先勋业的追忆、民间历史故事、世代相传的传说、族谱、部落迁徙以及他们对意大利的征服、土地的分配、弗留里祖传城市的历史等——在保罗著作中占据着首要地位。材料的多样性——在其中，政治史交织着回忆录——使得《伦巴德民族史》具有同样为作者的爱国主义所浸染的一种特别色调。关于奇迹的叙述，保罗写得十分轻淡，这也是他跟他同时代的其他历史学家明显不同之处。

除了口头传说以外，保罗还广泛地利用了他所掌握的文字史料，塞琨德的著作，贝内文托和斯波列托的年代记等。这些史料几乎全都没有流传到我们手里。保罗的著作是研究伦巴德国家历史的基本史料。

除了决定这部著作的结构和总的倾向的条件之外，还必须指

① 奥·安·多比阿什-罗日杰斯特文斯卡娅，前引本，第 110 页。

出保罗对氏族历史和家谱方面所付出的努力。这说明氏族残余的生命力。保罗所记录的民间传说，大都保存了它的古老形式，由于作者生活与写作的环境的特点，他的著作以许多独特之点区别于描写西哥特人、东哥特人以及部分地也包括法兰克人国家的历史著作。

法兰克人

5世纪末于高卢北部形成的法兰克国家很快地把这个罗马行省几乎全部占领了下来。它不仅没有像在西罗马帝国领土上形成的其他日耳曼国家那样灭亡，而且很快发展成查理大帝的大帝国。59
以后，它成为法兰西封建国家形成的基础。

萨利克法兰克人从他们在下莱茵河的原居住区，直接迁徙到北高卢，没有经历长期的流浪，其他的日耳曼族却经历了这样的流浪命运，而且在这个过程中，氏族制度遭遇到强烈的解体。同时，高卢北部——这里成了法兰克人的基本区域之一——的罗马化程度也较为弱些。

这一切条件，使得5世纪末的法兰克公社—氏族制度的特征，比起处在迁徙和国家形成时期的哥特人、勃艮第人、汪达尔人和其他日耳曼人显得有生气得多，也表现得更明显。此外，封建关系和封建国家的产生，由于有一条连贯未断的发展链条，就以最明显的形式显现在法兰克人的历史中。最后，由于法兰克社会这种没有被外族征服所破坏并复杂化的自然发展进程，法兰克人历史的史料大量地保存下来了，其数量是其他被征服王国的历史的史料无法相比的。所有这些事实，使得有可能对作为典型的早期封建社会——它正是在法兰克国家里获得了自己的典型形态——的法兰克社会的社会—经济和政治历史作精确的研究。

与上述情形相适应，萨利克法兰克的古法律《萨利克法典》(*Lex Salica*)在其他日耳曼人的法典中，也是最接近于古日耳曼习俗的史料。它按其编写的时间比某些法典要晚些，反映了日耳曼民族的一个跟塔西佗所描写的阶段更切近的发展阶段，在这点上它超越了其他法典。

按其结构来说，《萨利克法典》的文本是很复杂的，它有若干版本保存了下来。这些版本的顺序又不像《西哥特法典》和《伦巴德法典》那样明显。论述《萨利克法典》的文献浩如烟海。在资产阶级历史学中，关于不同版本的相互关系问题，至今争论不休。对此没有一致的看法。资产阶级史料学——在其中，形式的因素经常占主要地位——把主要注意力放在《萨利克法典》的法学分析方面。对这部古文献的一些版本的解释、年代和相互关系，在资产阶级历史文献中相当混乱。

必须强调指出，由于前已提及的特点，《萨利克法典》早就在资产阶级历史学家中成为热烈争论的对象。进步历史学家，虽然也不理解中世纪社会中的马尔克的真正作用，但承认它特别是在《萨利克法典》中的存在。反动历史学家，主要有菲斯特尔·德·库朗日和他的追随者，强烈地企图推翻这个观点，他们坚持私有财产素来就有的观点，完全否认公社形态，对萨利克法典中的明显提示进行歪曲和抹煞。在现代，奥

> 地利—美国历史学家斯坦因还存心要否定作为史料的萨利克法典，这件史料光辉地证实了马克思列宁主义关于马尔克公社作的基本原理。在似乎是科学家客观批判的假面具下，斯坦因起而反对自己的前人，对所有他们的观点进行了根本修改。[1] 实际上，这种苛评只不过是用来消灭真正的史料，用来 60
> “证明”荒谬论点的一种工具，按这个荒谬论点，似乎萨利克法典的文本是伪造出来的……在9世纪这个时期，在文献领域里普遍存在着大量的各色各样的赝品。他尽管彻底研究了刊载萨利克法典文本的稿本和其刊行历史，也未能引出有力的证据来确证自己的论点。无疑，这一重要史料还需要进一步深入的研究。

《萨利克法典》最初的文本没有流传下来，保存下来的版本已经具有纂辑的性质，而且是已经失传的古本的缩写本，或是补充的修改本，曾采取了若干尝试来恢复失传了的原本，可是所有这些尝试都是留有争议的。现在的版本可以分为五类，其中每一类都包含不同的稿本。第一、第二类载有65章的抄本。它们的特点是粗俗的拉丁语，以及具有对法兰克方言的萨利克土语作的注释（即所谓的旁注），有时这种注释是被誊抄人极端歪曲了的。人们认为，传存下来的稿本中最古老最完整的文本保存在第一类的一个抄本

① 斯坦因的论《萨利克法典》的论文载于美国杂志《史鉴》（*Speculum*）1947年。关于这篇论文，参阅E. B. 古特诺娃的论文：《资产阶级历史编纂学中对萨利克法典的否定》，载《中世纪》论文集卷Ⅲ，1951年。

中(即巴黎国家图书馆收存的手稿,其书号是:Lat. No. 4404)。然而,就在这一类稿本中也有分别。在第二类抄本中,有一些反映基督教在法兰克人中传播情形的补充。第三类是形成于764年的增补的抄本,由99章或100章构成的。旁注并不是所有稿本中都有。属于第四类的,只有一个稿本——*Heroldina*(以它的第一个刊印者而得名,这个刊印者就是16世纪的德国学者赫洛尔德,他于1557年在巴塞尔刊印了它),赫洛尔德本按其结构,最接近于最后的第五类。这一类包含的是查理大帝时期修改过的,由70章组成的文本、即所谓的 Эмендат(字面的意思是修订本)。萨利克法典稿本中数量最多的是这一类修订本(约50份),这种版本的语言较为规范。

多数研究者认为第一类(由65章组成)是最古老的版本,而第二、第三类是根据第一类编辑而成的。至于第四、第五类,如上所述,它们记载的是加洛林朝时期重编的法典文本。在9世纪,只有修订本具有法律效力,而且还有法兰克方言的译本。

《萨利克法典》(指其最老的版本)据推测、然而也是可能性较大的产生时间是507—511年。以后,也像其他日耳曼法典一样,在其中补充了一些新法律(Capitularia)[①],共有六章,是由墨洛温朝发布的,其中部分是增补的,部分是对一些条款的修改。新法第一章(第1—4节)和第六章带有与《萨利克法典》本身同样的一种古风的性质,其中也有旁注,而且是以索里达-第纳尔硬银币来计算"偿命钱"的。新法第一章的第5—8节是有关家庭法方面的,它是

① 此拉丁字指早期封建时代,特别是加洛林王朝时期的国王敕令。——译者

6世纪中叶的西法兰克法，其中明显地表现出罗马法和西哥特法的影响。新法第二、第三章以及第一章的末节的时间未作出精确 61
推定。新法第五章是由西法兰克的希尔伯里克王（561—584年）敕令组成。顺便提一下，在这一章里，《萨利克法典》中关于土地继承权的一个重要条款被修改了（对于西法兰克地区而言），按照法典本文（第59章第5节），“土地之继承权，在任何场合之下，亦不应赋予女人，而全部土地均应归属于男性，亦即兄弟”。与此同时，希尔伯里克敕令则允许女儿继承土地，废除了邻居公社社员的权利，而这就意味着旧的关系的解体，新法第四章乃是希尔德伯尔特一世（511—558年）与赫洛塔尔一世（511—561年）所订的《保安约法》。按照其性质而论，这章新法与其余各章是不相同的。

在《萨利克法典》的基本条文中，一点也没有显示出有罗马法制的影响。《萨利克法典》产生得很早（征服后不久），而且又是在一个罗马化程度比较弱的高卢区域产生的；因此，它几乎是原封不动地把日耳曼习惯法保存下来。在其中，充分地反映了农业经济：大田作业、畜牧业、园艺业等的生产力发展水平。它描述了作为法兰克社会制度的基础，同时又带有氏族关系残余的马尔克公社。然而，法兰克社会初期阶段的社会分化过程已经显出来了，例如，王室亲信的偿命钱就比普通法兰克人多两倍。

法兰克人的另外一支是居于中莱茵的里普阿尔法兰克人，早在克洛维时期已成为国家的一个组成部分。他们的法律《里普阿尔法典》（*Lex Ribuaria*），完全独立地产生于6世纪下半叶，然而有许多与《萨利克法典》相似之处，6世纪的末年，在其中补充了《萨利克法典》的修订文本，以后，又补进了大约是达戈伯尔特一世的国王敕令，在查理大帝时期编纂了新版本（类似于《萨利克法典》的修订本：Lex Salica emendata），其中有一个版本载有这样的标题：《查理时代更新的里普阿尔法令》（*Pactus legis rebuariae qui temporibus karoli renovatus est*）。也是在这同一时期，大约是 803 年，查理曾对法律作过补充。

因此，《里普阿尔法典》的成分是多种多样的。如果说，某些章节反映了跟《萨利克法典》中所反映的大体相同的发展水平，那么，在另一些章节中，则显现出发展中的封建关系的特征（教会土地所有权的作用、各种自由民类型、庇护权和豁免权的产生等等）。《里普阿尔法典》的有效范围仅限于里普阿尔人散居的区域。

占据上莱茵区域而且同样处于萨利克法兰克控制下的阿勒曼尼人也制定了成文法，其制定时间，根据其中有古日耳曼词汇来判断，是在 6—7 世纪之交。这就是所谓的 Pactus alamannorum，这个法律文件保存下来的只有五个片段，其中反映了基督教会的存在，但还没有王公政权。该法律是由墨洛温朝国王发布的。以这个最古的文本为依据，在王公兰特弗里德一世（709—730 年）时期，大约是在 716—719 年，在人民会议参与下，编成了《阿勒曼尼法典》（*Lex Alamannorum*），其中还搜集了墨洛温朝国王于 7 世纪初为阿勒曼尼颁布的法律以及西哥特法典的片段。《阿勒曼尼
62 法典》是属于在法兰克国王最高权力机关监控下的半独立部族王公统治的时期。第一部分（第 1—22 章）编列了有关教会的事务；第二部分（第 23—43 章）——王公事务；其余各章（第 44—98 章）是关于百姓的，其中引用了古时的 pactus 条文。

其余的日耳曼部落——巴伐利亚人、图林根人、萨克森人、弗

里兹人和哈玛弗人——的成文法产生于加洛林王朝时期，是随着他们被列入查理大帝帝国而编定的。其内容或多或少接近于萨利克法典和里普阿尔法典。然而，他们编制的历史，跟加洛林王朝时期的事件紧密相连，因而将在加洛林帝国历史的史料一章的适当地方加以研究。

墨洛温朝国王的立法主要是对《萨利克法典》的补充和修改。然而，其中已经——虽然还是微弱地——显现出另一种趋势，萨利克人与里普阿尔法兰克人、阿勒曼尼人、勃艮第人、西哥特人等的法典，都是遵循司法管辖范围的原则：该人属于何地裁判，取决于他的这一或那一民族的属性。墨洛温朝的国王在某些敕令中则引入了领土法的原则，《萨利克法典加洛林王朝法规汇编》第四章《国君希尔德伯尔特和赫洛塔尔保安约法》(*Pactus pro tenore pacis*)就是克洛维的两个儿子定的。这一约法(主要是关于跟偷窃和抢劫斗争的)由两个独立的国王诏令组成，而且每一个诏令只能适用于一定的领土区域，在591—595年的玛尔托夫大会上通过的希尔德伯尔特二世敕令也属于这一类。有关教会和部族王公权利的国王法令——有的编入了《阿勒曼尼法典》(Pactus)和《巴伐利亚法典》的古本之中——是适用于居住在法兰克国家里的一切民族的。然而，就整体而论，在日益分解为一个个独立区域的墨洛温王国，要想全国性立法很显然是难以成立的。

流传下来的墨洛温时期的全部文件都是由国王朝廷分发给各个宗教单位的，或者也是国王法庭的决定。至于其他类型的文书，我们仅仅从公文程式汇编里得知。国王文书保存下来的大约有90件，其中37件是原件，其余的是抄本。最古老的一件是625年发布的写在纸莎草纸上的文书。所有这些文书都是用拉丁语的高卢—罗马方言写成的，但是已经大为通俗化了。第一类文书——封赐赠书(praecepta)——主要是用来办理土地封赠、豁免权的转让以及确认较老的证书等。属于第二类的是国王法庭的判决(placita)，保存下来的有 23 件，这乃是对诉讼作业的判决的简短记录。文书在研究墨洛温王朝典章制度和那时期社会经济关系的历史方面，是最有价值的重要史料之一。

关于文牍程式汇编也是如此。从 7 世纪开始，它们就反映着形成中的封建制度所特有的一切过程；反映着大土地所有制的增长，自由公社社员的破产和被奴役、贵族政治权力的扩张等，各种各样的授地文书，份地的馈赠、交换、买卖文书，自由人委身于教会的文书，抵押文书，国王文书(用以完成将个人置于国王庇护之下
63 的手续)，委身书等都搜集在这些汇编之中。最古老的是昂热尔的公文程式汇编(Formulae Andegavenses)，包含 60 种程式，编成于 7 世纪初(最后三种程式属于 678 年)。最丰富的《公文程式集》(Formulae Marculfi)大约于 700 年编成，是莫城教区(在北高卢)的修士马尔库尔夫编的，分为两部分：公法文书(cartae regales)和私法文书(cartae pagenses)；这一部汇编流传很广，曾作过增补，且于 8 世纪作过若干改编。《希尔日汇编》(Formulae Bituricenses)辑成于 721 年，有一部分还属于查理大帝时期。还有一部《图尔汇编》(Formulae Turonenses 或 Formulae Sirmondicae，后者是以第一个刊行者而得名的)。在其中可以明显地看到，对罗马法的引用主要是通过《阿拉里克法典》来体现的。应该强调指出，所有这些汇编都属于西法兰克地区，也就是墨洛温高卢境内封建关系形成

得特别迅速的地区。在法兰克国家的其他部分，公文程式汇编出现得较为晚些，是在加洛林朝时期。

墨洛温朝时期的年代记，没有以其原来的形式保存下来，然而其抄本在后来曾被使用过。墨洛温国家的政治史叙述在《法兰西历史之起源》这部有名的著作中，这是图尔主教格雷戈里（540—594年）的著作。此书的标题难以确定，作者本人曾在自己的作品单上标明为《十卷史》（*Decem libri historiarum*），但是，形成于17世纪的刊行惯例固定标题为《法兰克人宗教史》（*Historia ecclesiastica Francorum*）。显然这是仿照可敬者比德的著作[①]的书名来的。然而，这个标题不符合图尔的格雷戈里著作的内容，它所包含的是法兰克人及其国家的历史。这部著作的最适当的标题是《法兰克人史》。

格雷戈里出身于一个显赫的高卢—罗马家族：中高卢的奥维尼家族，这个家族世袭着许多高卢主教职位。格雷戈里本人于575年得到了一个极重要的主教职位：图尔主教（高卢）职位。由于德高望重的高卢的图尔主教圣马丁的遗骨保藏在图尔，这里的主教职位享有特别的荣耀。无论就其出身，还是就其作为一个有影响的主教而论，格雷戈里都是属于上层统治阶级，而且是王族的亲信。他未能受到真正的古典教育，因为拉丁文学语言的传统已经泯灭了。格雷戈里虽然知悉一些罗马作家，但他写作用的是拉丁口语，这种口语是在高卢罗马人中普遍使用的。而卢瓦尔和都尔地区的一些基本居民群众正是由高卢罗马人构成的。因此他的

① 参见本书第192—193页。

著作所用语言,是所有当代人都能懂得的,应该指出,《法兰克人史》对语言史有特殊的价值。

《法兰克人史》的撰写时间是难以确定的。作者用了整个一生来写这部著作,而且不止一次地作了修改,头四卷显然可以构成某种完整的著作,因为在结尾安排了一个特别的、包括书中叙述的事件的年表(类似的年表也安插在全书的末尾,概括第 5—10 卷的内容),这一假设也由以下一点得到证明:前一部分(由前四卷组成)
64 用来叙述作者活动以前的事件,而且具有独特的叙述方式。叙述并不是按照事件的发展过程而相应地展开,杂乱无序,很像是写回忆,在其间还安插着其他作家著作的摘录。

第一卷记述起自创世记,讫于公元 400 年,是以尤西比乌斯-叶洛尼姆、奥罗修斯及其他等人的编年史为基础编撰而成的。第二卷叙述的是图尔主教的勋业、居住在高卢的最早的日耳曼民族的历史、阿提拉的侵袭,以及讫于克洛维之死的法兰克人早期历史。在第 3—4 卷中,法兰克人历史演述到西吉伯尔特之死(575 年)。我们已提到过,这正是格雷戈里成为图尔主教之时,第五卷的开端似乎为自己揭开了一部新著作的序幕。在一篇独立的序文里,格雷戈里向墨洛温家族的国王们发出了由衷的劝告,恳请他们终止阋墙相残的战火与纷争,解除把国家和人民弄得分崩离析、疲惫不堪的重负。接着就是以严密的年代顺序,按照王统年代,展开极为详细的叙述。这些叙述大约在 587—589 年间全盘地重编过。587—591 年内的事件较为简略地叙述在第 9—10 卷里,因为格雷戈里在那些年代里多次出行到法兰克和勃艮第,而且也没有掌握像以前那些时代所搜集的那么丰富的史料。他于 591 年结束了全书。也正是在那时，对前四卷作了再一次的复审，在其中作了具有圣徒传记性质的补充（只是在若干稿本里保存下来了）。临死前不久，格雷戈里又把自己的全部著作再一次进行了校订。

图尔的格雷戈里是作为事件的同时代人和目击者而写后六卷的。前四卷他引用了各种各样的史料：世界编年史、阿维特和西多尼·阿波利纳里的书简，今已失传的5世纪末的执政官年纪，还有民间历史传说（例如希尔德里克的传说）、宗教神话、圣徒传等。前来朝拜图尔主教圣马丁墓的朝圣者们的叙述，为他提供了拜占庭和西班牙发生的事件的某些资料，格雷戈里常常举出他所引用过的作者，有时指出向他作过某一叙述者之名。他颇多地利用了公牍文件，甚至把其本文插入自己的叙述之中。例如，贡特拉门王与希尔德伯尔特王所订的安德洛特条约——这对于研究墨洛温时期的历史和地理都是很重要的——和大量的主教函简以及其他材料，我们都仅仅从《法兰克人史》才得以知道。格雷戈里跟国王亲近；他自己作为国内最重要的宗教界人物之一而进行的积极活动，促使他成为一个深悉国家事务和整个王国情况的人，甚至还接触到朝廷的档案。

激起他撰写《法兰克人史》的动机，叙述在引言里，在那里他说道：教育的衰落和在高卢治学有术的历史学家的缺乏，迫使他，一个受教育不多的人，承担起困难的任务：把往昔的世事以及与他格雷戈里同时代的事件的追记传给后代。

在他的以自然、生动、形象的笔调写成的著作中，格雷戈里主要是提供了政治史方面的综述。然而与此同时，他的著作在相当大程度上也是一幅与他同时代的法兰克社会生活的广阔图画。关

于经济和贸易、租税、各社会集团的状况，被官吏勒索逼到绝望境
65 地的人民的起义，教会及其政策，文化和生活习俗等叙述。广布在整部内容丰富的著作中，使得它成为整个墨洛温朝社会历史的极珍贵的史料。格雷戈里著作的事实材料构成了我们关于6世纪的法兰克国家政治史知识的基础，而且以大量的珍贵材料充实了我们关于它的社会经济结构的概念。

> 教会和王权，在格雷戈里看来，乃是社会的支柱和人民的主宰者，教会和王权的联盟是他们的热情而干练的卫护者。这一联盟丝毫没有排除双方之间的摩擦，甚至冲突。图尔主教格雷戈里也像其他主教一样，毫不放松地捍卫教会和自己主教地位的权利和特权，使其免受国王和地方政权的侵犯。教会和王权的摩擦，也反映在教会代表人物对上层统治阶级的内讧和王权的勒索的不满上面，这些勒索无比地加重了人民群众的负担，但是有时也侵害到教会财产。保卫教会和百姓免受那样的侵害，在图尔主教的著作中，被当作基督教会的天职。不言而喻，在这个意图中，应该区分正在走向封建化的教会上层的阶级利益和被剥削被奴役群众长远的、根本的利益。格雷戈里奋起反对内部的混乱和纷争，只不过是为了巩固教会和世俗政权的权威和实力，作为形成的封建主阶级一支庞大势力的教会，其代表人物意愿膨胀的基础，乃是开始于6世纪的法兰克社会的封建化过程。

在格雷戈里的天真的叙述里，像镜子一样，反映出他那个时代

的愚昧和残忍的风习。正是他，把墨洛温王室中的暴虐无道的清晰图景给后人留传下来。在这群人物中，背信弃义、变节叛卖、假仁假义，也像杀戮、残害和拷打一样，是司空见惯的事。这个世界的真正宠儿是作者本人。国王们的残忍罪行并没有受到著者的谴责，因为，要知道，他们总是到图尔主教圣马丁的墓地去禳除自己的罪恶，把高贵的赠礼送给这个寺院，使得它财富盈门。格雷戈里把王权的政治作用提得很高，夸大和颂扬它的某些代表人物。他也颂扬高卢—罗马以及墨洛温朝教会的“圣洁”主教的行为。他的著作总的倾向就是这样。至于说到他所提供的材料的可靠性，那么，除了神话材料——这是那个时代的所有著作都不可避免的——之外，格雷戈里总的说来忠实地叙述了他所知道的事件，不过毕竟没有在神话传说与真正发生过的事实之间作出区分。

直接地与《法兰克人史》衔接起来的，是一部以《伪弗列德加尔编年史》(*Pseudo-Fredegarus*)之名见称于世的匿名著作。撰述者的姓名仅仅是在1579年刊印的编年史一版中才见到。这部编年史没有任何一个稿本流传下来，它至少是由三个人编成的，在开头部分，对图尔主教格雷戈里著作前六卷作了一个简略叙述，随后就演述独立创作的部分，其中记述的是584—642年的事件，编年史是在勃艮第撰成的，相当严密的编年叙述，是按照墨洛温家族的勃艮第国王的王统年代展开的，编年史是用拉丁地方土语写成，这种土语跟墨洛温朝廷和图尔主教格雷戈里所用的语言不同。这是7世纪前半叶法兰克国家历史史料中流传下来的唯一史料，在其中最充分地反映了631—642年的事件，这些年代精确、清楚的记录，显然是由深悉时情的目击者撰述的。编年史作者当中的最后一位

66 生活在东法兰克，可能是住在东法兰克的宫相的宫廷。他约于658年修改过原文，在其中作了一系列补充。

《伪弗列德加尔编年史》和图尔主教格雷戈里的著作比较起来，其关心的范围显著地缩小了。法兰克国家日益解体成为各个部分——从西法兰克、东法兰克、勃艮第以及阿奎丹，它们各树一帜，互相敌对。它们都产生了自己的历史学家，这些历史学家把本地区的利益放到首位，而且反映本地的政治立场。这一情况，无论是在该编年史的勃艮第撰成的那部分，或是在东法兰克所作的增补中，都充分地、清楚地表现了出来。

> 应该指出，我们只从伪弗列德加尔的著作中，才知道萨摩这个斯拉夫国家的情形，作者把后者称为法兰克商人[1]也是在这同一部编年史里。在流传到我们手中的史料中第一次遇到关于法兰克人的特洛伊起源论的追溯。这一追溯以后发展成为神话，而在所有中世纪法兰西编年史中被牢固地保持下来，正像一切这类神话一样，它也是被用来履行一定的政治任务的。关于法兰克人由被摧毁了的特洛伊城而来的传说，自然会给他们添上古典的圣光，而且把他们抬举到其余的日耳曼民族之上。此外，法兰克人特洛伊起源论的神话，也就淹没了关于墨洛温——当时走向衰落而且被宫相家族挤到后台去的墨洛温王朝的祖先——的起源的旧的异教传说。

① 参见本书第104页。

法兰克国家在最后一个著名的墨洛温朝国王达戈伯尔特一世于639年死后的政治斗争，宫相家族之间的斗争，旧王朝的衰落和新的加洛林王朝的兴起，都很突出地描写在记述7世纪后半叶和8世纪前半叶的编年史中。

最后一部捍卫旧王朝的西法兰克编年史标题为《法兰克国王之勋业》(*Gesta regum Francorum*)。它写于726—727年，很可能是在巴黎的圣德尼修道院写的。其独立撰写的部分(在开头部分引用了图尔主教格雷戈里的著作)，记述了642—700年时期的历史。有关628—700年时期，作者引用了一些今已失传的史料。可能这是历史性质的简略记事(notae breves)，也就是在圣德尼撰写的年代记。作者对西法兰克的同情表现得一目了然。他熟识所有的西法兰克宫相家族的人，而且回避接受东法兰克的丕平的封号。

也正如伪弗列德加尔的编年史一样，西法兰克编年史早在730年代已落入东法兰克，并以与其相适应的精神重编。这部编年史的一部分，再加上724—734年时期的简短记录，构成了《弗列德加尔后继者书》的编年史的开头部分。这后一部编年史至少是由三个作者编成，它具有一种特别的东法兰克特色，这突出反映在第二部分和第三部分中。第二个作者把本文续编到751年，他是查理·马特的兄弟希尔德布兰德伯爵的门客；在一个伯爵别墅里生活与写作。然而，在这一部分中并没有完整的统一性。741—751年的历史写得简略而枯燥，其中包含着对查理·马特战果的英雄史诗般狂热的、浮词华藻的记述。可能这不是一个人的作品，而是在加洛林统治者直接控制下写作的加洛林朝廷一些僧侣的作品，第三个作者把整部编年史结束于矮子丕平死去之年(768年)。

他本人曾说过，他是遵希尔德布兰德伯爵的儿子尼布隆格之命而写的。关于这一点的简略提示，仅仅在一部属于752年前后的稿
67 本中保存下来。在其他的后来成书于查理大帝时期的抄本中并没有这一点。

这部编年史的政治倾向——它的第二、第三部分里几乎具有官方的性质——既表现在对于新兴王朝的颂扬，也表现为对法兰克事件的抹煞，甚至连后期的西法兰克宫相族人物的名字都没有提到，然而在第一部分里，东法兰克的统治者们就已被授予了公爵和大公的称号。

弗列德加尔后续者中的第三位是加洛林家族完成夺取王位的全部胜利过程的见证人，编年史的最后一部分以其明畅的语言、叙述的匀称、严密的编年顺序和充分的深悉时情而显得十分突出(后一特点也是其他部分所具有的)。这是精心制作的对丕平在政治上的激烈辩护；似乎有充分理由可以把这一辩护之著称为《丕平王之勋业》(*Gesta Pippini regis*)，弗列德加尔后续者的编年史，是查理大帝时期的御用历史编纂学的先导。

由上可知，从5世纪末到8世纪中的法兰克国家的政治史，逐年地记述在四部彼此衔接或者相互补充的著作中：图尔主教格雷戈里的著作、伪弗列德加尔的著作、他的后继者的编年史著作以及《法兰克国王之勋业》一书。

圣徒列传——墨洛温时期特别丰富——提供了许多极为重要的政治方面的资料，然而更多的是文化-习俗性质的资料。遗憾的是，墨洛温圣者传的大部分内容在以后的加洛林时期都按照文学-修辞的方式加以重编，以致原有的朴素性和许多真实生活情景消

失不见了。然而那些没有受到歪曲或千篇一律的陈词滥调之害而完整保存下来的圣者传尤为珍贵。它们对于描述法兰克社会下层阶级的习俗和生活条件是特别重要的，因为这些大多数乡土性的“圣徒”形象，在那时与其说是由教会人士创造的，不如说是多神教的人民的想象所创造的。这表现在：那类传记的大多数主人公都是普通出身的人，而且在他们的朴素的传记里——自然是掺杂着各种传奇的大量糟粕——在一定程度上也反映了普通人的生活及其苦难和愿望。然而，总的说来，这些在历史学家看来是重要的事实，被淹没在大量千篇一律的神话传奇之中。

在大量圣徒传中，有一种早就以自己的特色而独具一格，那就是主教和修道院院长的行传。每一个主教区和修道院，都力图编撰一整套自己的主人的传记，教会极力想要使他们进入圣徒行列中去。由于高卢的主教，无论是在法兰克人征服以前，以及特别是在征服之后，在法兰克国家中都有巨大的政治作用，主教们的传记就具有重大的意义；修道院在大土地所有制形成中的作用，使得修道院长和修士们的行传具有相当大的价值，例如：图尔的格雷戈里主教撰写的图尔的圣马丁行传，包含着大量的重要事实，主要是有关教会、习俗和宗教历史的。阿尔里的泽撒主教行传、阿尔布的维南兹主教行传、兰斯的列米吉主教行传和阿拉斯的维达斯特主教行传等都是研究6世纪前半叶高卢历史的丰富史料。

生活于6世纪后半叶的墨洛温王宫的意大利诗人福尔图
纳特撰写了一些浮词华藻的行传，其中包括拉德贡妲王后行 68
传。他还写了300首以上的诗作：献给法兰克国王的颂歌、节庆的描写,题墓诗、讽刺诗等,其中散存着许多有时是有价值的有关历史上的习俗制度的材料。

福尔图纳特与维因纳主教阿维持(Вьеннскии Авит)(死于518年)的书信也是重要史料。在书信中,福尔图纳特避免了他的诗所特有的词藻华丽的修饰。在这些书信中,当时的人物和风俗表现得跟图尔主教格雷戈里几乎同样真确。阿维特是6世纪初信奉阿利乌斯派的勃艮第境内天主教的主要活动家,他的政治作用使得他的书信具有特殊的重要意义。

6世纪的另外一种文件汇编流传到了我们时代,即《阿尔里书信》(*Epistolae Arelatenses*),包含417—556年史实,是由不同的人写的;使他们联起来的因素,是阿尔利和维因纳的主教为争夺高卢教阶中的首位而进行的斗争。《维因纳书信》(*Epistolae Viennenses*)与此类似。它有许多伪造文本。六世纪末,由宫廷的公证人编成了一部包含24件东法兰克书信的汇编(Epistolae austrasicae),其中的书信是为了给撰写各种书信提供模式而选辑的。

高卢教会的宗教会议文件,不仅对教会的历史,而且对教会在其中起了那样巨大作用的整个法兰克社会的历史,都是重要的史料。

(庞卓恒译　郭守田校)

第四章　查理帝国历史的史料 69

庞大的查理大帝帝国——它在短期内几乎占领了全部西欧的和相当大部分中欧的领土——境内的各个部落和部族的形成过程，也正像帝国的解体过程一样，它本身决定了8—10世纪的史料的性质：囊括到帝国里的部落和部族有自己的经济基础和语言。集中到中央的管理仅仅包括军事行政活动的领域和部分的宗教领域。

法兰克人固有的领土（也就是法兰西本身和东法兰克）以及法兰克居民相当众多的北高卢（西法兰克）地区，构成了帝国的核心。勃艮第保存了某些特殊性，但是整个说来，从6世纪起就已经稳定地成为法兰克王国的一个组成部分。在阿奎丹、加斯康尼、塞普提马尼亚和普罗旺斯，仅跟哥特人有微弱混合的旧罗马居民占优势。在墨洛温朝时期已经形成政治整体的法兰克王国领土上，封建化过程进行得稍许迅速的只有高卢地区（也就是西法兰克、勃艮第和阿奎丹）。在“法兰西”本部和东法兰克，这些过程进行得比较缓慢，因为这是自由农民占主要地位的日耳曼本土区域，这一地区在当年只是微弱地受到罗马奴隶制和隶农制的影响。至于阿勒曼尼、巴伐利亚、图林根和弗里西亚，封建化过程在这些地区还仅仅是开始。正像萨克森的情形一样，在政治上它们是半独立区域，跟帝国中央管理机关的联系是微弱的。但是在萨克森，由于萨克森人的不断起义，法兰克人的政权是以很残酷的面貌出现的。

伦巴底、斯波列托、贝内文托、卡林提亚以及所有的边疆区，在政治上也是半独立的。至于它们的社会制度，由于这些地区的封建化程度因各州和各区的特点而有所差异。帝国的这种各色各样的成分，十足的“部落和部族的集合体”，极为突出地反映在史料的性质和类型上，自然也首先反映在社会—经济关系方面的史料中。首先应该强调的是：描述大封建土地所有制的增长，基本农民群众不断加剧的贫困和被奴役，采邑制的出现，豁免制的发展等的基本
70 史料，不能够不分时间、条件地套用到整个查理帝国的领域。应该时刻估计到这些史料在帝国的某一部分出现的时间。这一进程表明，这些史料，随着这些地区封建化过程的基本特点的发展程度，逐渐地从高卢传播到东方，到纯粹的日耳曼区域。

这一进程在高卢早在 8 世纪已达到相当高的水平，并确立了那样一种社会经济关系和社会政治组织的形态，那种形态导致了相应的经济和法律文件以及历史著作的产生。

首先应该指出，就我们所掌握的情况而论，8 世纪就有了专门描述农业和土地所有制的史料。它直接反映法兰克社会生产力和社会经济关系的发展水平。的确，流传到我们手里的古文献只是由于封建生产方式发展的结果而产生的大量文件资料中的一小部分。这些资料都不能对法兰克王国的基本领土，更难对其边疆和以后新征服的区域提供这一发展过程完整的包罗无遗的图景。而且它们仅仅是属于寺院和国王的大地产的资料。关于农民经济和大中型封建地产，它们仅仅提供了间接的材料，因此，这些史料只

说明整个情形的一部分。恩格斯把王室地产经济称为查理大帝的大规模的，但几乎没有留下痕迹地过去了的试验。至于修道院，它们经营大规模经济的经验是丰富的，“但是修道院是以独身生活为基础的非正常的社会组织；它们可能会有例外的成绩，然而正因为如此，它们不能不是一个例外”①。小农经济仍旧当作常规而保存下来了。“要知道，利用农奴的农业经营，意味着根本不是什么大规模的耕作，而恰恰是小块土地的耕作，而且这种耕作在一切地方都是在农奴依附地位产生之前就存在了”②。可惜，由于现有史料的性质，正是关于农民经济的情况，我们知道的比寺院的要少。尽管具有这一切的局限性，加洛林时期的经济文献仍具有相当大的价值。它们为我们描述出那时期的农业技术、农业生产工具、粮食作物的种类及其收获率、肥料的性质、牧场经营、养马业、园艺业及其他农业经济部门的发展情形。这些进步中有许多正是在农民经济中发生的。寺院地产账簿在我们面前展示出封建剥削的各种形态和农民依附地位的不同等级。这些材料具有许多属于一定时期的一定地区的典型特色，而且使得能够确定各种封建地租（工役租、实物租、货币租）的规模等。

在那些古文献中，寺院地产登记簿，引起了极大的兴趣。所有流传至今时地方登记簿中最为丰富、详细的一件，即所谓伊尔密农的地产簿，享有当之无愧的声誉，伊尔密农是巴黎附近草原区的最富有的圣热曼修道院的院长（Saint-Germain-des-Prés）。他任该职 71

① 恩格斯：《家庭、私有制和国家的起源》，俄文版，第160页。

② 恩格斯：《反杜林论》，俄文版，第339页。

的时间是811—823年。因此,在他指示下编撰的地产登记簿,其撰写时间可能是在9世纪初。这一史料,是那一时期西法兰克的教会土地所有制历史的基本史料,而且是一种含有丰富而多种多样知识宝藏的特种农业百科全书。

可惜,伊尔密农地产清册没有完整地传留下来,失掉了约五分之二:开头部分、中间部分和结尾部分都没有了。我们掌握寺院大地产详细记录的只有25块,约土地3.3万公顷。事实上土地数还要多得多。因为寺院控制5—6万公顷的巨大领地(不是完全集中在一起)。恩格斯在叙述教会财产的增长时写道(指的是这一个修道院以及其他法兰克修道院):“……采用捐献、勒索、欺骗、诈骗、假造证据以及其他带有刑事犯罪性质的勾当而巧取豪夺来的教会地产,在短短几世纪间,竟然达到了极其庞大的数目,这是没有什么奇怪的。”①

在地产簿里,对每一个登记的地产指出了地主的,也就是修道院的土地数量(耕地、牧草地、葡萄园、森林、牧场、荒地等),还有农场附属地、建筑物、磨坊等。接着列举了各种类型的芒斯(也就是农民份地),芒斯的类型是按照它们的起源划分的——自由民的、被释奴隶或农奴的等,还应该指出,芒斯的持有者的地位跟芒斯的名目已经不相符合了。许多隶农和农奴耕种着“自由”的(也就是曾在某一时期是自由的)芒斯。在芒斯登记页上,载有对列入芒斯的土地的说明(耕地、牧草地、葡萄园),居住在芒斯上的农民(包括子女)的姓名以及他们的各种义务。义务中以徭役租为主,但也有

① 《马克思恩格斯全集》第16卷第1分册,俄文版,第396页。

实物租和些许的货币租。记入地产簿里的材料，在一定程度上，是对地产上的居民的调查结果。这些居民告诉了自己占有地的大小，以及为此而需交纳的役租。除了整个的地产登记之外，在登记簿里还载有每块施舍土地的登记，这类施舍地分散在不同地区，有的离修道院相当远。地产登记簿的第 12 章全部用来登记归入“科尔邦百户区”中的施舍地。修道院还控制了大量的多是中小规模的土地，从这些地上征收的主要是实物。根据这些记录，可以获知寺院土地不断增长的情况。

> 伊尔密农的地产登记簿，并不是流传下来的唯一的地产登记簿。历史学还拥有兰斯的圣列米吉修道院的、曼斯的圣文森修道院（撰于 840 年）、圣阿曼德修道院、圣莫尔修道院、圣旺德利尔修道院（编于 787 年）、圣里赫里修道院的（成于 831 年）、普留姆修道院的（中莱茵之西，其撰写时间不早于 893 年）、弗尔达修道院（图林根境内）的以及其他修道院的地产登记簿。

在一切产生了教会大地产的地方，有关的教会机构必然会编出性质类似的、为管理大地产和对依附居民进行经常剥削所绝对必需的文件，其中有许多在诺曼人和匈牙利人侵袭的 9—10 世纪的动乱年代里被毁了。这场灾难的结果使得一些寺院和教会被夷 72
为平地，它们的档案相当大部分被毁，沙特尔的圣彼得修道院的历史提供了这场灾难的一幅生动图景。但是，即使文件本身毁灭了，文件中所载的材料流传到了我们的手里。因为正是在那时（或在

其后），那些材料被编入了卡尔图拉里[①]，也就是抄件汇编，其中收集了保存在寺院里的文据和其他文件——也包括地产登记簿——的副本。例如，于11世纪编成的同一个沙特尔修道院的卡尔图拉里，收入了它的9世纪地产的部分记录，这是按照旧文件复原起来的；这些旧文献，按其内容来判断，恰恰正是加洛林时期的典型的地产登记簿。这类例子还可以更多地举出。在圣加伦修道院撰成的卡尔图拉里是最古老的抄件汇编之一。其中载有9世纪起的文献。关于卡尔图拉里，将留待后面进一步阐述，因为它们全都是10—12世纪产生的[②]。这里还应指出另外一种大修道院中必然会有的文件——《施赠簿》(*Libri traditionum*)，其中登记了施赠或转让给寺院的土地或收入等。正如我们看到的，类似的记录构成了伊尔密农的地产登记簿的一部分。在某些情况下，它们是独立地编成的，但实际上本是地产登记簿的一种。例如，根特的圣彼得修道院的施赠簿(*Liber traditionum S. Petri Blandiniensis*)，就是这样。这个施赠簿载有该寺院在虔诚的路德维希时期取得的施赠的登记清单。转让给寺院的土地的授与证，由于还能说明世俗的封建地产以及部分地说明农民地产而特别有价值，因为在其文本中，总是有转让给教会的土地的记述，虽然这记述是简略的。

编制地产登记簿和对地产进行监督的实际需要，导致产生了一种指南手册，这大约出现于查理大帝时期，它是为国家巡查使而

① 卡尔图拉里，来自拉丁文 chartularium，中世纪的文据和财产登记簿的副本汇编。——译者

② 参见本书第127页。

编纂的。这种巡查使在当时情节下履行监察员的职责。巡回于教会和国王的大地产之间。手册被称为“教会和王室地产记录范本”(Brevium exempla ad describendas res ecclesiasticas et fiscales)，载有财产簿和地产状况报告的范本。通常那样的范本并不是当作不记名的程式，而是作为一些地区的具体登记册的摘录(范本比起从其摘出的那些登记册本身还要更丰富得多)。例如，位于西日耳曼尼亚的阿斯纳匹和特列俄勒王室地产登记册，什塔菲尔兹地产(在奥格斯堡主教区)登记册，及其他登记册就是这一类。由此可见，这类史料跟地产登记簿很相似，但具有更多的概括性质。此外，在其中还包含地产登记册里没有的材料：建筑物的登记、牲畜、农具什物，以及各种经济储备物资的统计。

约于 800 年颁布的《庄园敕令》(*Capitulare de villis*)乃是另一种指南手册。其中很详细地记载了王室大庄园的管理者及其属下的一切职责、农业生产及其他工作的规程、工作用和家庭用的器具什物以及各种产品、马匹、车辆等供应王室的规章。这件史料描 73
绘出自然经济占统治时期的大庄园的全部生活范围。在研究农业史方面它具有特殊价值。其中包含着社会关系的一些材料。庄园敕令所指的是那些直接归王室经营的庄园。不应把庄园敕令全看作是对现实状况的完全精确的反映。这是一个为了实现在一切方面都是巨细无遗的经济经营的训示，但是，在多大程度上充分地实现了这些指示，是很难说的。

应该认为，庄园敕令范围所及的区域，包括了法兰克王国的基本区域，王室庄园也主要分布在这些区域。

反动历史学家多普什企图把庄园敕令说成是794—795年间对查理的儿子、阿奎丹王路德维希的为数不多的阿奎丹庄园当地的世袭领地的章程。这一企图是站不住脚的。按多普什的意见，敕令里开列的有南方种的作物，这就证明这一史料是出自南方的。对史料的这一曲解——它极大地限制了这一敕令的有效区域——应当予以驳倒。敕令本文没有就任何一定区域作出明显的指示，而在稿本中它是跟"财产登记册范本"并置一起的，这个范本里的范例主要不是从阿奎丹庄园财产登记册中取出的，而主要是从东法兰克区域(由东法兰克的法国和德国部分组成)的登记册中取来的。

还有一件属于9世纪初的，研究大寺院经济方面的重要史料保存下来了。这就是《阿达拉尔德规章》(Statuta antiqua abbatiae S. Petri Corbeiensis)。阿达拉尔德(751—826年)是查理大帝的亲戚，是亚眠附近的富有的科尔比修道院院长。作为虔诚的路德维希的政敌，他在这位新帝王刚一登基(814年)就被流放，经七年之后才从流放地返回。眼见寺院经济混乱不堪，他于822年制定了整顿它的专门训示，其中提供了大寺院经济生活的极为详细的图景：记载了手工作坊、旅舍、磨坊、啤酒酿造坊、菜园、果园，还列举了征自依附于寺院农民的实物税和该寺院地产的收入。《阿达拉尔德规章》不是财产清册，因此在其中没有像地产登记簿那样的寺院地产规模的材料。但是，在描述大寺院的内部经济结构及其中所施用的剥削依附农民的方法方面，它们是很有价值的。在这一史料中，还载有寺院僧众员额的资料，把这些资料跟寺院经济资源的总图景对照起来看是重要的。

关于农业耕作的有趣的资料，记载于普留姆修道院（位于莱茵河畔）的修士旺达尔贝尔（вандальберт，约 813—约 850 年）的《论十二个月的名目、征候……》（*De mensium duodecim nominibus, signis...*）的诗歌里，以及修道院长瓦拉弗里德·斯特拉本（约死于 849 年）的《园艺篇》（*Liber de cultura hortorum*）里。后一书用诗歌形式记载了作者在自己的南日耳曼的雷亨瑙修道院中栽培的各种蔬菜、花草和药材。

8—9 世纪的加洛林王朝时期稿本上的彩饰画，是生动地反映 74
耕作、收割、收获等景象的造型艺术文物。这些彩饰画为农业生产工具史提供了极有价值的材料。

加洛林时期的法律古文献，比墨洛温时期或 10—12 世纪时期的同类史料更多，这可由若干原因得到说明。其中第一个原因是 8—9 世纪封建关系的迅速发展，要求以新的法律以及对已有的法律加以大量补充，来巩固这些封建关系。其次，随着居住在中欧和北海沿岸的日耳曼部落中的阶级形成过程的发展，在他们当中，也出现了自己的法典。最后，管理查理大帝时期形成的庞大的帝国，也需要加强各种各样的立法。应该着重指出，在帝国里，在这个部落和部族的集合体中，从严格意义上来说并不存在共同的法律。帝国的各个部分彼此间是那样的互不相同，以至于查理大帝和他的后继者需要为意大利的、西班牙的以及某些日耳曼的区域颁布不同的法律，如 801—803 年对西法兰克、东法兰克和勃艮第颁布的《亚琛诏令》、查理大帝和他儿子丕平的 Capitula Italica，秃头查理的 815 年的 Constitutio de Hispanis 和 Praeceptum pro Hispanis，查理大帝的萨克森诏令及其他等，都是上述那样的法令。只是在法兰克人历来固有的领土上（东法兰克）加上西法兰克和部分的勃艮第，在8—9世纪时期才达到了一定程度的律令统一。

在加洛林王朝时期，《萨利克法典》的本文曾经修改，并获得了Lex Salica emendata 的名称。在查理大帝和虔诚的路德维希时期，萨利克法兰克人的基本法律以新诏令作了补充（Capitularia ad legem Salicam），803年，《里普阿尔法典》的旧文本被加以修改和补充。

巴伐利亚的日耳曼部落（多瑙河上游以南），虽然从属于法兰克人，但是直到查理大帝以前还几乎享有充分的自治权；巴伐利亚人只是在788年才最后并入帝国版图。巴伐利亚法典（*Lex Baiuvariorum*）是在奥第隆（Одилоне）大公时期于739—749年间编成的。编纂者们在校订本文时参阅了《阿勒曼尼法典》和西哥特的《攸利克法典》。法兰克国王的法律也反映到巴伐利亚法典中。基督教于739年传入了巴伐利亚；因此法典中也照顾到了天主教会和主教的利益，法律也反映了大公对法兰克国王的从属地位。在以后时期（756年、770年和772年），在法典里增加了大会所批准的补充法规。查理大帝于801—803年颁布了《补充法》（Capitula ad legem Baiuvariorum）。由此可见，与私有制和阶级的发展过程相适应的逐步的社会分化也明显地渗透到巴伐利亚法典之中。

《萨克森法典》由于其内容受到与法兰克人征服萨克森有关的事件的不少影响，乃是一件复杂的史料。《萨克森法典》是查理大帝颁布的法律，它由三部分66章组成。前20章完全是为那时有权势的萨克森贵族制定的；如果说其中有半农奴和奴隶的材料，那只是与贵族占有土地有关。这一部分类似于《里普阿尔法典》的前面的章节，而且无疑是古老的萨克森习惯法。第二部分（第 21—38 章）涉及的是贵族、自由民和半农奴的事情。这些篇章显示出 75
跟后面还将述及的《萨克森人特别法》（*Capitulatio de partibus Saxoniae*）的某些篇章有很大的相似之处。法典的前两部分的编定时期大约是 780—782 年，也就是说，是在 782—785 年的萨克森起义发生之前，因为查理大帝在那以后的时期颁布了其中载有《萨克森法典》第 21—22 章的引文的特别法。法典的第三部分（第 39—66 章）大概是 802 年在亚琛举行的立法大会上通过的，前两部分的本文也在那时作了修改。

在 780—782 年——也就是《萨克森法典》前两部编成之时——与 802 年——也就是法典的最后一部问世之时——这两个时期之间，查理还对萨克森颁布了另外两项法律。其中之一（前已提到的《萨克森人特别法》）只有唯一的一个稿本保存下来。它是以异乎寻常的严刑峻法为特色的，甚至于只为触犯了微不足道的宗教规戒也要处以死刑。查理企图以这种严刑峻法来对 782—785 年起义后的萨克森施行恐怖统治，企图粉碎他们再行反抗的意志。第二个法律（Capitulare Saxonicum）是 797 年在萨克森人参加下的亚琛大会上通过的。那时紧张形势已稍许缓和，这一法律具有成文的习惯法性质，以对犯罪和过失课以偿命金罚金来代替前一法律所采取的死刑。

居于图林根北部的日耳曼部族盎格鲁人和维林（Верин）

人的法典(Lex Angliorum et Werinorum，hoc est Thuringorum)，产生于查理大帝时期，而且大概是在802年的亚琛大会上通过的。这个法典也显示出里普阿尔、萨克森和弗里兹法典的影响，它的文本仅仅以一个手稿和16世纪的一个版本传留下来。它由66个短章组成。它所反映的是比萨克森法典更高的一个发展阶段。

《法兰克-查玛维人法典》(Lex Francorum Chamavorum或Ewa chamavorum)是属于居住在下莱茵和依塞尔区域，即所谓哈马兰区域的查玛维部落的法典，它的本文只有两种稿本保存下来，由48个短章组成。其中显示出相邻部落——萨克森人、弗里兹人、萨利克法兰克人的法典的影响。其本文是由帝国官吏根据对当地居民的询访编纂而成，可能是在802年的亚琛大会的准备工作程序中进行的。巴伐利亚法典被用来作为它的范本。

《弗里兹法典》(Lex Frisionum)也具有同样的起源。它只有16世纪的一种版本传到我们手里，法典的基本部分(22章)施用于中部弗里西亚地区；其西部和东部另有其他文本，而且其编纂时间也比基本部分稍晚些。《弗里兹法典》并非精确意义上的法典，其成分是多种多样的，其中有极小的罚款定额，有审讯过程形式的详细说明，有博通古法的两个专家福列马尔和萨克斯孟德的意见，以致最后还有法兰克国王法律的修改本，《弗里兹法典》的文本内容重复和矛盾。散见于各处的日耳曼词汇，乃属于法兰克方言。这证明文本的最后编辑者可能是帝国官吏。他们参用了在弗里兹生效的，还有大量多神教遗迹的口头习惯法。在询访过程中,可能是《阿勒曼尼法典》被用作范本。

在库尔主教区(位于上莱茵),于9世纪初,为世俗和教会政权编撰了一部审讯指南,称为库尔主教《修订法令》(Capitula Remedii)。它包括处理刑事案件的12章。该地区曾是罗马帝国的列奇业省,遵循罗马法生活过的旧有居民的地方特性的存在,引起了《罗马法汇编》(*Lex Romana Curiensis*)的出现,其时间大约是9世纪中,这部汇编中有法兰克法律的影响。它还被应用于依斯特里亚和伦巴底,某些研究者把这部汇编的编纂时间归之于8世纪中叶,而且把《修订法令》视为它的补充法。

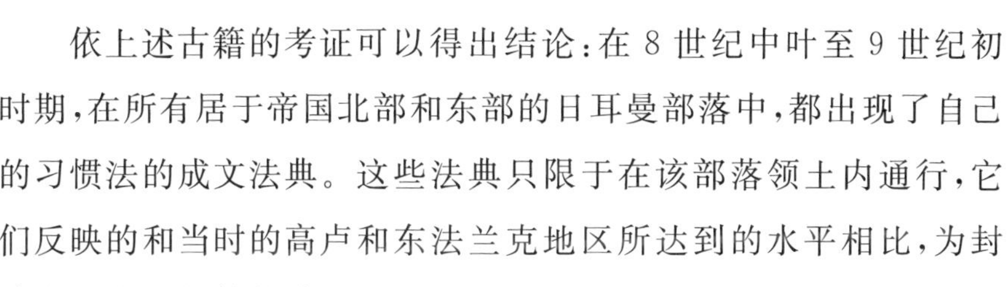

依上述古籍的考证可以得出结论:在8世纪中叶至9世纪初时期,在所有居于帝国北部和东部的日耳曼部落中,都出现了自己 76
的习惯法的成文法典。这些法典只限于在该部落领土内通行,它们反映的和当时的高卢和东法兰克地区所达到的水平相比,为封建主义发展的较早阶段。

加洛林时期的国王法律从770年就开始称为敕令(Capitulare)[①],因为它的本文被分为单独的篇章,这种区分最初发生于矮子丕平时期。国王颁布诏令有时是凭自己的意志,有时也取得贵族会议(Placitum generale)的赞同。前已说明,为日耳曼法典制定的补充立法和为帝国各个部分制定的法律都具有诏令的形式,给

① Capitulare 的词根来自 Capitulum,篇章、条款等意。——译者

国家巡查使的指令、管理王室庄园的敕令,也同属于这一类,虽然它们不是法律。随着定期举行的大会而颁布的诏令,通常是用以处理各种各样问题的:世俗和宗教事务、国家管理、军事整顿、诉讼法规等。早在9世纪初,在国王朝廷里还拟定了某种诏令分类原则;区分了作为法典补充的法律(Capitularia legibus addenda),新法(Capitularia per se scribenda)和指令(Capitularia missorum)。进行了大量立法工作的818/819年的大会的决议就是按照这个原则定的。但是,在以后,在帝国解体过程中,这一划分实际上没有维持下来。

颁布下来的诏令数量很多。仅仅查理大帝统治时期的诏令保存下来的就约有80件。完整的官方诏令汇编那时还没有。它们的本文以各种不同的汇编流传至今,在同时代的另外的史料当中保存下来,成于827年的一部汇编最为著名。其编纂者是冯特湟尔修道院(在卢昂教区)的院长安塞吉兹(死于833年)。这部汇编(Capitularium collectio)载有查理大帝、路德维希和罗退耳在789—826年的29件宗教和世俗敕令。它在当时已经广泛流传,所以在虔诚的路德维希的稍晚于829年的律令中,旧法律就是根据安塞吉兹的汇编而被引用的,这便得它几乎具有了官方的性质。

本笃·列维特(他可能是美因茨的辅祭)的汇编,大约成于847—850年。其中还以某些诏令补充了安塞吉兹所抄记的诏令。自774年起对意大利颁布的诏令,以后被收入了所谓的Capitulare[①]之中。

① 参见本书第214页。

就其内容来说，诏令乃是极有价值的史料。它们巩固正处在封建化过程之中的贵族、教会和国家的法律秩序。人民群众的利益在法律中是不予理会的，而且人民也没有真正参加制定它们。资产阶级历史学家在谈到“充实法典的诏令”的颁布时，把史料中所提的“人民同意”(consensus populi)一词说成是真正的含义——这一理论是经不起反驳的。当农奴化进程飞速加快的时候，根本就不可能有任何的“民权”可言。在这方面，最能使人信服的是诏令的内容。它们确认旧的依附形式，而且引入新的依附形式；确立居住在王室地产和豁免权土地上的自由民的依附地位；规 77
定使农民倾家荡产的军事义务；消灭往昔的自由权利的残余，其中包括往昔的诉讼惯例，而以王室官吏代替选举的地方公职人员，以及其他等。诏令包含着法令，其目的是打击农民对日益风行的农奴化情景的反抗。它们迫害农民的秘密组织——吉尔特(Гцльды)，而且威胁着要以死刑来惩办对王室官员的反抗。在查理大帝和其继承者时期大量的农民起义也反映到国王律令之中：其中包括有镇压这类起义的敕令。显然，这样的农民斗争导致了在 8 世纪末和 9 世纪初诏令中严格限制不适当地增加依附农民的义务①。在那时期发展起来的教会立法，的确是具有限制的性质。这类立法反映在大量的宗教会议文件中。

加洛林时期的法律遗籍乃是对马克思列宁主义关于上层建筑的积极作用学说的绝妙的例证。查理大帝和他的继承者的法律，在 8—9 世纪的主要特点上业已形成的封建社会中，正是履行了那

① 《马克思恩格斯全集》第 16 卷第 1 分册，俄文版，第 412 页。

样的职能。

保存下来的8—9世纪的文书资料也比墨洛温时期更为丰富。应该指出，涉及人民群众的私人文书原件没有传留下来，也正像更早时期的这类材料没有保存下来一样。无庸置疑，在这个农民遭受严重破产和奴役的时期，那样一些文书，诸如请求庇护文书、委身文书、自投为奴文书、以施赠为幌子的土地转让文书等，曾写过很多很多。但是，它们的原件丢失了。我们只是依据寺院“施赠簿”和卡匹图拉里中的副本以及文书程式才得知这些文书。

至于反映社会上层阶级关系的文件，其中有许多原件或与原件同时代的抄件保存下来。尽管9—10世纪的诺曼人和匈牙利人的入侵带来了破坏和灾难，某些寺院仍旧巧妙地保住了自己借以控制特权和巨大领地的最珍贵的文书。查理大帝统治时期的国王原件文书保存下来的有164件，其中有154件乃是给教会和寺院的施赠文书、给他们的豁免状等。与墨洛温时期的文书比较起来，加洛林时期的文书具有某些反映社会制度变化的特点。例如，在这些文书中，记载国王法庭判决的文书越来越少，因为在查理大帝时期缩小了它的权限，而地方法庭却发展起来了。

除了原件文书之外，从加洛林时期还流传下来许多伪造文书。僧侣们不仅仅热心于保存自己的文件；大概他们还更热心于从事伪造，而且特别是古老的原件文书也是他们所需要的，目的是按照它的格式更巧妙地制造赝品。一门特别的历史辅助学科——古文书学，在研究其他问题之外，也考订各种类型的伪造文件。这里还应指出，可以说，伪造具有不同等

次：从对原件加入不大的增补直到编制整件的伪造文书。必须指出，无论具有何种程度的伪造文书，仍不失为历史资料， 78
不过应该从另外的、特别的角度加以考察。揭示出它的内容的整个或局部的虚假性，历史学家同时也有责任探究引起伪造的原因，而这种原因的揭秘往往会发现对所研究时期的历史具有极为重要的事实。尤其是加洛林时期伪造文件的大量存在，说明在大地产和依附居民被奴役的增长过程中，一直施用着披上“合法”外衣的种种变相暴力。由于这样的结果，寺院地产的界域迅速地扩大，而这靠的是牺牲弱小邻居，首先是农民。在分析教会取得财富的手段时，恩格斯指出，为了榨取居民的财物，僧侣们主要是利用伪造文件。[①]

前已指出，加洛林时期的卡匹图拉里，也就是文书和各种文据的副本簿，保存下来的不多。传留下来的原件封赐文书及其他文书，数量也不多。大修道院的卡匹图拉里著名的有：圣伯尔腾修道院（弗兰德尔境内）的、弗尔达修道院（图林根境内）的、洛尔什修道院（中莱茵境内）的、圣加伦修道院（瑞士境内）的以及其他等。往后，在 12—13 世纪，卡匹图拉里则已经数以百计了。[②]

文书程式汇编的大量存在，说明私法文书曾广泛盛行。在墨洛温时期，它们的通行范围主要限于高卢境内。在 8—9 世纪，它

① 《马克思恩格斯全集》第 19 卷第 1 分册，俄文版，第 395 页。

② 在历史科学中，寺院的或其他的档案出版物也被称为卡匹图拉里或古文书集（Codex diplomaticus）。

们在高卢出现得更多。此外，在帝国的东部，日耳曼的区域，也出现了《奥维尔文书程式汇编》(*Formulae Arvernenses*)，属于8世纪后半叶，是在760—761年丕平远征阿奎丹之后编纂的。《桑斯文书程式汇编》(*Formulae Senonenses*)也是在那个时期产生的，不过其最后一部分已属于9世纪初。以刊行者而命名的两部汇编：*Formulae Bignonianae* 和 *Formulae Merkelianae*，基本上纂成于770年代，而在虔诚者路德维希统治时期作了补充。

有一些片段保存下来的 Formulae Pithoei，属于南法兰西地区，8世纪后半叶到9世纪初纂于弗拉芬尼亚修道院的 Formulae Flaviniacenses，属于勃艮第地区。8世纪末，在萨利克法兰克人的故土上，大约在圣阿曼德修道院编成了一部以刊印者而得名的程式汇编：Formulae Lindenbrogianae。其中引用了许多巴伐利亚文书作为程式范本。而且，没有疑问，它从796年起已应用于巴伐利亚。也像其他的汇编一样。它也是来源于西法兰克的(刊印者把它说成是源起于累根斯堡一个修道院，是错误的。)巴伐利亚自己的文书程式于8世纪末在萨尔茨堡编成。多瑙河岸的帕骚主教区的一部不大的文书程式汇编(Formulae Patavienses)，属于虔诚者路德维希时期。

阿勒曼尼文书程式汇编的一部分于8世纪末编成，但主要是在9世纪末编成的。它对科学没有多大意义，因为在圣加伦修道院(瑞士境内)保存下了大量完整文书。也有单独的圣加伦文书程式汇编，是9世纪末由修士诺特克尔·扎依卡编成的。在阿尔萨斯，从8世纪末起，采用了斯特拉斯堡汇编(Formulae Argentinenses)和穆尔巴赫汇编(Formulae Morbacenses)。在雷亨瑙修道院(士瓦本境内)，于8世纪末编成了三部汇编(Formulae Augienses)。

由上可知，到9世纪中叶，文书程式汇编在整个帝国疆域之内，除了弗里西亚萨克森和图林根在更晚些才出现以外，其余全都已经采用了。

应该指出，按材料而论最重要的是帝国朝廷本身的文书程式汇编(Formulae imperiales e curia Ludovici Pii)。它于830年左右被编成，只有唯一的稿本被保存下来，是用蒂洛式速写符号写的。 79
这种字母是从墨洛温朝廷袭用的古代暗号书写法继承下来的。

年代记是研究加洛林时期法兰克国家政治史的最重要史料。

墨洛温时期的年代记被大量地引用到这一时期的历史著作中。但由于它们的原本没有保存下来，初看起来，可能以为加洛林时期的年代记是凭空产生的。然而，这个看法仅仅对那些主要是在8—9世纪才建立的东法兰克的寺院中的年代记才是正确的。应该着重指出，加洛林时期的年代记编汇事业正是在这些新的宗教中心，而不是在西法兰克和勃艮第的旧寺院里兴盛起来的。因为东法兰克是新王朝的领地，而且在加洛林帝国中起了主要的政治作用。无足为怪，在东法兰克年代记中，几乎从一开始就显出颂扬加洛林家族的倾向。

洛尔什修道院(沃姆斯附近)最初成为加洛林时期年代记编纂

中心。8世纪初一个修士根据旧有记录和弗列德加尔编纂者的著作编纂了起自680年的编年纪事。然而它是一个完整的叙述——关于丕平家族势力增长过程的叙述。后来这部年代记被续编到817年。在学术界中，它被称为《小洛尔什年代记》(*Annales Laurissenses minores*)以区别于《大洛尔什年代记》(*Annales Laurissenses majores*)。后者事实上不是在该寺院，而是在聚集了官方编年史家的查理大帝宫廷里编写的。《大洛尔什年代记》现在通称为《皇家年代记》(*Annales regii*)或《法兰克年代记》(*Annales Francorum*)。

这一史料的成分是复杂的。整整一代的学者曾从事于分析它的工作。他们持有不同的看法，而且提出了几个人物作为它的作者，其中包括查理大帝传的作者艾因哈德。最大的困难是：在741—801年存在过两种并行的版本。其中一种持着十足的官方精神，另一种则修改和补充了第一个版本，而且这些修改涉及的并非是细枝末节的事件。它们这种平行并存的情形，与它们在所有的抄本中又是直接地互相承袭的情形对照起来，似乎更奇怪。应该指出，尽管做了许多研究，这一史料研究得还是不够充分的，虽然它也许是研究加洛林帝国政治史的最重要的一件史料。

《皇家年代记》的第一个版本包括741—829年时期，并分述为两部分。其第一部分演述到788年。照17世纪根据今已失传的洛尔什修道院稿本刊行的版本来判断，这第一部分乃是以《小洛尔什年代记》为依据而纂辑的，是789年由某一个接近宫廷的人物，很可能是宫廷礼拜堂的牧师，在总牧师，也就是靠近国王的主要宗教人物的监督和指导下辑成的。在这部年代记中，引用了官方文

件。某些事件是按当代人的叙述记载的。按其所记述的材料的性 80
质而论，这一史料最适合于“宫廷日志”的定义。军事征伐、接待使臣、法庭会议、国王及其家庭的旅行等的记述，在其中占了主要篇幅。年代记的这一部分所用的语言，乃是那时期的拉丁口语。

> 在解释这部年代记的第一部分的编纂时间方面，研究者们提出了下面这种观点：查理大帝最后征服巴伐利亚正是788年，而这标志着将日耳曼的东南部落并入加洛林帝国的完成。的确，在年代记中，不止一次地强调这一事件对加强国王和加洛林国家实力的意义。年代记这一部分总倾向没有留下任何怀疑。整部著作的写作意图是对皇权的辩护，是对以其最荣耀的人物查理大帝为代表的加洛林王朝的颂扬。

年代记的第一种版本的第二部分，包括789—829年时期，按每年或每若干年的事件平行地记载。它是由几个人连续撰写的，无论是本文的语言或稿本的源流（有的稿本演述到801年，另一些稿本则讫于813或829年）都能说明这一点。第二部分的本文依其撰述者（不少于五人）不同而被划分成为个别的部分——这种划分在学术界中引起了大量争论。有不少关于它们的作者的假设，然而，显然他们全都仍然只是假设而已。没有疑问的只是：年代记的这一部分也是在皇宫里，是由最深悉内幕的人撰写的，而且很有可能是在总牧师的监督之下写的。由此可见，皇帝年代记的两部分都具有官方性质。对这一史料内容的分析，提供了许多根据来支持这一估计。年代记中所载的事实材料总的说来是丰富的，而且颇为确实。除了关于军事和外交史的详细材料外，年代记中还有某些关于天气、收成、死亡率、地震、天文现象的资料。某些关于经济、贸易、文化的事实等，根据年代记可以把查理大帝的军事活动以及部分的外交活动最充分地追溯出来；他的政策的其他方面则依旧是一片模糊。与此同时，年代记的材料不仅有片面性的，有时还歪曲了历史真相。

关于西班牙，特别是在萨克森的军事失败的记载，包含着最严重的歪曲。关于第一次西班牙远征的失败结局和后卫队在隆塞瓦里隘口的失败，在年代记里只字未提。至于法兰克从775—778年在萨克森的败北，在年代记史家的笔下，反而变成了胜利。778年峻塔尔一役，法兰克军队本来被萨克森人全部歼灭，可是在年代记里，关于这一战役的叙述，完全被歪曲了。作者详细地叙述了查理大帝对萨克森人的血腥镇压，似乎在那之后实现了辉煌灿烂的，法兰克人的“胜利”——这就暴露了作者自己在撒谎。在年代记中，关于查理于800年在罗马举行接受皇冠的加冕大典的资料，提供得既简略又枯燥，而且在这一记载里，关于查理对仪式进程的不满也没有提及，只是在以后，在变化了的政治形势之下，艾因哈德在自己的查理大帝传中记入了这一情节：这位皇帝曾因是由教皇，而不是由他自己把皇冠戴在他的头上而有反感。在792年前后的记载中，关于查理的儿子丕平的阴谋只字未提。一言以蔽之，在这部年代记中，事实的取舍以及对它的解释总是从属于一定的政治意图——颂扬法兰克国家和它的国王。

如前所述，这部年代记还有另外一个记述741—800年事件的版本保存下来，其作者不详。大量假设中没有一个获得学术界的公认。可以确信地说，这一版本是由一个萨克森人撰写的，因为他 81
不仅对一切有关涉及萨克森的事件极为关心，而且还纠正了许多《皇家年代记》中蓄意制造的错误。例如，他还原了关于775—778年战役结局问题的真相；在他的著作中载有关于792年丕平的阴谋的情况，而官方资料对此是保持沉默的，以及其他等。他补充了关于查理大帝跟希腊人和阿瓦尔人交往的材料。他的文章风格优于第一个版本。关于这个几乎丧失了官方性质的第二版本的撰写时间问题，意见存在着分歧。有的把它定为9世纪初，有的定为817年左右，甚至还有定为829年以后的年代。把它跟艾因哈德写的查理大帝传的文本联系起来考察，把第二个版本的撰写时间定在817年以前的时期最有根据，也就是817年的奥博德里特人（斯拉夫部落）起义以前的时期。因为作者还在强调他们对帝国的友好态度。至于此书的总的倾向，那么正如我们看到的，这个在帝国东部边疆撰成的版本，显露出某些独立的政治思想，在解释事件方面并不屈从于官方的说法。

虔诚者路德维希之后开始的加洛林帝国的解体，终止了统一的官方年代记体系的进一步发展。

外交性质的资料在研究加洛林时期的政治史方面，是很有价值的。可惜这类资料保存下来的只是为数不多的一部分。属于这一段的资料有：查理大帝的52封信（主要是给教皇的），以及Codex Carolinus，也就是在他指示下约于791年编纂的汇编，这部汇编的9世纪末的一个唯一的副本传到了我们手里。其中载有教皇

739—791 年间致查理·马特、丕平和查理大帝的 57 封信。汇编的第二部分由拜占庭皇帝的函件组成，没有流传下来。在另一些稿本里保存下来的教皇阿德连一世和利奥三世致查理的另一些信件，也应该归属到这类材料中来。

在其余的有关查理大帝和他的儿子的统治的史料中，应该指出皇帝和政治活动家的传记。这类历史——文学体裁的公认典范是艾因哈德的《查理大帝传》(*Vita Karoli Magni*)。艾因哈德(约 768—840 年)受教育于弗尔达修道院(在图林根)，于 790 年代被派往亚琛，到了查理宫廷。在那里，他成了宫廷智囊团，即所谓翰林院的成员。他的政治红运只是在虔诚者路德维希时期才开始，那时他成了宠臣和皇帝的秘书，而且还成了罗退耳的太傅。他约于 830 年离开了宫廷，在他所建的泽里根什塔特修道院渡过了他的晚年。某些历史学家把他撰写《查理大帝传》的时间，归于虔诚者路德维希在位的初年。另一些人则反对这一时间推断，把艾因哈德著作问世时间推到 820 年末。

艾因哈德熟悉罗马古典文学，而且是用拉丁文言写作，《查理大帝传》无疑是有意吸取斯维托纽斯的影响，并以他的《恺撒传》作为范本来编写。艾因哈德在自己的著作中遵循了斯维托纽斯所特有的结构，这就是：叙述查理的祖宗；对他的军事征战和与其他国家的联盟作出一个概述；记述他的个人品性、外貌、家庭生活、对科学的爱好；最后是去世和安葬。这就在许多方面说明他写作《查理
82 大帝传》的模仿性质。但是，另一方面，这也迫使作者引入了那些他的同时代作家所陌生的主题(外貌、生活作风等)。

艾因哈德的写作以文字史料为依据：年代记、编年史(弗列德

加尔续纂者的编年史)和宫廷档案中的文件(外交往来函件、查理大帝遗嘱等)。许多资料是他亲自的观察。把保存下来的史料跟艾因哈德的著作加以比较就能看出后者的短处。在分析那些取自年代记的材料时,这方面就特别明显地表现出来。艾因哈德使用的是年代记的第二个版本,但是为了颂扬查理而出现了不少歪曲之处和年代上的错误,甚至不惜贬损查理的父亲,艾因哈德对丕平和查理在意大利的征战的描述,也用那种方式。加洛林国家领土的全部扩展几乎都被归在查理一个人的账上等。对萨克森战争的历史也被艾因哈德歪曲了,把它描写成是自卫的,而不是侵略的出征。查理的外交活动描写得比传到我们手里的史料还要贫乏。虽然作者掌握了必要的史料。艾因哈德没有利用例如查理致麦西亚国王奥夫的信件,而以有利于查理的语气描写了跟拜占庭的关系等。

传记中记载查理的个性、生活作风、衣着癖好这一部分,是较为有价值的。固然,在这里查理的一切短处也被细心地回避了或减弱了,而且从最好的方面把他加以描绘。不过我们毕竟从艾因哈德的著作中知道了关于这位法兰克皇帝和他周围的人的生活方式的不少有趣情节。整个说来,《查理大帝传》几乎是一部颂歌性作品,而它作为史料的价值也因为上述缺陷而大为降低。在他的当代人中间,它享有巨大的声望,而且引起了许多模仿它的作品。在此后的世纪中还产生了大量抄本,说明在整个中世纪时期对艾因哈德著作的重视没有间断过,因为这时期他的著作是关于查理大帝历史的基本史料。

虔诚者路德维希的传记是由特里尔区主教特甘(9 世纪初—

约863年)撰写的,特甘出自法兰克名门望族,是德意志的路德维希皇帝的坚决拥护者,罗退耳及其追随者的敌人。这一政治倾向渗透到他的《路德维希皇帝传》(*Vita Hludovici imperatoris*)的全书之中。此书写于837—838年,在路德维希死后才发表。它所记述的是813—835年间的事,也就是说,略去了他做阿奎丹王时的青年时代和他生活的最后时期。特甘参考了艾因哈德的著作和年代记,但未能把自己的材料用文学形式表达出来。不过,在他给路德维希作的评价中,包含着一些有趣的资料,而且作者在这方面显出有相当的独立见解。例如,他责备这位皇帝过分慷慨地赠送皇室产业、过分的而且作为国家元首表现出的不合适的宗教热忱,责备他厌弃从童年就知道的法兰克民间传说等。出于子弟捍卫皇帝这一政治倾向,在特甘的著作中,以大量的政论性的插笔形式而极端明显地表露出来。

标题为《路德维希四颂》(*In honorem Hludovici libri IV*)的路德维希传诗,是由阿奎丹诗人和牧师黑夜者埃尔莫尔
83 德撰写的。作为一个接近阿奎丹王丕平的宫廷,并希望取悦于丕平的人,他创作了奚落路德维希皇帝的诗歌,为此而被后者流放,埃尔莫尔德的诗歌是抱着规劝这位皇帝的目的而写的,而这就决定了它的总的性质。其中记有某些关于路德维希跟阿拉伯人的战争、出征不列塔尼的史实,还有相当充分的宫廷生活景象的描写。

路德维希的详细执政经历,记载于一个佚名作者的著作中。这位作者由于对天象有显著的兴趣而在学术界获得了

“天象家”的绰号。他的《虔诚者路德维希传》(*Vita Hludovici Pii*)撰于840年之后，也就是路德维希诸子之间的阋墙战争正酣之时。该书内容显示出作者是个站在亲近这位皇帝立场的宗教人物。在第一部分(778—814年)中记述了路德维希在阿奎丹时期的活动。其中载有关于加洛林帝国西南部历史的珍贵材料，这些材料的大部分取自一个修士阿德玛尔的著作，其中有关于8世纪法兰克人跟阿拉伯人斗争的材料。第二部分(814—829年)乃是根据年代记而作成的纂辑。第三部分(830—840年)是原本的，而且由于作者深悉内幕，包含着有价值的材料。

主教和修道院长传记丛书的出现是加洛林时期的一个特点。其中包含了这一或那一主教区修道院的历史。这部丛书的开篇是麦茨主教史(Gesta episcoporum Mettensium)。这是由我们所熟知的辅祭保罗应主教安吉尔拉姆之约而撰写的。后来按照这个范本撰写了Gesta abbatum Fontanellensium(卢昂一带)、Gesta abbatum Fuldensium(在图林根)、Gesta episcoporum Cenomanensium(曼斯)。在这些传记中，参用了寺院或主教档案库的文书及其他文件，作为教会史和教会地产史的史料是很有价值的。

加洛林时期的圣徒传，比起墨洛温时期来，无比贫乏。教会巩固了自己的地位而且成了最有势力的封建主，跟皇帝一起参与了对新征服领土的控制(通过基督教化的手段)。它对圣者传创作的影响更为强烈了。圣者传披上了浮词华藻的装饰，丧失了跟民间创作的联系。教会的有权有势的活动家，它的政策的推行者和它的利益的代表者：修道院长、女修道院长、在日耳曼异教部落中实行基督教化并在那里建立了寺院的传教士——这些人物成了圣徒列传编撰者们的注意中心。像这样的圣者传有：日耳曼尼亚的传教士博尼法斯和维里布洛德传、弗尔德达修道院、修道院创建者斯图尔姆传、第一个不来梅主教维列加德传、第一个弗里西亚和威斯特伐利亚主教刘德格尔传、女修道院长李娥芭传以及其他等。所有这些圣者传都包含着关于查理大帝黩武史的重要材料。

查理大帝时期的教育和文化复兴，是以对古典作品的关心为其特点的。墨洛温时期的法兰克王国处于国家发展的初期阶段，只用不多的高级僧侣，就能满足自己文字书写方面尚属朴素的需要。但是，要管理查理的庞大帝国，就需要数量更多的训练有素的人才。这迫使查理实行了一系列措施来改善宫廷和教会的学校。学校和教育的组织者们就是聚集国王周围的宫廷翰林院成员：盎格鲁-撒克逊人阿尔昆（死于 804 年）、西哥特人提奥杜尔夫、伦巴德人辅祭保罗、语法学家比萨的彼得、艾因哈德、安吉尔贝尔特及其他等人。阿尔昆于 796 年曾任图尔的圣马丁修道院院长，也就是说，是最有影响的法兰克教会活动家之一。他在图尔创立了当
84 时有名的学校，从那里培养了以后若干代的教师和修士的老师，例如后来在弗尔达修道院任教的拉班・摩尔（776—856 年）就是其中之一。阿尔昆撰写了若干种关于语法、修辞和辩论术的教科书，这些教材极突出地反映了当时的知识水平和这些知识具有的神话性质。他还撰写了一些神学和哲学论著、圣者传和诗歌。翰林院全体成员的诗歌作品，以及特别是他们相互之间和与其他政治及教会活动家之间的往来函件，乃是加洛林时期的文化史与统治阶

级生活习俗史的极为珍贵的史料。例如，阿尔昆于782—804年间致他的英国友人、查理大帝、主教等的信件（约300件）包含着那些年代的几乎一切大事的材料，而且是教会上层和亲近皇帝的人物的意见的回声。在诗歌作品中有时还能遇到政治史方面的重要材料。例如，曾以钦差使臣身份完成了南高卢巡行的提奥杜尔夫伦的诗歌，对加洛林时期的行政机构和法庭提供了一幅引人入胜的图景。

几乎是在查理大帝刚刚死后，就产生了关于他本人和他的政绩的大量散文和诗歌神话。9世纪的政治状况——骚乱、战争、诺曼人的入侵等——促成了对逝去不久的、曾是法兰克国家强大和荣耀的时期的理想化。这一倾向，部分地来自宗教界，但也反映在民间创作之中。身受外侵和内讧苦难的人民群众，以民间传说的形式，塑造了一个无论对外部敌人，还是对贵族叛乱者都有威慑力的伟大的皇帝形象。圣加伦修士的《查理大帝勋业记》（*De gestis Caroli Magni*）这一著作就是关于查理的教会和民间神话的混合物。这部著作一般认为是修士诺特克尔·扎依卡所著。他是于884—887年按照"胖子"查理皇帝的意图撰写的。它所追求的目的是提供一个其勋业和品格都能为胖子查理引为自己表率的、公正和有魄力的君主形象。企图把适应于教会政策的原则灌输给皇帝的倾向，有着特别鲜明的表现。作者作为跟康斯坦茨的主教结下了不解之仇的圣加伦修道院的修士，怀着强烈情绪反对显贵的主教，而颂扬朴素的修士和牧师。在他的描述中，查理大帝曾无情地惩治了一切僭越逞强的侯伯和主教，诺特克尔熟悉大量史料，而且多少精确地引用了它们。除这些史料之外，他还补充了关于这

位皇帝远征的叙述。这些叙述是他童年时代从查理大帝的老兵阿达尔特和维林贝尔特口里听来的。在这些叙述中，奇迹史实和神话传说交错在一起。诺特克尔的著作只保存下来第一卷（关于教会的）和第二卷的一部分（关于战争的）。总的说来，这是一件很有特殊意义的史料，其中关于文化、生活、贸易等的某些报道是有价值的，因为它是关于查理大帝政绩的一种民间观念的反映。

在以后的世代里，这位皇帝的形象在民间传说中获得了进一步发展。民间传说战胜了宗教倾向而创造了一个栩栩如生的查理面貌。在人民眼里，他仍旧是一个反对“暴君”，也就是反对欺孤凌
85 弱怙恶不悛的贵族封建主的光荣的军人和战士。此后，在《罗兰歌》[1]里，查理又被赋予了另外一种品格。

加洛林帝国在进入 10 世纪时明显分出了德意志、意大利、法兰西（北法兰西和南法兰西）等部族，它们各有自己的语言，或多或少有明确界线的领土和自己的经济基础——帝国的这一解体过程也明显地反映在 9 世纪史料的特点中。

必须指出，这一时期在法律遗籍和年代记方面已有了重大的改变。到 9 世纪末，卡匹图拉里的公布终止了，跟其他国家之间的外交函件减少了。在文书体系中（也就是在文书程式中），开始显露出一种差别，可以把这种差别视为后来的法兰西、德意志和意大利官衙中的文书体系特征的萌芽。然而，解体过程最明显地表现在年代记中。

查理大帝的子孙们之间的残酷内战，极为突出地反映在 9 世

---

① 参见本书第 141 页。

纪的历史记载中，身为一定派系的追随者的著作家们的政治倾向性，在虔诚者路德维希传记中已经表现出来，在此以后就具有了更为明显的性质。它也渗透到加洛林时期最后一部历史巨著之中。这部著作是属于查理的外孙（按母系计算）尼特哈尔德（约790—约843年）的手笔。他是虔诚者路德维希和以后的秃头查理的将领。秃头查理在路德维希死后指令尼特哈尔德本着他的口味来撰写阋墙战争的历史（“三弟兄之战”）。尼特哈尔德出色地履行了自己的任务。然而对查理事业的捍卫并没有导致作者明显地歪曲历史材料，虽然也使他具有一定的政治倾向性。他的著作《四卷史》（*Historiarum Libri quattuor*）的第一卷中，包含了最清楚地叙述爆发公开战争之前的无休止的纷争。其余几卷中叙述了路德维希和查理从840年6月到842年底的反对罗退耳的军事行动。这部著作终究没有完成，因为尼特哈尔德奉命出征，不久就死了。前三卷撰于842年，最后一卷成于843年。作者身为上流社会人物和军事首脑，按其所获情况的质量和所提供材料的翔实而论，是9世纪最好的历史学家。他得以接触了官方文件，并善于加以使用，在他的著作中保留下极珍贵的文件，如《斯特拉斯堡誓约》的本文，这是用拉丁语和日耳曼语写成的，是传到我们手里的保持了这些语言的古老形式的最早遗籍。在他的著作中，也载有关于萨克森的斯特林格起义的极重要材料以及关于社会关系的其他材料。尼特加尔德的著作是关于导致843年的凡尔登条约，也就是第一次帝国瓜分的三年历史的基本史料来源。

大约也是在这些年代里，在年代记中也发生了很具有特征性的现象。统一的官方年代记编纂体系趋于解体的倾向，在843年

瓜分以前的若干年，就已经显露出来了。作为一个统一整体的皇家年代记，终止了自己的存在，它们的抄本（这是每一个大寺院中都有的）成了寺院年代记的开头部分，这类地方年代记比9世纪以前出现的数量大为增加。而且已经没有受到中央官方编年体例强求一致的影响。有趣的是由于皇室政权对年代记编纂的影响的削弱，似乎业已完全消声匿迹的、关于墨洛温王朝的回忆，一时又复
86 活起来。约于832年，在圣德尼修道院撰写了一部具有歌颂性质的国王达戈贝尔特的历史。虽然这位修士撰述者的主要目的是写自己寺院（由达戈贝尔特建立的）的历史，而且为此引用了这个寺院的大量档案。然而，墨洛温传统的复活这一事实本身，是很具有象征意义的。

除了这些多数是地方性的年代记外，从830年代末期开始，形成了一种集中性的年代记——日耳曼的弗尔达年代记、法兰西的圣伯尔腾年代记。这些名称是有特定含义的，因为并不是按照撰写地命名，而是按照保存这些年代记的最老抄本的地点命名的。在勉强建立而且很快就解体的罗退耳王国中，也未能产生出任何统一的年代记体系。无论是在意大利或是在罗塔林吉亚，都于9世纪出现了自己的地方年代记。

《弗尔达年代记》（*Annales Fuldenses*）包含680—901年时期的事件，是分别由几个人撰写的。讫于838年的第一部分，乃是一部根据《皇家年代记》、《洛尔什年代记》及其他年代记编成的一部价值不大的纂辑。起于838年讫于863年的第二部分，是由德意志的路德维希的解罪神甫鲁道尔夫编撰的。其中所载的材料主要是涉及日耳曼地区，而只是部分地述及以被称为“高卢暴君”的秃

头查理为王的西部，因为编纂者的政治倾向，乃是要求在德意志的路德维希统治下实现两部分的统一。分别叙述到882年、887年和901年的以后几个部分，是分别在美因茨、弗尔达和巴伐利亚撰写的。在这些部分中，日耳曼与其东部及北部邻居：西斯拉夫人、丹麦人和匈牙利人的联系，开始占着越来越大的篇幅。

由此可知，《弗尔达年代记》乃是日耳曼境内的最后几个加洛林朝国王的历史，而且反映他们的政策和利益。

《圣伯尔腾年代记》(*Annales Bertiniani*)包含741—882年时期，其第一部分记述到836年，也是根据《皇家年代记》及其他年代记而编成的纂辑。其中反映了"虔诚者"路德维希的政治利益。830—836年这一段简短然而确实的历史，是这一部分的主要价值。第二部分包括837—862年，由特鲁阿主教普鲁登齐撰写的，是关于这些年代的半官方的和详细的历史。第三部分包括863—882年时期，属于兰斯大主教辛克玛尔(约806—882年)的手笔。他是9世纪后半叶最有影响的法兰西政治活动家、教会——贵族派的首脑。辛克玛尔留下了一些很详细的叙述，这些叙述的形式与其说像年代记毋宁说更接近于有倾向性的政治回忆录。在他的叙述中收集了一部分伪造的文件，这些伪造文件很可能是在辛克玛尔本人的授意下制造的。因此，应该更加批判地对待他的著作。《圣伯尔腾年代记》的最后一部分终究没有完成，因为辛克玛尔由于诺曼人侵袭而逃出了兰斯，而且不久就死了。

《圣伯尔腾年代记》表现出一种跟《弗尔达年代记》直接对立的倾向。它们为隶属秃头查理和日耳曼领土的政权而斗争。当罗退尔王国的北部于870年并到日耳曼版图时，法兰西的加洛林王室

对莱茵地区的要求就反映到《圣伯尔腾年代记》之中。必须指出，由法兰克的西部和东部（这两部分的名称——法兰西和日耳
87 曼——在那时还没有确立）的君主互为仇敌。年代记史家们无拘无束地谈论异国的内讧和家族纷争，而对自己国内的这类事件的报道则显得吞吞吐吐了。《圣伯尔腾年代记》提供了诺曼人入侵带给国家的灾难和王权的迅速削弱的明显图景。

“冯塔涅尔编年史”(Chronica Fontanellensis)也叙述了这方面的情况。这部书只保存下来一些片段。它大约于872年在卢昂教区修道院中撰成。描写了诺曼人在北法兰西的侵袭所造成的灾难。巴黎的圣热耳门·普利的修士阿邦约于897年写了关于诺曼人于885—887年围攻巴黎和关于犹德王896年前统治的拉丁诗歌。在9世纪的圣徒传中，特别是在《圣本笃传奇》(*Miracula S. Benedieti*)中——这是弗列里修道院（在卢瓦尔河畔）修士阿德列瓦尔德所写——也有由于诺曼人入侵和内讧而造成的北法兰西的可怕的遭到破坏方面的材料。

在介于法兰西和日耳曼之间的罗塔林吉亚[1]，于9世纪编撰了一部编年史。它的卷头部分首先对从新纪元开始的世界历史作了一个总概述。它的作者，上罗塔林吉亚的普留姆修道院院长列吉农（死于915年）拥有相当广阔的政治见识和法兰西以及日耳曼事

① 罗塔林吉亚，即罗退耳领地。——译者

件的充分知识。由于跟宗教界的联系，意大利的事务也为他所熟悉。列吉农记述了加洛林帝国的最后年代，它的完全崩溃、跟诺曼人的斗争、流血内讧。他的编年史的第一部分记述到741年，以各种文字史料为依据，其中包括比德、辅祭保罗及其他人的著作。为了写第二部分(741—906年)，列吉农参考了他本修道院的年代记，《皇家年代记》、《达戈贝尔特的业绩》(*Gesta Dagoberti*)，圣徒传以及还有一部今已失传的著作，他曾说到这部著作是用民间口语写的。这部编年史最有价值的一部分是包括892—906年那一段记述。他是以亲身的观察、当代人的叙述和某些文件为依据而撰写的。列吉农对国王们作了简短评价。他指望在教会和教皇权中找到从末代加洛林国王手中失去的权力。在他的著作中，年代往往是错乱的。但是，整个说来，这是一部为9世纪末到10世纪初的事件提供了完整图景的唯一史料。

拉文那主教安耶尔(Анъелл)的著作、蒙特·卡西诺修道院的修士艾尔亨佩尔特的著作以及帕加摩的安德烈的著作，是意大利的加洛林王室跟伦巴德诸公爵的斗争历史方面的史料。其中第一部著作撰写了讫于845年的拉文那地区历史(Liber pontificalis ecclesiae Ravennatis)，在其中提供了法兰克人在意大利统治的情景。艾尔亨佩尔特叙述了讫于889年的伦巴德人和贝湟文陀大公的历史，作为辅祭保罗著作的续编。但是，跟自己的前驱者相反，他公开表示了自己对法兰克人的敌视。他记述了由于法兰克人的征服和统治，以及后来的阿拉伯人的侵袭——这些侵袭使得蒙特·卡西诺遭到彻底摧毁——而给伦巴德人带来的苦难和破坏。在帕加摩的安得列的编年史(Abbreviatio de gestis langobardorum)中,也包含有助祭保罗著作的讫于877年的续编。

末代加洛林王族之间的残酷斗争,比年代记更强烈地反映在9世纪的政论著作中。传到我们手里的只是那类著作的一部分,而且还主要出自路德维希皇帝的政敌之手。里昂大主教阿戈巴尔德(死于840年)是政论家中最有影响的一个人物,他是皇帝的儿子们的拥护者。在他们于830—833年举兵时,他为他们撰写了宣言和其他文件(Epistola deploratoria ad Matfredum 和 Libri duo pro filiis et contra Judith uxorem Ludovici Pii),这些文件以极猛
88 烈地攻击"虔诚者"路德维希的政策为特色。命名 Apologeticus 的,也就是为他的党派写的辩护书的政论,也属于他的手笔。科尔比修道院长巴斯哈兹、拉特贝尔特(约死于860年)为自己的前任阿达拉尔德院长和瓦拉院长作了传记,其中也反映了大封建主——路德维希的敌人的立场。在阿达拉尔德的传记中,这一主线显得稍模糊些。但是,在瓦拉的传记中,却流露得极为明显。为了安全起见,作者把书中涉及的所有人物都加以改装,这样就使他可以用一副讽刺态度谈论国王及其周围的人物。

同样的政治倾向也渗透在属于《圣伯尔腾年代记》的最后一部分的作者辛克玛尔手笔的政论著作中。这篇政论被称为《论宫廷和国家管理》(*De ordine palatii et regni*)撰于882年左右。辛克玛尔引用了阿达拉尔德的一篇今已失传的同名论文,但也补入了新的材料。论文是为了教育口吃的路德维希而写的。而且提出了

一定的目的，这就是保护居于国家领导地位的大贵族特别是主教的权益。按辛克玛尔的思想，国王实际上只应是教会大封建主意志的执行者。为了给这个理论找到历史证据，辛克玛尔也像他在年代记中所作的一样，借助于伪造文件和制造假文书。

9世纪的政治思想斗争，反映在辛克玛尔和图尔主教弗洛塔里（约死于850年）的大批书信中，后者的信件提供了许多考察9世纪中叶主教势力和影响的材料。菲利耶尔修道院的鲁普（约死于862年）——秃头查理的亲近人物之一，精通古典文学的专家——的书信不仅对政治史而且对文化和教育史也是重要的。艾因哈德的书信主要反映他的修道院管理活动，那所修道院是“虔诚者”路德维希当作采邑给他的。可惜这些书信流传下来都没有记名（没有日期和收信人的姓名）保存下来，致使其中许多信件的日期还有争论。

（庞卓恒译　郭守田校）

89 第五章　英国和爱尔兰历史的史料（迄至 11 世纪中叶）

英格兰

在英国，由于没有过多的古典奴隶制残余，加之来自大陆的日耳曼部落（盎格鲁人、撒克逊人、弗里兹人、朱提人以及稍后的丹麦人）——在那些部落中阶级形成过程表现得还很微弱——的多次入侵，由此带来的结果是：在 6—11 世纪封建关系的发展要比高卢、西班牙和意大利较为缓慢。另一方面，既有被征服居民和征服者之间的斗争，也有征服者和新入侵者之间的经常斗争，这导致了一些盎格鲁-撒克逊国家较早的形成。因此，这些国家的最古老的法律，所反映的还是公社——氏族制度解体过程的更早的阶段，这些法律比起大陆编的古老的日耳曼法典有更多的旧关系的残余。另一个特别是，所有这些法律在 11 世纪以前都是用盎格鲁-撒克逊的地方土语编写的。

最早的朱提人的肯特法律大约是在 600 年左右编成，这是在第一个基督教国王艾特尔伯特（560—516 年）统治时期，现保存下来的只是一些片段。其中反映了马尔克公社的存在；除了有氏族贵族和大量自由人之外，还有半自由人和奴隶。他们主要是被征服的克尔特人。此后时期的法律，过了几乎一百年以后在伊尼王（688—725 年）时期，是在 690 年左右在威塞克斯编成的。这些法律是由“威坦”们，也就是国王的亲信贵族们，遵照国王的命令编成的。日益增长的阶级分化要求改变法律标准。新的军事-官僚贵族（格西特或泰恩）已经占有了特殊地位。泰恩的偿命钱提高了。他们所拥有的特权和职责用专门条款被固定下来。在《伊尼法典》中，有许多内容是为被征服的不列颠人制定的，他们的偿命钱只及撒克逊人的一半。这些法律也标志着国王和教会联盟的巩固；那是由宗教命令的履行来保障的，其中包括全民必须一律遵守的洗礼和礼拜日的仪式。教会有权为自己征收特别捐税。

类似的法律于 7 世纪末在肯特地区也有了。那里在该时期，在艾德里克王和维格特利德王时，旧法律也被更新，有的部分极为接近于《伊尼法典》。

麦西亚王奥法（788—796 年）的法律没有传留下来。我们已经没有可能根据法律来探溯 7 世纪末（伊尼法典）至 9 世纪末（阿尔弗雷德法典）这两百年间的盎格鲁-撒克逊人的社会制度的发展。

封建关系的发展以及反对丹麦人入侵的斗争，导致 9 世纪盎 90
格鲁-撒克逊各国在一个最西部的国家威塞克斯主盟下的团结。在阿尔弗雷德王（871—900 年）——他曾对丹麦人取得了一系列胜利，创立了常备军——时期，封建化过程取得了显著进展。这就转过来要求对已经陈旧了的法律作新的修改。《阿尔弗雷德国王法典》大约编成于 893 年。它并不只是往昔的肯特、麦西亚和威塞克斯的国王法律的简单综合。这些旧法律被修改了。冗长的、以圣经格调写成的序论，以阿尔弗雷德的名义宣称，旧法律现在已经显得不完善了，其中某些法律应该抛弃，另一些应该修改；从艾特尔伯特、伊尼和奥法的法律中，选留了最合意的条款。《阿尔弗雷德法典》反映了封建关系的发展，它巩固了领主对依附于他们的居民的统治权，而且使领主从属于国王。引人注意的是，在阿塞尔所写的阿尔弗雷德传中提到，在那时的法庭上，存在着贵族和平民(nobiles et ignobiles)之间的无休无止的争端。由于这种争讼，双方都力图诉之于国王。阿尔弗雷德的法律显然是用来制止这类争端，而且确立正在封建化的贵族对被奴役农民的统治权。统一法律的创立，也意味着国家政治团结进程已达到了一定的程度。

《艾特尔斯坦国王法典》是盎格鲁-撒克逊法律发展中的下一个阶段。这部法典编于930年。它反映了封建化的显著进展。例如，规定每一个自由人都必须从属于领主，而那种领主的政权则遍布在依附和半依附居民所居住的广大领土上。

10世纪末丹麦人新的侵袭，以征服英国并把它并入丹麦王卡努特(1017—1035年)的国家而告终。在卡努特王时期，约于1020年颁布了新法律。为了在英国贯彻自己的政策，卡努特主要是竭力依靠掌握了大庄园的盎格鲁-撒克逊贵族。在法律中，他综合了盎格鲁-撒克逊和丹麦的习惯法规，这些习惯法规主要是巩固日益增长的领主及其扈从的政权以及对在他们统治下的居民的审判权的。

在独立的或半附属的克尔特人区域中(主要是威尔斯)，

除了盎格鲁-撒克逊国家的法律之外，还存在着自己的法律。威尔斯法律反映了氏族关系和家族的很早期的形态，也正像爱尔兰法律一样，它们受到了马克思和恩格斯的关注和研究[①]。恩格斯在自己的《家庭、私有制和国家的起源》一书中，依靠这些法律来研究克尔特人的氏族。习惯法的系统化从7世纪开始，于10世纪在第翁瓦尔·梅尔木德王和善人果维尔时期完成。流传到我们手里的威尔斯成文法（用方言写成）不晚于11世纪编成。恩格斯指出，在这些法律中，反映了还没被一夫一妻制排斥的对偶婚，和整个村落共耕土地而同时存在着每一家庭的单独份地的旧习惯的残余。乡村公社那时在威尔斯还是一种氏族组织[②]。

盎格鲁-撒克逊时期的文件资料保留下来的相当丰富。也正像一切地方的情形一样，这些文件主要是给宗教机构的施赠文书：土地施赠、特权和豁免权的授予。这些文书中最古老的属于7世 91
纪初。盎格鲁-撒克逊的国王也有像法兰克国王那样的文牍机构。此外，还保存下来一些遗嘱、婚约、释奴文书等。有原件也有抄本。其中相当大一部分是用盎格鲁-撒克逊语写的（遗嘱——从9世纪前半叶开始有）。这种文件资料反映出当时的社会经济关系、土地持有的性质、国王与教会、贵族的关系、法庭及其职能。

盎格鲁-撒克逊的文书程式汇编没有保存下来。流传下来的

---

① 《马克思恩格斯全集》第24卷俄文版，第338—340页。

② 恩格斯：《家庭、私有制和国家的起源》，俄文版，第135—136页。

只是个别属于10世纪的，一部分属于更早时期的誓约等程式。

10世纪末到11世纪前半期——这时封建化过程已取得显著进展——的史料，提供了某些有关农业经济、封建庄园组织以及农民耕作等方面的进步材料。坎特伯雷大主教艾尔弗利克（955—1000年）所撰的《词汇》(*Vocabularium*)一书，列举了各种专门名词，其中包括关于农业生产的操作、工具、作物、建筑等方面的专门名词。同一个作者的《对话录》(*Colloquium*)（这两篇著作都是拉丁语法的附录）具有教师与学生间对话的形式。后一作品极为生动地描述了庄稼人、牧牛人、牧羊人、铁匠及其他人的劳动。11世纪出现了反映大庄园管理的史料。这就是标题为《各类庄园依附民之义务》(*Rectitudines singularum personarum*)的论著，它大约写于1025年（也可能还早些，约1000年左右）。这是一个佚名作者用盎格鲁-撒克逊语写的，稍晚译成了拉丁文本，这是在英国出现的第一个管理某些大庄园的指南，那些大庄园大概是属于教会的。其撰写目的是确定依附程度不等的土地占有者的义务。大多数的农民群众负担着沉重的徭役，他们有的只有茅屋和一小块土地。同时也有只负担少量义务的农民。在这件史料中也说明了小土地所有者的权利和义务，他们须服兵役，必须参加建筑堡垒和桥梁。

在同一时期写成的另一个篇幅不大的管理大庄园的指南，是对上述那件史料的补充。除了列举管理人员的职责以外，其中还指明农业耕作的期限，记载了自然经济统治时期的典型庄园的各种财产。

流传到我们时代的历史叙事史料中，第一件是属于不列颠修士吉尔达斯(约 516—570 年)的手笔。吉尔达斯是在罗马文化传统下受的教育,熟练地掌握了被他称为"我们的语言"的拉丁语。他自认为是罗马世界中的成员,而把撒克逊人称为蛮夷。由于撒克逊人的入侵,他也像许多不列颠人一样逃到了阿尔莫利克(在不列塔尼)。他的著作《不列颠的征服和破坏悲惨史书》(*Liber querulus de excidio et conquestu Britanniae*)约写于 560 年。在这部著作中,他以华丽的文体,叙述了城市和乡村被烧杀破坏、乡土居民的倾家荡产和惨遭杀戮、部分居民的流落海外,留在祖国的人所遭到的奴役,后来为朱提人所居住的肯特地区的荒无人烟的惨景等。吉尔达斯的著作并不是一部严格意义上的不列颠历史,其中很少见到人名和日期。毋宁说这是一个为自己人民的悲惨命运而痛心疾首 92
的爱国者所写的敌忾填膺的控诉书。作者是在流亡之中,在不列塔尼写的这部著作,它具有致全体不列颠人民,特别是僧侣的公开信的形式。作者揭露了不列颠领袖们政治上的目光短浅,他们雇用撒克逊人加入自己的军队,而到头来当那些人终于出现在自己的长舰上时,却已成了征服者。他们起初索取贡赋,接着变成强夺,最后洗劫和占领整个国家。考古文物大体上证实了吉尔达斯著作中所叙述的征服进程。这部著作是 6 世纪前半叶撒克逊等部族征服时期的唯一文学史料。然而它的材料只是对这个海岛的西南部分是可靠的。大体相同的征服进程、新的迁徙的发生,以及征服者中的社会关系的层次,可以根据大量考古材料,最为充分地探溯出来。

在英国的第二次基督教化过程中,在盎格鲁-撒克逊人征服之后,修道院成了主要的宗教中心。在教会学校中,主要在坎特伯雷的教会学校中学习的是英国和爱尔兰的教士。诗人阿尔德赫尔姆

(约 639—709 年)就是从这个学校里培养出来的,他出身于威塞克斯王族,以后成为塞尔博恩的主教。他以自己的精雕细琢的诗体写成的语言学著作在当时极享盛名。第一个英国历史学家、诺森伯里亚贾罗修道院出身的修士"可敬者"比德(672—735 年)也曾在那里就学。他的大量著作显示出作者掌握了充分的罗马文学和拉丁语的知识,比德的历史、神学著作、圣徒传、教科书等著作(他自己曾计算过自己的著作有 36 种)大部分保存下来了。具有较大价值的乃是《英吉利教会史》(*Historia eccelesiastica gentis anglorum*)。其内容起自恺撒征服不列颠,讫于 731 年。它是根据各种史料写成的。作者自己说道:"一切能够从古籍记载中、老人叙述中和自己知识中知道的东西,都写上了。"他沉浸在当时堪称丰富的贾罗修道院图书馆的书海中从事写作,而且,不仅跟英国的文化中心,还跟高卢和意大利的修道院保持着密切联系,从那里取得他所需要的材料和在那里保存的文件摘录。甚至按照他的请求,在教皇档案库中找来了教皇格里高利一世致英国僧众的信件。比德虽然受到 7 世纪条件的局限,却具有广阔的历史视野。在叙述到 596 年的《历史》的第一部分中,他参考了攸特洛匹乌斯、奥罗修斯等人的著作,还引用了吉尔达斯的著作,并补充了某些订正和细节,例如直到比德时代还保存在基碑或口头传说中的领袖的姓名。可能这类传说在那时已变成了神话传奇,不完全确实了。《历史》的最后一部分包含 633—731 年的内容,材料极为充实。其中引用了今已失传的修道院的年代记(主要是诺森伯里亚修道院的)和文件资料。比德主观上力求使他所记述的材料尽可能真确。他曾写道,同时代人的叙述都经过了"最严格的审订"(*subtilissima*

examinatione)；虽然他也知道，违背真理的谬误是难以避免的。然而在客观上，他的著作，特别是与那些世纪的其他历史著作比较而论，的确具有巨大的可靠性，而且是579—731年时期英国和英 93
国教会历史（内容比他的标题更广阔）的最主要的文字资料。这一时期的大部分史实我们都仅仅从比德的著作中才得以知道。所有后来的英国编年史家都从这部史料里吸取过广泛的资料。此后在阿尔弗雷德时期，把它译成了盎格鲁-撒克逊语，这进一步增进了它的声望。

比德的《历史》不带有像图尔的格雷戈里和塞维尔的伊西多尔及其他人的著作中那种公然表现出来的为王权和贵族辩护的性质。比德进行写作的时期还处在国家发展的初期，而且存在着强烈的氏族制度残余的影响。他的主要颂扬对象是教会，而且应该指出，比德不属于教会的上层统治集团，他终生都是作为一个普通修士而度过的。所有这一切，都在他的这部主要历史著作中打下了特别的烙印。

> 比德的另一部历史著作《世界六个生长期编年史》(*Chronicon de sex aetatibus mundi*)，有两种版本流传下来。其中之一讫于703年，而且跟同属于他的另一部著作《世运篇》(*Liber de temporibus*)合并在一起。另一个版本撰于725年，是附在一本推算宗教节日的指南书《节令推算法》(*De temporum ratione*)的后面的。在《编年史》中，按照从塞维尔的伊西多尔借用来的世界六个生长期体系对全世界历史作了叙述，清晰的表述和流畅的拉丁语，使得这部书作为整个早期

中世纪西欧历史的教科书而获得了广泛的流传。比德的这部著作具有极端浓厚的宗教性质。

威尔斯人奈尼乌斯的编年史《不列颠人史》(*Historia Brittonum*)属于9世纪初。这位编年史家的姓名和生平都很有争论。他大概是威尔斯的主教格文涅德(约死于809年)的学生。《不列颠人史》通行的几种版本是:有序的详本,有序的简本,无序的简本。它是一部以哲洛尼姆、伊西多尔的著作、爱尔兰、盎格鲁-撒克逊的年代记以及口头传说等为依据而撰就的汇编。奈尼乌斯叙述了罗马的统治、皮克特人和苏格兰人、朱提人和撒克逊人的侵袭,以及关于他们跟不列颠人的斗争。他的著作中载有讫于796年的英王系谱,叙述极无系统,而且内容可靠者不多,具有神话和传奇因素。在奈尼乌斯的著作中,第一次出现了关于阿瑟王的传奇。年代极为模糊,有时一个事件却有几个不同时间。这部史料跟比德的著作根本不能相比。

年代记在6世纪时已在英国修道院中出现了,最老的一种是林底斯凡修道院的年代记,记述的时间是532—993年,除了纯粹地方性事件的记录以外,在年代记中有国王系谱和民间历史传说的片段。随着各个盎格鲁-撒克逊王国的发展和巩固,大量的地方年代记逐渐汇成统一整体。今已失传的《诺森伯里亚编年史》(*Chronica Northumbriae*)就是这样于8世纪形成的。这部编年史的片段保存在12世纪德拉姆的西门写成的《英王史》(*Historia regum Anglorum*)中。《诺森伯里亚编年史》是在诺森伯里亚的势力已处于衰败时期产生的。当七雄霸主权转到威塞克斯时，威塞克斯的年代记编纂也经历了同样的集中化过程。此外，威塞克斯在跟丹麦人斗争中的主导作用，使得威塞克斯的编年史包括了更为宽广的领域。在阿尔弗雷德时期，大约892年以前不久，在威塞克斯的主要城市温彻斯特编撰了一部《盎格鲁-撒克逊编年史》，这是用盎格鲁-撒克逊语写的最老的一部编年史，而且是最有价值的历史资料。关于它的材料来源、篇章划分和撰写时间在学术界中早就进行着争论，而且存在着几种观点，类似查理大帝时期编撰的《皇家年代记》的争论情形。照我们的观点，最有根据的说法是把这部编年史视为成分复杂的著作。它的最初的核心是由7—8世
纪的温彻斯特年代记构成，再加上其他的地方年代记（坎特伯雷、 94
弗斯特尔、皮特尔博罗及其他地方的年代记）而扩大起来的。这部汇辑是由许多修士完成的，但共同倾向是以国王为出发点。《盎格鲁-撒克逊编年史》所记载的是附带着记述一般英国历史的国王朝代史。第一部分包含的时间是起自耶稣纪元，讫于撒克逊人对这个海岛的征服。其中许多材料取自奥罗修斯的著作，那时他的著作已译成了盎格鲁-撒克逊语。第二部分记述到英国的基督教化，材料取自比德、旧年代记和历史传说。这一部分究竟是在阿尔弗雷德时期编撰的，还是在更早时期，也就是8世纪末已经编成而只是在阿尔弗雷德时期才列入《盎格鲁-撒克逊编年史》——这难以确定。第三部分的记述结束于9世纪初，也是根据比德著作、肯特的、麦西亚的和威塞克斯的年代记编撰的。然而，其撰写时间不早于9世纪末。有关8世纪后半叶的记述，材料极为贫乏，只有一些国王和主教的名字。编年史的第四部分，也是中心的一部分，从

823年述起，而且是以另一种语气叙述的。关于北欧海盗的侵袭和阿尔弗雷德跟丹麦人的斗争，叙述得十分详细，战役的描写有声有色。国王的形象和他的功业是用英雄史诗的语调来描写的。整部叙述渗透着威塞克斯的军事凯旋和它的王朝的古老渊源的骄傲感。跟编年史的这一精神相一致的另一方面，就是在其中对许多不合阿尔弗雷德口味的事件，例如他的弟兄和祖宗的不体面的事情，则沉默不言。奥夫王和其他麦西亚国王的威势和强盛，由于同样的动机，也没有反映到编年史中。880年以前，没有关于大陆事件的材料。在那以后，提到了诺曼人到法兰西的侵袭以及查理帝国的崩溃。

阿尔弗雷德时期编撰的编年史就以第四部分而告结束。也就是在那时抄成了若干份，抄本分发给修道院。保存下来的编年史稿本中，最古老的是帕克尔稿本(Parker Ms)[①]。这是10世纪时根据那批抄本中的一本抄写下来的。值得注意的是，阿尔弗雷德抱有宣传一种特别的英国历史阐述方式——即强调国王的首要作用的阐述方式——的意图，想以此来更进一步加强和巩固阿尔弗雷德的权威，以及威塞克斯和其王朝现在和过去的影响力。在这方面，这部编年史的政治意义同查理大帝时期编纂的年代记的意义相类似。

在阿尔弗雷德之后，《盎格鲁-撒克逊编年史》的性质有了某些改变。材料压缩了，地方性的威塞克斯事件上升到了首要地位。如果说，在911—924年时期，还有丰富的军事史的事实，那么，在

① Ms是manusriptum的缩写，即稿本。

败北时期和建立了丹麦人的统治时期（925—975 年），历史材料几乎是空白，这五十年的中断，后来由记述跟丹麦人作战历史的歌谣作了补充。从 975 年起，集中的年代记编纂体系又分解为各别地方修道院的编年记载。每个修道院都开始对《盎格鲁-撒克逊编年史》（它的抄本保存在修道院中）撰写各自的续篇。这些抄本似乎开始了自己的独立生命，有的竟续到 12 世纪。由于这种情况，在保存下来的编年史稿本中，包含着它的不同版本。这些版本对于研究 10—12 世纪的英语发展史也是极珍贵的。因为都是用地区方言写成的，在一个句子里有时兼有英语和拉丁语词汇；从 11 世纪起，明显地表现出有法语词汇逐渐渗入。 95

> 从 11 世纪起，甚至在《盎格鲁-撒克逊编年史》的故乡，在温彻斯特，年代记也变得极为贫乏枯燥，而且主要是反映宗教事件。坎特伯雷年代记也是这种情况。只有在阿宾格敦本尼狄克特宗教改革的中心，在艾特尔雷德王（983—1018 年）统治时期。显示出相当程度的复兴，而且在年代记中记载了丹麦人造成的国家极度荒芜的材料。阿宾格敦年代记的续编记述到哈斯丁斯战役为止，弗斯特尔和优泽姆的年代记记述到 1079 年，其中载有关于上述战役的叙述。《阿宾格敦年代记》的文本，从 1022 年起，在奥古斯丁的坎特伯雷修道院进行续编，此后，从 1121 年起，在皮特尔博罗进行了重抄，而且补充了一些地方事件，并分别由不同的人续编到 1154 年。
>
> 10 世纪末，艾特尔维尔德王一世的亲属艾特尔维尔德编纂了《英国大事编年史》（*Chronicon de rebus Anglicis*）。在教

会几乎垄断了教育和文化典籍的时代，一个世俗人成为编年史的作者是罕见的事情，艾特尔维尔德的编年史，语言和结构是不高明的，但内容却可靠。它包含的时期起自耶稣纪元，讫于975年。它对于研究450年以后的历史是有用的，《盎格鲁-撒克逊编年史》的版本中的一种（其中收入这部书）被保存下来了，这种版本仅仅以这一个拉丁文编写本形式保存下来。

威尔斯的最早期历史记载于《昆布里年代记》(*Annales Cumbriae*)中。此书约于954年在圣达维德修道院中撰成。这批年代记后来被所有晚期编年史家所引用。关于威尔斯历史的材料，也能在吉尔达斯和奈尼乌斯的著作中找到。从6世纪开始，出现了圣徒传，主要是威尔斯修道院的修道院长的传记。

塞尔博恩主教阿塞尔（死于904年之后）于893—894年撰写了阿尔弗雷德传。把这部传记视为对艾因哈德的模仿，是不对的，尽管后者的《查理大帝传》具有极大的声望。阿尔弗雷德的统治是在英国极为重要的发展阶段中度过的，而这位国王的为人和活动又显得极为突出、足以引起这位传记作者的注意。特别是在9世纪，当这种历史叙述体裁已经十分流行的时候，更是如此。此外，在阿尔弗雷德传记作者的面前，还摆着一定的政治任务。阿塞尔原是出生在威尔斯的一个普通修士，后来做了主教。他的《盎格鲁-撒克逊王阿尔弗雷德传》(*Vita Alfredi anglosaxonum regis*[①])是用

① 它还以另外两个标题见称于世：*Annales rerum gestarum Alfredi Gesta Alfredi*，*Historia de rebus gestis Alfredi*。

拉丁文字写的，记述的时间是855—887年，没有述及这位国王后十四年的生活。这部传记主要是为威尔斯和康华尔地区写的，那些地方还是克尔特人的独立居住地区。作者作传的目的是在他们当中宣扬阿尔弗雷德的活动。阿塞尔是以《盎格鲁-撒克逊编年史》的材料作为自己的依据的，但是删掉了有关不列颠人疆场败北的记载。对这类事件的记载没有列入他的任务之中。但是他却竭尽全力来颂扬国王对克尔特人和盎格鲁-撒克逊人的共同敌人——丹麦人的胜利。某些历史学家认为阿塞尔的著作是11世纪的赝品，但更为可信的是，那时在这部著作中加进了某些新成分。

应该提一下阿尔弗雷德的翻译活动。他在成年时期才掌握了拉丁语言和文字，在自己的近臣（阿塞尔、弗兰克、格林巴尔德等人）帮助下，他把以下著作译成了盎格鲁-撒克逊语：奥罗修斯的世界通史、比德的英国史、6世纪的罗马哲学家博依丘斯的论文、教皇格里高利一世的《牧师守则》（给牧师制定的指南）。他的翻译并没有精确地遵循原文；毋宁说这是有增有删的改写，例如，对极少知道欧洲北部地理和历史的奥罗修斯的著作，他作了关于丹麦人和盎格鲁-撒克逊人沿白海和波罗的海旅行的有趣的增补，给博依丘斯的著作补上了一段历史概述。这些翻译著作——它扩大了盎格鲁-撒克逊语文献的
领域——的范围本身，充分地说明着9世纪末的英国教育发 96
展状况。

传到我们时代的还有另外一些诺曼人统治之前英国政

治和教会活动家的传记:麦西亚的克涅尔姆亚(9世纪)和“忏悔者”爱德华王的传记以及许多主教的传记。所有这些传记都在一定程度上具有圣徒传的性质(克涅尔姆王被追谥为圣徒,而爱德华王又是以特别虔诚为其特色的),但是几乎所有的传记中都包含有英国政治和文化史方面的材料。富有的弗兰德尔的圣伯尔丁修道院的一位佚名修士撰有《卡努特王勋业》一书(*Cnutonis regis gesta*,或按王后名字称为 *Encomium Emmae*),此书属于丹麦人统治时期的著作,其中记载1012—1042年间的事件。特别详细地叙述了卡努特王的活动。为了颂扬这位国王,作者在某些情况下采纳了讹误不确的说法,而在另一些情况下则有意歪曲事实。

如果说,《盎格鲁-撒克逊编年史》是古英语散文的最好典范,那么,在那些世纪的丰富诗歌遗产中,最好的典范就应该是《蜂狼》了。这是古日耳曼英雄史诗中完整地保留下来的唯一史诗。它叙述了英雄蜂狼的伟绩,其中包括跟海怪的斗争,这位英雄就是在跟它斗争中牺牲的。这部史诗的原始的中心内容于6世纪初在大陆上形成了。盎格鲁人把它带到了不列颠,在这里作了大量的加工润色,在7世纪获得了最后定形。(保存这部史诗文本的唯一稿本属于10世纪时期的产物)某些另外的歌颂著名军人功绩和战役的史诗和叙事诗被辑为《盎格鲁-撒克逊编年史》的组成部分而流传下来,这一点前已提到了。这类史诗有:937年的《布林南堡战役之歌》,那一次艾特尔斯坦已击溃了丹麦人。还有991年的《麦尔登战役之歌》,在其中歌颂了艾塞克斯的郡长比尔赫特诺特的英勇牺牲。所有这些诗歌都是以独特的臆想来叙述历史事件；它们对研究生活习俗和宗教信仰的历史也是最珍贵的史料，更不用说它们还显示出创造它们的人民所具有的高度诗才了。

爱尔兰

恩格斯在自己的未完成的著作《爱尔兰史》[①]的前几章中，用了不少精力来论述古代爱尔兰史料。在他给马克思的信中，也有许多材料可以说明他在研究这些史料[②]方面付出了多少艰巨的劳动。恩格斯用了以下的话来描写爱尔兰古代历史（英国人征服开始之前，也就是12世纪之前）的史料的总情况："希腊罗马的古典作家们以及教会神父们，关于爱尔兰的材料，报道的极为稀少。然而，却存在着相当大量的地方文献，尽管在16—17世纪战争时期，爱尔兰的大量稿本遭毁灭，那类文献仍然相当丰富。它包括通俗诗、语法书、古辞书、年代记和其他历史著作，还有法律书汇编。"[③]

让我们首先来考察反映这个民族的社会制度的古爱尔兰法律。

爱尔兰习惯法，最初是以口传形式存在。以后，从5世纪末开始，有了成文形式。它的维护者和解释者是一些特殊等级的法官们。他们是法律专家，而且从法学上来论证法庭，即人民会议所通

① 《马克思恩格斯文库》第10卷，俄文版。

② 《马克思恩格斯全集》第24卷，俄文版，第263、273、280、282、285、328、336、339—340、342页。

③ 《马克思恩格斯文库》第10卷，俄文版，第81页。

97 过的判决。他们的职责不在于审判(judicare)而在于“说明法律”(jus dicere)。成文的法律汇编被称为法官的法律论著，也是诉讼裁决的记录。有时甚至记载了诉讼关系人和法官的姓名，也就是说，是一种实际审判过程的具体记录。随着时间的推移，论著中补充了新的判决书，并由此反映出社会关系和法律的一定发展过程。大量的这类汇编是在不同时期编成的，它们反映了古爱尔兰社会经济生活的一切方面，其中包括土地制度。这些汇编中最老的一部是《申胡斯·莫尔》(*Senchus Mor*)，恩格斯曾对这件史料进行了仔细的研究，而且揭露了英国历史编纂学中对它的歪曲[1]。传到我们时代的这件古籍的版本是 11 世纪初期的。《申胡斯·莫尔》是载有诗歌体的最古老的法律章则。在这部汇编的后半部，载有散文体的、属于编纂者手笔的文章的片段。

这些法律古籍，无疑是在英国人入侵的很久以前编成的。其中的语法注释大部分是在英国人已经入侵之后才写上的。但是，它们可以被当作更早的史料来利用(但还是要谨慎)。

《申胡斯·莫尔》含有抵押法律，也就是大约全部的诉讼程序；有关于人质的法律；有关于各种依附的土地占有权的法律；以及家庭法律。恩格斯在 1870 年 4 月 29 日致马克思的信中指出，在这些法律中所反映出来的爱尔兰制度是复杂而不是单纯的关系[2]。这一判断的根据，就是史料中有证据表明，存在着阶级形成过程的早期阶段所特有的依附形式。但同时又存在着一般氏族制度，特

① 《马克思恩格斯全集》第 24 卷，俄文版，第 328 页。

② 《马克思恩格斯全集》第 26 卷，俄文版，第 328 页。

别是表现在土地使用方面的氏族制度强有力的残余影响。还有关于粮食作物耕作（小麦、大麦、燕麦等作物）和牲畜饲料方面的材料。没有提到货币。全部罚金数额都是用牲畜数量来表示的。

最古老的一批爱尔兰年代记大约于7世纪（也可能还早些）产生于班各尔大修道院。在它们最初的、今已失传的稿本中，爱尔兰事件的记录，被安排在尤西比乌斯（即哲洛姆的拉丁文名字）的《编年史》附普洛斯匹尔·提龙续编的正文之旁平行的专栏里。后来，这种形式消失了，爱尔兰的历史也就被综合一起记述。《因尼斯法伦年代记》就是这样产生的。还有《沃尔斯特尔年代记》也是这样。这部年代记叙述的事件只从5世纪开始，其他年代记以后来的修改本传到我们时代的有：生活于11世纪的梯格尔纳赫修道院长的很晚期的改编本；还有顿涅哈尔修道院修士编的《四位导师家书》（即编年史家）汇编。后一书按编纂时间而论是极晚的（17世纪），但却准确地转述了古老的本文。

载入年代记的最早材料，属于神话性的史前历史。这是经过9—10世纪的诗人加工润色的古老民间传说。以后，修士——编年史家们又以一定的年代顺序，把它们编纂起来。在这些年代记中，我们可以看到（除了纯粹地方性事件外）关于异族部落对这个海岛的多次侵入；关于本地居民跟他们的斗争，以后是无休止的地方王公的阋墙战争等方面的材料；还有关于诺曼人的征服和迁徙的记载。1014年的克龙塔尔夫（都柏林附近）的战役——在这次
战役中，诺曼人的统治一举被永远摧毁了——在爱尔兰的年代记 98
中（主要根据参加者的叙述）以及在爱尔兰的“尼阿尔”史诗中，都有详细记载。恩格斯曾用以下的话来评价这些记述：“只要注意到

那个时代的野蛮性，就应该说，我们所得到的关于这一战役的材料，是十分详细而可信的了；在11世纪的战役中，我们能获得敌对国家双方那样明确，而且能相互印证的证据的战役，是不多见的。”①

爱尔兰的历史传说和通常都是十分丰富的克尔特民间传说，极为明朗地复示出古代爱尔兰人的生活习俗。晚期的骑侠小说的作者们曾从这些民间诗歌宝库里大量地吸取过自己的题材。这类骑侠小说大部分是以12—13世纪的精神把克尔特的旧传奇加以现代化而写成的（关于阿瑟王的小说、关于崔斯坦和依索尔德的小说及其他等）。爱尔兰的圣徒传记也是相当丰富的，按其类型来说，极近于民间创作。作为历史资料的古圣徒传特别重要。这些圣徒传反映6—8世纪的爱尔兰僧侣阶层特有的文化，恩格斯曾把那些僧侣们的文学素养称为那些时代的非凡的素养②。帕特利克圣传（用拉丁语写的，有爱尔兰语的补充说明）和马丁圣传要算最古老的圣徒传。这两部传记的本文都是于807年在阿尔玛格修道院写成的，写在同一个名为《阿尔玛格书》的稿本里，这是最古老的爱尔兰文学古籍之一，而且按其字体来说，特别是按其艺术加工的彩色装饰来说，却是一部极为珍奇的稿本。爱尔兰僧侣在海岛和大陆上的传教活动，记载在科伦勃圣传（他于615年死于他所建的伦巴底的博比俄修道院）以及加尔（瑞士博登湖附近著名的圣加伦修道院的创建者）圣传及其他许多圣传中。

① 《马克思恩格斯文库》第10卷，俄文版，第98页。

② 《马克思恩格斯文库》第10卷，俄文版，第92页。

苏格兰

至于说到苏格兰，应该指出，在这个边远山区国度里，氏族制度保持得十分长久而顽强，而文字也出现得晚。因此，关于古代苏格兰历史的全部材料都是取自盎格鲁-撒克逊的、爱尔兰的以及斯堪的纳维亚的史料。苏格兰自己的历史编纂学只是在 12 世纪末才以《英格兰-苏格兰编年史》(*Chronicon Anglo-Scoticum*)的形式出现。这是由一个佚名的苏格兰修士编撰的。所包含的时期，起于恺撒征服不列颠，讫于 1189 年。古代部分(讫于 731 年)是根据比德著作写的。从 1065 年到 1129 年，是根据德拉姆的西门的著作撰写的；再后，直到结束，是根据作者当代史料写的。

(庞卓恒译　郭守田校)

99 第六章　拜占庭历史的史料（自7世纪中叶起）

斯拉夫人的移徙，促进了东罗马帝国社会制度的变革。这一移徙，把那里某些地方还残存着的农村公社重新复活了，而且把它传播到所有地方。拜占庭封建社会就在这样的基础上，在残酷的阶级斗争过程中发展起来。随着这个过程而来的是：东罗马帝国，这个部落和部族的堆积体，逐渐成为以希腊部族为主体的封建国家，它的领土仅包括巴尔干半岛的东部、伯罗奔尼撒、群岛部分和小亚细亚的一部分。移徙到巴尔干半岛的斯拉夫民族，很快地在那里形成了独立的封建国家（保加利亚、塞尔维亚、克罗地亚）。这些国家的历史主要反映在塞尔维亚、保加利亚的史料中。但是，在拜占庭历史载中，也保存了有关这些国家的不少材料。在7世纪中叶至9世纪时期的拜占庭政治史中，表现为破坏圣像运动形式的激烈内部斗争，占了主要地位。那时拜占庭的外部形势险峻，因为曾遭到保加利亚人、阿拉伯人、阿瓦尔人的多次进攻。

这一时期历史的同时代史料相当贫乏，这不仅因为拜占庭古籍一般都没有完整保存下来，还因为圣像崇拜派在9世纪取得胜

利后曾竭力地毁坏圣像破坏运动[①]时期(717—843 年)的文献。这一时期的史料保存下来的那样少,以致某些资产阶级拜占庭专家把 7—9 世纪称为拜占庭文化的“黑暗时代”,而且认为,历史传统在这个时期的拜占庭完全中断了。这显然是夸大其词;然而在研究 8—9 世纪初的拜占庭帝国政治史方面,主要还得利用 9 世纪初甚至 10 世纪作家的著作——格奥尔基·阿玛尔托尔的编年史,大牧首尼基佛尔的《日读祈祷书》,君士坦丁七世的历史百科全书,还有圣传文学。

文书资料的缺乏,极大地增加了研究 8—9 世纪的拜占庭生产关系方面的困难。保存下来的,只有为数不多的埃及纸草文书。

7—9 世纪的社会经济关系史方面的文书史料没有保存下来,因此法律遗籍就具有了头等意义。《农业法》就是这一时期农业关系史方面的最主要史料。这是一部在 8 世纪(可能是在这一世纪 100
的后半叶)正式形成为法律的拜占庭—斯拉夫习惯法汇编。保存下来的大量希腊文抄本和斯拉夫语的译本和改编本都说明它曾广泛地流行过。[②]

《农业法》许多方面类似于日耳曼人的法典,也是一种定罪法规,就是关于多种犯法行为的惩治和罚金条款的汇列;其中有反映拜占庭农村中农业,葡萄栽培、园艺、牧畜饲养的广泛材料,有关于农业生产技术、农村公社的生活、农村公社的社会成分(自由公社社员和奴隶)、农民向土地所有者和国家交纳租税等方面的材料。

---

① 圣像破坏运动——8—9 世纪前半期拜占庭发生的社会、政治和宗教运动,因反对供奉圣像,故名。——译者

② 参见本书第 105 页。

《农业法》中反映出典型的邻里村社的生活；耕地属于自由土地所有者——公社社员私人所有；还存在着没有分配的“公地”以及属于全公社的磨坊。农村公社常因地界缘故而与邻村发生争讼。公社中的农民已开始分化，因为《农业法》提到无力耕作自己土地的，甚至抛弃土地的庄稼人；另一方面，发财致富的农民，不仅拥有牲畜和劳动工具，还拥有奴隶，他们兼并邻居的土地。公社整体地向国家交纳赋税。

资产阶级学者没有对《农业法》作出正确评价，他们一些人承认其中反映公社制度的存在，但认为这种制度只是斯拉夫民族所特有的，而不了解自由公社本是封建关系产生过程的必经阶段。

另一些资产阶级研究家（例如奥斯特罗戈尔斯基）把《农业法》的撰成时间归于7世纪，而且否认在拜占庭存在着农村公社这一事实本身，力图把公社说成只是交纳贡税的责任连环保组织。上述两种观点的拥护者都完全没有估计到导致《农业法》颁布的农民斗争的作用。

另外一部8世纪的法律遗籍——《法律问答》，也如以后9世纪法律汇集一样，具有另外一种性质。它们全部是查士丁尼法典的改编，这一部早在奴隶制帝国就编成的罗马法汇编，之所以具有悠长的生命，原因在于在拜占庭继续保存了商品货币关系。但是在封建制度形式的条件下它不可能原封不动地保存下来，而是经常被改变或补充，因此，所有这类法律汇编，都是拜占庭封建主义发展过程历史的重要史料。

《法律问答》于726年，由里奥三世和康士坦丁五世颁布。颁布这部简短的民法和刑法汇编的目的，是巩固正在形成的封建关系，保证大地主的利益。在《法律问答》中可以探索出自由民中不断增长的阶级分化：穷人（алоры）承受着比富人重的惩罚。同时，奴隶制的残余也很显著，例如，承认主人有杀死奴隶之权。在序文中谈到，必须使法律具有大仁大爱的精神，谈到要跟法官的非法索取作斗争，谈到要实行免费审判。资产阶级学者惯于把这些圣像破坏运动时期的立法所特有的蛊惑宣传信以为真，因此他们对破坏圣像派皇帝的社会改革倍加赞扬，而忽视他们政策和立法的阶级本质。属于圣像破坏运动的历史资料，还有谴责圣像崇拜的754年宗教会议的文件。（这些史料只有一些片段，收入在787年第七届全体基督徒总会文件中，并保存下来。）

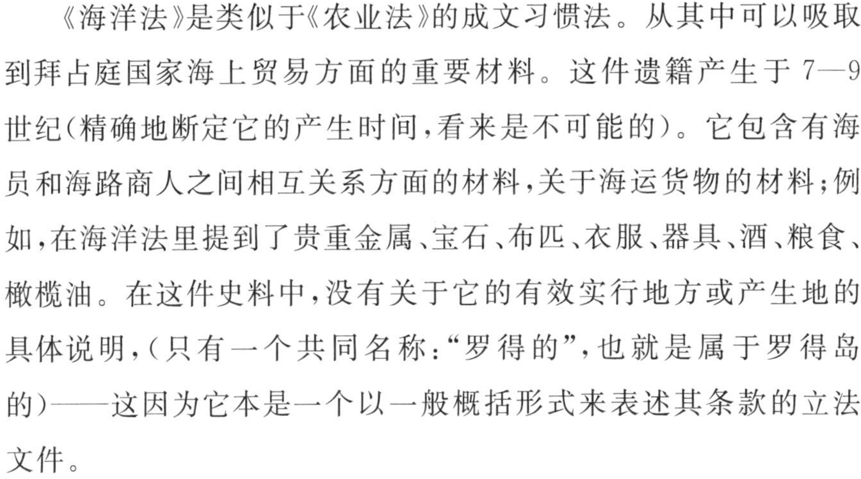

《海洋法》是类似于《农业法》的成文习惯法。从其中可以吸取到拜占庭国家海上贸易方面的重要材料。这件遗籍产生于7—9世纪（精确地断定它的产生时间，看来是不可能的）。它包含有海员和海路商人之间相互关系方面的材料，关于海运货物的材料；例如，在海洋法里提到了贵重金属、宝石、布匹、衣服、器具、酒、粮食、橄榄油。在这件史料中，没有关于它的有效实行地方或产生地的具体说明，（只有一个共同名称："罗得的"，也就是属于罗得岛的）——这因为它本是一个以一般概括形式来表述其条款的立法文件。

9世纪封建关系的进一步发展，反映在马其顿王朝的法律中，狄纳特（即军事-官僚贵族）对自由农民的进攻以及日益尖锐的阶级斗争，迫使政府颁布一系列的法律，企图借此来稍微抑制一下狄纳特的苛求，并保存自由农民——拜占庭军队的基础和贡税缴纳者。但是这些法律通常不过是纸上具文，甚至政府本身也出尔反尔，不止一次地废除它们。9 世纪后半叶，颁布了两部法律文献：*прохирон*（《手册》即指南）和 *эпанагога*（《补编》），都是以由瓦西里一世（867—886 年）恢复起来的查士丁尼法律为依据，分别于 870—879 年和 879—886 年编成的，稍晚些时候，在 886—919 年间，完成了在瓦西里一世时业已开始的《瓦西里法》汇编的编纂工作。其中反映了农民破产和农奴化的过程。《瓦西里法》乃是最后一部拜占庭法律汇编；11—15 世纪的新法令没有编成法典。这部汇编主要是根据查士丁尼法典而作出的纂辑，后者在以后几乎被君士坦丁七世时期所补充后的《瓦西里法》完全排挤了。

正如已经指出的，7 世纪中叶至 9 世纪这一整个时期的政治史方面的材料，主要是 9 世纪的遗籍，因为圣像破坏运动时期的文献几乎全部毁灭了。因此传世至今的 7—8 世纪的贫乏的史料也就更加可贵了。

由于 8—9 世纪时期，也就是圣像破坏运动时期的历史，唯一能凭借的史料就是那些敌视圣像破坏派的圣像崇拜派的代表人物的手笔。因此，这些著作家关于圣像破坏派的报道，通常都是以公开敌对的手法来叙述的，在这些史料中，忏悔者蒂奥番（8 世纪中至约 817 年）的《编年纪事》占有最重要的地位。他是坚决的圣像崇拜者之一，蒂奥番续编了格奥尔基·辛切路斯（约死于 810 年）所开始的编年史，而且撰述了起自戴克里先（284 年），讫于 813 年间的事件的历史。

蒂奥番在撰写他的《编年纪事》的前面部分时，参用了一系列的历史著作（顺便说明，还参用了格奥尔基·皮西达的诗歌作品），根据它们纂成一部通常的汇辑。至于他著作的最重要部分，即记述 7 世纪至 867 年（讫于圣像崇拜派重新得势）事件，则利用了（并非总是利用得恰当）今已失传的一个佚名作者的著作，这部著作是在圣像破坏运动时期以颂扬圣像破坏派皇帝的精神写的，蒂奥番作为敌对党的代表人物，从自己的著作中，排除了一切可能被用来 102
颂扬他所仇视的圣像破坏派的内容。

蒂奥番的著作对 7 世纪的事件和圣像破坏时期是最早的史料，在一定程度上，也是当代的史料。搜存在其中的具体的（虽然并不全是精确的）材料，为了解圣像破坏运动提供了许多方便，虽然由于自己的倾向性，作者强调了，而且夸大了圣像破坏者对于僧侣的迫害。他详细地而且激愤地记述了外部敌人对帝国的进攻以及各种自然灾害（地震、时疫、火山爆发等），认为所有这些不幸都是神明对这个不敬神的皇帝们统治下的国家的惩罚。

虽然有上述缺陷，在《编年纪事》中，还是包含着不少重要材料：关于 7—9 世纪帝国的对内对外政策；关于保罗派运动，还有关于斯拉夫人的重要史料：关于斯拉夫人在拜占庭军队中的服役；关于斯拉夫人在马其顿的斯洛文尼亚的起义；由于这次起义，查士丁尼二世（681—695 年，705—711 年）强迫斯拉夫人移居小亚细亚；关于斯拉夫人、波斯人和阿拉伯人于 617 年共同对君士坦丁堡的围攻；关于拜占庭皇帝们讨伐移居到帝国领土内的斯拉夫人等材料。

蒂奥番的《编年纪事》流传得极为广泛，这一点由以下事实得到证明:它不仅有大量抄本保存下来,而且还在许多末期拜占庭作家(例如格奥尔基·阿玛尔托尔、克德林、君士坦丁七世)的摘录中保存下来。[①]

大牧首尼基佛尔(8 世纪中叶至 829 年)的《祈祷书》是圣像破坏运动历史时期的另一部珍贵史料。作者是圣像破坏运动晚期的重要的政治和宗教活动家。《祈祷书》的价值首先在于它们所论述的拜占庭这一历史时期(602—769 年),在其他史料中反映得很模糊。尼基佛尔写这部著作时,参用了蒂奥番写他的《编年纪事》时所用过的同一部佚名著作,但比蒂奥番写得更客观些,语调写得更为持重些。但是作者对于对外政策方面的失利保持沉默的意图,是一目了然的。《祈祷书》一书关于希拉克略的波斯人战争,关于阿瓦尔人和斯拉夫人对拜占庭联合进攻的资料是特别珍贵的,同时其中还提供了关于这些部落所采用的军事技术的某些材料(木制塔和"龟式"军车)。

修士格奥尔基或格奥尔基·阿玛尔托尔(9 世纪人)的编年史,是在米哈依尔三世(842—867 年)在位时期编成的。自君士坦丁大帝(306—337 年)至 842 年时期的拜占庭历史,仅仅叙述在这部四卷著作的最后一书之中,这部著作撰写得相当不高明,而且是根据 6—8 世纪历史学家(约翰·马拉拉、忏悔者蒂奥番、大牧首尼基佛尔,还有一些圣徒传)而作出的一部混乱的汇辑——尽管如此,它却获得了广泛流传,以大量的希腊文抄本流传于世,还有大量的保加利亚语(10 世纪)、塞尔维亚语(948 年)和古俄语(13 世

① 参见本书第 268 页及其后。

纪)的摘要和译本。阿玛尔托尔编年史之所以广泛流传,是由于它叙述浅显,而且有丰富的传奇材料,正是这种特性使这部编年史成为中世纪读者的引人入胜的读物。

阿玛尔托尔(813—842 年)的编年史几乎是 9 世纪前半叶唯 103
一的历史现实史料,这就使人们重视它,虽然它有上述的一切缺点。

必须指出,关于阶级斗争的材料(斯拉夫人睿玛起义及其他)主要是记载于 10 世纪历史学家著作中。[①] 这主要是因为这一时期历史的当代资料保存下来的不多;某些今已失传的著作,被 10 世纪的作者所引用,往往还引用得很详细。

圣传遗籍是 7—9 世纪历史方面的珍贵史料。

那波里城主教列翁提(590—668 年)所写的亚历山大的大牧首慈善者约翰圣传,属于 7 世纪的著作。这部书是为普通百姓写的,包含着许多真实地描写生活特征的材料,因此,它对于研究讫于 641 年阿拉伯人征服之前不久的拜占庭治下埃及的生活习俗方面的历史,是很重要的。

7 世纪初,还有一个巴勒斯坦的修士约翰·莫斯赫写了一部《精神的草原》或《里蒙纳尔》的故事汇编,内容是关于埃及、西奈、叙利亚、小亚细亚和塞浦路斯等地修士们禁欲、宗教和慈善的品德品行。约翰·莫斯赫与当时另外一个智者索福龙尼一起在 600 年左右走遍了所有这些地区。《精神的草原》

① 参见本书第 270 页。

作为史料的价值在于：它对个别人物的生动描述；它所描述的情景的生活气息；作者从自己周围生活中摄取到的生活习俗的叙述；其中的地志的材料（地区和寺院的名称）。

圣像破坏运动以后时期（9 世纪至 10 世纪的一部分）是拜占庭圣传文学繁荣时代。在 9 世纪，取得胜利的圣像崇拜派，用尽一切手段来颂扬自己在圣像破坏运动时期罹难的同道者，而在 10 世纪，西蒙·麦塔弗拉斯特编纂了一部圣徒行传的庞大汇编，其中的圣传都是他适应于官办教会需要而改编过的。

在 9 世纪，编撰了以下诸人的圣传：大牧首塔拉西和尼基佛尔、狄奥多拉皇后、忏悔者蒂奥番、狄奥多尔、普拉顿、尼古拉、斯图底特及其他人。在这些圣徒传中，神学问题占了不少的地位，但也有关于文化——历史的材料。[①]

作为圣像破坏运动时期历史史料的，还应举出圣像崇拜的最积极的捍卫者之一，司徒底修道院的院长蒂奥多尔的著述（特别是书信方面的）遗产。他不仅写了神学问题的著作，还写了修道院章程和大量书信。其中谈到蒂奥多尔本人，他的亲近者和通讯交往者的详细生活情形。

最后，在 9 世纪史料中，还必须指出君士坦丁堡的福提阿斯（858—867 年，878—886 年）的著作。他是显要的政治活动家、学者、哲学、神学和教会法规等著作的作者。他还写了大

① 对研究古罗斯极为重要的阿玛斯特里德的格奥尔基圣传、苏洛日的斯捷潘圣传、哥特夫的约翰圣传，其编撰时间也属于这同一时期。

量的对话体著作和书信，大部分是关于宗教的教条和争辩的问题（他的《驳保罗派》一书是重要的。因为其中有关于异端和整个异端运动的材料）；但是其中也有些论述历史事件。福提阿斯关于罗斯人侵袭君士坦丁堡的著名的对话体著作就是一个例子。福提阿斯所撰的《书瀚》（号称“书库”）是很重要的。这是由他本人和他的友人对读过的书籍所作的评述汇集而成的。这些评述有的是简略的提示，但有的是相当详细的描述。其中有关于作者们的传记资料以及他们的著作的摘录。在各种各样的评述中，在分类次序之外，接着是关于语法、历史、哲学、修辞和医药等著作的评述，还有关于圣徒传等的评述。最有价值的是关于历史著作方面的材料，因为其中可以遇到关于已经全部和部分失传的著作的材料，既有古典历史学家的，也有早期拜占庭历史学家的著作。

（庞卓恒译　郭守田校）

104 # 第七章　西斯拉夫人和南斯拉夫人历史的史料（自 7 世纪起）

斯拉夫民族在中欧和巴尔干半岛领土上的散居，他们的物质文化和社会制度（直到 9 世纪，这时他们中间有的地方已出现文字史料），主要是从考古材料得知的，这些材料证明斯拉夫的农业和某些手工业的高度水平，跟其他民族间的贸易关系，坚固城堡的存在、部落公国的形成等。在法兰克和拜占庭史料中，载有若干贫乏的、主要是政治史方面的资料。关于城市的建立、关于氏族长老以及关于初期王公的半神话的传说，保存在末期的捷克、波兰和克罗地亚年代记中。

西斯拉夫人

前已提及[1]，在 7 世纪法兰克的伪弗列德加尔编年史中，流传下来关于第一个斯拉夫国家联盟（形成于 7 世纪第二个 25 年代），即关于萨摩公国的简略报道。编年史的作者大约是从在斯拉

① 参见本书第 66 页。

夫地区经商的法兰克商人的叙述中得知斯拉夫人情况的，还可能得自某一个曾参加过反萨摩公国的出征的法兰克人的叙述。可能他曾参考过源出于北意大利的、载有关于西斯拉夫的珍贵材料的文字史料。在编年史的第四卷第48章，叙述了关于斯拉夫人反对阿瓦尔人的成功的起义，关于萨摩公国的情况。还叙述了法兰克国王达戈贝尔特对斯拉夫人失败的远征。作者把萨摩称为法兰克商人，但是这跟他说他们是多神教徒的说法相矛盾(法兰克人在7世纪已是基督教徒了)。而且那名字听起来也更像西斯拉夫语的，而不那么像法兰克语的。

两部较晚的史料：9世纪初的法兰克编年史 *Gesta Dagoberti regis*[①] 和所谓的《巴伐利亚人与克罗地亚人的归化》(*Conversio Bagoariorum et Carantanorum*，类似于一种关于萨尔茨堡主教在斯拉夫国家中的权利的历史考证。于871—872年撰于巴伐利亚)，这两部著作完全是直接或间接地以伪弗列德加尔编年史的材料为依据的。但是，值得注意的是在《归化》一书中，“萨摩”被直接称为斯拉夫人，显然这是根据当地的而且是为时已久的传说而称呼的。

从7世纪中到9世纪初这一段时期，在文字史料中没有留下关于西斯拉夫人的材料。9世纪初由于法兰克人在斯拉夫地区用 105
兵，在法兰克年代记中重新出现了关于与查理帝国毗邻的斯拉夫人的记载。在艾因哈德《查理大帝传》[②]第十二章，我们发现了关

① 参见本书第86页。
② 参见本书第81—83页。

于易北河流域斯拉夫人和法兰克和他们的战争的资料。

关于斯拉夫人在中欧和多瑙河流域的散居状况的极重要材料，可以在《巴伐利亚地理学家》(*Geographus Bawarus*)一书中找到。这部书在学术界被称为佚名著作，于866—890年撰于巴伐利亚。作者写此书是为达到一个实际的目的——为来往于斯拉夫地区的巴伐利亚商人提供某种旅行指南，其中列举了各个斯拉夫部落公国，指明它们所占据的区域和要塞的数目。

关于大摩拉维亚国的材料，载于拜占庭和法兰克的史料中，这些史料后来被引用于捷克的年代记中。关于斯拉夫文字的肇始和基利尔与美弗迪的活动的重要资料，记载于他们的圣传中。这两部圣传有9世纪末的若干种版本传留下来："古斯拉夫文版本"(古塞尔维亚文本)，是基利尔的学生，保加利亚大主教克里门特所写；"潘农版本"是拉丁文本(是最详细的版本)，以及"罗马版本"等。此外，这类资料还记载于其他一些用斯拉夫语和拉丁语写的更晚的圣徒传中。

在《弗尔达年代记》中[①]，载有某些关于捷克历史的记载：在845年的记载中，报道了十四个捷克氏族领袖在累根斯堡受洗礼的材料；在872年的记载中，举出了五个捷克王公的名字和高出于他们之上的葛里沃依(是波尔日沃依王公的讹称)及其他等。

---

① 参见本书第86页。

南斯拉夫人

关于7—9世纪南部斯拉夫人的材料，主要是取自拜占庭史料。应该指出，拜占庭史料中关于斯拉民族历史中的某些事实的报道和解释，是有倾向性的。例如，从拜占庭著作家中散布出一种违背事实的论断：似乎保加利亚国家是由阿斯帕鲁赫的征服肇始的。事实上，斯拉夫人在那时已经有了自己的国家(《斯拉夫人七部落》)。

关于8世纪初的历史，保存有关于保加利亚和拜占庭的政治和贸易条约内容的记述。716年条约规定所有保加利亚和拜占庭商人必须备有特别图章。

拜占庭的《农业法》在保加利亚以译本和改编本形式获得了广泛流传[①]，这说明这两个国家的土地制度大体上处于同一个发展水平。按照679年的和平条约，拜占庭承认了斯拉夫—保加利亚国家的独立。

关于9世纪初的历史方面，在拜占庭人斯维达[②]的著作中，保存了(可惜是以半神话形式叙述的)关于保加利亚自己的《公爵克鲁姆(802—814年)法律》转述。这部法典反映了封建化过程中的保加利亚社会的巨大变化。以口头形式保存下来的习惯法，在这部新法律中，受到明显的改变，以适应于势力强大起来的贵族的利

① 参见本书第99—100页。

② 参见本书第269—270页。

益。实行了有利于封建主的新诉讼程序(没有"神命裁判法")。残酷的惩罚威胁着偷盗者、赤贫者、流浪者和私有制法权的破坏者。

106 大量的考古材料,(陶器、铜器和铁器等)说明8—9世纪保加利亚生产力的迅速发展,说明职业手工匠人的存在。农业的发展、手工业的高水平和它与农业的初步分离,所有这一切引起了生产关系的进一步发展,——而这都反映在9世纪末编成的一部定罪法规——《民众审判法》之中。这是保存下来的斯拉夫封建法律中最早的一部遗籍。它有两种版本传留下来:详本和简本。这部法律的编纂者参用了保加利亚旧习惯法,而且(在某种程度上)参用了726年的拜占庭法简略汇编,《法律问答》[1]而且为适应于保加利亚条件而对它作了修改,并因此而只使用了斯拉夫术语。《民众审判法》维护正在发展的封建所有制,为各种大罪小过确定罚金和惩罚,更加巩固了贵族的经济和政治地位。对于破坏私有财产,参加起义等,要判处死刑。基督教会和它的法规决议,也得到法律的支持和保护。贵族比起普通老百姓来,在法庭上享受着某些特权。从《民众审判法》中显示出,在那时的保加利亚存在着赤贫的、陷入债务奴役的破产农民,还有战俘奴隶,债务奴隶和罪奴。

另外一部了解9世纪社会制度图景的重要史料是《教皇尼古拉一世的答复书》。9世纪末,由于保加利亚实行基督教化,保加利亚公爵博利斯的使臣向教皇提出了一系列问题。在对这些问题的《答复》中。有着关于保加利亚法律,社会各阶层的地位(例如关于奴隶)和保加利亚人生活习俗等方面的材料,这些材料虽然是些

① 参见本书第100页。

片段，但却是珍贵的。

在古罗斯的编年史家（所谓叶林的编年史家及其他）所搜录的资料中，保存了一部简短的，但却极重要的掺杂着突厥语汇的古斯拉夫语写的史料，即所谓的《保加利亚汗名册》，其中载有自2世纪中至8世纪中的原保加尔（也就是说还是突厥时期）的汗的名单，指明他们的在位时间，提供了关于原保加尔历史的极简短的材料。关于最初若干世纪的传说具有神话性质。从6世纪末起，材料是精确的，而且大部分是在任何其他史料中看不到的。某些关于贵族和公爵扈从的材料。保存在墓志铭中。

9世纪时，在保加利亚曾进行过简短的历史事件的记载，关于这一点，由更晚的（14世纪中叶）史料中得到证明，这些史料引用过那些简短的记载。①

关于塞尔维亚人，斯洛文尼亚人和克罗地亚人的片段材料保存在法兰克和拜占庭的史料中。在9世纪，这些史料中提到了塞尔维亚的公爵。统治者狄奥克里亚、拉什卡等，传世至今的关于9世纪的克罗地亚国家历史的最早一批史料是克罗地亚公爵特尔皮末尔（837年）和穆梯米尔（892年）给萨洛尼修道院的封赠文书。其中有关于城市、长老的地位、公爵权力和人民会议，关于奴隶等的材料。

（庞卓恒译　郭守田校）

① 参见本书第280—281页。

成熟的封建主义时期

第八章　10—15世纪史料的一般特点 109

西欧封建社会历史的第二个大阶段是10—15世纪——这是生产力显著增长和手工业从农业分离出来的时期；这是封建生产关系充分发展，以及从14世纪起，随着商品货币关系的发展而来的它解体的初期，封建上层建筑——国家、法律、宗教等，在这一时期有了完整的形态。这一过程在各个国家并不是完全同时经过的，而是各自具有一系列的特殊性，这种情况到后来导致这些国家在15世纪末期所达到的总的发展水平方面，出现了一定的差别。

欧洲诸民族在10—15世纪经历了漫长而复杂的道路。“从中世纪早期各族人民混合中，逐渐发展起新的民族”[①]——恩格斯曾这样论述这个过程。形成了部族、它们的语言以及多少稳定的疆土，出现了一些部族的国家。西方城市和商品货币关系的出现与发展，替未来的经济共同性开创了道路，部族心理素质开始显露出来，为他们文化共同性的增长提供了前提。只有拜占庭，在13—

① 恩格斯:《德国农民战争》附录，俄文版，第156页。

15 世纪处于日益衰落的时期，这一衰落过程以希腊人民丧失国家独立而告结束。

所有这些现象——其结果是社会关系的显著的复杂化——不仅直接反映在历史资料数量的增长，而且也导致资料的质的多样性。这一时期一些国家所具有的特殊性也对史料的质的多样性起了不少促进作用；那些特殊性将要在阐述这些国家历史的具体史料时加以说明。这里所必须的是指出这一时期史料的基本类型。

10—15 世纪生产力的发展，已经不只是像以前时期那样，仅根据考古材料和文书、年代记等间接证据来探索。在手稿彩画上，在教堂和市政厅的浮雕和玻璃装饰上，在地毯上以及其他器物上，保存了许多对手工业和农业劳动工具的描绘，而且还有关于各类劳作的描绘：割刈、收获、打谷、酿酒、榨油、织造、建筑及其他。早

110 在 10 世纪，已经出现了第一篇关于某些手工业技术的论著。在这同一世纪的拜占庭遗籍《市政录》中，也记有关于这类知识的若干有价值的论述。13 世纪有许多农业经营方面的论著，14—15 世纪有商业和呢绒制品方面的论著——这些论著都包含着重要材料。研究手工业史方面很珍贵的材料是行会章程。在大量的各种文书中以及编年史中，散存着不少说明生产力增长的材料，特别是 14—15 世纪的增长的材料。

封建生产关系的图景也比早期中世纪显现得远为清楚了。业已形成的封建生产方式，首先需要把对农民的封建剥削形态加以巩固与合法化。确定向农民追索的赋役性质和规模以及他们对封建主的从属地位的各种形式的文书，就符合这一任务。在劳役地租和实物地租形态占完全统治地位的时期，也就是 10—12 世纪时

期，那类文书（文据、租役义务清册、国家调查表册等）在研究生产关系历史方面，几乎是唯一的史料，因为在那些世纪习惯法通常只是以口头形式存在的。马克思指出，在劳役地租和实物地租时期的生产关系中，传统惯例必然是起着主导作用。[①] 这些存在于封建主和农民之间的口传习惯法权关系，由历史学家们通过对上列文书的科学分析而得以探索出来。支配着封建阶级内部的财产关系以及附庸关系，主要是反映在文据中。

所有这些文书，以原件保存下来的，只是一部分。它们的主要部分是以抄件或摘要形式传世至今的。这类抄件或摘要是抄入前已述及的赠地证书副本中的。

在13—15世纪，商品货币关系的发展，引起了对农民的封建剥削形式方面的相应改变，引起了货币地租的出现和原有地租形态的更替。农民被以各种手段逐渐变成封建依附占有者（世代相承的佃户）。这些变化，导致了新的文书种类的出现（但在拜占庭是导致已有文书类型的若干明显变化）。这些文书是13—15世纪土地关系史的重要史料，这就是：完成各种土地交易（买卖、典押、租佃，以及地租的典押和出卖等）的文书，还有确定记录下来的劳役情况和农民赎买被奴役的身份等。这些文书的大多数也是以抄件形式保存下来的——保存在公证人手记中（也就是公证人手记中的简短记录；在手记中，略去了文据格式，而只记下了交易内容），或城市和领主的调查登记簿的材料中。

在有的国家，随着商品货币关系的发展而产生了封建主经营

① 马克思：《资本论》第3卷，俄文版，第806页。

的大领主经济；在这样的国家里，从 13 世纪起，有关庄园管理的各种文件（财产登记簿、账目、报告、指示等）就已获得了巨大意义。这类史料在英国保留的特别多；它们是那样的丰富，以致有时能据以作出多少精确的统计。

111 城市的发展，引起了新的史料类型的产生。出现了“城市宪章”，也就是调节城市内部组织和城市与领主关系的文件和规章。从 13 世纪起，已经产生了稳定行会内部组织的成文规章。这种规章“不过是马尔克的规章制度在享有特权的手工业上而不是在一定的土地面积上的应用”。[①] 城市居民之间的复杂的财产和社会关系，手工业和商业的发展，就需要有完成这些关系手续的文书。产生了大量的文书：馈赠、买卖、遗嘱、婚约、抵当、债务、信贷文书，等等。所有这些文件，从 14 世纪起，特别大量增多起来。

拜占庭的农业关系和城市历史方面的文件史料的情形则不同。无疑，这类资料本来也是种类繁多而且数量不小的，但是，由于拜占庭国家的覆亡，它们也遭到了毁灭。所有城市档案也被毁灭了。仅仅那些存在于帝国境外的意大利城市和其他西欧城市中的文件，才保存了下来。土地关系方面的文书只有为数不多的一些传留下来，而且其中大部分是有关寺院土地所有权的。

在意大利——那里在 14 世纪已经出现了资本主义关系的萌芽——工商企业中，产生了商业簿记管理的需要。“过程（即商品生产过程——作者）越是按社会的规模进行，越是失去纯粹个人的性质，作为对过程的控制和观念总结的簿记就越是必要，因此，簿

① 恩格斯：《〈资本论〉第 3 卷增补》；马克思：《资本论》第 3 卷，俄文版，第 914 页。

记对资本主义生产，比对手工业和农业的分散生产更为必要。”[①]在其余的西欧国家中，那样的簿记从 15 世纪开始见到，但只是到了 16 世纪才获得了广泛的流传。在商业、工业和货币流通的历史方面，从 14 世纪开始保留下丰富的文件资料（商业契约、信贷文件、执据等等）。

13—15 世纪时期引为特征的是习惯法记录的出现（德国《明镜》、法国的《习惯》、西班牙的《法规》等）。它按各国家具体条件的不同在一定程度上反映了生产关系所发生的变迁。在这些记录中所正式确定的法律，已经不只是对个别领地有效，而是在一个相当广泛的地区、省份或区域内有效，它调节了封建土地所有制、审判程序、某些阶层的地位及其相互关系，封建阶级内部的附庸关系和财产关系。为了适应日益发展的商品生产的需要，逐渐制定出了精确的实用法律规范。[②] 在这些规范的基础上，正如马克思所指出的，在这时期，农民和土地所有者之间的契约的货币代役租关系，也确立起来了。在拜占庭，由于保持了中央集权的国家和立法，还由于罗马法的长期统治，在那里，非官方的法学文集具有某些不同的性质。它们是由个别法官根据经验撰成的，是以叙述个 112
别案例形式而撰成的法律家手册。（如 11 世纪的“匹尔”的汇编及其他等。）

13—15 世纪时期，在城市中形成了自己特有的城市法律，这

① 马克思：《资本论》第 2 卷，俄文版，第 131 页。

② 马克思：《资本论》第 3 卷，俄文版，第 811 页。

些法律是适应于城市的反封建利益的，[①]而且是根据罗马法规范而制定的，这罗马法正如恩格斯所说："是简单商品生产的完善的法律……成为我们的市民在其上升时期所必需的也是在地方习惯法中所找不到的。"[②]市民阶层所采用的罗马法，后来成了在城市中业已萌芽的资产阶级所有制和在以它为基础的生产关系发展的杠杆。

在具有牢固的中央集权的拜占庭国家中，在这同一时期也产生了皇室的现行法律，这些法律在诉讼手续方面具有相当的划一性，并为工商业发展保证了正常的条件。皇室立法的不间断的发展，是拜占庭的特点。

特别需要指出，14 世纪中叶，在意大利、英国、法国、西班牙和荷兰，出现了延长在那时期产生的雇佣工人的工作时间和固定他们工资的工人立法。颁布第一批工人法规的直接缘由是"黑死病"，也就是 1348—1349 年，几乎减少了所有西欧国家人口的鼠疫。但是，马克思指出，真正的原因是"资本在它的萌芽时期，由于刚刚出世，不能单纯依靠经济关系的力量，还要依靠国家政权的帮助才能确保自己榨取足够的剩余劳动的权利"[③]。因此，14 世纪中叶的工人法规，提示了一系列这类法规的序幕，这些法规陆续颁布到 18 世纪，尽管作为借口的鼠疫，仅仅是在 14 世纪发生过。

各种法律遗籍——习惯法和城市法的文件、特权文书、国王和

---

① 恩格斯：《德国农民战争》附录，俄文版，第 156 页。

② 《马克思恩格斯全集》第 27 卷，俄文版，第 390 页。

③ 马克思：《资本论》第 1 卷，俄文版，第 276 页。

皇帝律令等，还有各种类型和各级的诉讼机关的记录（登记簿）从13 世纪起，跟文书资料一起，成了社会经济关系史方面的最重要的史料。法规律令之所以珍贵，是因为它们提供了系统的，虽不完全都是充分的财产和社会关系的图景，却清晰地描绘出了封建国家机关、法庭、警察和财政的基本轮廓。但是这些史料中的一些数据，需要根据从诉讼记录和其他文件中抽取的材料加以检验。这些记录和文件更充分、更准确地反映了实际情况的真实性，这远非立法者所愿，也为旧的习惯法规范所不容。

所研究的这一时期政治史方面最重要的史料，起初（至 14 世纪为止）是年代记和编年史；随后，年代记消逝了，而编年史的撰写，则由僧侣转归俗人。从 14 世纪起，编年史逐渐丧失了自己以前作为政治史方面的文献和重要史料的意义，它们的地位越来越被国家政权机关的公务函件所取代。

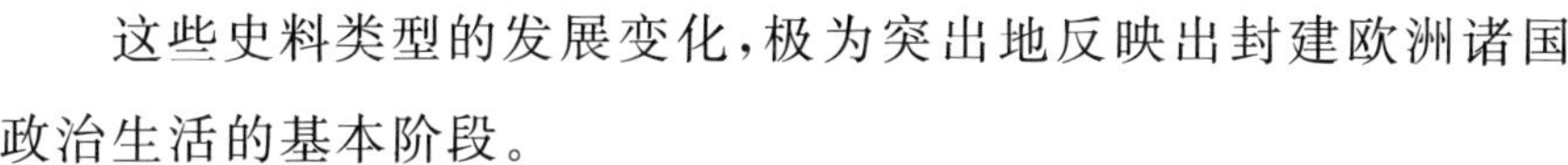

这些史料类型的发展变化，极为突出地反映出封建欧洲诸国 113
政治生活的基本阶段。

查理帝国的崩溃，决定了集中化编年史体系的命运。它很快就让位给分散到个别寺院和其他教会组织的简略年代记。那样的年代记编写中心在 10—12 世纪是很多的。从这类年代记中摄取到的事实材料，在封建割据时期欧洲诸国政治史的事实材料总量中，占了相当大的一部分。这一时期的编年史，按其涉及的范围和政治倾向来说，也是封建割据的典型产物。但是，编年史所记载的材料，就大多数而论，毕竟比年代记包含的地域更为宽广；在这些编年史中，通常记述了一个广大区域的历史。不言而喻，每一个欧洲国家的具体历史，在这一时期的编年史中是打下了自己的烙印的。有时缩小了它们的范围，有时则扩大了它。例如，帝国与教皇权的斗争，以及与此相关的德国和意大利的整个历史，都程度不等地反映在这两个国家的几乎所有的编年史中。

大约在13世纪，(法国在12世纪已经开始了)由于城市的增长，教会年代记逐渐地衰落下去。城市中出现了自己的学校和大学。教会开始丧失了对文化和编年记载的垄断。城市年代记从一开始就具有世俗的性质，具有不同于教会年代记的另一种利益圈子，另一种政治任务。在城市与领主的斗争中形成的反封建立场、清楚的叙述，对一切问题的务实态度等，是这些城市年代记的特点。城市年代记在产生之后，很快就转变成详细而连贯的城市编年史，主要是由城市官员撰写的。这些编年史是城市历史的最重要的史料，也是各有关国家的政治史方面的基本史料之一。它们的出现还意味着事件记录的编年史形式的最终的消亡。

13世纪的编年史不管其形式和数量如何，都显著地区别于以前时代的编年史。十字军的远征，商品生产的增长，经济、政治、文化联系的扩大，城市的政治作用——所有这些都对封建社会的生活产生了巨大的影响，而且在编年史中有了相应的反映。编年史家的眼界往往已经包括了整个国家的历史，而且掌握了丰富的史料。在英国、法国、西班牙和其他国家，出现了“王室编年史汇集”。在其中，在互相衔接的作家笔下，编写了彻底地从中央政权利益的观点阐发的国家历史。这些编年史的史料意义是很大的。它们的作者通常掌握了充分的内幕实情。而且他们在当时具有的政治倾向，帮助他们对政治史的理解达到了比以前时代的编年史家们所具有的水平更为深刻的程度。必须强调指出，这些反映中央集权国家形成的初级阶段的编年史，在以后，在14—15世纪，得到了进一步的发展和广泛的流传。这导致在15世纪，在已经为数很多的国家中，产生了全民族规模的历史著作。

13世纪编年史的作者不仅有僧侣，也有世俗人，主要是骑士、大封建主，他们以民族语言来写作，而且比起写拉丁语编年史的僧侣们来，他们是面向更广泛的读者和听众而撰写自己著作的。在 114
14—15世纪，编年史一般都已经是由国王顾问、骑士、市民以及政治利益接近于市民的修士和牧师们来写的。这些暴风雨般的世纪的事件，在编年史中打下了自己的烙印，法国、英国和捷克的农民战争以及大量的城市起义，促使编年史家们的政治倾向尖锐化起来。除了不多的例外，他们关于人民起义的叙述，都是强烈地敌视人民的，而事实往往是被歪曲的。已经不再是地方性的，而是全欧洲规模的长期战争，占据了14—15世纪许多编年史家的注意力的中心，这些战争促使作者们鲜明地表明自己的民族利益。贵族的内讧战争、王权和大封建主的斗争，也在相当大程度上决定了许多编年史家的政治立场和他们对事实材料的选择。在14—15世纪的编年史中，经常载有很详细的叙述，因为对于事件——主要是写作者同时代的事件进行详细而有见解的叙述的兴趣，增长起来了。由于历史著作的读者的要求改变了，编年史的性质也随之而发生了变化。这些读者的范围时刻不断地扩大，而编年史成了市民、学生和贵族界中最流行的书籍之一。

这种对于历史的兴趣使得编年史的数量增长起来。这一情况，对于封建社会一般文化发展以及各个国家内部的文化共同性的形成，都具有重要意义。但是，在把14—15世纪编年史当作史料评价时，还应作其他方面的考虑。

在这方面，它们的意义由两个主要原因而逐渐减少。第一个原因是，大约从14世纪中叶起，文件资料的数量增多到那样的程度，以致成了恢复政治史的面貌方面的主要史料，从而把编年史排挤到次要地位去了。第二个原因是，14—15世纪绝大多数的编年史丧失了历史资料的最重要性质——就是所记叙的事件的准确性和充分性。这一时期所特有的社会和政治生活的复杂性以及日益骈枝的国家机器活动的某些方面，甚至走向秘密化——这些情况，使得个别编年史家，要获得充分和广泛的情报，事实上有巨大的困难。那些由接近统治集团而且能够利用到国家档案的作者们所写的编年史，已经是早期最好的编年史。在14—15世纪时期，由国王顾问们写的编年史，一般是能够当作可靠史料利用的唯一编年史，除此之外，就只有城市编年史还保有作为重要历史资料的意义。这是因为城市和市民——这个阶层已成为比封建贵族更为社会所需要[①]，有了日益增大的作用。

但是，这并不意味着完全贬黜其余的编年史。它们作为个别
115 社会集团，主要是贵族和市民的社会舆论历史的史料，阶级和政治思想意识、文化、生活习俗历史方面的史料，最后，作为语言和文学历史方面的史料，都具有很大的意义。

拜占庭的编年史具有另外一种性质。历史编纂传统——历史著作和世界编年史的编撰，在那里没有间断过。历史著作的作者仍旧是接近政府的达官显宦，他们模仿古典历史学家的格调。编

---

① 恩格斯:《德国农民战争》附录，俄文版，第151页。

年史的作者是——用口语写作的僧侣。在这些编年史中，总是(除极少的例外)反映整个帝国的历史。拜占庭文件史料几乎完全毁灭，使得叙事遗籍成了政治史方面的基本史料，而与此同时，在西方，14—15 世纪政治史方面的最重要的史料则是文件资料。

在那一时期，文件起而占居首位，是完全合乎规律的。固然，14 世纪以前，国家管理、外交等，都需要各种文件——登记表册、统计、指示等。但是，这些史料在那时期数量还不多，而且大部分只保留下来一些片段。从 14 世纪开始，文件数量迅速增加，而且更好地保管和登记起来。生活本身引起了日新月异的越来越多的文件出现于世：中央和地方的行政机关的会议记录，日常事务函件、领导人物、社会活动家的大量书信和指示等。这些史料在研究西欧历史方面，具有很大的价值。实质上，就可靠性而论，这都是最好的历史资料。它们直接而精确地反映了瞬息万变的复杂现实，记录了政府政策的一切变动，并显示出它的秘密动因(特别是秘密性文件)；它们详细地阐明了许多大政治家和社会活动家的活动，它们记载的日期、姓名和一般事实材料是可靠的。在文件史料中，(主要在诉讼记录、城市表册和赦免文书中)含有许多 14—15 世纪阶级斗争史方面的珍贵资料。大量的城市起义和农民起义，在这些资料中得到反映的连贯性比编年史差些，但其材料却更为可靠。

文件资料的具体评述，只有具体地针对每个国家，才有可能作出。因为它在任何地方都有自己的特殊性。这里则应该指出它的总的意义。它的出现主要是与按民族形成起来的国家的日益巩固——这个过程被恩格斯称为具有"15 世纪的全世界历史意义"[①]的过程——相联系的。此外,文件资料像历史史料一样,开始起了压倒优势的作用,这意味着历史资料本身进到了一个新发展阶段的开端。中世纪编年史开始丧失自己的意义,而对于那些发展已临近于新时代的门槛,即资本主义诞生的时代的欧洲国家,文件资料则逐渐成为那些国家最重要的历史资料。

(庞卓恒译　郭守田校)

① 《马克思恩格斯全集》第 10 卷,俄文版,第 343 页。

第九章　十字军远征历史的史料[①] 116

对近东和拜占庭所进行的长期军事殖民运动——这个运动的掠夺性被“从异教徒威胁下解救圣墓”的宗教借口所掩盖——几乎所有的西欧国家的骑士和许多地中海沿岸城市都参加了。因此，在十字军远征史料中，有各个民族的代表人物写的编年史，而文字资料不仅反映出十字军诸国中的关系，而且反映出他们与意大利和南法兰西城市共和国之间的联系。但是，既然在十字军远征中，起主要作用的是法国封建主，于是在“海外王国”(royaume d'Outremer)(当时这样称呼十字军所征服的土地)中占统治地位的是稍有改变的法兰西习俗和法兰西语言，记载远征历史的编年史家，大部分也是法国人。

还在大规模的东进运动开始之前很久，每年就有大批的香客沿着已经习惯的路线，涌向巴勒斯坦。为他们编写了特别的旅行指南(Itineraria)，这种书曾广泛地流传于西欧诸国。书中载有关于道路、慈善院、医院、海港、行走方式等的说明。关于朝圣圆满完

① 这里是有关前四次远征和十字军国家的史料，关于路易九世远征的史料，参见本书第十章。

成的叙述和巴勒斯坦的记载,也是流传极广的。但整个说来,老百姓的想象,多半充满着关于无法数计的近东财富的荒诞谣传。9世纪末涌向“圣地”寻求较好命运的不幸的农民大众,对遥远途程根本没有任何了解,遭到悲惨结局。成千上万的人由于穷困、饥饿而死于道途。

第一次远征前的“东方”状况,以及教皇与东方教会与十字军的相互关系,相当充分地描述在保存下来的罗马教皇的书信中;这些文件的大部分属于11世纪的80年代和90年代。

第一次十字军远征,以其新奇性和群众性而引起了普遍的注意,导致了空前大量的编年史出现于世。几乎每一支骑士队伍都有自己的编年史家随行:阿吉尔的莱蒙德跟随着土鲁斯伯爵的部队,沙特尔的弗尔舍里跟随着包尔温(布雍的葛弗里的兄弟)的部
117 队,一位失名编年史的作者跟随着博希蒙的部队等。有的编年史家出席了克勒芒大会(修士罗贝尔、布尔格里的博德里、沙特尔的弗尔舍里等人)。他们全都极为熟悉自己的行程和行动,并由此作了颇为详细的记载,12世纪就已经有另外一些编年史作家根据这些记载编撰了远征的通史。第一次远征的大量编年史,使得有可能极为详细地把事件复现出来,我们往往不仅能够按月按周,甚至按日地追溯出十字军的行动。

有一部匿名的编年史,标题为《法兰克人及其他旅行者在耶路撒冷的功业》(*Gesta francorum et aliorum Hierosolymitanorum*),按精确性而论,它是最好的一部编年史,其记述的时间是1095—1099年,起自克勒芒大会,讫于1099年8月的阿斯卡伦战役。关于此书作者的情况没有留下任何材料,只能根据他的著作的内容来判断。对这部编年史的分析，证明这部书是由一个属于博希蒙军团（也就是从南意大利出发的军团）的骑士写的，在占领安提俄克之后，他没有像其他博希蒙的骑士那样留在那里，而到了耶路撒冷，加入了土鲁斯的莱蒙德队伍。他的关于抵达君士坦丁堡之前的报道，只述及他所在的部队；在此之后，他记述了整个十字军队伍的军事行动的历史，其记载虽然简略，但事实却十分充分。

这部编年史，乃是一部日志，是在路途长歇时，当全部事实和印象都记忆犹新的情况下写作的。它的语言极为朴实，没有华丽的辞藻或圣经引证。一切事实都说明作者是一个中级的骑士，并不精谙科学和神学，却是一个求真和诚实的事件记实者。他的著作的珍贵处还在于其中鲜明地反映了十字军队伍中的骑士群众的情绪、思想和迷信。作者谴责了那些为获得战利品而沿途争执的首领们，对他们向拜占庭所作的臣服誓言表示了极大的不满。他公允地报道了突厥人的勇敢精神，赞扬他们的勇武胆量。他把被征服的当地居民当作“异教徒”对待；……以史诗般冷静心情来记述对和平居民的掠夺和屠杀。这位骑士无疑具有宗教热情，但他的宗教热忱却是与充分清醒的判断头脑结合在一起的，而绝没有掺杂盲目和天命论的思想，这种天命主义是渗透在宗教人物所写的其他编年史之中的。

据悉，作者刚一完成自己的编年史，就把它作为贡品献给耶路撒冷的主墓庙堂。史实采访者阿吉尔的莱蒙德和艾克哈德于1099—1101年在那里发现而且阅读了它。以后，它的抄本传到了欧洲，在那里，被用作许多编年史的基础，法国神甫图德博德于12世纪初几乎是逐字逐句把它抄下来，雷姆斯的修士罗贝尔和布尔格里的博德里——他们的编年史撰于1107年——所使用的全部事实材料几乎都是从那部著作中引用来的。但是，在僧侣的笔下，这位骑士朴素清晰的语言（由于这种语言，博德里把他的著作称为“鄙陋小品”——libellus rusticanus）竟成了面目全非的辞藻堆积的语言，掺进了大量的圣经引证和附加给英雄人物之口的臆造词句。诺戎的吉贝尔修道院院长（1053—1124年）[①]也以同样的方式改写了这位无名氏编年史的材料，他还用其他史料中的材料对它
118 进行了补充。比如，他还竭力证明，在十字军远征历史上，神的意志对人间事务经常不断地进行干预。他使自己的编年史充满了奇迹，把标题也改了，称之为《法兰克人所完成的神之功业》（*Gesta dei per francos*）。他这部书约于1108—1110年写成。他的编年史价值，主要是记载作者曾亲自出席的克勒芒大会，以及他所报道的关于远征前夕的法国内部的一般状况的材料（饥饿、物价上涨、农民运动、出发前的准备等）。

史事采访者和土鲁斯的莱蒙德的私人牧师，阿吉尔的莱蒙德在这次远征以后不久就编撰了一部独立的目击者的编年史，记载了南法兰西骑士的行程和活动。他的编年史的文章写得很不好，而作者又是以极端迷信和轻信为特色的。

沙特尔的弗尔舍（1058—?）曾作为包尔温的私人牧师而经历过远征的一大部分征途。当包尔温成了耶路撒冷王时，弗尔舍仍然在他那里。弗尔舍的编年史是分几次写成的：1105年、1124年、1127年。事件的叙述讫于1127年，也就是说，还包括十字军国家

---

① 参见本书第139页。

最初数十年的历史。由于接近耶路撒冷王，作者极为深悉政治内幕。他的编年史在各方面都是极有价值的史料。

在亚琛的牧师阿尔伯特的编年史中，记载了这次远征和十字军建立国家的讫于1120年的历史。第一卷记载了远征开始时，法国和德国的一般状况（亚眠的彼得的说教，对犹太人的大迫害等）。这一卷最为重要，因为作者部分地是这些事件的目击者。作者没有参加这次远征，他对远征和拉丁国家历史的记载，是根据目睹者的叙述和传闻来写的。他的著作中，有许多错误和缺陷。年月几乎完全没有。书中所反映的与其说是历史实情，毋宁说是存在于德国广大群众中关于远征和近东国家的想象。阿尔伯特的编年史实际是对布雍的葛弗里的一部颂歌，作者极端地夸大了他的作用。

另一个德国史事采访者奥尔的埃克哈尔德[①]在这次远征已经结束之后，于1101年到了耶路撒冷。在那里，从目睹者的叙述和官方文件中，搜集了珍贵的史料，从失名编年史中采用了大量的材料。埃克哈尔德的编年史于1122年和1117年之间编成。它的重要性主要在于记下了几乎是征服刚一结束就抵达巴勒斯坦的一个目击者的印象。

除了这些记载第一次十字军远征的主要编年史外，还保存下来不少次要的编年史，它们是些或简或详的纂辑。有必要指出，所有这些编年史都得到了广泛的流传，其中有些以后翻译成各民族语言。

① 参见本书第196页。

无论是正值远征之时,还是在征服巴勒斯坦之后,都有大量书信从十字军人发往欧洲。它们是一种特别的战地公报和新王国中的事态报道。在欧洲,人们热心地把它们传抄下来,大量散布到各城市和各城堡,成了吸引新十字军人到东方去的一种特别鼓动工具。当代人往往把它们收入自己编年史或其他著作之中。其中有些信件经过科学分析,证明是伪造的或可疑的(例如阿列克塞·科穆宁致"拉丁人"请求援助拜占庭的信)。但是,多数信件,例如布鲁瓦的斯蒂芳伯爵及其他
119 远征首领致教皇的信、里贝尔蒙的安瑟姆、耶路撒冷的大牧首戴姆贝尔及其他等人的信,都是真实而且有价值的史料。

还在这次远征进行之时,就已产生歌颂它的诗歌,这些诗歌很快就形成为"海外土地"(pays d'Outremer)完整的一套诗集。大部分诗是用本族语写的。最早的普罗旺斯诗歌《安提俄克之歌》(*Chanson d'Antioche*)只保存下来一些片段。阿尔图瓦的特鲁威尔派①诗人朝圣者理查(Richard le Pélérin)的同名诗,有一个12世纪末的改写本传留下来。这两部诗都以此同名,是因为主要记述的十字军对安提俄克的长期艰巨的围攻。其中除了诗人想象之外,还包含着许多确实的材料,这使它们具有历史资料的意义,两位作者记载了人民群众在十字军远征中的作用,他们的饥渴痛苦,十字军下层的情绪,在这同一环境中,在这次远征时期,创作了军歌、叙事诗、滑稽

① 特鲁威尔诗派(Trouvere)是中世纪法国北部的一个叙事诗派,其活动时期约为11世纪末到15世纪初。——译者

诗歌等等。稍后，在东方拉丁国家中，出现了许多骑士小说集：颂扬极度理想化了的布雍的葛弗里及其他骑士。

以在大马士革的可耻失败而告终的第二次十字军远征，已经没有专门的史事采访者。路易七世的秘书和私人牧师，德依尔的俄多(Odo of Deuil，死于 1162 年)，后来是圣德尼修道院长，曾随同路易七世远征，而且把他的笔记寄回法国，给国王缺位时代摄政的苏格里。这部笔记类似日记，记载了珍贵的事实材料。但是这些记录于 1148 年年底中断了，因此，大马士革的征战没有反映在其中。第二次远征的历史整个地记载于法国和德国的编年史中——在《法兰西编年史》的记述路易七世(Gesta Ludovici VII)的那部分[①]以及弗列辛根的奥托的《弗里德里希皇帝事迹》(*Gesta Friderici*)[②]一书中，而关于这次远征的简略记载，几乎在所有的 12 世纪的历史著作中都有。关于第二次远征，还保存下来一些信件，主要是苏格里和维巴尔德写的，后者是科尔维的修道院院长，在康拉德外出远征时期曾在德国摄政。

第三次十字军远征的前几年，耶路撒冷国曾跟撒拉森人发生斗争，以耶路撒冷国在斗争中失去首都而结束。在这些年代里，从耶路撒冷国家和安提俄克的君主、牧首、骑士团长、意大利领事及其他人那里，往欧洲发出了大量的书信。在这些信件中，记载了国家困难局势的情景和提供紧急援助的请求。还有大量远征参加

① 参见本书第 137 页。

② 参见本书第 200 页。

者、耶路撒冷的国王、王公和宗教人物的信件，也属于这一次远征时期。

弗里德里希·巴巴诺萨的远征历史，是由塔格农（死于1190年）记载下来的，他随着纳骚的主教狄特波尔德参加了这次远征。他的《弗里德里希亚洲远征记》(*Descriptio expeditionis Asiaticae Friderici*)，是一部在路途中写的日记，结束于作者死前不久的1190年6月21日。这部日记极为精确，因此成了第三次远征史的珍贵史料。奥地利教士安斯伯尔特写了《皇帝弗里德里希远征史》(*Historia de expeditione Friderici Imperatoris*)一书，叙述的事件讫于1196年。其中搜集了若干真实的书信。在吕贝克的阿诺德的编年史[1]中，也有许多材料。阿诺德曾引用了某些文件，菲利普-奥古斯都和狮心理查的远征，在所有12世纪末的法国和英国编年史中，都有不同程度的反映。

120 应当指出第三次远征的两个参加者的著作。其中之一是吉·德·巴卓什，当时的法国作家，留下了关于法国舰队的航程和巴勒斯坦事件的记载，这构成了他的《编年史》的第七卷。另外一位，安布鲁瓦兹，是诺曼底的行吟诗人，曾于1184—1192年跟随理查王。他于1195—1196年由巴勒斯坦返回诺曼底以后，写了长诗《圣战史》(*L'estoire de la guerre sainte*)。作为一个目击者，而且是一个颇为公允不偏的人，安布鲁瓦兹留下了事件的最详细的记述。它虽然是诗歌形式，但却是第

① 参见本书第242页。

三次十字军远征历史的最好的史料。13 世纪初，安布鲁瓦兹的诗在伦敦的理查牧师的拉丁文著作中被改编成《朝圣者的征程和理查王的功业》(*Itinerarium peregrinorum et gesta Ricardi Regis*)。关于理查的事迹和围攻阿克拉，也形成了许多歌谣和诗作。

现在让我们来考查载有关于十字军国家历史材料的各种史料——编年史、法律、各种文件。我们从编年史开始，因为它们直接与上面论述的史料衔接着，而且本身就包含着第二次和第三次远征的材料。其中最老的是高特(Gualterius)的编年史。高特是安提俄克公国的宰相和主宰者，他的编年史称为《安提俄克之战》(*Bella Antiochena*)，其中还包括了讫于 1119 年的公国历史，于 1119—1126 年写成。作者把主要的注意力用来记述罗热尔公爵的战争、失败和死亡。

事实材料最珍贵而丰富的是梯尔的吉约姆牧首(约 1130—约 1186 年)的编年史，吉约姆生于巴勒斯坦，但就学于欧洲(可能是在意大利)，而且通过自己亲戚与欧洲有密切的联系。他除通晓法语以外，还掌握了希腊语、拉丁语和阿拉伯语。他身为最大的教会封建主之一，于 1174—1183 年取得了耶路撒冷王国宰相的位置，而且成了国王包尔温四世的太傅。他十分积极地参加了政治生活，而且经常承担外交使命出使罗马和君士坦丁堡，参加了 1179 年的拉特兰大会。他的一部主要著作(其余的失传了)被称为《耶路撒冷史》(*Historia Hierosolymitana*，这部著作还有另外的标题)。它大约于 1169 年开始写作，前十一卷成书于 1173 年，其余

12 卷写于 1173—1184 年之间。这部编年史于 1184 年中断了，因为国王包尔温四世死后不久吉约姆的前程也中断，他不得不离开巴勒斯坦到罗马去。

在前 16 卷中（讫于 1144 年），吉约姆引用了许多搜录在高特宰相的《安提俄克之战》里的第一次十字军远征的编年史。必须指出，在这部分纂辑中，历史图景往往被歪曲，吉约姆写此书正是第一次十字军远征的许多事件已经蒙上了神话色彩的时候，例如，关于 12 世纪统治耶路撒冷王朝的创造者，布雍的葛弗里的个人描写，就是一个例子。对于征服巴勒斯坦历史的这种观点，使得这部编年史的前部分只具有有限的价值。此外，不应忘记，这部编年史是在国王的直接指令下写的。这就决定了它的总的政治倾向。

这部编年史的原作部分，起自 1144 年的事件，它对于 1144—1184 年耶路撒冷王朝的内政和外交历史，部分地也对于第二次远征的历史，都是最重要的史料。吉约姆由于自己的显赫地位，得以利用了所有的资料，而且深悉一切事务的实际内幕。他所记述的材料是可靠的，而且涉及极为众多的生活方面。记载于他的编年
121 史中的关于赋税征课、封建的和宗教的组织、关于意大利城市和利凡特之间的贸易等等材料，更是特别珍贵。

梯尔的吉约姆的编年史享有极大的声望，史事采访者和诗人都从其中吸取关于十字军国家历史的材料。几乎是当它刚刚译成法语，就有人以 Le livre d'Eracles 为书名作了续编，以后又译成意大利语、卡斯提尔语、加泰罗尼亚语和普罗旺斯语。它还成了用拉丁语和民族语言写作的各种诗歌作品的资料来源。13 世纪又对法语译本作了若干不同的续编。其中有一种是艾尔努勒作的，他

对第三次和第四次远征以及13世纪的巴勒斯坦国家的历史作了详细记载，强烈地谴责了导致王国灭亡的骑士的自相残杀的纷争。艾尔努勒的书流传下来的版本，是一部在北法兰西纂成的摘录。梯尔的吉约姆的编年史法文本的其他续编，有的是在巴勒斯坦编纂的，也有在欧洲编纂的。最重要的一本续编是诺瓦尔的菲利普写的。他是13世纪前半叶最有影响的巴勒斯坦的伯爵。在他的著作《弗里德里希皇帝和让·依伯林之间的战争史》一书中，叙述了1218—1242年塞浦路斯和巴勒斯坦的封建主跟弗里德里希二世的斗争。整个这一套广博的而且是经常补充的编年史的汇集，在13世纪末获得了一个总标题《关于海外国土的书》。它包含了从1095—1291年的十字军运动和巴勒斯坦国家和全部历史，在许多世纪间，是巴勒斯坦和西欧的城堡与城市中的最受喜爱的读物。

十字军远征的最后一部大史书是维特里的雅克（约1180—1240年）的《东方的或耶路撒冷的历史》（*Historia Orientalis seu Hierosolymitana*）。维特里的雅克是反阿尔比派战争时期的法国布道者之一，于1216年做了巴勒斯坦海港城市阿克拉的主教，还参加过第五次十字军远征。

在这部编年史的第一卷中，叙述了迄至1193年的巴勒斯坦历史。在第二卷中以极为暗淡的口气叙述了欧洲的状况，那里的统治者和骑士对十字军运动已开始冷淡下来。在第三卷中叙述了1211—1218年的巴勒斯坦的历史，有的历史学家否认雅克对这一部分的著作权。维特里的雅克的编年史是极为特别的。他在其中大量搜集了关于近东国家的地理、历史、动植物、关于生活习惯、制度的历史，关于教育和科学等等各种各样的资料，还有关于巴勒斯坦封建主与当地居民的相互关系的材料。这些材料是可信的观察和带有荒诞观念(那样的荒诞观念在巴勒斯坦的法国人和阿拉伯人中都是存在的)叙述的奇特混合物。第五次十字军远征的事件反映在1216—1221年间的维特里的雅克的大量书信中。

东方十字军国家的社会和政治制度史方面的基本的和最重要的史料,是《耶路撒冷法典》(*Assises de Jerusalem*),这是一部耶路撒冷王国的,以后还有塞浦路斯王国的法律汇编。在研究封建法权历史方面,它的意义超出了它所生效的那个狭窄的国界范围,因为,由于特殊的条件,用恩格斯的话来说,封建主义“最接近于它的
122 概念是在短命的耶路撒冷王国,这个王国在《耶路撒冷法典》中遗留下了封建制度的最典型的表现”[①]。

这件史料的成分是很复杂的;它的个别部分的编辑时期也难于确定,而且在现代还被认为是有争论的。流传在耶路撒冷王国的传说宣称,是在布雍的葛弗里时期,就编成了成文法,这是所有定居于巴勒斯坦骑士的共同法律,又说这个文件保存在圣墓庙堂里,由此而得到《圣墓敕书》的名称[②]。耶路撒冷被撒拉森人攻陷时,手稿毁灭了。多数资产阶级历史学家认为这个传说是神话;另一些人认为《圣墓敕书》只是十字军人获得的采邑的清册。这个意见是有根据的,特别是如果估计到在第四次十字军远征之后在摩利亚也编过这类清册,——关于此事是有材料的——这个意见就

① 《马克思恩格斯通信选集》,俄文版,第484页。

② 在俄国文献中遇到的《圣墓书札》的译名是不正确的,Lettres,litterae在多数情况下,那时的意义是“敕书”而不是“信札”。

显得更有根据。但是，很难同意资产阶级历史学家的另外一些观点，他们认为，在12世纪，在封建主之间的关系以及他们和国王的关系，仅仅是由口头习惯(北法兰西的习惯法)[①]来调整。如果说按照传说，早在葛弗里时期已经编成了成文法，这是不可信的，那么它在15世纪后半叶出现，则是完全自然的，即使在这样的情况下，《耶路撒冷法典》也还不是最早的一部欧洲封建法典，因为《巴塞罗那惯例》[②]还在11世纪后半叶就编成了。而且，简单地把北法兰西惯例搬移到巴勒斯坦，也是行不通的。它必须要适应于新的情况。一方面，延续不断的征战和经久不息的跟突厥人、阿拉伯人的斗争；另一方面，对被征服的和敌对的当地居民的统治和剥削——这一切都要求封建阶级比欧洲封建阶级有更强的团结，而且要求调节由此而派生出来的关系。这部逐渐形成的封建法汇编的创造者，是骑士和立法机关——"高级法庭"，也就是专门为封建主设立的法庭。在它的判决的基础上，形成了——但在以后作了修改——组成为《高级法庭条例》的个别条款。这《高级法庭条例》又称为《国王书》。市民在"市民法庭"受审判，在这里解决一切"贵族法"中未予规定的问题，以及(同时)涉及贵族和市民利益的问题。以这个法庭的判决内容为基础，产生了《市民法庭条例》的条款。《国王书》和《市民法庭条例》是《耶路撒冷法典》的基础部分，以后又在其中补充了诠释汇编。这是十三世纪由大贵族法律专家让·依伯林、雅克·依伯林、诺瓦尔的菲利普及其他人撰写的，按

---

① 参见本书第131页。

② 参见本书第233页。

《法典》刊行者贝尼奥的意见，最早的一部分是《市民法庭条例》，约撰于1187年。贝尼奥把《国王书》的编撰时间定为1271—1291年，认为它是让·依伯林书的续编。几乎所有的资产阶级历史学家和法律史家的研究，都是以这些日期的推断为依据的。1923年法国学者格兰克洛德对这一问题重新进行了审订。他认为《国王
123 书》是最早的一部分，把它的撰成时间定为1197—1205年，而把《市民法庭条例》归于13世纪（1229—1244年）。这样一来，按照格兰克洛德的意见，恰恰是最先认为最晚的那部分成了最早的成文法。格兰克洛德的见解是较为正确的，但更为可能的是《国王书》的还更早一些，属于12世纪前半叶。

由于传世至今的《法典》的所有部分都不是原件，这就使解决这个问题倍加困难，这些遗籍是14世纪中叶在塞浦路斯部分地依据抄本，部分地依据口头传说而恢复起来。然而以后连这个版本也丢了。到了16世纪，才由塞浦路斯的征服者威尼斯人恢复起来。威尼斯人把《法典》的法文本保存了下来，并把它译成意大利语。

每一个公国里，都有自己的法典，是以《耶路撒冷法典》为依据，并以它作为范本而编撰成的。保存下来的只有《安提俄克法典》。它在小亚美尼亚（基利基亚）也曾生效过。

在《国王书》中和贵族的法律论著中，封建法律按其最典型的形态而确立起来。其中极为详尽地反映出封建所有制、封建主财产关系和附庸关系、国王的权利和义务，以及继承制度等。在任何一个西欧封建法典中，封建制度的一切方面（除了对农民的剥削形式以外），都没有像在《耶路撒冷法令汇编》中体现得那样充分，这

使得这部法令汇编在研究一般封建法律历史方面，特别是在研究封建所有制的历史方面，成了主要史料。然而，对反映实际实施情况的文件资料加以考察，就证明，如果说，附庸关系、王位继承等大体上跟法律条规还是一致的，那么，在封建所有制和一般财产关系领域内，则势不可当地渗入了商品经济关系，它已开始冲蚀着封建制度。所有这一切极好地证明了恩格斯说的话：封建制度“只是在巴勒斯坦有过短暂的十分典型的存在，而且这——在很大程度上——也只是在纸上”。[①]

耶路撒冷王国的灭亡，严重地影响了反映生活方面的丰富文件资料的完整性。几乎全部行政和财政性质的文件，大量的文件副本簿、章程和各种文据等，都毁灭了。幸存下来的史料只是原有的大量文件的一小部分，仅仅保存下来一个骑士团的章程——这个章程是 1130—1131 年用法语撰写的圣殿骑士团章程，后来在其中补充了新的条款，骑士团对个别事件通过的裁决以及骑士团生活的某些情节的记录。所有这一切，在 13 世纪末都归并在一个名为《圣殿骑士团章程》的汇编中。最丰富的圣殿骑士团文件簿已经丢失了。保存下来的只有条顿骑士团的、慈善院骑士团的和圣墓庙堂骑士团的文件簿，还有约萨法特河谷的圣玛丽修道院部分文书。在这个文件中包括巴勒斯坦土地所有制历史方面的丰富材料以及对农奴的剥削形式的某些材料。财政文件中保存下来的只有一份关税率章程，这是在最大的海港之一阿克拉实行的，把它跟《市民法庭法令汇编》中的材料对照研究，它就能提供出关于商业

① 《马克思恩格斯通信选集》，俄文版，第 484 页。

性质和关税收入方面的许多材料。

124 保存较好的是耶路撒冷的国王、牧首、贵族和在巴勒斯坦有工场的意大利及普罗旺斯的城市——威尼斯、热那亚、比萨、阿马尔菲、昂科纳、西埃纳、马赛、蒙彼利埃等——之间的文书和条约。这是因为那些文件的本文或者抄入了城市共和国的表册，或者在它们的档案中保存了副本。在这些史料中，记录了意大利和普罗旺斯的城市公社在巴勒斯坦的海港或其他城市里的各种权利和特权，以及国王和封建主给商人的土地馈赠等。对文书和条约加以分析，还能揭示出欧洲商业城市在耶路撒冷国家生活中所起的政治作用。

关于第四次十字军远征和拉丁帝国历史的史料，为数不多。应该指出，首领们把十字军远征带向了不是教皇英诺森三世及等待援救的巴勒斯坦的骑士们所定的道路。这些首领们需要对自己的行动进行辩护。围绕这一主题的，有两部最主要的阐述第四次远征历史的编年史，其中第一部是主要首领之一，法国大封建主、香槟的元帅若弗鲁阿·威拉都盎（约 1150—约 1214 年）写的，他在拉丁帝国里，占据了一个很重要的“罗马元帅”的职位。大约于 1207 年，他用法语口授（由别人笔录）了自己的著作《君士坦丁堡之征服》。这部书在似乎是纯客观地叙述远征事件的幌子下，企图证明占领君士坦丁堡纯属偶然，以摆脱首领们和威尼斯人的责任。作者对一系列跟他阐发的解释相抵牾的事实，完全沉默不理，因此，他的书的事实材料，只能部分地满足研究第四次远征史的需要。与此同时，他也报道了许多重要的情况。他的文学才能是无可争辩的，而所用的语言是 13 世纪初期中部法兰西方言的最好典范。

不能认为他是用民族语言撰写编年史的开创者。前已说过，梯尔的吉约姆编年史的法语续编本，在12世纪末已经失传了。但是这并不妨碍威拉都盎在法国文学史和法国语言史上占有崇高的地位。

威拉都盎著作中对这次远征的结局所作的那种辩护，在当时究竟是有多么重要的意义，这可以从另外一部编年史中看出来。这就是罗贝尔·德·克拉里写的《君士坦丁堡征服者的历史》。作者是皮卡尔迪的骑士，随同自己的领主、皮卡尔迪的大封建主参加了这次远征，他是用皮卡尔迪的方言写的。作为一个普通骑士，对远征首领的所为所想，一无所知。在他的编年史中，反映了在骑士中占统治地位的情绪，表现了他们对首领行为的不满。这样一种观点是跟艾尔努勒的意见一致的，这位艾尔努勒反映巴勒斯坦封建主的观点，直接把首领们和威尼斯人的统治谴责为叛变。罗贝尔参加了对君士坦丁堡的两次围攻；他记载的关于这个最富庶城市的印象构成了他的编年史中最重要部分之一。

关于第四次远征的历史，有不少首领的、骑士团团长的、教皇、红衣主教及其他人物的书信保存下来，诗歌著作保留下来的比第一次远征的要少得多。

一位19世纪的历史学家李安搜集了很重要的文件资料， 125
这些资料清楚地反映了十字军人对他们所征服的君士坦丁堡的惊人的掠夺。李安把有关掠夺圣物——这些圣物在君士坦丁堡特别丰富——和有关把这些圣物贩运到西方销售的各种文件和其片段、信件、文据、题辞等等搜集起来。圣物在那时具有巨大的物质价值。无论是首领或普通的十字军人，都极力搜集圣物。阿尔萨斯的修士衮特尔在自己的《君士坦丁堡历史》(*Historia Constantinopolitana*)一书中,记下了上述情形的一幅生动情景。他以自己的牧师语言记述了掠夺圣物和把它们转动到阿尔萨斯的历史。

在帝祚不长的拉丁帝国,编纂了自己的法律,《耶路撒冷法律汇编》是这部法律的基础,这就是《罗马人地方的法律汇编》(*Assises de Romanie*)。13 世纪前半叶法国在伯罗奔尼撒统治的历史,记载在无名氏的《摩利亚编年史》中。作者是一个半法国半希腊人,他是用法语来写这部书的,反映的是征服者的观点。

这部书很快就译成了意大利语和希腊语,而且作了续编,这样它就整个地包含了 1204—1305 年的历史事件。其中载有的关于在征服者中间分配土地、他们军役的组织、拜占庭封建主作的附庸效忠宣誓等报道,是特别重要的。14 世纪初编撰了《罗马人地方的历史》(*Istoria di Romania*)。它的作者是威尼斯人老马里诺·萨努多(1270—约 1314 年)。他极力鼓吹新的十字军远征,他遍游过所有地中海沿岸国家,搜集了关于它们的许多重要材料。现有的《罗马人地方的历史》文本是已经失传的拉丁原文的译本。萨努多还撰写了关于近东国家历史地理方面的大量论著(Liber secretorum 或 Conditiones terrae sanctae),他还把其中的一部分译为意大利语。

(庞卓恒译　郭守田校)

第十章　法国历史的史料 126

“中世纪封建制度的中心”[1]——恩格斯对法国作了这样一个概括，在这个国家里，封建生产方式的一切基本特征、封建社会的基础和上层建筑都具有最完整的形态。封建生产关系的发展，在法国完成于10世纪，也就是说，比其他的西欧国家要早些。而且这种发展颇为均衡地发展到了整个国家。大约也在这同一时期，形成了两个法兰西部族：北法兰西部族和西法兰西部族，各有自己的语言、领土以及发展道路和在史料方面的相当程度的特殊性。商品货币关系的发展导致在以后由各个区域融合为一个统一整体，导致各部族的结合和15世纪单一民族国家的形成。恩格斯在评述中世纪法国的发展时，强调指出了全部发展过程中的罕见的客观逻辑。[2]

法国封建社会发展进程所产生的历史资料无论就其内容还是就其本身出现的规律性，都极其明显地反映出这个国家的生活的一切基本阶段。

① 《马克思恩格斯全集》第16卷第1分册，俄文版，第189页。

② 《马克思恩格斯通信选集》，俄文版，第465页。

法国生产力和生产关系的历史，首先是土地制度史的主要史料，是大量的文据，这些文据有些是很长而详细的。在高卢地区，还在古代时期，就已经习惯于用正式文件的形式来办理一切甚至是琐细的交易手续。与此相反，例如在德国，在11—12世纪私人文书几乎从日常生活中消声匿迹了。在文据中载有关于封建领地的规模和类型、关于剥削农民的方式和农民的经济与法律地位，关于封建阶级内部的财产关系，关于附庸关系等方面的材料。在封建主义繁荣时期（10—13世纪），占主要地位的文书是土地封赠、土地和农奴的交换或分配文书、卖身为奴文书、有关此一问题的法庭裁决书，给自由移民（hospifis，客户）的土地授与证书、封建誓约，等等。从12世纪末业已开始的商品货币关系的发展，导致了货币地租的盛行，导致农民人身依附的解放和土地——无论是领地，或是采邑地——
127 的转移流动。由此而出现了，并在以后广泛通行了农民人身依附解放文书和确定自由佃农义务的文书、土地买卖文书（连同征收该土地的封建租税的文书）、典当土地文书、抵押或出卖地租的文书、出租世袭永佃土地文书，等等。15世纪末期，当封建生产方式的解体已经表现得很明显时，出现了短期的租佃契约，但其广泛实行，则发生于15世纪。封建阶级内部的所有权关系反映在缔结封建关系的文书中，这种文书是在订约中的任何一方发生变化时都要重订的。法国档案中保存了一种大量的有价值的文据，就是所谓的“承认和项目文书”（aveu et dénombrement）。立约人在其中承认自己为某某领主的附庸，并且开列了所有构成为采邑的组成部分的项目（土地、劳役、贡纳、地租等）以及由采邑而取得的收入。

10—15世纪有许多原件文书保存下来，但传世至今的有不少是抄件，收录在大的宗教机构、慈善院和庄园等文件簿中。大多数保存下来的文书和文件簿是属于教会机构的。其中例如，克吕尼修道院（在勃艮第）和巴黎圣母院及其他一些机构，保存了成千上万的各种文书，这些文书提供了对生产关系的一切基本形态进行彻底分析的可能性。在文件簿中，还列入了附庸采邑的名册、附庸臣属的姓名和他们的义务。在多数大修道院中对个别的文书类型和个别的关系，立有专门的文件簿。马尔木捷（在图尔）修道院的“农奴簿”（Liber de servis）就是一例。文件簿的形式并非完全一律的。它们大部分只载有文书的抄本（或其摘要），是按年代顺序或分类顺序编排的。在另一种场合下，在文书的本文之间，交叉着关于该寺院或机构的历史的纪要；文书看来像是编排在多少详细的编年史中的文件。例如，圣俄默尔的圣伯尔腾修道院的文件簿（是修道院长浮尔库因于962年左右编纂的），阿拉斯的圣瓦斯特修道院的文件簿及其他，等等，就是这样的例子。有不少场合，在文件簿中，记入了对文书的详细注释，说明产生它们的缘起。而且，这在南部是广泛盛行的。从13世纪起，副本变得越来越完整、精确，而且往往被公证人所确认，这就使文件副本簿获得了正式文件的效力。

同是在13世纪，与文件簿同时出现了公证人记事簿，并逐渐地把文件簿排挤到次要地位（在南部，这种记事簿有时还被称为文件簿）。前已说过，它们本是公共公证人所写的私人文书的草稿本。公证人记事簿与保存下来的原件文书一起，几乎反映了财产关系的所有方面。但是它们提供的材料中有大量是关于不动产所有权历史方面的。有时有些公证人记事簿涉及一个相当大的地

区，而且包含着整整一长段时期，在这种场合下，它们由于其完整
128 性，就成了土地关系史和城市历史方面的基本的和最精确的史料。在另外场合下，当缺乏那样的完整性时，保存在公证人记事簿中的文书，仍能够对发生的过程提供一个足够清楚的概念。公证人记事簿中的记录反映了城市的、农民的和贵族的土地所有权中的一切变化、农民分化的加剧、地价的变动等。在16—18世纪时期，这种记事簿大量地保存了下来。但是传到我们手里的14—15世纪时期的记事簿也为数不少。可以说，如果马克思主义历史学家对它们加以全盘充分的研究，14—18世纪的法国封建生产关系历史，就能得到深刻而全面的阐明，在资产阶级历史编纂学中它们很少被利用到，通常只是在个别场合下，而且是作为例证，而不是作为系统研究，才加以利用。

有关封建庄园的管理的文件，在法国，没有像英国那样种类纷繁和数量众多，因为法国封建主，特别是世俗封建主，从11—12世纪起，已经开始放弃亲自经营地产，而变成为地租收取者，起初是收实物地租，后来收货币地租。按封建领地条件而收取的贡纳记入《注册簿》(*livres censiers*)中，而其他封建苛捐杂税的征收情况，则记入包收租税的管理人的年度报告中。

应该举出圣德尼修道院院长苏格里①的著作：《自营地经营录》(*Liber de rebus in administratione sua gestis*)，其中记载了寺院大地产的管理方式，还记载了圣德尼教堂由罗马式改成哥特式的改造工程。这部著作中所记载的材料，对于研究建筑史和教会

① 参见本书第136—137页。

大地产的全部经济生活情景，都是重要的，其价值在12世纪的法国资料中是无与匹敌的。

从14世纪起，出现了向农民追索封建贡纳的清册（papiers-terriers），在教会地产中，实物贡纳和劳役租保持得更长久，因此，在这些地产中，在13—15世纪，继续使用着记载各种收入和农民劳役的年度清册。这种清册的典型范本就是《授地注册条件和贡纳义务簿》。这是1240年为诺曼底的圣米哈依尔修道院的两个村庄编制的，大约属于这同一时期的一件很重要的遗籍，是一个叫艾斯特·列·葛滋的人写的《维尔森佃农之歌》。它描述了这些村庄中的一个村庄的农民所受的沉重剥削，还记载了全部农业生产操作。这是研究13世纪诺曼底农村阶级斗争历史的珍贵文件。一些用法语写的英国农业生产的论著[①]在诺曼底曾广泛地流传，但整个说来，关于法国的此类材料是很贫乏的。有一部引人入胜的养羊业方面的论著（Traité de L'estat... de Bergerie）是一个例外。这是让·德·布里（约1349—?）于1370年撰写的。原稿文本丢失了。保存下来的只是于16世纪初的缩写改编本。作者出身农家，童年和青年时代是牧羊人，后来成了大庄园的管理人，移居到巴黎并就学于大学，还成了查理五世一个顾问的亲信，他的著作是遵国王的意愿而写的。论著中描写了北法兰西养羊业的久远传统。对于牧人的劳动按月作了记载，从而能对这一牲畜饲养部门的历史作出有价值的结论。

关于法国城市史的史料论述，应该从城市“宪章”开始。这种 129

① 参见本书第162页。

宪章也就是由封建主或国王赐赠的特许证书。实际上，它乃是封建主和市民之间的真正契约。这些宪章确定了他们之间的相互关系及市民的权利和自由。这些权利的范围和性质，依城市的类型而定（城市公社、“资产者城市”、南部的“执政制城市”[①]等）。这些宪章中，有的获得了极为广泛的流传，而且为许多城市和村镇所袭用。

洛里司宪章是最老的宪章之一。这是路易六世于12世纪前半叶颁赐的，而且由他的继承者加以确认（它的本文就是以这个批准的证书的形式保存下来的）。它所描绘的这个城市，是没有获得公社独立权利的，还很接近于乡村生活的城市。但是，它按照宪章，获得保护市民的财产和权利的特权，这种特权在当时说来是重要的，虽然国王为自己保留了对这个城市的全部权力。洛里司宪章几乎被所有国王直辖领地的城市所采用，而且部分地还在这个范围之外。博芒宪章（在香槟地区）传布得更为广泛。这个宪章是雷姆斯大主教于1182年颁赐给博芒村的，博芒村转变为拥有选举自治机关的城市，但保留了大主教对它的领主监督权。这个宪章被东北部的五百多个城市、乡镇和村庄所袭用。普瓦提埃的阿尔丰斯伯爵于1270年颁赐给里奥姆城的证书，即所谓“阿尔丰斯书”成了奥维思诸城市采用的范本。诺曼底大部分城市和阿奎丹的一部分城市，是采用卢昂宪章作为基础的，这就是所谓《卢昂法规》（*Etablissements de Rouen*），是金雀花王朝的亨利二世以诺曼底公

① “执政制城市”，也有的直译为“康素理”城市。源自拉丁文Consul，即罗马共和国时代的执政官。

爵身份（1160 年和 1170 年之间）颁赐的，卢昂宪章比其他宪章更为详细，并确定了公社的权利，这种公社在司法领域里是受到王权利益限制的。1129 年的琅城公社宪章是这个城市跟主教进行了激烈斗争之后赢得的，而且为国王所确认。它确立了自治权和大量的市民权利，但是封建主所不能容忍的“公社”一词，在全文中一切地方都被“和平机关”（institutio pacis）一词所代替。在其他公社城市宪章里，例如，在圣坎坦宪章中，正如马克思强调指出的，市民地位：有时被提高到诱人地步，诱使农民涌向城市[①]，宪章宣称：“一切想要加入公社并向它提供援助者……均可加入，因为大门乃是向一切人敞开的。”

南法兰西城市是由执政委员团治理的，并拥有广泛的自治权。这些城市采用的宪章是很详细的。有的具有真正的市政自治法典的形式，并包括了公法、私法和刑法的一切领域（例如，《蒙彼·利埃城市法规》或 1288 年确立的《土鲁斯城市惯例》，就是这种例子）。

城市日常生活，反映在大量的文件中，这类文件是在城市执行机关中产生的，主要是在城市议会和法庭的表册中，这种法庭，如果是在享有自治权的城市，就是城市法庭，如果在政权属于国王或封建主的城市，就是王室法庭和领主法庭，等等。在这些文件中，记载了关于城市行政和财政的一切问题的决定和决议，以及国王政权、封建主及其他城市的来往及关系、法庭判决、城市机关的选举程序和结果；还部分地反映了财产关系。在公社城市和执政制 130

① 《马克思恩格斯通信选集》，俄文版，第 82 页。

城市中，市政自治机关还管理手工业者和商人的一切事务。

在多数有手工业行会组织的城市中，行会的管理，初期（13 世纪中叶以前）是按照口传惯例，后来这种惯例正式形成为行会章程。这类史料中最重要的一件是《手工业志》（*Livre des métiers*）这是艾腾纳·布阿洛遵巴黎的王室机构之命于 1268 年编纂的。它的原稿在 18 世纪被烧毁了，传到我们手里的是近乎它的抄本，但它的本文已经有了若干改变。在这部汇编中，艾腾纳·布阿洛记载了 100 个行会章程，这个数目不到当时存在于巴黎的手工行业的一半，这些行业的地位就是在后来，也并没有全部正式加以规定，因为在巴黎经常都存在着许多“自由手工业部门”（métier libre）。随着需要的发展，在最初的成文章程中不断地补充了新条款，并对旧条款作了修改。在编纂《手工业志》稍前时期，某些大行业已经有了成文章程，这些章程也被收录到汇编中。在其他的场合下。成文章程是根据手工业者的陈述产生的。然后由城市显要人物加以认可。编纂《手工业志》的目的，是对手工业者，行会政策管理权和城市管辖权加以正式规定，也为了保护国库利益，因为国库由各种商业税和为手工业开业权利而征收的课税中能取得相当大的收入。章程规定了加入行会的条规、行会陪审员职责、行会成员的相互关系、劳动时间、原料的购买、产品的范围和质量等。无论是巴黎的或其他的行会章程，都没有确定工资定额（这是由匠师规定的）和所生产的商品与产品的价格（价格是自发形成的，但在某些情况下，是由王权当局、封建主或城市议会加以规定的）。14—15 世纪在法国出现了许多其类型接近于《手工业志》的行会章程，但是，即使这样，行会组织仍旧没有把全部的法国手工行业

都囊括于其中，某些城市(例如里昂)的手工业，完全不知道有行会组织。

除了行会章程以外，还存在着手工业工人的各种兄弟会和宗教结社的章程:加入这些组织的手工业工人们追求的主要目的是联合学徒对付匠师，结成某种学徒联盟。城市政权和王国政权对这些组织进行迫害，或者是完全禁止，或者竭力把它们局限在仅仅是互助共济和宗教信仰的范围。传到我们手里的章程，主要是属于这类性质的。

14 世纪出现了关于某些手工业部门的技术的论著，其中包含着生产力发展史方面的极珍贵的资料。许多技术手法在其中并没有论及，因为作者们竭力保护匠师们对于自己行业的完整知识的垄断，因此，所有高超的手工业者的技艺，永远成了职业秘密。

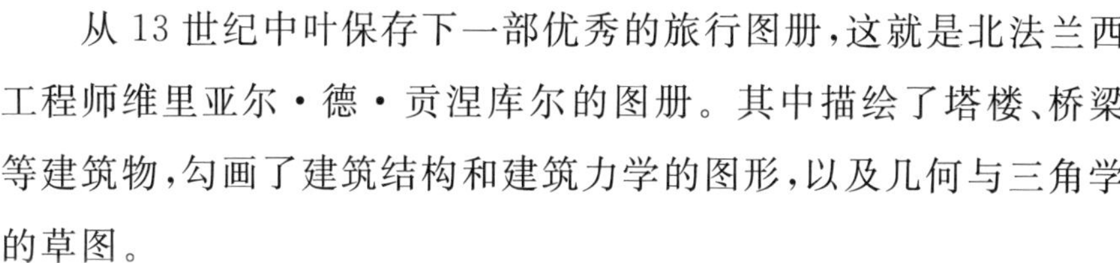

从 13 世纪中叶保存下一部优秀的旅行图册，这就是北法兰西工程师维里亚尔·德·贡涅库尔的图册。其中描绘了塔楼、桥梁等建筑物，勾画了建筑结构和建筑力学的图形，以及几何与三角学的草图。

显然这类图册在那时已十分流行了。

从 13 世纪起，在许多法兰西的大城市中，开始产生商业公会 131
(例如 1233 年在马赛成立的公会)。这种公会有自己的临时章程。城市之间，缔结了商业条约，并通过博览会，组成了城市同盟(hanse)，(例如，1343 年形成了以里尔城为首的 17 个呢绒工业城市的同盟)。这种同盟，反映在条约文书中。城市为本城商人取得了载有各种特权的证书。在 13 世纪，广泛盛行着各种信贷文件、城市税规，而在南部大商港中，则有关税税册。14 世纪时，在富有的朗格多克的商人中间，出现了商业手册(Livres de comptes)，例如，蒙托班家族的博尼兄弟就有这种书。连同中央政权发出的文件一起，法兰西手工业和商业历史方面的史料是极为丰富而多种多样的，而且，从 14 世纪起，就大量地保存了下来。

10—13 世纪的法兰西法律遗籍，主要是地区性习惯法的成文记录；从 12 世纪中叶起，王室立法逐渐增加起来。

加洛林帝国崩溃之后，法兰西地区的居民，只知道自己本地的习惯法(coutume)，这种习惯法中所包括的法律规范，是在旧法典的基础上，以及在调节领主和农民之间的关系的文书(这类文书有一部分保存在文件副本簿中)的基础上，形成起来的。在这个国家的北部，地方习惯法存在到 13 世纪，不过是以口耳相传的形式。在南部，习惯法成分中具有罗马法的因素(顺应了当地条件的)，因为在南部城市中，即使在 10—11 世纪，也在相当程度上保存了商品货币关系，而此后，从 12 世纪起，它又重新繁荣起来。南部的习惯法早就正式形成为成文法了；起初是作为《阿拉里克法令简编》的各种抄本的补充，以后就作为在省区境内实行的自治法规。由此可见，北部和南部两个法兰西部族的习惯法，无论是内容还是形式，都具有颇大的差别，而且是用各部族的不同方言写成的。在法学方面，北法兰西部族的领土，被称为习惯法区域(Pays de coutume)，南法兰西部族的领土，则被称为成文法区域(Pays de droit écrit)。它们之间的疆界，基本上与两个部族的语言疆界相适应。

在 10—12 世纪封建割据最为盛行的时期，每一个领地都有自己的习惯法(consuetudo terrae)，这些习惯法，可以从收录在文件簿的文书材料中加以考察，从 12 世纪末起，在南部则是从 11 世纪

已经开始，由于城市和商品货币关系的发展，个别领地的原有的经济和政治事务的闭关自守性，已开始动摇起来。从 13 世纪开始在相当广阔的范围内，在相当多的地域，市场联系得到巩固。与这个过程相适应，许多小的伯爵领地开始合并；逐渐开始形成法兰西的行省，这些行省的省界(除了某些例外)跟原来的大公爵领地或伯爵领地都是不一致的。这些省份境内的内部交往，消除了城市和乡村中的地区性差别，而且在对农民的封建剥削形式方面，导致了相当程度的统一。这一过程的结果是统一的行政管理和省区统一法律的出现，这种统一法律就是省区的成文习惯法。

“省区习惯法”作为历史资料，是很重要的。对其中所记载的 132
材料加以分析，就能展示出省区的社会和政治结构。习惯法规定了省区境内的集中审判程序、审判机关的组成成分、封建所有权的形态、统治阶级个别集团的封建联系和相互关系及市民、农民的地位等等。在省区习惯法中，极充分地反映了法兰西诸省份的各自的特殊性，这些特殊性在它们以后作为法兰西国家组成部分的全部历史中打下了自己的烙印。在这方面，习惯法作为历史史料的意义，尤为重要。

在北部，省区成文习惯法，从 13 世纪开始出现。它们最初是以 Coutumiers 的形式，也就是惯例汇编的形式出现的，这种汇编的法官们个人为实用目的而编纂的。但是这些惯例汇编通常在后来获得了广泛的采用，以至于在那时几乎代替了官方的裁决。稍后，在 15—16 世纪，编纂了官方的习惯法文本。

由于具体的历史条件，诺曼底在省区内部集中化的道路上大大地超过了北法兰西其他诸省，因此，极为简短的《诺曼底古时惯例汇编》(*Très ancien coutumier de Normandie*)就成了北部最早的一部成文习惯法,这部汇编起初是用拉丁文编写的,以后于1199—1220年编成了诺曼底方言本。约于1250年,出现了两种新版本,但内容已经更为扩大了,其中的法语本,排挤了拉丁语本,获得了广泛流传。而且一直通行到16世纪国家习惯法版本出现为止,但是在私法领域里,有一部分至今还在盎格鲁、诺曼底诸岛中保留着,这个法语本叫《大诺曼底惯例汇编》(*Grand coutumier de Normandie*),它反映了这省份的一切特点。既然诺曼底农民在人身上是自由的(这绝不意味着不存在沉重的封建剥削,这样的剥削在领地文件中是有确凿证明的),所以,诺曼底的全体居民都处于公爵的,也就是集中的管辖裁判权之下。因此,在这部惯例汇编中,注意到了关于市民和农民的规定。诺曼底农民[①]的人身自由促成了相当迅速的农民分化和农民土地的转移,其结果便是反映在习惯法中的市民土地所有制的发展。反映在惯例汇编里的封建隶属制度,已经受到一定的削弱,这是由于强有力的公爵政权机关(法院、行政机构)——这些机关被法兰西国王未加重大改变地转袭下来——发展的结果。

我们再来论述一部13世纪的著名法律家博玛努瓦尔(约1250—1296年)的《惯例汇编》。他是克勒芒伯爵的法官,以后又是国王领地的一些地区的法官。约于1280年,他编纂了《博维滋习惯法》(*Coutumes de Beauvaisis*),这是法兰西岛北部地区的成文法。他的著作的内容,比书的标题更为广泛,因为作者把这个地

① 即自由佃农。——译者

区的习惯法与诺曼底、阿尔图瓦、维尔曼都瓦、香槟及其他地方的法律作了系统的比较，而且极为熟悉巴黎法务院的诉讼实践。《博维滋习惯法》是一件很有价值的历史资料，其中记载了关于所有居民阶层的法律地位和他们相互关系的最重要的材料。封建社会的社会结构和法制以明晰、翔实和系统的形式反映了出来。在资产阶级科学中，博玛努瓦尔提高了基督教的正义、人道和宽容思想的
信奉者的声望。实际上，博玛努瓦尔的宽容的真正原因，乃是他记 133
载的是一个农奴制法权已经处于解体阶段的省份的法律。作者记录了农奴的赎身、拒绝领主和在领地之外拥有土地等等权利。他叙述了农奴制产生的历史，把它描述成是“违背人皆自由的自然法”的状况，并且严密地列举了排除对自由农民进行新的人身奴役的可能性的条件。反映在博玛努瓦尔的《惯例汇编》中的封建隶属关系和封建土地所有制，也受到货币关系的相当大的影响，这在诺曼底和巴黎区域之间的地区颇为突出。《博维滋习惯法》还具有一种特别的价值，因为它反映了一个 80 年之后爆发了扎克雷运动的地区的状况。

在 13—14 世纪初这一时期，出现了维尔曼都瓦的成文习惯法，这是皮耶尔·德·来唐于 1253 年左右编纂的；还出现了奥尔良的习惯法（无名氏的《司法与审判手册》——*Livre de Justice et de Plet*）；还有安茹、图棱和奥尔良的习惯法（约于 1270 年问世的《圣路易条例》——*Etablissements de Saint Louis*，这本是一部私人编纂的惯例汇编，在其开端部分加上了路易九世的两道旨令），还出现了阿尔图瓦、皮卡尔迪、香

槟、不列塔尼及其他等地的习惯法。巴黎的习惯法是由巴黎律师达布列日于14世纪末以《法兰西惯例大全》(*Grand Coutumier de France*)的形式编成的，这部习惯法在北法兰西推行统一诉讼制度方面曾起过巨大作用。

从15世纪中叶起，国王就力图依据省区习惯法定出统一的法兰西法律，但是个别省份之间的差别还是那样显著，以致于这些尝试(没有如愿实现)只是导致由于情况的变化而对习惯法作了相应的修改，以及中央政权对它们加以确认。这些15—16世纪习惯法版本，反映了君主专制政体所特有的诸等级形成阶段的法兰西社会。

由此可见，法兰西习惯法遗籍，在其相继的发展中，反映了那样一些变迁，即那些引起了商品货币关系的出现和发展以及引起了业已开始的封建生产方式的解体的变迁。

这成为中央集权国家形成基础的同一变迁过程，也反映在逐渐扩大其行使权力的王家法律中。最初国王的指令仅仅在王室领地界限内有效，按其性质，与大封建主的类似指令并无任何区别。它们包括审判领域和对王家领地及其财政的管理。由于王室档案保存得较为完整，这些指令有一部分传到我们手里。至于男爵的同类指令，属于14世纪以前的，保存下来的微不足道。它们中有一部分可以根据习惯法复原出来。这些指令是研究王室领地管理历史的基本史料。

在12世纪中叶，出现了关于司法和警察问题的第一批国王法规，是针对这个国家北部制定的。在以后，随着民族国家形成过程的进展，国王法律逐渐变成了公法领域中的决定性因素，而同时省区习惯法只确立私法领域中的法律规范。但是，进入 15 世纪末，国王对这私法领域也开始干涉，废除了某些过时的习惯法条款。

通常称为敕令(Ordonnance)的国王法律，在研究法兰西中央集权国家形成的历史方面，乃是极为重要的史料。但是，在阐释它们时，一定要对照那些反映它们在实际中的具体施行状况的史料。法兰西行省的独立性(特别是南部省份)，不仅在 14—15 世纪，就 134
是在 16—17 世纪，也都是那样的强，以至于所有的地方政权，按照充分的法律依据，只在国王法律不侵犯省区特权的限度内，才采纳和登记这些法律，在议会和城市的表册中，这类例子很多。

敕令主要涉及诉讼程序、财政、手工业和市场的监督，等等。特别需要指出肇创雇佣劳动立法之端倪的 1350 年敕令。正如马克思指出，这个敕令“自始就是为了剥削工人，而在其发展中一直与工人为敌”[①]。这个敕令确定了城乡工人工资的最大限额，以及对某些工作部门劳动的强制雇佣。敕令规定对违法行为处以监禁。鞭笞和铁烙。这样一些惩罚也用来威胁一些赤贫者和流浪者，这类人的数目在那时期由于战争和“瘟疫”而大大增加了。

应该指出，在资产阶级历史编纂学中被宣扬得赫赫有名的路易九世 1315 年关于解放王室领地上农奴的所谓“敕令”，绝对不是什么敕令，也没有提出那样广泛的目的，它纯粹是给王室领地的一道指令，在其中，指示官吏勒令农奴赎消农奴依附地位(由于进行弗兰德尔战争而迫切需要金钱)。在两天之

① 马克思：《资本论》第 1 卷，俄文版，第 742 页。

后发出的另一道指令中，勒令把不愿赎身的农民当作领主随意摆弄的纸牌处治(当作农奴)。由此可见，这两个文件都不具有广泛的意义，它们作为史料的价值在于另外一面：它们提供了王室领地上废除农奴制的实际情况的概念。

从 14 世纪中叶起，由于封建关系开始解体和百年战争带来的破坏而特别尖锐起来的阶级斗争和政治斗争，引起大量敕令的出现，这些敕令包含着对中央管理机构和新诉讼程序方面进行相当程度改革的措施。例如 1357 年在艾田·马赛起义时期，在三级会议要求下颁发的《伟大的三月敕令》和 1413 年的卡博什敕令，就是这样。它们对考察 14 世纪中叶和 15 世纪初叶巴黎的商业界和手工业者的经济和政治纲领提供了重要材料。15 世纪末，于 1484 年图尔三级会议后颁布的关于改善管理体制和诉讼程序的敕令，对研究正在形成中的专制国家中的国王机构成长和巩固的历史，是重要资料。

王室法庭那样重要的国家机关的具体实践，反映在法庭登记册中，这也就是所作判决的记录簿。这些极为重要的历史资料，像镜子一样，反映了日常生活的一切方面，而且主要是反映了财产和社会关系。资产阶级历史编纂学从这一方面来研究和利用这些材料是作得微乎其微的，因为资产阶级历史学家只是从裁判和法律的角度对它们发生兴趣。大理院(Parlemenf)的登记簿，尤其是巴黎大理院——这是法兰西君主政体的第一个和最大的一个司法—行政机关——的登记簿，是最重要的史料。从 13 世纪中叶起，在巴黎大理院中就进行了大理院记录(具有纸卷的形式，由此而得到

rotuli parlamentorum“大理院文卷”的称号）。这些记录中只有1281年、1288年和1290年的一些片段保存下来。从1319年起，这种做法停止了，因为简短摘要的制度显得更为方便。这种摘要
是记入1254—1328年时期的记事簿（登记簿）中的。这些登记簿 135
获得了专门的名称Olim（即因登记簿稿本的第一个字而得名），而且被认为是正式文件。七册登记簿中有四册被完整地保存下来了。其余的只有大量片段留传下来。从14世纪初开始，登记簿在所有法务院中正规地动用起来。

有一部海洋法规，对研究法兰西海上贸易历史是极为重要的。这部法规名为《奥列龙文卷》（*Rôles d'Oléron*，有时也被称为《奥列龙裁决》——*Jugements d'Oléron*）。它是1266年左右，由海洋法庭的秘书们用当地方言编纂的，编纂地是奥列龙岛，在拉罗舍尔附近。其中保持了13世纪以前的惯例。在这部法规中，规定了航行规则，船主和船员的关系，等等。它不仅在法兰西的大西洋港口被采用，而且在英国。在北海和波罗的海的港口中也被采用。

10—12世纪时期的，也就是封建割据时期的法兰西政治史，分为北法兰西部族以及南法兰西部族的个别区域的历史。但是，12世纪末，在城市发展的基础上，北法兰西部族围绕以巴黎为中心的国王领地而进行的领土统一过程，已经开始了。同时，随之而来的是卡佩王朝与他们的实力雄厚的附庸之间，特别是与英格兰国王之间的残酷斗争。英格兰国王从12世纪中叶起，控制了大量的法兰西土地。

这一时期政治史的史料，几乎完全由地方年代记和编年史所

揭示构成。经济和政治的分散性明显地表现为编年记载的分散性和史事采记者关心范围的缩小。在10世纪具有主要意义的是年代记，这种年代记在所有的修道院和教会机构中正常地进行着记述。但是他们的记录变得越来越简略，范围越来越狭隘，越来越局限于地方事件的圈子里。多数的圣徒传和主教及修道院长的传记(Gesta episcoporum、Gesta abbatum)，也具有同样的性质。其中，那些在国家政治生活中起过显要作用的主教们的传记，具有最重要的意义。在主教的大城市中，年代记也以极其充实为特色。

加洛林王朝的终结过程的历史，记录在撰于雷姆斯的、10世纪最著名的年代记中。影响巨大的大主教城市雷姆斯，在9—10世纪是法兰西加洛林王朝控制的“西法兰克”的政治中心。雷姆斯大主教阿达尔伯龙统辖着一个大封建主集团，而且在筹备雨果·卡佩当选国王的事件中起了主要的作用。因此，雷姆斯年代记编纂者，居于政治生活的中心，拥有当时充分情报和较为广阔的眼界。

在圣伯尔腾年代记的结束(882年)和雷姆斯年代记的开始(919年)之间，存在一段空隙。这段空隙仅有一些地方年代记的片段来补充。雷姆斯神甫弗洛多阿尔德(894—966年)于919年开始编他的记述到965年的年代记。他的记述是确实清楚，而且相当详细的，其形式更接近于日志，而不那么像典型的年代记。就
136 内容来说。在研究10世纪北法兰西政治史方面，它们是最好的，而且在许多场合下还是唯一的史料。由于接近于大主教和其他显要人物，弗洛多阿尔德充分地熟悉时情和内幕，在他的年代记中，载有关于罗退耳王族和西德意志历史的珍贵资料。他还撰写了

《雷姆斯教会史》(*Historia ecclesiae Remensis*),记述到948年。这部著作的重大价值,在于它引用了今已失传的文件,而且还有雷姆斯主教的信件,前已说过,这些主教曾起过重大的政治作用。

弗洛多阿尔德的记载,在雷姆斯由修士里西尔(约死于998年)继续下来。他是加洛林王朝的拥护者。在自己的《历史》一书中,他以亲加洛林王朝的精神叙述了882—998年的事件。对于882—918年这一段史料贫乏的年代(就传到我们手里的材料而论),里西尔写得很简略,主要是按照传闻记载的。从弗洛多阿尔德著作中引用的材料,构成了他的919—965年的叙述的基础,但是已经用亲加洛林精神作了修改。保存下来的《历史》的亲笔手稿,使得有可能清楚地追溯出他作的这种改编,包括966—998年的最后一部分,是他独立写出的。最重要的是关于导致雨果·卡佩当选的987年事件的描述,这引起了里西尔政治倾向的转变。他开始转到卡佩派这一方面来。雷姆斯大主教埃伯特的984—991年的信件,提供了比里西尔的记载更为确实的材料。这些信件对研究文化史也是珍贵的。

卡佩王朝历史编纂学传统——它后来起了巨大作用——的序幕,是极为平淡的。卡佩王室领地的最初中心是奥尔良,而编年记载的主要发源地则是弗列里修道院(奥尔良附近)。这个修道院的院长都是卡佩王族的成员或亲信。在弗列里,编纂了年代记(到11世纪中叶为止)和主教圣传,并由修士埃莫因(死于1008年)开始了《法兰克人史》(*Historia francorum*)的编纂,只记述到654年。这部著作还在那里被加以续编,后来,在11世纪初,转入了圣德尼修道院(巴黎附近),这个修道院在那时已从弗列里夺去了王室年代记编纂中心的地位,《法兰克人史》在那里续编到 1165 年。后来发展成一部大汇编的编年史,就是以此为发端的。这部大汇编就是《圣德尼大编年史》(*Les Grandes Chroniques de Saint-Denis*,该书有时被称为《法兰西大编年史》——*Les Grandes Chroniques de France*)在这些编年史中,法兰克人的历史,是以王权利益的观点来叙述的。另外一部编年史由弗列里修士雨果编于 12 世纪初,也具有类似的命运。在 12 世纪,所有的巴黎区域的大修道院,都对它作了转抄和补充,因此,在整个卡佩王室领地中,形成了年代记编纂的相当程度的共同性,这种共同性,贯穿在 12 世纪末一部简略的拉丁语编年史中,这就是撰于圣德尼的《法兰克诸王事迹简述》(*Abbreviatio gestorum regum francorum*)。

王权的巩固是从路易六世统治时期开始的,这一时期的特征是出现了论证中央集权统治的必要性的历史著作。这类著作中的第一部就是圣德尼修道院院长苏格里(约 1081—1151 年)编撰的国王传记。苏格里是路易六世的亲信,而且是路易七世的最亲密的顾问。他于 1138 年和 1144 年之间写的《路易王传》(*Vita Ludovici regis*),实际是一部颂词,其中谨慎地绕过了一切阴暗面。但是,与此同时,这位深为熟悉一切国家事件内幕的作者,提供了许多描写王权的政策和法兰西跟意大利、德意志与巴勒斯坦关系
137 的重要材料。应该指出,这类材料由于在其他编年史和年代记中很少遇到,因而更加珍贵。苏格里的路易六世传和他的关于路易七世的经历记载(仅记述到 1151 年),对圣德尼编年史的发展有着巨大的意义。

在评述卡佩王朝的历史编纂时,必须指出,贯穿于其中的把王

权颂为中心力量的思想，在当时具有进步的意义，而且直接地反映了卡佩王朝所面临的政治任务。

在 10—12 世纪的其他最重要的年代记和编年史中，极为明显地表现出地方性的特点。

必须强调指出，两个法兰西部族的各个地区，本是从历史上形成的、具有其人种、语言和社会—经济特点的地域，如所周知，就是在以后，当这些区域已变成中央集权国家的行省时，上述特点还部分地保存着。11—12 世纪，几乎每一个公爵领地和伯爵领地中都出现了自己的地方编年史，而且在 12 世纪期间，它们几乎完全排挤了年代记。

在诺曼底，地方年代记只是在 11 世纪才出现。这样的迟延，显然应该归因于这个区域在 10 世纪时，由于诺曼人的征服和他们与衰弱的加洛林王朝的战争使这个地区陷入的破产境地。具有特征意义的是，第一部诺曼底编年史的作者，不是当地人，而是毗邻的维尔曼都瓦伯爵领地的圣坎腾神甫迪东（约 960—约 1043 年），他曾几次作为使者抵达诺曼底，而且，他作为一个当时算得上极有素养的饱学之士，公爵理查一世（死于 996）就托付他撰写诺曼底公爵的历史。迪东的著作名为《初期诺曼底诸公爵的性格和事迹》（*De moribus et actis primorum Normanniae ducum*）。此书约撰于 1015 年；这部著作完全依据于口头传说——民间传说和得自理查公爵的兄弟提供的材料。第一部分叙述了诺曼底人在其领袖罗洛率领下在塞纳河下游的定居，他们之间的土地分配，他们对周围区域的进一步侵袭和占领。在叙述威廉公爵和理查公爵的统治时，迪东以歌颂的语调来颂扬他们的功绩。尽管有明显的夸张和许多材料具有神话传奇的性质，这部史料还是有价值的，因为它是研究诺曼底初期历史的唯一史料，而诺曼底是后来在法兰西和英吉利历史上曾起过那样重要作用的一个地区。

迪东的编年史由修士茹默日的吉约姆于 11 世纪末—12 世纪初作了续编。这就是他于 1070 年左右写的《诺曼人史》(*Historia Normannorum*)。这部书后来由另外的作者记述到 12 世纪中叶。吉约姆的编年史中，载有关于 997 年诺曼底农民起义的叙述，这些叙述虽很简略，但所提供的材料还是十分珍贵。

征服英吉利的历史记载在《威廉公爵事迹》(*Gesta Guillelmi ducis*)一书中。这部书是普瓦提埃的吉约姆(11 世纪中叶人)于 1071—1077 年写的。他起初是骑士，后是公爵的神甫和事件的目击者。这部著作也是一部颂歌，但是包含着某些有价值的材料。在所有这些地方编年史和年代记的基础上，诗人瓦斯于 1160 年左右写成了诗体编年史《鲁的故事》(*Roman de Rou*)。此书包含讫于 1106 年诺曼底公爵的历史和对英吉利人的征服。瓦斯的编年史用诺曼底方言，面向广大的听众和读者而写的，与英雄史诗颇为类似。然而它是一
138 部珍贵的历史史料，因为作者除了从拉丁语编年史中引用材料外，还引用了民间口头传说和自己亲自观察的材料。

从 11 世纪中叶起，诺曼底成了英吉利-诺曼底王国的一个组成部分，而且与南意大利的诺曼人领地和以后的巴勒斯坦的诺曼人领地发生着密切的交往。12 世纪前半叶最有影响的诺曼底史

事采编者是俄尔德里克·维塔利(1075—约 1143 年)。他出生于英吉利,但几乎一生都是在诺曼底的圣艾弗鲁尔修道院度过的,这个修道院有藏书丰富的图书馆,这使得俄尔德里克有可能专心致志地研究许多的编年史、年代记、圣徒传、文件等。此外,他还从前来艾弗鲁尔朝圣的骑士、神甫和香客那里收集了关于英吉利、法兰西、意大利和巴勒斯坦情况的材料。俄尔德里克的著作名为《教会史》(*Historia ecclesiastica*),撰于 1120—1141 年。作者参考利用了文学资料,口头叙述、民间传说和歌谣。作者本身是诗人,他曾细心搜集和记录了那些歌谣。《教会史》一节的内容,较其标题要广泛得多。这部编年史的个别部分并不是按照连贯的顺序写的,整个著作也没有一个统一和严密的计划。其中包含着:世界编年史(讫于 1143 年)、751—1141 年间的法兰西和欧洲历史、诺曼人征服英吉利和南意大利的历史,第一次十字军远征编年史,圣艾弗鲁尔修道院历史。典型的编年记事体大多被生动的叙述所代替,有时就像是个人的回忆。但是,在所有这些结构混杂、题外生枝和重复回顾等的叙述背后,有一定的政治思想贯穿在俄尔德里克的编年史之中。俄尔德里克是记述分散于欧洲和近东的诺曼人“霸国”史事的唯一编年史家,这个“霸国”的一些个别部分,在他生活的时代已经获得了政治独立,但还没有失去彼此的联系。正是从这个共同性的观点出发,俄尔德里克对英吉利、诺曼底、意大利的诺曼公爵的历史发生了兴趣,并因而对第一次十字军远征的历史发生了兴趣,那次远征中南意大利和诺曼的男爵和骑士起了几乎是主导性的作用。总的说来,这部编年体所记载的材料是确实的。它对于研究卡佩王朝和金雀花王朝的初期斗争史,具有重大的

价值。

在不列塔尼公爵领地中，11—12 世纪时期(还部分地包括 13 世纪)，修道院的年代记和编年史是很多的，但大部分只保留下来一些片段。克勒特人的不列塔尼在人种和语言方面跟法兰西都有着明显区别。这一地区享有着完全的政治独立，乃是较早地出现编年史的原因；这些编年史包含这个公爵领地的历史，还部分地包含了毗邻区域的历史。《南特编年史》(*Chronicon Namnetense*)记载了 570—1049 年的事件，它大概是由一个当地牧师于 1060 年左右撰写的，曾引用过南特的和其他的年代记。原稿本没有保存下来，但从各种片段和稍后的转述中把它复原出来了。

安茹的编年史在 11 世纪称为《安热尔[①]执政者事迹》(*Gesta consulum Andegavensium*)，而在 12 世纪则称为《安茹伯爵史》(*Historia comitum Andegavensium*)，这部著作叙述了讫于 12 世纪初的安茹伯爵领地以及部分的毗邻区域的历史。在这部稿本的四种相继出现的版本中，鲜明地反映了安茹伯爵和布鲁瓦伯爵之间的斗争，且反映了以后的安茹伯爵(金雀花王室)和法兰西国王之间的日益增长的矛盾。第一个版本于 12 世纪初撰成，具有亲布鲁瓦伯爵的精神；以后，在 12 世纪中叶，它被另外的作者，安茹族的拥护者加以根本改编。第三个版本(已经失传了)是由前两个版本的汇辑。最

① 安热尔是安茹伯爵领地的首府。——译者

后，约于1170年左右，出现了官方的安茹伯爵历史，这是为金雀花王朝的亨利二世编写的，在其中，材料又一次被改编。

在阿尔图瓦和法兰西德斯的为数众多的所有修道院中，在10—12世纪全都进行了年代记的记载，其中有一部分在加洛林时期已经开始了。在地方编年史中，应该指出兰伯尔特 139
(12世纪末—13世纪初)的编年史。他是阿尔德尔小城(卡尔附近)的牧师，于13世纪初撰写了《吉思诸伯爵史》(*Historia Comitum Ghisnensium*)。作者参用了民间传说、歌谣、传奇、某些文件，封建主的叙述等。这部编年史的价值在于，以13世纪初无与伦比的详细和大量的生活面貌为背景来描述了小封建主阶层的历史。这些描述使得有可能十分生动地想象出中小封建主的日常生活图景。应该估计到，在这样的图景中，无疑会有许多那时期封建法兰西所具有的典型特征和色调。

冉布鲁修道院(纳缪尔附近)的修士西吉伯尔特(约1030—1121年)的世界编年史。在北法兰西获得了广泛的流传。它包括了从381—1111年的时期，但仅仅是最后的一部分，记述11世纪后半叶到12世纪初的一部分，具有史料的价值。西吉伯尔特利用了大量的，主要是关于法兰西和德意志历史的文学资料，并把它们综合成清楚而连贯的叙述。因此，他的编年史为编写当地各种补编和续编本提供了有益的基础，从而也保证它享有了很大的声望。几乎所有的修道院都转抄和补充了它。这些地方性的补编和续编(auctaria和continuationes)，作为史料，比这部编年史本身还更有价值，而且为法兰西东北部历史提供了综合的重要史料。

布鲁日的戛尔伯尔特(11世纪末—12世纪初)的著作，对于佛兰德斯的城市公社运动史，具有极大的价值，他的著作名为《佛兰德斯伯爵查理被害记》(*De multro, traditione et occisione Caroli comitis Flandriarum*)。作者是伯爵的公证人，而且是围绕查理被害而在佛兰德斯爆发的全部事件的目击者。他所作的十分详细和精确的记录，包含了1127年3月到1128年7月这一个短暂时期，还描述了社会经济关系，贸易、布鲁日、根特、依普尔及其他城市的起义，这些城市的公社的建立，法兰西、英吉利和德意志围绕佛兰德斯的“继承权”而进行的斗争，等等。戛尔伯尔特的详细记述的重要性在于，揭示了公社运动的典型特征。这些特征也是其他公社城市的类似事件所特有的，而关于那些事件所保存下来的材料都很简略。

唯有琅城公社建立的历史，由于有诺戎修道院长(琅城附近)吉贝尔(1053—1124年)的详细记述，而成了一个例外。含有这一叙述的诺戎的《吉贝尔自传》(*De vita sua*)，在12世纪初期的所有著作中，是独具一格的作品。它于1114—1115年写成，是以第一人称叙述的回忆录，而且十分明朗地表现了作者的个性。第一部分叙述了童年和受教育的时代，提供出一幅生动而典型的法兰西骑士生活图景。第二部分阐述了诺戎修道院的历史。第三部分是琅城历史，包括1111年反对葛德里主教的起义。作者敌视起义市民；对他来说，“公社——是一个新的而且很邪恶的字眼”。马克思就这一点写道：“有趣的是，‘communio’——公社、联合这个词，往往遇到跟当今共产主义所遇到的相同的咒骂。”[①]与此同时，吉伯尔对主教和其亲信所干下的、而且是起义直接原因的敲诈勒索和非法行为，也没有沉默。

11世纪前半叶在阿奎丹和勃艮第产生的编年史，具有特别的 140
性质。阿奎丹是南法兰西部族的领土，而勃艮第那时暂时并为神圣罗马帝国的组成部分。

安古列姆修士，沙班的阿德玛尔（约988—1034年），约于1030年撰写了叙述到1028年为止的编年史。其中记述的阿奎丹历史，是指古老的（罗马时代和法兰克时代的）曾发生广泛起义的阿奎丹地区，也就是卢瓦尔河与戛伦河之间的全部领土的历史。编年史的前两卷包含的还是讫于814年的整个法兰西历史。其中引用了7—9世纪的编年史和年代记，但是作了大量关于阿奎丹的补充。第三卷阐述的只是10—11世纪初的阿奎丹的历史。它取材于地方年代记（部分已经失传）和口头传说。阿德玛尔长期生活在里摩日，这是大量朝圣地的中心，他在那里收集了阿奎丹的和部分边境地区的历史的资料。值得注意的是，他对北法兰西的历史的知识极为贫乏。在阿德玛尔的编年史中，记载了南部诸伯爵之间的无休止的内战，石堡、要塞的建筑，等等。封建纷争时期所特有的野蛮残忍习性（对敌人的断肢、挖眼、毒杀、屠戮）被阿德玛尔用叙事史诗般的冷静情绪来加以描述，但是有时当作者愤怒地称某些封建主为豺狼虎豹时，他的这种冷静也失去了控制。阿德玛尔提供了关于南法兰西异端历史的很重要的材料，这种异端后来

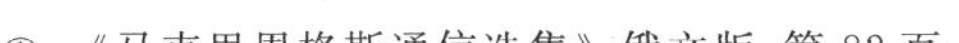

① 《马克思恩格斯通信选集》，俄文版，第82页。

发展成了阿尔比派异端。

11世纪中叶以后，阿奎丹分裂成一些伯爵领地和吉恩公爵领地，其中每一领地都出现了自己的编年史。这是在地方年代记的基础上产生的。维茹阿的若弗鲁阿（约死于1184年）和贝尔纳尔·依提厄（1163—1225年）的两部里摩日编年史就是典型例子。其中前一部记载了讫于1183年的当地封建家族的历史，包含12世纪农民异端和起义的重要材料，后一部编年史撰于12世纪末—13世纪初，记述讫于1224年。其材料是从里摩日地区各种年代记中引用来的，其中主要引用了圣马尔恰尔修道院撰修的年代记。这个修道院拥有巨大的图书馆和学校，整个南法兰西和部分的中部地区的学生皆涌聚于此，这使得这个修道院的编年史作者具有颇为广阔的眼界。

凡是保存下来的朗格多克年代记和编年史几乎已全都是属于13世纪的，因为10—12世纪的大部分历史著作在反阿尔比战争时期毁灭了。10—12世纪的朗格多克的政治史仅仅能根据为数不多的圣徒传、文书、贫乏的封建族谱，简略的寺院历史和保存在若干晚出的城市编年史的年代记片段来加以描述。只是12世纪后半期，才有土鲁斯伯爵领地历史。[1]

勃艮第修士尧尔·格拉伯尔（约985—约1047年）的编年史，记载了整个勃艮第地区的历史。格拉伯尔写他的《历史》一书是在

① 参见本书第145页。

1030—1040 年间，那时，勃艮第的基本领土（包括弗兰伏依什-孔特、普罗旺斯、多芬内萨伏依和瑞士）并为日耳曼人的神圣罗马帝国的组成部分，而仅仅勃艮第公爵领地（索恩河以西）处于法兰西国王的名义统治之下。格拉伯尔游历了许多勃艮第修道院，并在两个地方度过了大部分生命：一是克吕尼，这是席卷了大部分西欧
寺院的克吕尼运动的中心；一是第戎，这是位于从意大利通往法兰 141
西中部和北部通道上的大城市。在这两个地方，他得以从文字和口头资料中搜集到了相当丰富的材料。这部编年史揭示出作者的迷信，就是在当时也算得上登峰造极的，其中充满了各种各样的神话和传奇叙述。与此同时，其中也有关于 1031—1033 年间的骇人听闻的饥荒的真实记载。尧尔·格拉伯尔的另外一部著作是《圣伯尼根行传》。伯尼根是第戎的修道院长和 11 世纪初期的有影响的高级教士，这部圣传中记有关于寺院教堂建筑的详细有趣的材料。

在研究 12 世纪的法兰西历史方面，国家和社会活动家的公务函件，具有重大的意义。可惜这类函件只保存下来一些片段。但是，就是这些函件也提供了那一时期的政治和文化历史方面的不少资料。作为历史资料特别有价值的是路易七世和其他人物 1159—1171 年的 569 封书信汇编（巴黎圣维克托修道院汇编）。[①] 这是由宰相雨果·德·善弗列里编纂的。其余人物的函件中，应该指出的有苏格里阿伯拉尔和他的敌手明朗谷的贝·纳尔、克吕尼修道院长彼得及其他等人的书信。

就现在所研究的这个时期而言，由于文件史料和叙事史料都

① 按其形式，这仍是一种公文，但内容是极为多种多样的，以政治性的为主。

还相当贫乏，文学作品就具有重大的意义。这些作品描述了封建社会不同阶层的生活、习俗和文化，它们用北法兰西和普罗旺斯语的各种不同方言写成。特别重要的是史诗。古老的民间史诗歌谣绝大部分没有传留到我们手里，保存下来的只是较晚的反映骑士意识的改编本。值得注意的是两个法兰西部族都在11—12世纪创造了各自独立的史诗作品。虽然在当今的普罗旺斯还存在着关于罗兰的某些地方口头传说，著名的《罗兰歌》却全然是北法兰西部族的史诗，是用中法兰西方言编写的，其中用歌颂英雄的语调歌颂了对法兰克人并不光彩的隆塞瓦里战役（发生于778年查理大帝远征西班牙时期）。这位皇帝和他的臣属特别是罗兰伯爵的形象，是按照骑士的道德规范和荣誉感的兰本来创造的。

艺术性极高的南法兰西部族史诗，刻画出了阿奎丹首领们与查理·马特的斗争。这部关于日拉尔·德·罗西永的史诗，其主人公的历史原型，是生活于9世纪的维因的日拉尔伯爵，但是若干事件的描述回溯到了8世纪，回溯到了查理·马特对阿奎丹的征服。关于歌颂这位英雄与法兰克人斗争的日拉尔民间史诗，没有以其原型（9世纪）保存下来，传到我们手里的只是12世纪的版本，不过还带有古本的遗迹。其他的南部史诗传说，描述了作为独立南部的代表者的土鲁斯伯爵。

北部的武侠小说（许多场合下是用民间克勒特传说题材写的）。南部行吟诗人[①]和北部行吟诗人的抒情诗。城市的市民幽

① 法语 troubadour 是11—12世纪盛行于普罗旺斯地区，即今法国南部和意大利北部一带的行吟诗人。其诗作主要是歌颂骑士的勇武和爱情。——译者

默小说[1]等，包含着许多关于文化史、生活习俗史、统治阶级和市
民意识形态史等方面的珍贵材料。在这方面，编写于 13 世纪中叶
的行吟诗人们的传记，具有重大意义。在某些场合下，是根据确实
的传记材料编写的，然而，多数是由臆想材料构成的纯粹文学作
品。这一时期民间歌谣传下来的极为有限。大学生游学的生活， 142
描写在所谓的《学士歌谣》(*Goliards*)之中，其中有不少是对僧侣、
教皇和封建领主的辛辣抨击。

13—15 世纪法兰西政治史的基本内容，是民族国家的逐渐形成。在这一时期，尽管英吉利对这一过程力图阻挠，毕竟完成了南部的归并和南法兰西部族从属北方。在百年战争和与勇者查理的斗争结束之后，勃艮第西部重新统一于法兰西，民族国家的形成由此基本完成。

13—15 世纪法兰西政治史的主要史料是编年史，从 14 世纪起，这类编年史特别多起来。上面所说的过程十分明显地反映在这类史料本身的发展中。由于整个国家围绕法兰西岛地区和其首都巴黎而逐渐统一，在圣德尼编撰的王室编年史的意义，也就日益增长起来；地方性的省区编年史退居次要地位；虽然在百年战争时期，它们曾显出某些复活(特别是在南部)，但进入 15 世纪末期，他们全都走向衰落，而且几乎完全消匿了。在路易十一世和勇者查理斗争时期，在勃艮第公爵领地编撰的编年史具有重大意义，后来

---

① “市民幽默小说”原字法语 fabliau，是中世纪法兰西市民文学的基本体裁之一。——译者

完全失去了意义。还需再次强调指出，大约 14 世纪末，文献资料成为法兰西政治史的主要史料，14 世纪末和 15 世纪，无论是北法兰西的，还是南法兰西和勃艮第的，作为历史史料和前者相比，都只占次要地位了。

在所有 13—15 世纪法兰西编年史中，占首要地位的要数圣德尼编年史，前已说过，在 12 世纪末，在弗列里和圣德尼的年代记的基础上，开始逐渐形成了一整套汇编，这部汇编以苏格里撰写路易六世传而告终，也就是结束于 1137 年。这一事业的继承者是里葛尔和不列塔尼的吉约姆，他们记载了法兰西历史上的一个重要时期——菲利普二世奥古斯都统治时期。里葛尔（约死于 1209 年）起初是朗格多克的医生，后来，从 1189 年一直到死，是圣德尼的修士，在那里，他于 12 世纪末 13 世纪初，撰写了《菲利普 · 奥古斯都事迹》(*Gesta Philippi Augusti*)，并编了几种版本，记述到 1207—1208 年。作者的世俗职业，在他的著作中打下了明显的烙印，这部著作的精神是适应于菲利普的深思熟虑和谨慎行事的政策的。其中有丰富的、有时是全文转引的文件资料书信和自己的精确观察，这使得里葛尔的编年史具有重大价值。其中记载了国王活动、巴黎的生活、它的墙垣、市场、建筑物、马路等。里葛尔著作的第一个版本（约撰于 1196 年）具有歌功颂德的性质；在以后的版本中，作者在论断国王品性方面显示了相当的独立性。僧团会员和国王私人牧师不列塔尼的吉约姆（约 1159—约 1224 年）续编的里葛尔
143 编年史用的是同一个标题。这部续编的核心部分是关于 1213—1214 年的战争，特别是布芬战役记载，那时吉约姆伴随国王左右。然后他从里葛尔著作中摘录材料来补充了自己的著作，用亲菲利

普·奥古斯都精神作了改编,并延续到1220年。除了编年史外,他还写了诗歌《菲利普颂》。这部诗,对于兵法史、习俗、信仰史(特别是不列塔尼的)以及佛兰德斯和北法兰西城市历史和北法兰西地形学,都是很有价值的史料。

包含有丰富事实材料的里葛尔和不列塔尼的编年史,是在圣德尼编撰或复抄的,但都是作为独立的历史著作而存在。在13世纪中叶,对结束于1137年的旧的编年史汇编,作了新的修改,并以里葛尔的编年史、不列塔尼的吉约姆编年史和圣德尼的年代记的摘录对它作了补充。这一工作的结果,形成了新的圣德尼编年史汇编,包括了迄1137年和1180—1223年时期的法兰西历史。1137—1180年的间断,只是到了13世纪末,一个圣德尼修士(可能是南日的吉约姆,死于1300年)编撰了路易七世和路易八世的传记,才得以补充起来。同时,吉约姆还编写了路易九世和菲利普三世的传记,这四部传记主要是根据不同的、今已部分失传的编年史而作成的纂辑。只有菲利普三世传记的最后一部分,1277—1285年时期的记载,是南日的吉约姆独立编写的。

这样,进入13世纪末,在圣德尼出现了卷帙浩繁的、叙述讫于1285年的拉丁语的编年史汇编。但是,在这同一时期和同一地点,在圣德尼,已开始形成另一部汇编——法兰西语的汇编,这部汇编在法兰西中世纪历史编纂学中起了更为巨大的作用。

还在1274年,一个圣德尼修士普里玛特把他用法兰西观点编的讫于1223年的法兰西历史,献给了菲利普三世。这是拉丁语汇编的译本,但作了若干修改,由于拉丁语汇编在1274年还没有包含路易七世(1137—1180年)执政的历史。普里玛特就根据梯尔的吉约姆的后继者的编年史及其他史料。由自己把这一段历史撰修起来。圣德尼汇编的法语译本,立刻获得了无与伦比的声望,而且被复抄成许多抄本。用祖国语言叙述的祖国历史,在所有城市和城堡中,都成了喜爱的读物,甚至在修道院中也是如此。尽管在13世纪末至14世纪初,修道院中在流传法语本的同时,还在继续转抄拉丁语汇编。《大法兰西编年史》(*Grandes Chroniques de France*)——这个名词由于有了法语汇编早在14世纪初已经牢固地确立起来,而且后来被引用到学术著作中去了——在法兰西民族文化共同性的形成和中央法兰西方言在全国的推广方面,都起了巨大的作用。所有的识字居民阶层都由这部编年史而受到了历史教育,知晓了法兰西历史。然而,这部祖国历史的某些内容,也传到了文盲居民,也就是法兰西民族的大多数人民之中,因为江湖艺人广泛地引用了《大法兰西编年史》的内容来编成自己的历史题材的押韵歌谣,唱遍了法兰西的城市、村庄和街道。当然,这些民间说法不是对正式的王室汇编逐字逐句的重复;其中传奇成分很
144 为强烈,在一定程度上,也如所有的民间歌谣一样,反映了广大人民群众的愿望。

圣德尼汇编(特别是法语版本)深受广大群众喜爱,是人们对那时的法兰西王权进步活动的赞同的一种特殊表现。跟13世纪其他的法兰西编年史比较起来,圣德尼汇编更为明显地反映了王权的作用,那时的王权"在混乱中代表着秩序,代表着正在形成的民族"。①

---

① 《马克思恩格斯全集》第16卷第1分册,俄文版,第445页。

由于对普里玛特所编的法兰西汇编有极大的兴趣，以致很快就补充了南日的吉约姆所撰的路易八世、路易九世和菲利普三世的传记的法译本，补充到普里玛特的汇编中去（也是在圣德尼）。结果在13世纪的末期，拉丁语和法语两部汇编所包含的材料范围，完全相同了。在14世纪前半叶即在1340以前，这两部汇编都是平行地进行续编的，不过拉丁语本的续编仍旧是作为原稿蓝本（《南日的吉约姆续纂者的编年史》），而法语续编本仍然有时是全译本，有时是缩译本。1340年发生了变化，拉丁语文本的续编暂停止了。而法语文本成了原稿蓝本，关于这个问题，我们在联系考察14世纪的编年史时将再加以阐述。

另外一部13世纪的历史巨著是香槟元帅茹安维尔（Joinville，1225—1317年）的回忆录。茹安维尔是第七次十字军远征的参加者，那时他成了路易九世的朋友和封臣，从他那里得到了金钱、采邑（fief de bourse）。这种采邑是以按年支付货币为其表现形式的。国王借助于这种金钱上的附庸联系，力图使那些不直接地依附于国王的封建贵族（其中也包括封臣香槟伯爵）从属于自己。但是，茹安维尔拒绝随同国王进行第八次十字军远征，而且，在菲利普四世时期，特别是在他死之后，积极地起而反对王权的加强，参加了1341年的反动贵族运动。茹安维尔是具有反动政治思想的封建贵族的典型代表人物，这在相当程度上也反映在他的著作中。

茹安维尔的回忆录名为《圣路易箴言善行录》（*Livre des saintes paroles et des bonnes actions de Saint Louis*）是两次写成的，约于1274年，茹安维尔口授了他阐述第七次十字军远征（1248—1254年）的著作的基本部分，在其中，他的个人印象的记载占了主要地位。13世纪末，已经是在路易九世谥为圣徒——茹安维尔曾积极参与此事——之后，他在孀居王后的请求下，写了自己关于国王的回忆，并且把它合并在十字军远征的回忆录中。在这部回忆录中也有关于路易九世的不少材料。为了保持叙述的高度连贯性和完整性，在这些回忆录中，补入了取自《大法兰西编年史》的有关章节的大量摘录，整部著作全部完成于1305年，并献给了继位的路易十世。

这部回忆录作为史料的价值，主要在于它对13世纪的法兰西骑士界作了极为清晰和巧妙的描述，其次在于它记载了第七次十字军远征历史的许多有趣的情节。国王的个人品性是被大大地理想化了，至于他的国务活动，在茹安维尔的著作中，则没有获得详

145 细和精确的叙述。作者关于这类活动没有足够的材料；而且，按其政治观点来说，他并不是巩固中央政权的坚决拥护者。茹安维尔的回忆录还是一部卓越的文学古籍，对法兰西语言史的研究，是极有价值的。在14—15世纪，它曾被多次地复抄，同时，原来的文本也逐渐遭到改编和删减。

导致朗格多克归并于北法兰西的激动人心的阿尔比战争，乃是两个亲邻部族的统一和中央集权国家的形成过程的一个重要阶段。记述这一战争历史的编年史，应该特别加以论述。这类历史著作中的第一部是修士彼得的编年史，修士彼得是孟弗尔的西蒙的拥护者和北法兰西骑士界的思想家。他的著作称为《孟弗尔伯爵西蒙之事迹和不朽勋业记》(*De factis et triumphis memorabilibus S. comitis de Monteforti*)，记述讫于1219年，由于与北部骑士界的领袖过从甚密，作者极为熟悉时情内幕，并对征服的初期阶

段作了详细而且相当精确的叙述，是以阿尔比派的凶狂敌人的观点来叙述的。

另一部编年史——《阿尔比派历史》(*Historia albigensium*)——是土鲁斯的莱蒙德七世伯爵的私人牧师吉约姆·皮伊洛伦(13世纪初—约1273年)写的，包含了1145—1272年的土鲁斯伯爵领地历史，他是以主张朗格多克独立的观点来叙述的。有一部无名氏的简短的《土鲁斯伯爵族谱》(从查理大帝到1271年)，其中有不少的讹误和不可靠的日期。有一部诗歌体的阿尔比派战争史《十字军远征之歌》，是一部独特而有价值的史料，这是用普罗旺斯语的朗格多克方言写成的，包含1208—1219年时期的历史。它的第一部分(叙述达到1213年)，是图德尔的吉约姆牧师写的，它大大地充实了前述那部编年史。至于第二部分的作者，他的姓名未能确定。按其政治同情感来看，他是南部独立的坚决拥护者。他从南部封建主那里收集了许多材料，并以自己的个人观察加以补充。他具有无可争辩的才华，把自己的著作用真正的诗歌形式表达了出来。在这部诗作中，十分确实地反映了朗格多克反对北法兰西骑士的斗争。

应该指出，在13世纪，在法兰西，由于城市和大学的繁荣，不仅对祖国历史，而且对全世界历史，更确切地说是对其他欧洲国家历史的兴趣，强烈地增长起来。出现了若干部世界编年史，其中最有史料价值的是撰于13世纪初的俄克塞尔的罗贝尔(1156—1212年)的编年史，这部编年史在后来获得了许

多续编。作者利用了冉布鲁的西吉伯尔特的编年史，但补充了大量的新材料，而且叙述出一部独创的、精确的、所提供的材料十分丰富的1175—1212年间的欧洲和东方的拉丁诸国历史。

多米尼克派分子博维的文桑蒂（1190—1264年）所撰的《史鉴》（*Speculum historiale*），在13—14世纪在法国获得了最广泛的流传。这是他的庞大的百科全书《通鉴》（*Speculum*）的一部分。在13世纪，在阿尔比派战争和其他异端大为发展的世纪，多采尼克派不仅借助于宗教裁判所的火刑，同时还通过控制学校特别是大学教育的手段，来履行巩固教皇政权和威望的任务。为了这个目的，他们用严格的正宗精神编写了许多教科书。博维的文桑蒂的《通鉴》就是这类多米尼克派文献中的一部分，而且是很著名的一部分。这部百科全书，力图把意识形态推向天主教会所期望的方向，它把那时代所知道的一切神学、历史和自然科学知识，用相应的观点总汇起来。这部规模庞大的百科全书的创作，事实上并不是文桑蒂一个人的事业，而是一个僧侣集体完成的。这个集体曾被允许参阅路易九世的丰富的图书馆的稿本。《史鉴》依据以前的世界编年史及其他编年史而作出了一部相当明晰的汇总。它后来被改编成为简短的版本，在14世纪，两种版本都译成了法语，而且获得了十分广泛的流传。《通鉴》作为13世纪的法兰西和欧洲历史的史料的价值并不大，因为它大部分是根据我们已经知道的史料作出的纂辑。

146 争夺佛兰德斯的斗争和接踵而来的百年战争，在14—15世纪

的法兰西编年史发展中，起了十分巨大的作用。最强大的西欧国家之间的长期战争，佛兰德斯、法兰西和英吉利的农民战争，阿尔特维德起义和艾田·马赛起义——所有这些事件，促使史事采编者们——主要是世俗人物——扩大了眼界，他们得以密切联系其他国家的历史来阐述法兰西历史，并引起了他们对欧洲外交关系等的特别注意。阶级斗争的加剧，也反映在那一时期的编年史中，它们的作者的阶级同情明朗化起来了。14 世纪至 15 世纪前半叶时期，在法兰西编写了为数极多的编年史。

《大法兰西编年史》在 14—15 世纪依旧占着主导地位；它们比其他所有的历史著作甚至有声望的弗鲁瓦沙尔(Froissart)的编年史也不例外——都有更多的人复抄和阅读，前已说过，1340 年以前，拉丁语和法语两部汇编是并行地发展的，虽然并不完全相同；在此以后，只有法语文本逐年进行续编。在 1350—1380 年时期，《大法兰西编年史》已经不是在圣德尼，而是直接在王宫，而且在查理五世的领导下进行编纂。这一部分的作者是宰相和国王的心腹顾问皮埃尔·多尔热蒙(死于 1389 年)。他也对过去的法语汇编的文本进行了修改，且加以重新审校。他所作的修改的性质，完全是与一定的政治形势相适应的，这种政治形势是在百年战争第一阶段时在法兰西形成的，而且在 1360 年布勒丁尼和约之后，当所有西南部省份都倒向英吉利时，这种政治形势就特别尖锐起来。多尔热蒙重编《大法兰西编年史》，竭力强调法兰西国王对全部法兰西领土的历来固有的权利、它的封建宗主特权和英吉利国王对它的封臣依附地位。在那些年代里，这一问题具有特殊重要性，因为事情涉及金雀花王族对法兰西王位和法兰西领土的权利要求。

多尔热蒙捍卫卡佩家族的王统利益，也就以此捍卫了法兰西的利益、它的统一和独立，与此同时，在他所编的那部分《大法兰西编年史》(1350—1380 年)中，多尔热蒙是作为起义的巴黎人和农民的敌人以及统治阶级和封建国家的热烈捍卫者而出现的。他关于艾田-马赛起义的详细叙述(多尔热蒙是巴黎爆发的事件的见证人)和关于扎克雷的简略报道，不仅有倾向性和充满对人民的阶级仇恨感，而且还对这些起义提供了一个完全歪曲的概念。多尔热蒙力图把查理五世洗刷得清白无瑕，并把他加以夸赞吹嘘，而对人所共知的事实完全沉默不语，还对某些事件作了不可信的叙述。然而，与 14 世纪的其他编年史家比较起来，他的著作的事实材料是最丰富的，其中引用了许多文件。法语汇编本就在 14 世纪末以它而告终结。这样一来，《大法兰西编年史》作为一部完整的、贯穿一个统一政治思想的历史著作，在 1380 年就终止了，并且在手稿流传发展中，再也没有获得续编。但是，这部汇编撰修本身的停止，绝不意味着王室的、特别是圣德尼的历史编纂体系的终结。历史编纂继续着，但是各部编年史，长期保持孤立的状态，没有归并到汇编中，没有跟汇编抄在一起，因而形式上就没有续编它。只是经
147 过了一百年之后，在 1477 年，在《大法兰西编年史》的第一版印刷版本中，这些包含 14 世纪末和 15 世纪时期法兰西历史的编年史，构成了(以改编了的形式)这部书的最后一部分。这样一来，这部书就包括从远古时代直到路易十一世为止的这个国家的全部历史。为了了解这样长期中断的原因，必须估计到，从手稿汇编的结束(1380 年)到印刷版本的出版问世(1477 年)之间所经过的一百年，是充满风暴和极端艰难的年代。法兰西经历了勃艮第派和阿

尔马尼亚克派的长期流血内战，英吉利人的新的入侵和对巴黎北部与西南部省份的侵占，与英吉利人的战争，最后跟勃艮第的顽强斗争。所有这些事件，不能不影响到官方的历史编纂体系，勃艮第和阿尔马尼亚克的阋墙战争不仅把国王朝廷和封建主，而且还把相当大一部分城市，都分裂成为敌对的营垒，王室史事采编者们自己也卷入了这些党派，这也影响到他们的著作。

查理六世（1380—1422 年）当政的历史。记述在一部拉丁语编年史中，它是由一个不知姓名的圣德尼的修士撰修的（Religieux de Saint Denis，约 1350—约 1414 年），作者是正式的王室历史撰修人员，经常出入宫廷，极为熟悉时情内幕。他的编年史几乎是追踪着事件发展而并行地记载的，其中引用了丰富的文件资料。随着阋墙战争的加剧（也就是从 15 世纪初年起），他倾向到勃艮第派一方。他的详细而且大体精确的编年史，是 14 世纪末—15 世纪初时期最好和最充分的法兰西历史。具有特征意义的是，仅仅在这部书里，我们才见到关于 1382—1384 年朗格多克农民战争（林中人起义）的简短但却十分生动、精确的记载。但是，在 1430 年代初期，当贞德的胜利引起的战争转折出现之后，王权当局由于这部编年史的勃艮第倾向，已经不能对它容忍了。查理七世的心腹之一，15 世纪中期的显要政治活动家茹维涅尔·德居尔桑（1388—1473 年），于 1431—1442 年把这位修士的著作进行了翻译和改编，由此也改变了它的政治色调。但是，很快连这一个改编本对尊王者也显得不满足了。在百年战争的最后年代，在对英吉利人取得巨大胜利之后，王室布令官日尔·列布维耶（1386—约 1454 年）以颂扬王权的精神，再次撰修了 1402—1422 年的历史，他还撰写

了（也是用法语）查理七世的传记，这是研究军事行动和外交谈判历史的珍贵史料。最后，王室史事采编者，圣德尼的修士让·沙尔蒂厄（约死于 1470 年）编写了查理七世的正式传记。可能他还做了 1477 年公布的《大法兰西编年史》的文本的付印筹备工作。在这个刊印版本中，法语汇编本被茹维涅尔的编年史（1380—1402 年）、列布维耶的编年史（1402—1422 年）和沙尔蒂厄的编年史（1423—1461 年）衔接起来。由此可见只是到了路易十一世时期（而且这也不早于对勃艮第封臣取得决定性胜利之前），才出现了以王权满意的精神来编纂 14 世纪末—15 世纪初法兰西历史的编年史的可能性，值得注意的是《大法兰西编年史》再也没有得到进一步的续编，原因在于编年史作为一种体裁已经衰落了。代之而起的是历史著作的大量出现。这类历史著作是文艺复兴时期所特有的，而且已经带有人文主义者的历史研究的性质。

现在让我们回来论述 14 世纪的编年史。前面为了连贯地叙
148 述王室编年史汇编的创立历史，曾使我们搁下了对它们的叙述。1350 年代的暴风雨般的事件，巴黎起义和扎克雷起义在这些编年史中都占了主要地位。最好的一部是让·德·维涅特（约 1307—约 1370 年）的编年史，这是一部卓越的著作，不仅在 14 世纪的法兰西编年史中，就是在 14 世纪的欧洲编年史中，都是出类拔萃的。作者出生于维涅特村（康边一带）的农民家庭。后来成了巴黎卡尔梅里修道院的修士和院长；他依旧是农民的朋友，在自己的著作中（编年史和大量诗歌）还记录了大量民间神话传说。他的拉丁语编年史大约是从 1345 年动笔的，并在 1358—1359 年随着当时事件的发展而编写。不过在以后又由作者作了修改。它包含 1340—

1368年的历史，整部著作对贪得无厌、掠夺成性的，在克勒西和普瓦提埃被打得惨败。而劫掠自己的人民并不亚于英吉利敌人的贵族们，充满着憎恶、仇恨。这部编年史十分珍贵之处是论述法兰西人民反对外国侵略者的英勇斗争。特别是艾田·马赛起义和扎克雷的那些篇章。作者几乎完全是为起义者辩护(只是责备残酷)，并愤怒地谴责了统治阶级。由于他对人民公开表示同情，我们得到了许多描述扎克雷起义农民的极端困难的处境和起义被镇压后对起义者残酷迫害的许多珍贵材料。他的关于艾田·马赛起义的叙述，是很有价值的，虽然在其叙述的结尾部分，作者转向了国王方面。让·得维涅特的编年史，在资产阶级历史学中作为史料是研究得不充分的，而现代反动历史学家对于它的论述，则不过寥寥数语而已。

关于扎克雷和艾田·马赛起义历史的极为珍贵的材料，记载于《诺曼底编年史》(*Chronique normande*)和《华洛瓦王朝前四王编年史》(*Chronique des quatre premiers Valois*，意指华洛瓦王朝诸国王)，其中前一书约撰于1372年，作者是一个不知姓名的诺曼底骑士和诺曼底战争的参加者；它包含1337—1372年时期。记有关于这次战争历史的翔实材料。特别重要的是关于诺曼底农民武装自卫反对英吉利人的材料。关于扎克雷和巴黎起义，作者是根据传闻记载的。然而，由于扎克雷是在与诺曼底毗邻的区域爆发的，而且还部分地延及诺曼底(城市及其周围的骚动)本身，所以这部编年史中所引用的材料，大体上是确实的。《华洛瓦王朝前四王编年史》中，记载了1327—1393年的事件。它大约也是在诺曼底于14世纪末编撰的，作者是卢昂的一个牧师，大主教的亲信。这部编年史实际上是一部诺曼底历史，然而作者对战争进程、巴黎起义，特别是扎克雷，是极为熟悉其内幕详情的。他对这些农民起义所作的叙述，在所有传到我们时代的史料中是最为详细的。作者指出扎克雷和艾田·马赛起义者之间的联系，以及在农民当中占主导地位的思想状况。他没有污蔑起义者，也没有诽谤他们，像其他史事采编者们所干的那样。

有关扎克雷和朗格多克的林中人起义的文件，是特别重要的。其中的主要部分是赦免证书(lettres de rémission)，是由政府颁发给被赦免的起义参加者的。这些证书是依据在王室法庭提出的申请书而撰写的。在其中，被赦免的申请者的作用，都是在有利于统治阶级的情况下来描写的。因此，对于这些证书的文本应该更加批判地进行理解。但是，与此同时，这些证书关于事件的时间、地
149 点、各别场合的参加者、言论、行动等，提供了大量的重要详情。只有根据这些史料，才能追索出起义席卷区域的广度、它的长期性、地方特点和农民要求的性质。关于这些起义和其他一些农民起义及城市起义，还有包含在城市登记簿和朝廷官吏的政务函件中。关于艾田·马赛起义历史方面，还有丰富的文件资料，这些资料在资产阶级历史编纂学中是利用得很少的。

对14世纪的百年战争历史，记载得最为详细的，与其说是法兰西人，毋宁说是佛兰德斯和其相邻地区的人。作为法兰西和英吉利之间抢夺的一块肥肉，佛兰德斯是西北欧政治冲突的焦点。在那里，在14世纪编写了许多地方编年史，主要是城市编年史(在14世纪末，在它们的基础上形成了独成一体的佛兰德斯编年史汇编)；同时在那里也产生了记述佛兰德斯在其中起了巨大作用的百

年战争的编年史。

列日的牧师列伯尔(13 世纪末—1370 年)是豪富望族成员,于 14 世纪中期,用华伦方言编撰了《实情编年史》(*Les Vrayes Chroniques*)。它包括的时期是 1326—1361 年,主是要记述战争进程和骑士功勋的。列伯尔主要根据他从直接参加过作战的当地贵族那里得到的口传消息来写他的编年史。他关于战争的记载是特别精确的,但年代和地理记载却不可靠。

列伯尔的续纂者是弗鲁瓦沙尔(约 1337—约 1404 年),他是资产阶级历史学家的宠儿。他们把他称为"中世纪法兰西历史学家中最好的一个历史学家",把他的编年史多次翻印,而且几乎译成了所有的欧洲语言。许多资产阶级历史学家都从他的编年史中征引摘录,特别是关于扎克雷的赫赫有名的记载——在其中弗鲁瓦沙尔在狂怒和蔑视来叙述起义农民,并对他们倍加污蔑——资产阶级历史学家对此尤其喜欢征引。就整体而论,弗鲁瓦沙尔的编年史,作为这次战争的史料,是不配得到好评的。它极为偏颇,贯穿着纯粹的骑士意识,甚至连军事行动的记载也不确实,没有揭示出政治事变的基本动因。

弗鲁阿沙尔是瓦兰辛城的资产者,早就开始了文学活动,成了宫廷人物,依附于各种显要人士——佛兰德斯人、英吉利人和法兰西人。在他们的保护和推荐下,他遍游了英吉利、苏格兰、法兰西和意大利。在各处为他所计划的历史著作收集了材料。他预定要以这部著作来阐述所有 14 世纪的法兰西、佛兰德斯、英吉利、苏格兰和阿拉贡国的战争。关于头 30 年的记载,弗鲁瓦沙尔广泛地引征了列伯尔的编年史,然而,被他当作基本资料的却是他的保护者和他所遇到的骑士的叙述，弗鲁瓦沙尔几乎没有引用过文件，因为他既不熟悉它们，也对其不感兴趣。他的编年史标题为《法兰西、英吉利、苏格兰和西班牙编年史》(*Chroniques de France, d'Angleterre, d'Ecosse et d'Espagne*)，包含的时期是 1326—1399 年，他曾多次地改写过自己的著作。因此导致编年史的第一部分——这是最主要的一部分，因为它叙述到 1370 年，包括了 1340—1350 年的决定性事件的记载——有三个版本流传下来。其中第一个版本是以亲英吉利精神编写的，克勒西和普瓦提埃战役是根据黑太子和英吉利骑士的叙述写成的。第二个版本是弗鲁
150 瓦沙尔在他已成为法兰西显赫封建主的心腹之后，以及当杜格克
朗的胜利使法兰西人收复了敌人占去的相当大一部分领土的时候，于 1370 年代末期写成的。在这个版本中，许多内容改变了，而且是以亲法兰西精神来修改的。如关于克勒西和普瓦提埃的战役及其他事件的记载就是例子。第三个版本约于 1400 年问世，那时弗鲁瓦沙尔已经丧失了在英吉利的所有的保护人，最后完全倾向了法兰西方面。这部编年史的其余的部分，于 1387—1400 年间写成。弗鲁瓦沙尔著作的价值首先在于，其中对 14 世纪的许多政治活动家——教皇、国王、男爵、骑士，甚至还有诗人(乔叟、彼得拉克及其他等人)——精练地作了大量的惟妙惟肖的评述。弗鲁瓦沙尔留下了 14 世纪所有西欧国家统治阶级风俗习惯方面的一幅鲜明图像。他的编年史真是"骑士界的镜子"，使得历史学家有可能从其中探索出研究 14 世纪贵族状况方面的许多生动、鲜明的图景。

法兰西军队在1360—1370年的胜利，引起许多著名法兰西将领的散文和诗歌体裁的传记出现于世。其中最有价值的，是获得巨大声望的骑兵指挥官杜格克朗的诗体传记，这是行吟诗人屈维烈写的；作者除利用了口头传说之外，还引用了文学资料，查理五世的传记是卓越的女学者意大利比萨的赫里斯提娜(1364—约1429年)写的，赫里斯提娜于1368年随同她的父亲，查理五世的医生和占星家，一起来到法兰西，在那里长住下来，并以自己的文学活动而闻名遐迩。她的大量诗歌和散文作品中，最好的是《贤明国王查理五世的事业和善良品性录》(*Le livre des fais et bonnes moeurs du sage roy Charles le Quint*)，撰于1404—1405年，其依据是作者个人的回忆、父亲的叙述和一些编年史。这部国王传记是用早期意大利人文主义精神写的，作者的主要注意力是放在查理五世的个性、他的科学和文学活动；以及他的一般政策方面。

15世纪，在法兰西出现了一种新的历史资料，它在以后获得了广泛流行——这就是市民日志。它们作为历史资料的价值是特别巨大的，它们是那时代城市生活的一面特别的镜子。巴黎市议会秘书尼柯拉·得·贝(de Baye，约1364—1419年)所写的1400—1417年的日志，是特别重要的。他曾是香槟的农奴，赎身获得自由，并曾就学于奥尔良大学。他的职务本是负责掌管市议会的会议记录(文件簿)，在这些文件簿上附记了国内和巴黎发生的事件的简略提要。此外他还记载了个人日志。尼柯拉·得·贝是强大王权的坚决拥护者，他认为这是秩序、正常生活和城市发展的有力保证——作为这样一个人物，他十分独立地评判国君和其他国务活动家，直到市议员。他的日志鲜明地反映了当勃艮第派——阿尔马尼亚克党内战正酣之际的首都官僚界的意见，反映了他们对本国自私的贵族行动的不满和在人民运动前的恐慌。这些记录描写出15世纪初巴黎的一幅贫困破产的鲜明图景和人民群众的困难状况。

一个不知姓名人的日记，在学术界中称为《巴黎富绅日记》(*Journal d'un bourgeois de* Paris)——这部日记所描述的1409—1449年的巴黎生活的清晰图景，也不比上述日志逊色。作者是巴黎大学的牧师，显然是个富人，在自己日志中评论事情相当无拘无束，他有意地隐匿了自己的姓名，在勃艮第派和阿尔马尼亚克派之间表现出的政治动摇，是这一阶层巴黎人的典型表现。这部日志

151 的价值在于，关于巴黎事件、关于物价上涨、价格及首都各个阶层的状况等方面，提供了大量的具体材料。作者亲历了英吉利人的占领，记叙了英吉利人的暴行和勒索，以及巴黎解放之后，沉重的国家赋税，它把穷人弄得倾家荡产，富有阶层的物质利益也受其侵犯等情况。这个牧师日记使得有可能对15世纪前半叶的中下层居民的生活水平、心愿和期望进行考察，在这方面它具有十分巨大的价值。

在百年战争时期，某些南法兰西部族的土地暂时脱离了北部(吉恩及其他地区)，而朗格多克的城市则在这时期获得了实际上的独立。因此，在14世纪至15世纪中叶，在南部出现了不少城市编年史和地方封建家族史。无名氏的《吉恩编年史》撰于14世纪中叶，叙述讫于1346年；它的开头部分还是用的拉丁语，以后作者

改用了普罗旺斯语的加斯科尼的方言。另有几个作者用这同一种方言写了一部十分精确的、有价值的《吉恩编年简史》，叙述讫于1142年。福瓦伯爵的公证人和档案保管人米歇尔·杜·伯尔尼根据大量的档案文件和其他资料，于15世纪中叶写了《福瓦伯爵和贝阿棱领主编年史》，叙述到1445年。

南部诸大城市的编年史是十分重要的。包含1365—1415年的《阿里编年史》（一半是拉丁语，一半是普罗旺斯方言）是研究整个普罗旺斯历史的有价值的史料。贝西埃的执政委员团（城市委员会）的秘书马斯卡洛用朗格多克方言撰写了一部包含1336—1390年事件的重要的编年史（Le libre de memorias de Jacme Mascaro），这部书中记载了贝西埃和朗格多克的事件，其中包括人民起义。其余的贝西埃的编年史，传到我们手里的是16世纪的改编本。其中包括：两部朗格多克方言的简略的编年史，（其一记述到1259年，其二包含1132—1348年的历史）；以及所谓的《执政官编年史》（也就是附有说明的执政官名册）。这种编年史是从1352年写起，而且主要是用拉丁文写的。

最大的朗格多克城市蒙彼利埃的819—1446年的执政官编年史，是特别重要的。它的名称为 *Le petit thalamus*，与城市文件簿的名称相反（*Grand thalamus*），这是由14—15世纪的几个相继蝉联任职的市政秘书用朗格多克方言撰写的，它的第一部分（9—12世纪）是根据拉丁语的土鲁斯年代记作出的摘录。13世纪的一部分，记载了执政官的姓名和简短的情况。从1330年起，这部编年史中记载了关于蒙彼利埃和朗格多克的一大部分历史的十分丰富的事实材料；还记载了许多关于百年战争的材料。

从 15 世纪中叶起，当整个南部都归并到北法兰西时，南部的地方编年史的繁荣时期也结束了。大多数城市中，也正如法兰西的所有地方一样，仅仅流行着内容丰富的城市文件簿。

百年战争时期保存下来了数量庞大的、极为多种多样的文件，这往往是琐碎的（以致难于利用它们），但对于法兰西的（而且部分也包括英吉利的）军队历史却是十分有价值的文件：军队首脑的命令，征召服役书（lettres do convocation）、国王顾问和财政部门官员与部队指挥军和要塞司令之间的往来函件、军事装备和枪炮的
152 订单、驻防部队名册、金钱执据、设防工事修缮费用账目、阵亡和被俘人名册等。这些文件大部分没有刊印而保存在法兰西省区档案库中。特别重要的是诺曼底档案库的材料，那是反映诺曼底农民和手工业者对英吉利侵占者所进行的顽强的游击战争的材料。

对贞德的两次审讯——1431 年的定罪审讯和 1456 年的恢复名誉审讯——的记录，是一项特别的、十分重要的史料。第一个审讯记录是公证人曼松在审讯过程是记录的。他用拉丁语记录了所有的法律程序，而用法兰西语记录了对贞德和证人们的审问。可惜这份最可靠的记录只有一部分保存下来。在贞德死去之后，法庭撰写的一份拉丁语官方报告，完整地保存了下来。然而，就是在这一份报告里，尽管作者们竭力把事情描写成他们所希望的那样，污蔑贞德，极尽其歪曲之能事，但这位法兰西人民女英雄的光辉形象，还是雄伟地显现了出来。至于曼松的原始摘要记录，记于其中的贞德的回答，显然是十分接近于真实情况的，这些回答不仅揭示出她的卓越智慧、勇敢和热烈的爱国主义，而且对那些年代——那时全法兰西人民都在这位卓越的农村姑娘的号召下掀起了反对不

共戴天的侵略者的斗争——的历史,提供了大量珍贵的资料。

在恢复名誉的审讯之前,曾有一个专门的委员会进行工作,搜集了贞德的亲戚、朋友以及她的生活、受审和死亡的见证人的证词。这次审讯于 1456 年举行,废除了宣布贞德为邪教徒和女巫的 1431 年的法庭判决,并恢复了她的荣誉。甄讯委员会的材料和审讯过程的记录都保存下来了。它们不仅是贞德的传记的极重要的材料,而且也是法兰西人民——他们在社会上层阶级很快就把这位农村姑娘遗忘的时候,却仍对贞德保持着爱戴,十分崇敬,缅怀对她的感激之情——民族感情发展历史的极为重要的材料。

关于贞德的生平和她的出征,还保存下来许多的账目、演说辞、她签发的信件,以及来自全国的给她的信件。

百年战争史的重要史料是停战条约。这些条约是法兰西人民跟外国侵略者长期顽强斗争的里程碑。其中主要是:1360 年的布列提尼和约。按照这个和约,法兰西被夺走了西部诸省;1420 年的特鲁瓦和约,法兰西丧失了主权,而且暂时成了英吉利—法兰西王国的一部分;1435 年的阿拉斯和约,那时勃艮第由法兰西的敌人转变为它的同盟者,这一转变是贞德取得胜利的结果,而且在相当大程度上,决定了法兰西的最后胜利。

关于 15 世纪的历史,有一部拉丁语编年史是很重要的。这就是诺曼底主教汤姆・巴真(1412—1491 年)所撰的《查理七世和路易的事迹史》(*De rebus gestis Caroli et Ludovici historiarum libri XII*)。作者在"公众福利同盟"战争时期曾与路易十一世为敌,此后逃离了法兰西;在晚年写了他的著作,于 1487 年匿名发表出来。巴真是封建贵族的拥护者和思想家;他的编年史是这个反动政治

集团的一种宣言书。巴真竭尽九牛二虎之力诋毁和诽谤“暴君”路易十一世和他的中央集权政策；因此他的编年史有许多歪曲的地
153 方。与此同时，巴真又是一个细心的观察家，报道了重要的材料；其中有许多材料是持有尊王思想的史事采编者的著作中所缺乏的；特别生动地描述了英吉利占领时期诺曼底的艰难状况。

路易十一世也像他的先王一样，力图创立自己执政的官方历史，以此对抗跟他为敌的勃艮第官方历史编纂学。发现有若干部王室史事采编者的著作，其中有一部是在圣德尼编纂的，另一部也保存在那里。但是，在这几种历史阐述中，没有任何一种得到过官方的承认，其原因至今尚未弄清。在记述路易十一世执政历史的重要编年史中，有一部所谓的《丑闻编年史》(*Chronique scandaleuse*)，这个标题是17世纪初该文本的一个刊行者给取的，跟它的内容完全不相符合。它本是巴黎公证人让·得·鲁瓦的1460—1483年间的日记。让·德·鲁瓦几乎对所有发生在首都的事件和政府的活动，都逐日作了详细的记载。但是，这一时期的主要的叙事史料当然是菲利普·德·科曼(Philippe de Comminus)(约1447—1511年)的《回忆录》。无可置疑，15世纪时，在法兰西，而且还可能在全欧洲所有的历史著作中，科曼的《回忆录》要算最有影响的一部著作。无论如何，那一时期的历史著作中，没有哪一部享有那样的荣誉和声望：在印行了第一版之后(1524年)，科曼的著作再版了120次以上，而且几乎被译成了所有欧洲语言。

科曼生于佛兰德斯，出身于一个新近获得贵族称号的资产者家庭。早在青年时代，就进入了善良者菲利普的宫廷，在

那里很快成了沙洛列伯爵，即后来的勇者查理的亲信。当后者成为公爵时，科曼紧随其身巡访各地，还执行了一系列的外交使命。1468 年，在“佩龙尼会晤”期间，当路易十一世事实上成了那位公爵的俘虏时，科曼密切地结识了国王，并于 1472 年逃离了自己原来的庇护者而转到了国王方面。路易十一世慷慨地赏赐了自己的新顾问，极为赏识他的非凡和外交才干，并且多次地利用了他，特别是跟意大利统治者谈判中，更是如此。路易十一世死后，科曼蒙受了巨大的物质损失。因为这位国王封赏给他的领地有一部分被原主收回。他加入了太子派，也就是封建贵族派，他参加了阴谋活动，被逮捕、审判，而且被放逐到他的领地。但是，在筹划对意大利远征时，查理八世和他的顾问们需要利用科曼跟意大利的联系和他的外交手腕。他被召进了宫廷，而且派往意大利，并于 1507 年随同路易十二世到了热那亚。

科曼的回忆录分为并不相等的两个部分。第一部分是最大的一部分，包含 1464—1483 年，大约撰于 1489—1490 年，也就是在路易十一世死去和他受审判之后。第二部分只包含查理八世 1494—1495 年的意大利远征的记载，再加上关于这位国王的死和路易十二世登基的简略补充。这部分是 1495—1498 年写成的。科曼的著作不仅是作为历史资料，就是从历史编纂学的观点来看，都是特别有价值的。它虽然也具有 15 世纪所特有的改良形式，但已经不是中世纪的编年史了。使科曼跟他同时代的史事采编者还显得有些类似的，只是一些个别的，次要的因素。就整个而论，他的著作乃是一个大政治活动家，机智、锐敏、精干的外交家的真正的回忆录。科曼充分地理解在他眼前爆发的，他常常是参与其中的事件的意义，他正确地估计了法兰西的实力和它在 15 世纪后半
154 叶西欧历史中的领导作用，赞扬了路易十一世的政治才干而且早就了解他胜过勇者查理的非凡之处。主要之点还在于他利用了事变纷繁的 1464—1483 年的历史作为历史分析的资料，力图揭示出因果关系，为自己的叙述挑选了那些有助于他理解事变的事实。科曼不仅叙述了自己时代的历史，而且还解释了它。从历史现实中为国王和国务活动家们抽引出了政治谋略的教训。这也是他的书取得空前成就之原因。这样一来，他的书就不仅是引人入胜的回忆录，而且也是一部政治论著。可以说，人文主义的历史编纂学，也就是本来意义的历史科学的萌芽，在法兰西是从科曼起开始出现的。

由于他善于抓住重要问题，并善于理解它，科曼就提供了极为有价值的历史材料。他留下了两个不共戴天的仇敌——法兰西国王和勃艮第公爵的鲜明形象，几乎叙述了他们的全部顽强对抗——这一斗争以路易十一世的中央集权政策的胜利而告结束——的一切曲折变迁。他的著作中记载了大量的事实，而且还做了不少局部的评述和清醒而正确的评价。不多的一些错误（主要在日期方面）并不能改变这一总的情况。

19—20 世纪资产阶级历史学家，无论对他的书评价如何，却都广泛地引用了它。几乎每一部阐述路易十一世的学术著作中，都包含有科曼本文的大量“硬块”。这些“硬块”是

> 从他的难读的、含糊不清的、还没有熔冶成现代法语的语言翻译过来的。而且，尽管对科曼的著作大量引用，资产阶级历史学家对他的本文根本没有进行充分的考订，只是指出他的某些事实错误和主观评论。然而，这部回忆录，正是由于它有巨大的史料价值，需要从本质上加以严谨的考订和评价。

也如其他阐述自己时代的历史和某一著名国务活动家的活动的许多封建历史学家一样，科曼在许多方面是比路易十一世逊色的。他没能正确理解和评价这位国王的全部政策和他的基本路线方向的价值。科曼只知道战争和外交，对国家管理的其他方面则完全不感兴趣。大量的文件资料，以及特别是路易十一世的大量的信件，表明这位国王曾从事过范围广阔而富有魄力的活动，这样多的活动是科曼不可能，也没有打算去考察的，他的全部精力都被外交政策独占去了。此外，在总的政治思想倾向方面，他也显得低于自己的君主。路易十一世顽强地，而且毫不动摇地坚持巩固王权与城市联盟的路线，也就是实行那时的进步政策。科曼则远远地没有从陈旧的封建观点和明显的阶层局限性中完全解脱出来。这些巨大的缺陷妨碍他彻底揭示国王活动的基本动因，甚至在似乎是科曼最为熟悉的领域，也就是外交政策领域内，也不能做到这一点。对外政策对于对内政策的从属性和最密切的联系，这对于作者来说，在多数场合下，依旧是一个未知数，因此尽管他有智慧和洞察力，但他的意见和评价都不可避免地带有局限性。在利用这部珍贵史料时，这是必须严谨地估计到的。

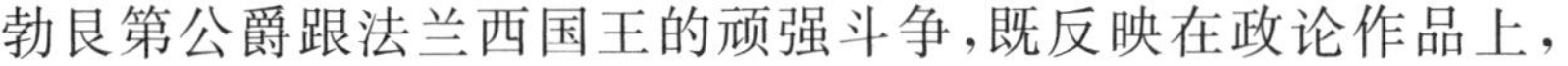

勃艮第公爵跟法兰西国王的顽强斗争，既反映在政论作品上，155

也反映在特别的勃艮第官方历史编纂学中。

在善良者菲利普和勇者查理的宫廷中，撰写了不少各种论战小册子，来为勃艮第统治者对法兰西王位的权利进行论争。也同是在那里，于15世纪中叶，对《大法兰西编年史》的本文进行了改编，修改表现在：关于1285—1370年的历史，也就是法兰西征服佛兰德斯和百年战争前半时期的历史，引用的不是圣德尼史事采编者的文本，而是佛兰德斯编年史汇编，在这部汇编中，事件是按照佛兰德斯伯爵——他的继承者是勃艮第公爵——利益的观点来叙述的。这样一来，13世纪末—14世纪的法兰西历史记载，就具有了特别的有利于公爵的政治色彩，而且宛然被当成了在勃艮第境内编撰的编年史的引言。这些编年史是用亲勃艮第精神来描述勃艮第-阿尔马尼亚克内战和百年战争的。第一位勃艮第史事采编者是安格兰·德·蒙斯特列勒(1390—1453年)。他是为善良者菲利普效劳的一个富有学识的佛兰德斯贵族。他于1420年开始写自己的编年史，打算将它作为弗鲁瓦沙尔著作的续编，也就是说，主要是1400—1444年西欧的战争和国际关系的历史。蒙斯特列勒把许多的文件资料——条约、命令、函件等，收入了自己的著作。但是，无论是这些文件的选择，还是对事实本身的叙述，都具有强烈的倾向性，作者千方百计地竭力以最有利的方式来表述勃艮第公爵的政策，而对有的事件，例如，善良者菲利普在把贞德解交给英吉利人的可耻角色等，则保持沉默。

奥利维耶·德·拉马尔什(1427—1502年)，勃艮第官方史事采编者，撰写了自己1435—1489年的回忆录。其中主要

> 是描写了勃艮第宫廷的豪华生活，当时这个宫廷是所有欧洲宫廷中最为华丽和奢侈的一个。其中也记述了勇者查理的军事征战。所有勃艮第历史学家中最重要的一位是若尔日·沙特朗（死于 1475 年），他是公爵的外交家和顾问，撰写了 1418—1474 年规模庞大的欧洲历史。这些著作只保存下来一些个别的部分（没有 1431—1451 年的部分及其他一些部分）。沙特朗的著作绝不是官方编年史，也不具有歌功颂德的性质，类似于科曼的回忆录，确切地说沙特朗在其著作中，对人类政治问题善于深思熟虑，其判断和评价也颇具独立性。由于自己在勃艮第宫廷的地位，沙特朗极为熟悉时情内幕，特别是有关外交关系的部分，尤其如此；他亲自结识过当代许多大活动家，对他们作了鲜明生动的评述，利用了丰富的文件资料。他的回忆录对研究 15 世纪的法兰西和勃艮第政治史是珍贵的史料。

国家和社会活动家的书信，从 15 世纪起变得日益增多起来，它们作为历史资料的意义，也日益增大。路易十一世和查理八世的大量信件就是这样的例子。这些信件与其他活动家的信件加在一起，几乎成了 15 世纪后半叶政治史的主要史料。这些信件虽然没有完整地保存下来，其中仍反映了政府日常活动的一切方面。对于这些活动的研究，具有重大意义的还有国王顾问会议文件簿，这种会议是讨论和决定国家最重大的事务的。

法兰西跟所有西欧国家的外交关系，反映在大量的图书、信件、外交指示、报告等之中。这类文件在路易十一世执政时期特别 156

丰富。

等级代表制——全国三级会议和省区三级会议——的历史的文件，主要由官方材料构成：关于召开三级会议的国王公文、国王全权代表的报告和函件、指示、请愿书等。关于1356年和1357年的三级会议，有简略的会期日志保存下来。1484年的图尔三级会议代表马斯朗记载了十分重要的详细日记，极充分地描述了第三等级的立场和纲领。1314年（美男子菲利普死后）的封建反动势力状况，反映在大量的省区贵族宪章中，这些贵族结成了跟王权斗争的联盟，而且提出了冗长的要求项目。

法兰西城市历史的文件资料，数量极为丰富，其中主要是城市委员会的文件簿。这种文件簿在每一个城市都是经常正规的记录，而且几乎完整地保存了下来。城市编年史在法兰西（南部除外）没有获得广泛的推行。

财政性质的文件，作为14—15世纪法兰西各方面生活的历史，尤其是阶级斗争历史的史料，有着巨大的意义。从14世纪起，国家赋税就已几乎成为加于劳动群众头上的最沉重的负担，而且也是大量起义的主要原因之一。在赋税征收的历史沿革中，隐寓着许多法兰西政府内政外交政策的不明真相。13世纪和14世纪前半叶的财政文件，保存下来的只是一些片段，因为主要的财政机关——度支局的档案，在18世纪被烧毁了。最早的一批财政敕令出现于14世纪；这类敕令的数量从15世纪中叶起特别增多起来，那时最后确立了赋税。对财政法令的研究必须与其他反映实际情况的财政文件的研究结合起来，这就是——赋税征收者的报告、赋税征收清册、财政机关文件簿、预算草案、国王顾问跟议会和城市的往来函件等。只有那些有来自地方材料的史料，才描绘出严重的人民困难的真正图景，以及所有法兰西财政机关普遍存在的贿赂、勒索和肆无忌惮的贪污现象。

出现于15世纪的公文程式汇编，也含有关于国家财政的管理和国家预算编制方法的记载。关于财政和货币的论著，提供了14—15世纪经济和政治理论方面的概念。这类最早期的论著中，有一篇是特别重要的，这就是查理五世的顾问尼柯莱·奥列姆（死于1382年）所写的《论货币起源》。作者在其中叙述了自己关于货币的起源和作用的观点，还有关于14世纪法兰西国家赋税制度的观点。

（庞卓恒译　郭守田校）

157 第十一章　英吉利历史的史料（自 11 世纪中叶起）

11—15 世纪的英吉利历史，具有一系列特点。诺曼人的征服，显著地加速了这个岛上的封建化过程，因为征服者从诺曼底带来了业已具有完备形式的封建制度，而且还改进了它。作为这一情况的反映，就是这里的王权比大陆更为强大些，而这又在以后成为促进国家中央集权的重要条件之一。这也说明为什么从 11 世纪起，就有了反映王权在全国范围内各方面活动的大量史料。与此同时，在英吉利还保存了某些前封建制度的因素（如相当不少的自由农民阶层）。应该指出在北部各郡地区，这些残余保存得最多，而无论在生产力和生产关系发展的领域方面，还是在政治生活方面，那里的史料都鲜明地反映出这一特点。

英吉利部族在诺曼人征服以前已经形成，而后在这方面没有带来任何本质的变化，因为征服者相当迅速地跟英吉利封建主阶层融合起来，而且袭用了英语。

11—15 世纪英吉利生产力和生产关系历史方面的史料，数量极多，种类纷繁，而且多数都极好地保存下来了。反映英吉利土地关系一类的史料特别丰富，其中有规模庞大的、提供一定时期的总图景的土地清册、文据、有关个别地产历史（多数是大地产）的各种文件、报告、农业技术和庄园管理的论著、政府调查材料等。

首先必须论述一种具有特殊价值的、其他西欧国家无与伦比的史料——《末日审判书》(*Domesday Book*，缩写为DB)[1]。在征服之后的20年，也就是1086年，由一批专门的王室专员，调查编制了全英吉利土地清册(Cadaster)。

> 他们拿着调查簿，查遍了所有郡区，而且在当地向居民 158
> （“根据郡守、所有的贵族……，僧侣、村长和每村的六个微兰的宣誓供词”）搜集了他们所需要的材料，这就是：
>
> 这一地区怎样称呼？在爱德华王时期它属谁所有？现在属谁所有？其中有多少耕畜？领主土地上有多少耕犁？老百姓那里有多少耕犁？多少隶农？多少小农？多少奴隶？多少自由人？多少租地农人(Socman)？多少森林？多少牧场？多少磨坊？多少鱼塘？增加了多少或减少了多少？所有这些从前一共提供了多少收入？现在提供多少收入？每个自由人和租地农人在那里先前占有多少？现在占有多少？

从这个项目单里可以看出，清册几乎指明了土地关系的所有方面。只有一个方面没有在专员们的注意范围之内——开列农民应向封建主缴纳的贡赋和钱款。

清册的材料后来有某些删减，大概是在坎特伯雷主教兰弗兰

[1] 意大利南部的诺曼人国家例外，参见本书第209页。

克(英国教会首脑和国王亲密顾问)监督下进行了重新归类和重新改编。原始材料的一部分丢失了,最后定本抄成两卷(第一卷——*Great DB*〈大末日审判书〉,第二卷——*Little DB*〈小末日审判书〉),都保存在国王保险库里。它们原来的正式名称是《实录》(*Descriptio*)或《王室录》(*Liber regis*),但是很快就给它确定了《末日审判书》的名称,因为当时人们比喻地(per metaphoram)把这种登记称为"审判日"(dies judicii),这是由于提供材料的人必须像在上帝的"末日审判法庭"上那样宣誓说实话。

第一卷中包括30个郡的实录,第二卷则只包含东部四个郡:埃塞克斯、密得尔塞克斯、塞福克和诺福克,没有北部各郡的实录:德拉姆、诺森伯兰、昆伯兰和威斯特莫兰;只有后两郡的一部分地区的材料合并在约克郡中,由此可见,《末日审判书》中几乎包括了全部英吉利领土的实录。

泰晤士河以北郡区的清册中,看出有以下的顺序;郡内主要城市、土地所有主(国王、教会机构、贵族等)的名单,然后是按照同一顺序对他们的地产的登记。在泰晤士河以南郡区的清册中,城市是登记在王室土地或贵族土地之中的。没有伦敦、温彻斯特和其他若干城市的清册,温彻斯特的王室地产清册(Liber Wintoniensis、Winton Domesday),看来是根据1086年的清册,于12世纪初编纂成的,保留在稿本中的空页可能本来是准备用来登记这些城市的,可是由于某些原因始终没有登记上去。杜弗尔的清册特别详细、充分,一般说来,主要城市都是分别登记的,这也说明,它们已经完全同周围乡村分离出来了。

《末日审判书》中不仅仅记录了1086年的英吉利情况。按照指示编造的清册，专员们应该作出对土地的估价，应按“三阶段”(tripliciter)指明其收入。这就是：爱德华国王时期(也就是征服以前)；刚刚征服之后以及土地总额的重新分配之时；最后，登记之时。由于这种做法，这件史料就反映了征服之后20年期间这个国家基本社会经济的发展过程，而这就更为增加了它的价值。由于所提供的材料十分完整，这就使得《末日审判书》成了研究11世纪 159
后半叶英吉利社会的基本的和最重要的历史典籍。在这同一时期，其他国家无论在深度上和广度上都无与此相匹敌的史料，这不可避免地引起那里资料范围极为狭小，而学术界只有依据这些相对无比稀少的资料，来恢复11世纪西欧诸国(英吉利和南意大利的一部分除外)社会经济关系的图景了。

《末日审判书》对英吉利的土地制度和社会结构提供了清晰和详细的图景。这件史料的材料使得有可能进行一系列统计学计算，阐明各个居民集团和农民类型的相互关系，领主土地和农民土地的对比、牲畜数量、山林川泽等附属地、地产和庄园的收入；使得有可能回溯出统治阶级中的封建联系的制度等。英吉利全部人口在那时达150万，其中城市居民约7.5万人，也就是5%，农民分为几个阶层：隶农(villain)、佃奴(bordar)、茅舍小农(cottar)、自由农民，也有奴隶。根据这件史料可以清楚地追溯出大封建地产吞并大量的小块农民份地以及在1070—1086年特别加剧起来的对农民的奴役。清册的材料也明显地反映出封建化过程在这个国家的不同地方的不平衡性。丹麦居民区域和北部诸郡在这方面明显地落后于这个国家的中部和南部。林肯郡的庄园发展十分微弱。在北部它们分散在大量的自由农民份地之中。存在这种性质的材料属于这样早的时期，这就特别有价值，因为这些现象对于封建英吉利以后的发展具有很大的意义。

> 记入《末日审判书》中的1086年土地清册的意义和作用，在资产阶级历史学学家的著作中，被极端地缩小了。他们仅仅把它视为赋税册，视为财政性质的古籍，是为了整理王室赋税的摊派而编制的。现代英美反动历史编纂学完全拒绝解决《末日审判书》的目的和用途问题，这就暴露了他们在考察这一问题时的无能为力。

1086年的国家土地清册的编制，对于英吉利的“完善”封建制度的确立过程，有着巨大的和多方面的意义。《末日审判书》确立和加强了封建所有主的权力，确立了附庸的联系和关系。土地清册在相当大的程度上促进了农奴化，因为王室成员把大量的那时还是半自由的甚至完全自由的农民记入了隶农的项目，它促进了王权的巩固。掌握在王权手中的《末日审判书》，获得了头等重要文件的意义，保证了国库财政收入的核算和直接占有者对王权的依附性。它把从先前时期保存下来的那些关系，也打上了封建烙印。总而言之，《末日审判书》是创立封建结构的完整形式最重要手段之一，而这种形式是征服者为了保持自己长期巩固的统治所绝对必需的。它长久地保有正式文件的意义，因此在12世纪只有一些局部性的清册，来补充它的某些亏缺。其中有一份清册编于
160 1148年，载有温彻斯特主教地产的实录（即前已提到的 Liber Wintoniensis 的第二部分）；另一份清册是1183年为德拉姆主教

的地产编制的。按照编排在前头的博敦庄园的名称，这份清册取名为《博敦录》(*Boldon Book*)，它包含了英吉利东北部和敦洛的一部分主教地产，跟《末日审判书》不同，在《博敦录》中列举了土地占用者应该负担对主教的义务和纳贡，因此，在这方面它类似于庄园财产清册。《博敦录》还把英吉利北部的庄园制度特点的图景更加明晰地显示了出来，在那里，前已指出，徭役经济没有达到充分发展，保存了许多自由份地、隶农的依附性比较微弱，而庄园仅仅是包含若干村庄的一片相当大的地区内的经济行政中心。

新的全英吉利调查，是在 13 世纪后半叶进行的；1254 年、1274—1275 年、1279—1280 年。这些材料被称为《百户区卷》(*Rotuli Hundredorum*、*hundred rolls* 缩写为 *RH*)因为在其中以卷轴形式包含了郡内百区的实录。1274—1275 年的调查材料，大部分郡的都完整地或以缩编本的形式保存下来了。1279—1280 年的国家土地大清册是特别重要的史料，那时，在贵族叛乱以及随之而来的土地的夺取和没收等之后，政府决心消除封建和官吏的胡作非为，而且把占有土地和附庸纳贡的制度加以明确起来。像《末日审判书》一样，1279—1280 年的《区卷》也是对当地居民代表人物加以宣誓询问的结果。专员们把所有的村庄连着登记在一起，在清册里载入以下材料：领主姓名、领地名称、它的规模和特免权、领主土地清算、农民土地及其应向封建主承担的义务的清单(有的十分详细)及自由地产和公社地产清单。由此可见，13 世纪的土地清册比《末日审判书》更为全面，还反映了庄园内部关系。可惜这种清册保存下来的只有包含约 700 个中部英吉利村庄的第十部分。《区卷》是 13 世纪末土地关系史方面的极有价值的史料，虽然

所提供的只是一部分区域的材料。有一种情况十分重要，这就是，既然在其中把所有的地产不分规模和所属一股脑儿地登记在一起，《区卷》就不仅提供了大庄园的，而且也提供了中小庄园的材料，同时这些材料也不是孤立地，还提供了和各村庄以及和其他庄园的相互关系的材料。总的说来，1279—1280 年的《区卷》使得有可能进行某些统计计算，而且以此为根据可以确定隶农土地和自由地产之间的对比关系以及封建地租的各种形态，阐明领主地产的规模、农民纳贡义务的性质和规模及其转换、公社土地的掠夺过程等。应该再次强调指出，在研究 13 世纪其他西欧国家历史方面，没有这类似的史料，由于这一点，历史学家们对于这些国家占统治地位的土地关系，所知道的情况就概略得多了。

13 世纪期间，编制了几次教会地产和收入的清册，其中最重要的是《教皇尼古拉四世的教会税章》（*Taxatio ecclesiastica An-*

161 *gliae et Walliae auctoritate Nicolai Ⅳ*），这是 1291 年遵照国王指令编制的。这个税章的目的是为了确定对教会财产的估价，以便向国王提供征收教会什一税的暂时权利。

所有上述 11—13 世纪的土地清册，无论是完整的，还是局部的，其中所提供的材料，如前所说，对于历史研究的主旨，都具有极大的价值。然而那还绝不是英吉利土地关系史的唯一史料。也像其他国家一样，在 11—15 世纪在英吉利也保存下来大量的各种各样的文书，有涉及土地的馈赠、遗赠和析产的；土地买卖、诉讼案件、豁免权、地租等方面的。这类文件大部分保存在文件副本簿中，最早的一部是 11 世纪末编成的 *Hemingi Chartularium ecclesiae Wigornensis*（在沃彻斯特教区）。其中还载有 9—15 世纪的许多国王封赐文书。在最大的修道院(拉姆塞、格洛斯特、恩谢姆、乌斯特及其他修道院)中的文件副本簿中,搜集了大量的各种文据和其他文件(土地清册、指示、诉讼案卷等),这是英吉利庄园制度历史的重要史料。拉姆塞的文件副本簿(*Cartularium monasterii de Rameseia*)包含了974—1436年的文件,其中有14世纪的一份修道院地产清册,是为了答复一份政府调查而编制的。格洛斯特郡圣彼得修道院契据集史(*Historia et Cartularium monasterii S. Petri Gloucestriae*)除了有12—13世纪的文书外,还有许多文件,包括这个修道院的881—1412年的简略的编年史。

除了这些珍贵文件以外,还有一种对研究庄园制度历史具有特殊意义的史料。极为详细地反映英吉利封建庄园内部结构的各种各样的史料,在12世纪已经出现,而从13世纪起变得特别众多起来,这为全面彻底地研究英吉利庄园经济提供了可能性。

英吉利的大教会地产(也有一部分世俗地产)的特点是,它很长时期跟寺院、领主等自己营地的大劳役制经济结合在一起,而与此同时,在大陆,封建主则相当快地变成实物地租,以及货币地租的单纯收取者。因此,正是在英吉利,由于大型农场的必需组织和由此而来的必要核算的需要而产生了各种各样的文件,这些文件获得了极为广泛的流传。应该及时强调指出,其中的绝大多数都是反映在大的,主要是教会的地产中形成的制度和关系的文件,由此教会地产就可能研究得更好。关于中小领地,也就是骑士地产的生活方面的文件中,保存下来的比较少,骑士地产比大地产更早地受到了发展起来的商品货币关系的影响。

在庄园起源方面的史料中,有一种清册,即所谓的庄园土地估价册(extenta)，占有重要地位，extenta 这个术语意味着估价，因为土地持有者的纳贡义务和领地收入，在清册中往往是(但并不必须是)用货币形式说明的。第一批寺院庄园清册属于 12 世纪初的产
162 物，而且实际上是一种地产登记簿，它们包括领主土地的清单，以及自由人的和农奴的所有地产，连同全部贡纳义务的详细清单。有时在其中还包含了关于先前的、也就是诺曼人征服以前的惯例的说明。这些清单是根据从农民那里搜集来的供述编制的，是为行政—经济目的而编制的。把对依附农民和农奴的剥削加以正规化。彼特博洛修道院的“黑皮书”(Liber niger)是最早的清册之一，编于 1125 年。格拉斯顿伯里修道院的清册属于 1189 年。伦敦的圣保罗教堂的地产清册(Domesday s. Pauli)是 1222 年编纂的；后来在其中补充了另外的 12—13 世纪的材料。除了土地估价册以外，还编制了实物租税清册(Customaria)，以及 rental——即农奴和依附农民的货币租税清册。从 13 世纪起土地估价册特别增多起来，其中有许多被收入了文件副本簿(例如格洛斯特副本簿中的 1265—1267 年的土地估价册，拉姆塞副本簿中的 1251—1252 年及其他年代的土地估价册等)。土地估价册的编制一直继续到 14 世纪。土地估价册是庄园惯例历史方面的重要史料，而这种庄园惯例乃是用以调整农民公社的生活和它与领主的关系的。

对大地产的代管人和村长曾有关于管理庄园和推行核算方面的专门指示，这些指示反映了庄园经济生活的一切方面。在 13 世纪中叶，出现了一篇无名氏论文《经营管理》(*Hosebonderie*)。这实际上也是给管理人员的指示，说明他们应该监督所有劳工和仆役的工作，给雇工支付工资，发放种子，丈量地块，报告收成和牲畜

等。另外一篇论文《庄园管理》(*Seneschaucie*)——属于13世纪末期作品，它的不知姓名的作者详细地列举了管理人、代理人、村长、农夫的职责，以及全部农业生产操作，这就为农业技术状况的图景提供了珍贵的材料。但是对农业技术阐述得最为充分的是13世纪中叶的一篇论文《经营管理》，这是瓦尔特·亨利写的，他本人是大地产的代管人，详细地记录了那时在农业技术和牲畜饲养方面积累起来的一切经验。在14世纪后半叶，两篇论文(即无名氏的和瓦尔特·亨利的论文*Hosebonderie*)都由法语译成了英语，并由此而获得了更为广泛的流传。

所有上面列举的论文描述的大庄园的经营和管理图景，当然都是有些理想化了的，夸大了粮食收获率等。个别具体庄园的真实状况，则记录在代管人的报告中(ministers' accounts)，这种报告是村长和代理人每年向王室、教会和贵族地产管理人呈报的。在报告中精确地说明了各种货币和实物收入(加上徭役的统计)，以及所有的开支。这些文件提供了特别重要和有价值的材料；其中还包含了折价转换过程发展的材料，关于与市场的联系(清楚地记载了投入市场的产品的规模)的材料，等等。有时连续许多年的报告完整地保存了下来。在这种情况下，它们一般都是英吉利庄园经济史的重要史料。在这类报告汇辑中，占首要地位的应数分布在英格兰、爱尔兰和威尔士的王室庄园报告，这些报告是从 163
1216年起保存下来的。1272年以前，他们国库总账目的一部分(卷筒账册—pipe rolls)[①]保存下来的还有诺福克伯爵的庄园报告

① 参见本书第179页。

的长期汇辑，以及特别重要的温彻斯特主教分布在各郡中的六十个村庄的1208—1445年的报告。

庄园法庭记录(court rolls)是庄园内部生活史的极为重要的史料。保留下来的最早的记录属于13世纪前半叶，它们乃是在庄园法庭上审理的案件的简单记录，提供了关于征课罚金和税款等等的材料。这种史料反映了庄园习惯法、领主法庭以及特别重要的农奴和依附农民反对封建剥削，反对圈占公社土地的终年不断的斗争。对包含在庄园法庭记录中的材料加以分析，就能把英吉利农村中的阶级斗争极为充分地追溯出来。根据同一种史料，也能把英吉利农村生活中的公社作用和它在组织农民反抗方面的巨大意义充分地追溯出来。

反映封建土地所有制的最后一大类史料出自王室国库。这国库在12世纪已经在国家生活中起着巨大的作用。反映这个机关的活动的各种文件大都与英吉利土地制度有着直接的关系。国库清查了贵族头衔持有者的所有的地产，为了征收继承税(继承土地的费用)、盾牌钱(代替军役的费用)、协助金，为了确立对未成年的监护权、为了征集军队等。所有这类史料中占首要地位的是《死后调查》(*Inquisitiones post mortem*，缩写为*IPM*)，1236年起就大量保存了下来，而且包括全英吉利的世俗地产。这些调查是由特别的王室官吏(稽查员)在贵族头衔直接持有者死后进行的，目的是为了征收继承税或确立对未成年的监护权。这种调查在交公或没收的土地转归国库时，也要进行。根据区陪审员的叙述，稽查员编制了庄园和地产的简要记录，并附有纳贡义务的说明，指明收入的总数及其组成部分，规定了继承者的权利。这种惯例自12世纪末已经存在了，但只是到了13世纪，方完全正规化起来，并获得了文字形式。

《死后调查》的主要价值在于，它包括了一切品级的世俗封建地产历史的材料，而且包括了所有的郡区；与此同时，庄园文件则主要包含大型的而且主要还是教会的地产；保存下来的《区卷》中的1279—1280年的一部分，则仅仅包括国家的不大一部分地区。由此可见，《死后调查》作为一种恢复土地制度图景的史料，它所能恢复的图景，比那些根据《区卷》或仅仅涉及大领地的材料可能恢复的图景，是更为无比广阔的。而且《死后调查》还包含了比《区卷》更为详细得多的材料。所有这一切，使得它们在其他的英吉利 164
土地制度史的史料中，占有特殊的地位。

13世纪后半叶，度支局根据《死后调查》编制了特别登记册，《采邑登记册》(*Liber feodorum* 或 *Testa de Nevill*)其中包含所有的骑士采邑、武士采邑的材料和属于王权经营的教会地产等等的材料。编制这部登记册的目的在于确定从每个封臣那里征收盾牌钱和协助金的数额。还有一种采邑清册，也具有同样的目的。这种采邑清册是在英吉利各地区根据《死后调查》和专门调查而编制成的(大概是在1284—1285年遵照度支局大臣契尔克比的指示编制的)。这两种登记册都提供了关于采邑和其他地产的数量的材料。

修道院长亚历山大·尼卡姆(1187—1217年)的论文《论诸器物》(*De utensilibus*)，是特别重要的。该论文约撰于1180年。作者描述了农民经济的图景，但提供的庄园资料是贫乏的。在这篇论文中，有农民园地、建筑物、牲畜的记载，有大量的各种各样的农具记载(详细地描述了耕犁)以及农民日常生活其他用具,及各种农活等的记载。

14世纪土地制度史的史料主要是庄园文件,因为大规模的国家调查登记在这时期已没有进行了。在15世纪,随着领主经济走向衰落,庄园史料的数量减少了,而且丧失了从前的意义。大量的领地档案在15世纪内战时期被毁灭了。土地制度的图景反映在散存于各种文件的材料中,其中包括租佃契约。

在英吉利城市史料中,最古老的(也像其他国家一样)是国王或封建主赐给城市的特权证书。《伦敦审判惯例》(*Judicia civitatis Lundoniae*)——可能也适用于伦敦郊区——已属于10世纪前半叶,约于1000年,在艾蒂尔利德二世的法律中,已经包含了伦敦惯例汇编。威廉一世还在其执政的头10年就颁赐了两份证书给伦敦,确认伦敦人的权利。前已说过,在《末日审判书》中载有关于11世纪城市的材料。在12世纪后半叶,特别是13世纪,城市证书的数量急剧地增加起来,因为很多城市获得了自治权或一系列特权。例如,伦敦于1131年得到了证书;诺里奇于1194年得到证书;利物浦于1207年得到了贸易特权并于1229年得到了自治权;约克于1212年得到了同样的权利。14世纪,早先处于教会封建主统治下的新城市,在顽强斗争之后获得了城市的特许证书。某些城市(大多是小城市),到了15世纪,才得到证书。

反映城市的内部生活的史料,出现于13世纪,但它们的主要部分产生于14—15世纪。每个城市中都编写一种文献录,通常按开本大小、封面颜色或负责人的姓名来标名,如布里斯托尔城的《大红皮书》(*Great red book*)。在这种文献录中收入了城市当局规定的各种各样的材料；市政委员会和城市法庭的记录、城市法律汇编、行会章程、城市政权法令，城市与政府及其他城市之间来往 165
函件等。其中也记载了财产关系文书：买卖、遗嘱、抵押。在港口城市的书中还记载了关税章程的文本以及颁给商人及其船只（标明其吨位和载重量）的护照的文本。有关于伦敦、布里斯托尔、利物浦、约克及其他大城市历史的史料，数量特别多。在伦敦的城市文献录中（Liber custumarum，约纂于 1320 年；1419 年的 Liber albus 及其他文献录）载有关于 13—15 世纪首都社会经济史和政治史，关于城市法律、关于伦敦和国外的联系等方面的大量有价值的材料。

英利吉手工业和商业的历史，反映在各种各样的史料中。对外贸易是由王室规章和法律调节的。1303 年的《商人规章》（*Carta mercatoria*）向外国商人提供了自由进入英吉利的权利，并确定了进出口商品的税率。1394 年的《谷物法》允许粮食从英吉利自由出口，1369 年的《航海法》规定英吉利商人只能利用英国船只。以后曾多次颁布过关于谷物和航海的法规。多数给商人行会特权的章程和手工业行会的章程都属于 14—15 世纪的文件。关于“学徒基尔特[1]”，也就是学徒秘密结社、仅仅保存下来一些贫乏的记载。“香料商人公会”是伦敦最老的基尔特之一，在 12 世纪末已经有名了，于 1345 年制定了自己的章程。伦敦“食品杂货批发商人公会”（Compaygnie des grossers）的章程，属于 1373 年。伦敦呢绒商、酒商、鱼商等章程编于 1364 年。手工业基尔特章程绝大部

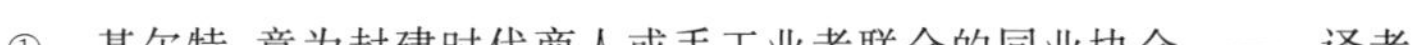

① 基尔特，意为封建时代商人或手工业者联合的同业协会。——译者

分属于 15 世纪。

大量的史料反映了 14—15 世纪的英吉利商业公会，特别是大公会的活动；14 世纪产生了纺织纤维公会（Merchants of the Staple 或 Staplers），它拥有经过货栈——主要是经过卡莱——由英国输出羊毛到大陆的垄断权。颁赐给这个公会的特权证书（1359 年的证书以及 15 世纪新的证书）是关于这个公会历史的史料。《纺织纤维的活动约章》（*Treatise concerning the Staple*）虽然撰于 16 世纪初，也提供了 15 世纪末的许多材料，保存下来的还有公会负责人的书信，它的正式文书，在议会中提出的申请书等。其中有一份申请书（1454 年的）中附有英吉利各种羊毛的清单。关于“冒险商人协会”（Merchant-Adventurers）有 1407 年和 1462 年的证书，还有 15 世纪末的议会法案。1564 年的《伊丽莎白的大特许证书》使这个公会具有了最后的组织形式。这个公会的会议记录汇辑出现于 16 世纪中叶，但那是根据旧材料编纂起来的。

私人档案是 15 世纪社会经济关系史的极有价值的史料。其中英吉利商业史反映在保留下来的某些商人的档案中，这些商人是商业公会的会员。如塞里、帕斯顿、斯托诺尔家族及其他等。这些档案主要包括商业账簿、账目和业务函件，按照这些文件，可以探溯出从古英吉利采购原料产品直到在大陆市场销售的全部出口贸易制度、信贷制度、价格的确立，以及商业利润的规模等。这些
166 档案中的文件（特别是帕斯顿家族——新贵族代表人物的档案中文件）对研究政治史和生活状况也是重要的资料。特别应提一下磅秤书，它是商人的指南，可能是纺织纤维公会的某人编撰的。此书收集了很多关于价格、会计、度量磅秤以及一般关于羊毛批发交

易实际业务的极宝贵的材料。

有关对外贸易的政府文件中，应该指出为卡莱港以外的港口输出羊毛而颁布的许可证。《关税账卷》(*Enrolled Customs Accounts*)，是特别重要的史料，其中包含了一切通过税关的商品的材料。在英吉利港口中(伦敦、布里斯托尔、赫尔及其他港口)，从13世纪末起，在那里已经进行征收关税的登记。根据这些一个个的决算报告，度支局编成了记录着全国关税收入的账卷。从14世纪中叶起，这类账卷显著地增多起来，因为在这时，对羊毛和呢绒的出口以及对酒的进口等，都确定了关税。这些材料，无论是对整个英吉利对外贸易的性质和规模，还是对国家的一大部分收入，都提供了极有价值的资料。

15世纪前半叶英吉利对外贸易的系统图景，包含在当时著名的合辙押韵的小册子《英吉利政策论》(*Libel on English Policy*)中，此书发表于1436年，大概是亚当·莫林斯写的，他后来成了齐彻斯特主教。作者对英吉利跟所有欧洲国家，甚至还有冰岛之间的贸易作了记述，在每一具体场合下都强调商品经营的有利或不利。例如，他指出跟葡萄牙通商特别有利，并为国人不直接跟西班牙通商而责备他们。在这篇论著中，他彻底地阐发了一种思想，即认为英吉利的强盛在于海上贸易，在于对海洋的统治，只要保住对帕-得-卡莱的控制，英吉利就可能控制全部欧洲贸易。类似的观念也包含在另一本发表于三十年之后的无名氏的合辙押韵的小册子中，它的作者主张禁止羊毛出口，保护本国呢绒制造业，加强英吉利的海上实力。这两部著作突出地反映了英吉利商人夺取象征着巨大利润的海洋霸权的企图。

由于对外贸易和航海事业的长足发展，海军部于15世纪编纂了一部海洋法和海上贸易方面的法律和惯例汇编——《海军部黑皮书》(*Black book of the Admiralty*)，其中把英吉利港口、荷兰、佛兰德斯和西班牙的法律与法兰西的习惯法等，综汇在一起，还有从1407年起的关于船舰的国王命令。

英吉利历史的法律史料不仅数量庞大，而且种类特别。强有力的王权在全国的确立，导致中央立法比大陆更快地发展起来，因此在英吉利，全国通行的法律比大陆诸国出现得早，很快就几乎占
167 据了全部诉讼领域。从14世纪起，议会的决议也并入其中，这些决议跟12—14世纪的国王法律一起，乃是研究中世纪英吉利生活一切方面的最有价值的史料。反映王室法庭日常生活的史料也大量地保存下来。还应该指出，贵族和后来的教会对巩固中央政权的顽固反抗，曾不止一次导致世俗和宗教贵族暂时取得政治胜利，他们的权利和特权通常被确定在“自由宪章”(chartae libertatum)中。

威廉一世颁布的法律中，保存下来的只有一个使教会裁判权分离存在的命令和一部《惯例汇编》的片段，这部汇编的名称是《威廉法规》(*Leis Willelme*)，法规是由私人编成的，大约成于12世纪初，用的是诺曼人方言，后来译成了拉丁语。传留下来的片段说明，旧的盎格鲁-撒克逊法律在那时还保存了自己的效力。

在12—13世纪，地方习惯法占了统治地位。这就是所谓的“庄园惯例”。它几乎在每个领地都具有某些特点。也正如大陆国家一样，英吉利地方习惯法也不是成文的，只能根据其登载在庄园法庭记录和土地估价册中的具体事实，来对它们加以考察。

在 12—13 世纪颁布了几种“自由宪章”。公元 1000 年的亨利一世宪章确认了教会和贵族的特权，而对老百姓则采用威廉一世修改过的前诺曼时期法律；1136 年的司提凡的两分宪章；1154 年的亨利二世宪章等。

这些文件中最主要的一件是著名的 1215 年《自由大宪章》(*Magna charta libertatum*)，这是贵族发动反对国王的暴动以后从无地约翰那里争得的。在谈判刚一开始，6 月 15 日，贵族向约翰提出了基本要求项目——“贵族条款”，以此为基础，于 6 月 15—19 日拟定出这个宪章的最后文本，这个文本有四份传留下来(它们无疑本来要多得多，因为贵族需要把这个对他们十分重要的文件加以广泛传播)，其背面有以下的批语：“国王约翰和贵族之间关于向教会和英吉利王国提供自由权利之协议。”(Concordia inter regem Johannem et barones pro concessione libertatum ecclesiae et ragni Angliae)。这个文件被赋予《自由大宪章》的名称，是由于依照先前的宪章，也由于它的广泛的规模。手稿中的文本没有分成条款，刊行者把它划分为 63 条。乍看起来，条款的顺序似乎没有系统性，但事实上它们大体是按照其对于贵族的重要性的顺序而排列的。这部宪章的内容只是在某些程度上类似于先前的同类自由宪章；整个说来，它乃是贵族根据 1215 年的具体情况而拟制出来的一个广泛的贵族权利清单。这些权利基本上归结为对封臣的贡纳加以精确的规定，以及全盘调整贵族和王权之间的关系。照宪章起草者的想法，这样一个一成不变的规章，应该保证确立贵族寡头政治而防止王权的加强。宪章的著名的第 61 条说明要成立一个专门的贵族委员会来监督宪章的履行，而且在宪章遭到破

168 坏时，赋予贵族以武装反对国王的权利。《自由大宪章》乃是保护贵族，也就是有利于反动封建贵族的利益而限制王权的一个文件。教会权利在宪章中占了首要地位，因为亨利二世在位时发动的王权对教会审判权的进攻尝试之后，教会极为关心巩固自己的权利，并在1215年向贵族提供了重大的援助。但是伦敦的权利在宪章中仅仅一般性地提到，基本人民大众——农奴的利益，没有得到任何反映。与此同时，宪章中有涉及骑士和自由农民的间接材料，因此，一般说来，这件史料的价值在于它包含着13世纪初社会和政治关系的一幅广阔的图景。

在13世纪期间，《自由大宪章》曾几次被确认（某些条款除外）。14—16世纪由于国家总的发展的结果，它根本失去了效用，而且完全被束之高阁。但是在17世纪中叶，在英国资产阶级革命时期，它起了重要的作用。英国资产阶级把它认作英国的“自由”和议会权利的基本宪法。在19—20世纪，英国和美国资产阶级历史编纂学家认为《自由大宪章》似乎是所有英语民族的民主法权的基础。

国王立法早在12世纪就已获得显著发展。亨利二世在位时，颁布了一些关于诉讼程序改革，关于武装和森林等的法令，还有限制教会审判权的1164年的《凭拉林敦约章》。13世纪开始编制英吉利习惯法（common law），这是从各种不同成分中逐渐形成的；盎格鲁-撒克逊法律，诺曼惯例，王室法庭实践，其中还部分地有罗马法和教会法的因素。英吉利的特点是在这里没有成文的地方

(省区)习惯法汇编,而这类汇编 13 世纪在法兰西、德意志及其他地区都出现了。这是由于英吉利较早出现了国家中央集权化,统一的王室诉讼制度和全国必须一体遵行的国王立法迅速发展起来的缘故。大量的法律,即所谓的法令,起初是取得贵族同意的,而以后,从 14 世纪起,取得议会同意而发布出来这些法律是研究许多问题,特别是研究国家的中央集权化过程的珍贵史料。1235 年允许领主圈占公社土地的麦尔顿法令开创了一长串的英吉利特有的圈地法令的端绪。爱德华一世在位时出现一系列重要法律。1275 年议会通过的第一道威斯敏斯特法令,使 1258—1265 年由"诸侯战争"的结果而形成的国王和封建主之间的相互关系合法化起来,同时它还调整了王室司法和王室行政的实际关系。1285 和 1290 年的第二、第三道威斯敏斯特法令所追求的目的是加强王权,限制封建主裁判权,巩固骑士和部分商人的地位,保护自由土地持有者免受领主专横压迫。同时领主也得到一系列权利:扩大了圈地的可能性、巩固了长子继承制(只有长子可以继承地产)、巩固了领主对于被他们的持有者所卖出的土地的封建权利。有名的 1279 年的"死手法"确定了教会地产增长的限度。 169

14 世纪在英吉利出现了雇佣工人,关于他们历史的史料,有劳工立法,这类立法的第一个法令是 1349 年 6 月 18 日的工人法规。"自始就是为了剥削工人,而在其发展中一直与工人阶级为敌的关于雇佣劳动的立法,在英国开始于 1349 年爱德华三世的劳工法……法律规定了城市和农村、计件劳动和日劳动的工资率,农村工人受雇期限应为一年,城市工人则应在'自由市场'上受雇。支付高于法定工资的人要被监禁,但接受高工资的人要比支付高工资的人受到更严厉的处罚。”[①]在14—15世纪，还颁布了几次这类法令，而且对工人的惩罚措施具有一次比一次更加残酷的性质。

除了法律以外，王室法庭的各种文件，对于研究英吉利社会生活，具有巨大的史料价值。这类文件大量地保存了下来，它们含有关于阶级斗争、自由农民，以及统治阶级内部所有权关系等方面的最有价值的材料。中央王室法庭审理案件的记录卷册（rotuli curiae regis）大约从1180年就开始编制，传到我们手中的第一部卷册属于1194年；起初所有的诉讼都记录在一起，但自1234年国王法庭分成为几个审判庭起，出现了普通诉讼庭的单独记录卷册（rotuli placitorum coram rege）和国王推事庭的卷册（rotuli placitorum de banco）。从1235年起，分设出度支局法庭，以后又有首相法庭、犹太案件法庭、森林案件法庭等等，每一个法庭都有自己的记录。王权反对企图阐明自己权利合法性的封建主的诉讼审讯记录，记在一个专门的卷册中，即所谓的Placita de quo warrante。有关诉讼程序的文件（brevia、writs），保存下来的极为众多，还有1292—1535年的年鉴（Year books）也保存了下来，其中载有实际司法人员所写的审讯案件记录。

由于王室立法的迅速发展和普通法的编成，在英吉利很早就出现了专门的法学论著。其中第一篇是拉努尔夫·格兰威尔（死于1190年）所撰，作者是1180—1189年的高等法庭首席推事。他的著作名为《论英吉利王国之法律及习惯》（*Tractatus de legibus et consuetudinibus regni Angliae*）。其中系统地论述了亨利二世

① 马克思：《资本论》第1卷，俄文版，第742页。

司法改革之后形成的王室及其他诉讼程序。作者把农奴（隶农）跟奴隶同等看待，而且极为坚决地保护统治阶级的利益。更为明显的阶级观点反映在亨利·布拉克顿（死于1268年）的著作中。他的论著名为《论英吉利之法律及习惯》（*De legibus et consuetudinibus Angliae*），撰于1250—1258年。布拉克顿曾是巡回法官，后来做了艾克塞特大教堂的主教。他研究过罗马法和教会法，作为实际司法人员，在自己的著作中对英吉利普通法作了第一次论述。 170
他的论著也是对于领主对公社土地的私有权进行法学论证的第一次尝试。在此以前不久，于1235年颁布了麦尔顿法令，允许领主圈占公社的部分土地，加剧了农村阶级斗争。布拉克顿力图证明，公社土地似乎是领主的慈善施舍，而不可能属于农民。他的论著是从封建主利益出发的法权理论的明显例证，这种法权理论目的在于反对农民和他们对侵占公社土地的抵抗。布拉克顿的笔记簿（note-book）也是很有价值的史料。其中包括约200件审讯案件记录，这些案件都是13世纪中期在国王法庭审理的。这部材料（是准备来为写那篇论文使用的）提供了13世纪英吉利农村阶级斗争史方面的极为重要的史料。

大约1290年，在弗里特监狱，有一个不知姓名的作者写了一篇论文，题为《弗里特或英吉利法律诠释》（*Fleta seu commentarius juris Anglicani*），实际是对布拉克顿著作的简单转述，再补充一些爱德华一世的法规。有关庄园组织的那部分是土地关系方面的珍贵史料。14世纪初出现了关于英吉利法律的概述论著《法官之镜》（*Miroir des justices*），是伦敦市政委员会委员恩德里·戈尔恩（死于1328年）写的。

11—12 世纪的英吉利政治史，主要反映在年代记和编年史中。从 13 世纪起年代记消逝了，而编年史和政府机关的大量文件资料就成为政治史的基本史料。

诺曼人征服之后，英吉利和诺曼底的教会机构之间建立了密切的联系，这就促进了诺曼底历史编纂传统和拉丁语在新修道院的传播。与此相反，在旧有的盎格鲁-撒克逊修道院中，特别是其中那些位于边疆或北部的修道院，在年代记编纂和圣徒传编纂方面，顽强地保持了旧传统。在乌斯特修道院（位于离威廉没有征服的威尔斯不远的塞维棱河岸）和彼特博洛修道院（在林肯郡的难于到达的沼泽地区）中，用当地方言写成的，主要记载当地历史事件的《盎格鲁-撒克逊编年史》，保持得特别长久，而且一直续编到 1154 年。但是在以后，它也像许多旧的圣徒传一样，被译为拉丁语。然而北部诸郡的修道院继续过着自己的独特生活，在其中编纂的年代记，不仅在内容上仍旧是地方性的，而且形式上（除语言外）直接跟旧的盎格鲁-撒克逊年代记体系衔接着。比德的《教会史》和诺森伯里亚的年代记与编年史，在北部形成了一部特别的记述讫于 1126 年的历史著作汇编。它被乌斯特修道院的修士弗洛棱兹（约死于 1117 年）广加利用，后者写了一部记述讫于 1117 年的编年史，此书后来在那里被继续记述到 13 世纪末。另外一个修
171 士，德拉姆的西米昂（约 1060—1129 年）曾写了《英王史》（*Historia regum Anglorum*）一书，他先是在贾罗修道院（比德当年曾在那里生活和写作过），后来到了德拉姆。他在自己那部著作中，对前述那些材料作了改编，并把历史事件叙述到 1129 年，他的著作后来在德拉姆被继续编述到 1154 年。因此，可以断言，到 12 世纪

中叶为止，也就是亨利二世登基为止，在英吉利北部存在着一股年代记编纂的特殊潮流，它继续保持旧的盎格鲁-撒克逊传统，而且主要是阐述北部诸郡的历史。

至于南部，坎特伯雷成了那里新的英格兰—诺曼底教会中心；坎特伯雷大主教兰弗兰克（死于 1089 年）是威廉一世的首席顾问，他帮助国王使盎格鲁-撒克逊的僧侣界臣服其下。国王和兰弗兰克的宗教政策，及以后的继位者为保护教会的巨大特权而与国王进行的斗争，都由一个接近大主教安色尔姆的修士依德梅尔（约 1060—约 1124 年）记载于他的《英吉利变迁史》（*Historia novorum in Anglia*）一书中，此书撰于 12 世纪初，叙述讫于 1122 年。

无论是旧的，还是 11 世纪末新出现的修道院的年代记，都是越往后数量变得越多，而且越加详细。在许多修道院中，它们演变成内容丰富的修道院编年史，一直存在到 15 世纪。其中包含关于一般英吉利历史，例如 13 世纪的诸侯战争史等方面的丰富事实资料。英吉利的修道院历史编纂之所以存在那样长久（比较其他西欧国家而言），其原因在于英吉利修道院和教会封建主的经济实力和政治作用。应该指出的有，伯尔顿、图克斯伯里、诺里契图、梅尔洛兹、温顿、威维里、乌斯特、拉姆塞、约克等修道院的年代记，伦敦圣保罗教堂年代记（*Annales Paulini*）以及尤应指出的圣奥尔班修道院的年代记，关于后者后面还要论述。

从 12 世纪中叶起，维尔特郡西南的马尔姆斯伯雷旧修道院跻居于占首要地位的修道院行列之中。这个修道院跟诺曼底和欧洲的其他英格兰诺曼底统治区，保持着密切的联系。在那里，于 12 世纪前半叶出现了几部历史巨著，都是马尔姆斯伯雷的威廉（死于

1142年)写的。威廉是一个半法兰西半盎格鲁-撒克逊人,受过良好的古典教育。他为自己的修道院积极地搜集了稿本,研究了有关英吉利历史的所有文字资料,根据这些资料编纂了关于英吉利教会史和一般英国史的两部巨著。其中之一是《英吉利主教事迹》(*Gesta pontificum anglorum*),包含601—1125年时期。另一部是《英吉利国王事迹》(*De gestis regum anglorum*),记载了449—1125年的历史,后来由作者本人续述到1142年。马尔姆斯伯雷的威廉的编年史不仅以叙述的系统性为特色;而且与北部编年史相反,他把12世纪中叶以前的全部英国一般历史当作一个统一的历史过程而叙述出来。在有关亨利一世执政时期的原作的那部分,叙述了重要的事实材料。值得注意的是,在《英吉利国王事迹》中,作者收入了许多民间歌谣和叙事诗。

另外一部撰于12世纪的英吉利通史,是辅祭长亨廷顿亨
利(约1080—1155年)撰写的。他是最有影响的英吉利教会
首脑之一,林肯主教的亲信人物,在后者的要求下撰写了《英
172 吉利历史》(*Historia anglorum*),其中包含起自罗马征服不
列颠,讫于1154年的事件。作者还在其中补入了自己的诗歌
作品,其中包括题于林肯主教庭院的题铭诗歌。这部编年史
的独创部分却详细而生动地叙述了司提凡时期给英吉利人民
带来严重灾难和破坏的贵族叛乱。这一部分,随着斗争——
包括亨利的庇护者在内的教会大封建主参与其中——的曲折
演变,作者曾作了不少于五次的改写和补充。

金雀花朝的亨利二世在位时期，随着王权的加强而出现了官方王室历史编纂学。这一历史编纂体系的第一部著作是匿名编年史：《国王亨利二世及理查一世之事迹》(*Gesta Henrici* Ⅱ *et Ricardi I regum*)，包含1169—1192年的事件，可能是王室财政大臣后来做了伦敦主教的理查费兹尼尔撰写的。这部编年史中收入了许多文件。它包含着丰富的以官方精神来反映的英吉利政府内外政策的事实材料。

罗杰尔·高福登(约死于1201年)的编年史具有更为广阔的范围。他是约克郡人，德拉姆主教的朋友，后来做了北部郡区的王室官吏，并履行过一系列重要的外交使命。这类活动使他得以接触到档案，并使他获得了充分的情报。高福登的编年史是按照英吉利编年史的旧格式编纂的，也就是说叙述从449年开始。它的最后一部分，包括1170—1207年时期，是极有价值的历史资料。这部编年史中收入了大量的、各种各样性质的文件资料：与法兰西、苏格兰、西西里签订的条约；教皇的教令及大量的公文函件等。亨利二世以及特别是狮心理查的外交政策，跟法兰西的斗争，占领西西里的计划，第三次十字军远征以及理查的被俘——所有这一切高福登都极为详细地作了记载；这使得他的编年史不仅对英吉利的历史，而且对12世纪末所有欧洲国家的历史，都具有珍贵的史料价值。有关英吉利—法兰西斗争历史的许多材料，包含在拉尔夫·狄塞托(约1120—约1202年)的《历史景象》(*Imagines historiarum*)一书中。狄塞托原籍法兰西，做过辅祭长，后来做了伦敦教堂主教。作者利用了丰富的文件资料，详细地叙述了1148—1202年的历史，特别是跟法兰西的关系和与金雀花朝的法

兰西领土时联系。

亨利二世的宗教政策和他与坎特伯雷大主教托马斯·伯克特的斗争，明显地反映在编年史和12世纪后半叶的其他历史著作中。在托马斯·伯克特的许多圣传和坎特伯雷的格尔瓦兹的编年史中贯穿着表现十分鲜明的教会倾向。在索尔兹伯里的约翰（约1120—1180年）那篇写于1159年的《论朝廷的轻浮》（*Policraticus*）论文中，作者作为伯克特的亲信，捍卫教会高于王权的原则；罗杰尔·高福登和他的前驱，《亨利二世及理查一世之事迹》的匿名作者，则持着相反的立场。另一部重要而有价值的编年史的作者，纽堡的修士威廉（1136—约1198年），也支持国王，谴责教会和伯克特。他是约克郡人，而且属于盎格鲁-撒克逊族籍，但在自己编年史的范围和内容方面却与旧的北部历史编纂传统割断了关系。他的《英吉利史》（*Historia anglicana*）的第一部分只是从诺曼征服开始，而且是依据文字史料编纂的。为了记载作者同时代的历
173 史，他利用了文件和亲自观察的材料。威廉对12世纪中叶贵族叛乱时期的混乱和灾难提供了一幅极为清晰的图景，力图从王权利益出发，来揭示它的原因和结果。

12世纪英吉利教会的实力反映在许多的主教自传中〔伯克特、林肯的主教胡果和列米吉、纽敏斯特修道院院长罗伯特等人的自传中〕。主教自传像所有这类著作一样，提供国家一般政治史的不少材料。在12世纪已经有了大量的最有影响的高级教士、国王和其他国家活动家的书信（坎特伯雷大主教、亨利二世，史事采编者亨廷顿的亨利及其他人的书信）。

这都是重要的历史资料。

英吉利封建社会面貌和亨利二世时王宫的宫廷生活反映在一部有趣的奇闻轶事集中，它的作者是沃尔特·马朴（约1140—约1216年），其标题为《宫廷琐记》（*De nugis curialium*）。还有一些流浪者诗歌（源自法语goliards，此外指讽刺性和谐趣性的学士歌谣）和克尔特民间传说（即所谓的“阿瑟王尔图集”）大约也是他写的。威尔士人孟茂斯乔的弗鲁阿（约1100—约1152年）曾写过一部《不列颠人史》（*Historia britonum*），这与其说是一部历史著作，毋宁说是一部文学遗籍。在它问世之后，从12世纪中叶起，关于阿瑟王和他的骑士的克尔特民间传说，不仅在英吉利，而且在大陆，都获得了极为广泛的流传。它们成了一系列武侠小说的基础，这些武侠小说是欧洲骑士阶层文化和生活历史的很有价值的史料。

从12世纪中叶起，英吉利人开始了对爱尔兰和威尔士的征服，同时也出现了关于爱尔兰历史的英吉利史料，也有爱尔兰和威尔士的记载，其中第一批材料是威尔士的吉拉尔德（1146—1220年）的著作。他于1185年随同约翰（后来的“无地者”）到了爱尔兰，并在随后年代首先写了《爱尔兰地志》（*Topographia hiberniae*），这是对这个国家和其居民的纪实。其后又写了第一次入侵历史（*Hibernia Expugnata*），恩格斯对《爱尔兰地志》作了以下评价：“这部书是用极端矫揉造作的拉丁语写的，充满了最野蛮的迷信和一切宗教与民族偏见，这些迷信和偏见是这位讲求虚荣的作者所生活的世纪，所身处的时代本身具有的。但这部书作为外国关于爱尔兰的第一部较详细的纪实，毕竟还是极为重要的。”[①]吉拉尔德所写的《威尔士旅行记》（*Itinerarium Cambriae*）和《威尔士纪实》（*Descriptio Cambriae*），也带有同样的性质。他的自传（Libri de rebus a se gestis tres）中包含着许多引人入胜的描写和评述，因为作者曾亲近地结识过英吉利和法兰西的国王与大封建主和教皇英诺森三世等。

13世纪是王权和诸侯的残酷斗争的世纪，是英吉利议会出现的世纪，这一世纪的最重要的英吉利编年史是圣奥尔班修道院编年史。这个修道院是英吉利最有影响最为重要的修道院之一，位于距伦敦不远的从首都通到北部的交通要道上。从11世纪末起，这个修道院就以其图书馆和书写室而声闻遐迩；金雀花朝王室为其提供了庇护，而且经常朝拜它。这个宗教中心的作用部分地类似法兰西的圣德尼修道院的作用，而且圣奥尔班编年史也有某些特点类似法兰西王室编年史汇编，虽然前者并没有像法兰西那样
174 形成一部统一的、包括讫于15世纪中叶的国家历史的总汇辑。但是与此同时，它们之间也有区别，这是由法兰西和英吉利的王权发展的历史条件的区别决定的。圣德尼修道院跟卡佩王朝的联系比圣奥尔班跟金雀花王朝和其他英吉利王朝的联系，要远为密切得多。而加强王权的政治路线，在《大法兰西编年史》中，比在圣奥尔班编年史中也显得强烈得多。围绕巴黎而进行的法兰西领土的合并，跟金雀花王朝之争夺法兰西领土的斗争——这些构成了法兰

① 《马克思恩格斯文库》第10卷，俄文版，第86—87页。

西王室汇编基本内容的题材。这在英吉利汇编中，并没有找到自己的类似地位，因为英吉利国家在13世纪已经统一起来，不仅没有反对外敌进攻的需要，而且相反，它本身在法兰西和爱尔兰推行着征服政策。中央集权问题，在英吉利也没有表现得像在那时期的法兰西那样尖锐。至于国王和叛乱贵族的斗争，在这方面，圣德尼史事采编者仍始终是对封建主持敌对立场的，而同时期的圣奥尔班的编年史家们则往往同情贵族。

圣奥尔班的历史性质的记载，从11世纪末开始进行，而在12世纪出现了材料范围相当广泛的年代记。修道院长泽拉的约翰把这些年代记记述到1188年，罗杰尔·文多维尔（死于1236年）续记到1235年，后者把自己的著作称为《历史之花》（*Flores historiarum*），从创世记开始叙述。1201—1235年的事件叙述得特别详细。文多维尔的编年史中，不仅反映了英吉利历史，而且也反映了其他国家，特别是法兰西的历史，这是因为金雀花朝在法兰西有自己的领地而且为保卫这些领地而进行着斗争。

文多维尔的直接后继者是巴黎的马特维（Matthew Paris）（死于1259年）。他无疑是所有英吉利史事采编者中最有影响的一个人物。而他的著作是最好的欧洲编年史之一。马修曾就学于巴黎大学（绰号由此而来），而且是13世纪欧洲最有学识素养的人物之一。他精谙古典文学、哲学和主要的欧洲及世界编年史，更不用说关于英吉利的编年史了。他对科学有着强烈的兴趣：他研究了天文学、几何学、制图学、医药学，同时还是书法家和纤细画艺术家。马修于1217年进入圣奥尔班修道院，成了那里的书写室领导人，但是对于作为史事编撰者的他来说，他在修道院墙外所度过的生活，更为重要得多。他作了几次周游英吉利的旅行，曾受教皇委托到过挪威，而且最为重要的是，他经常滞留宫廷，受到亨利三世的特别庇护，甚至有时还出席了重要会议，为自己的编年史收集和记录了材料。他不仅从英吉利的活动家那里，而且从他与之通信的欧洲活动家那里，获得了大量的材料和文件，更不用说他广泛地利用了保存在本修道院的文件资料了。

马特维对文多维尔的编年史作了修改，并作了补充（从 1200 年起），还把它续述到 1259 年，在其中加上了一个作为补充的文件汇编（*Additamenta*）。所有这些综合起来，标题为《大编年史》或《大历史》（*Chronica majora*，*Historia major*）。此外，马特维还编纂了一个缩编本：《小历史》或《英吉利历史》（*Historia minor*，

175 *Historia anglorum*），所包含的时期是 1067—1253 年。显然它是用来献给亨利三世的，因为这本书一切相悖于《大编年史》的修改，目的都是为了缓和甚至完全删弃一些对于国王和教皇等人的尖锐谴责。然而，值得注意的是，无论是导致《自由大宪章》的 1215 年事件的叙述，还是对无地者约翰的否定评价，马特维都不加修改地保留下来了。他对 13 世纪初诸侯与国王的斗争，记载得十分生动，而且在他撰写的封建贵族阵营的领袖之一、坎特伯雷大主教斯提凡·兰吞的传记中，他对大主教和诸侯的纲领与行动加以辩护。马特维既对罗马教廷和它在英吉利的政策无所顾忌地表示了自己的谴责，也对在国王周围施加影响的法兰西人表示了不满；他也批评了亨利三世的某些方面的政策。总的说来，他的著作是 13 世纪前半叶英吉利历史的较有价值的史料。

在巴黎的马特维之后，圣奥尔班已经没有在一般素养和广博

见识方面能与他匹敌的编年史家了。但是,编年史的纂修并没有终止,虽然从14世纪初起,它们已没有辑成一个统一的汇编,而是独立地存在着。仅仅在14世纪初,对巴黎的马特维的大编年史,作了包含1259—1306年事件的续编。

1307—1323年时期,是由特洛克劳的约翰修士的编年史填补起来的。14世纪圣奥尔班的首要的史事采编者是一个不知姓名的修士,他的著作是包含1328—1388年事件的《英吉利编年史》(*Chronicon Angliae*)。14世纪末,修道院的书写室主任托马斯·沃尔辛安(约死于1442年),开始撰写《英吉利历史》(*Historia Anglicana*)。自1272年至1377年这段时期,是以先前的圣奥尔班年代记和编年史为基础的,这以后直到1422年,其中包含着关于整个国家历史的极为详细和珍贵的材料。沃尔辛安对他之前的一部匿名编年史作了许多补充,这些补充主要是从保存在修道院的文件中征引来的。起初,沃尔辛安编年史的政治倾向是敌视兰开斯特家族的,但在亨利四世登基之后,他的文本改变成相反的倾向。沃尔辛安时期,修道院中还编纂了另外一部著作:《圣奥尔班修道院长事迹》(*Gesta abbatum monasterii S. Albani*),在其中,历史材料是按照793—1411年的修道院长的单篇传记来编排的。在这部著作中的1308—1381年的修道院历史,属于沃尔辛安的手笔。在这部《事迹》中,也正如那时期的其他寺院编年史一样,包含着大量的反映经济生活和大寺院庄园管理的文件。这种材料对于社会经济关系史是很有价值的。

圣奥尔班历史编纂体系的最后时期,编成了两部贫乏而枯燥的故事汇集:1421—1440年的汇集和1422—1431年的汇集。还

有修道院院长约翰·威坦斯特德的1420—1440年和1451—1465年间的记事录。这些记事录提供了红白玫瑰战争第一时期历史方面的材料。

在一部匿名编年史和沃尔辛安的编年史中，包含着可供阐明瓦特·泰勒起义进程和起义农民纲领的相当丰富的材料。那部匿名编年史的作者在自己的著作中收入了一些文件（例如国王命令），并转抄了对起义历史十分重要的一些史料，诸如约翰·保尔
176 1381年6月13日向起义农民所作的演说，和所谓的约翰·斯特劳的《箴言》，也就是一位起义领袖被处死前所作的陈述。沃尔辛安以关于一般起义、特别是关于圣奥尔班修道院的耕地农民的起义的新材料，补充了他的前人的文本。他引抄了国王证书的本文，该证书是在迈尔·恩德谈判之后颁发给哈特福德郡农民的，这一证书特别重要，因为颁发给其他郡农民的类似证书都已泯灭无遗了。这两位僧侣都对起义农民怀着强烈的阶级仇恨，把他们称为“最讨厌”的人。但是总的说来，他们的叙述并没有怀着蓄意歪曲和污蔑起义历史的目的。在匿名编年史中，甚至还提到封建主的横暴，政府官吏的勒索，把这些看作是起义的原因。

瓦特·泰勒起义历史的最充分的史料是一部用法语写的匿名著作，这就是包含1333—1381年事件的约克的《圣玛丽修道院编年史》。但只是到了19世纪末才发现和刊行出来。可能它是在起义之后不久在伦敦附近编撰成的。它的作者是一个修士，而且大概是事件的目击者，他谴责起义农民，但他把起义历史叙述得那样的详细、生动而有声有色，这是在其他史事采编者的著作中见不到的。

勒斯特牧师亨利·奈顿编了一部编年史，其中富有特色的部分(连同续篇一起)包含了1336—1395年的事件。

1381年起义在这种编年史中没有占据像上述那些编年史那样多的篇幅。但是作者却对罗拉德派历史(作者对它持否定态度)提供了珍贵材料，提供了起义农民檄文的本文，描述了勒斯特起义进程等。弗鲁瓦沙尔在自己的编年史中，用叙述扎克雷的同一精神[①]来叙述了瓦特·泰勒起义，他所提供的在相当大程度上是杜撰的，其叙述显然是歪曲起义的历史。

文件资料，也就是审判委员会的记录——这个委员会是国王任命来查究和审判起义者的——与编年史所提供的材料一起，使得有可能极为充分地追溯出起义的进程，阐明它的性质。特别应该强调指出，审讯记录中包含着直接涉及起义农民本身的极为重要的材料，这是与扎克雷历史的文件资料不同的，后者只是间接地说到起义，因为那些文件资料主要是颁发给大多是起义的临时和偶然的追随者的赦免书。

特别应该强调诸如民间歌谣、叙事诗和反映人民生活的文学作品那样一些史料的重要性。它们特别重要的原因在于，只有在那些史料中，遥远时代的人民群众的声音才传到了我们的时代。因为编年史除了极罕见的例外，都是统治阶级代表人物写的，并且贯穿着这个阶级的意识形态。以口传形式保存下来的大量民间歌谣和叙事诗，在15世纪或更晚一些被记录了下来，它们明晰地反映了英吉利人民的优秀品质：勇敢、坚毅，自豪感、跟压迫者和横暴

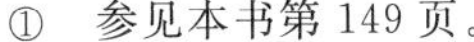

① 参见本书第149页。

者斗争的顽强精神。在关于人民英雄罗宾汉的长篇叙事诗，主要内容是农民跟封建主、法官、恶吏等的斗争。14 世纪的其他一些
177 歌谣也叙述着这同一个主题：《农夫谣》《被置于法外者之歌》，等等。

威廉·朗格兰德（约 1332—约 1400 年）曾写过一首诗，题为《农夫彼得的幻想》（*Visions concerning Piers the Ploughman*），这是在许多年间写成的，有三个版本保存下来，其中包含着瓦特·泰勒起义前夕的英国社会，特别是农民的一般状况的宝贵资料。最重要的是这首诗的第二部分，其中对地主和农民的生活习俗以及农民的日常劳动，都作了生动具体的描述。诗中所描写的主人公农夫彼得是一个富裕农民，他使用雇工，承认农奴制。但是诗中表现了对笼罩世间的黑暗不公和统治者的霸道横行的反抗，这使得它在农民中大受欢迎。约翰·保尔在自己的檄文中引用了这首诗的许多思想和格调。

有一部《杰克·斯特劳起义》（*On the rebellion of Jack Straw*）的匿名诗，是正值起义的年代写成的，记载了不堪忍受的租税压榨和无所不取的贪官勒索。在另一些诗歌作品中，记载了关于起义者的重要材料。

关于农村社会关系、关于隶农和农业工人状况的某些材料，可以在肯特贵族约翰·高厄尔的拉丁语的《大声疾呼》（*Vox Clamantis*）一诗中得到。这首诗作为封建主在起义农民面前的恐慌的证据，也是重要的。

关于 14 世纪英吉利政治思想史的重要史料，有威克里夫

的著作，特别是他的《论世俗政权》的论文，其中包含对天主教会的教阶政治的批判，和教会地产国有化的要求。

彻斯特修士西格登（约1280—约1363年）编纂过一部《编年通史》（*Polychronicon*），这纯粹是一部1352年前的世界编年史的纂辑，但还是应该提到它，因为它在14世纪中叶获得极为广泛的声望，而且很快被译成了英语。西格登本人是传授祖国语言的热心倡导者，他是写于14世纪末的编年史的译者，已经表明英语对法语取得了完全的胜利。

在英吉利存在着由王国首都伦敦市政委员会成员编撰的、相互依次衔接的内容丰富的编年史，这是英吉利中世纪历史编纂学的独有特点。包含着某一城市的二三百年历史的城市编年史，主要是政治分裂的国家——意大利和德意志所特有的。在那些成功地实现了统一和中央集权化的国家，例如在法国和某种程度上的西班牙，这类历史著作的比重也就不大。例如在巴黎，完全没有自己的城市编年史。在伦敦，这类编年史则从12世纪中叶就已经开始撰修了，因为从保存下来的1195—1330年的伦敦年代记看出，它的开端部分已经丢失了。这部著作的作者大概是伦敦市政委员会的一位委员。它的第一部分（1245年以前）具有纂辑的性质。在这种年代记中全文引抄了许多文件。尽管从其他编年史中进行征引，但整个说来，这部史料，特别是1316—1330年一段，提供主要是本地历史的材料。而在13世纪，当时伦敦元老阿诺德·菲兹-泰德马尔编撰了一部《伦敦市长及执法官编年史》（*Chronicles of the mayors and sheriffs of London*），包含1188—1276年时期，其 178

中1236—1274年这一段特别详细。在这部编年史中，正如所料，彻底地贯穿着一条支持王权反对叛乱贵族的路线。14世纪中叶以同样的精神编成了《伦敦编年史》(*Chronique de London*)，是用法语写的，包含的时期是1259—1343年，内容也超出了市政委员会范围。它的不知姓名的作者，在其中叙述了全英吉利的历史，而且记载了伦敦行会史的许多有价值的资料。大约1414年，全部积累起来的记录材料用英语编成了一部大型的城市编年史，后来获得了若干次续编，并有几种版本。伦敦的执法官，以后的市长威廉·格里高利(死于1467年)，及其他人编撰了一部1440—1469年时期的编年史，这些数量众多的伦敦编年史文本，乃是15世纪英吉利历史的最充分、最重要的史料。这个首都在全国经济和政治生活中的巨大作用，在15世纪，由于形成英吉利民族条件的成熟而增长起来。伦敦不仅成了英吉利的政治中心，也是它的经济和文化的中心。也正是在这同一时期，长期的封建内战使王权暂时削弱了。几乎所有英吉利封建贵族都卷入其中的残酷的王权战争，使得正式的王室历史撰修的发展和完善成为不可能，这就是伦敦编年史长期存在和其具有性质的原因，这些城市编年史在一定程度上反映了这个国家的历史，而且由此在一定程度上填补了15世纪英吉利王室历史纂修的空缺。伦敦编年史之所以具有巨大的史料价值，还在于15世纪其他的英吉利编年史大多是无足轻重的著作，但总的来说这些著作对那时期的英吉利历史也还是提供了不少事实材料。

原来意义的编年史整体衰落，一般说来乃是15世纪的规律性现象。前已说过，这与封建社会中所发生的全部变迁有着密切的联系。从 14 世纪起，大量的文件资料已经成为政治史的基本史料。

英吉利议会史的史料，是以 1258—1265 年的贵族战争过程中出现的文件开其端倪的。关于舞弊行为问题的诸侯请愿书、1258 年的牛津法规、1259 年的威斯敏斯特法规，实质上是贵族党拟定的封建宪法。接踵而来的是路易九世的仲裁法庭，所谓的 1264 年的亚眠协议，和被俘国王亨利三世在这同一年签署的《王国管理形式》。1266 年的《坎尼尔索裁决书》确定了国王和议会之间的和平条件，依据这些条件，国王获得了全部政权。1297 年颁布了“赋税否决权”法案，国王遵照这个法案不经议会同意不得征收任何赋税。关于选举下院议员和邀集上院议会的国王公文（writs），从 1274 年起保存了下来。所有的议会决议，包括各种请愿书和法律草案，都记入了《议会案卷》（*rotuli Parlamentorum*）中，它包括的时期是 1301—1483 年，议会法规，也就是经议会通过和国王确认的法律，从 1483 年起也开始收入议会案卷中。应该指出，15 世纪
时，在这些法规和议会法案中，英语已经占了完全的优势。有一篇 179
匿名论著《议会管理制度》（*Modus tenendi Parliamentum*）撰于 14 世纪的最后 25 年内，是一部重要史料。作者记载了议会的组成成分和其工作程序。但是应该指出，这篇论文中，不仅反映了议会活动的实际情景，而且也阐述了它应该执行什么样的理论观点。它夸大下院意义和贬抑贵族院权力的倾向，反映了这篇著作的匿名作者是在维护那些集团的利益。

最后一大类文件史料，是王室行政机构材料。其中占首要地位的是度支局的为数众多的文件，郡守及王室其他官员必须每年

作出财政收入报告。这些报告记入特别的筒卷“pipe rolls”(这个术语的起源尚不清楚)。这类筒卷所包含的时间是1130—1832年这一大段时期,其中有些不大的短缺。在保存下来的676个筒卷中,包含着英吉利财政史方面的珍贵材料,这些材料也附带地有助于阐明其他许多方面。度支局的收入和支出,记载在所谓的pelles introitus和pelles exitus之中。这类记录中保存下来最早的是1185年的残篇。收入记录从1212—1781年保存下来,支出记录从1221—1479年保存下来。王宫费用的专门账目(Wardrobe and household accounts)从13世纪初叶起保存了下来。协助金案卷(Texatio or subsidy rolls)从1216年起保存了下来,其中记载了由税收和封建贡纳(例如盾牌钱)而取得的国库收入,1198年、1199年(原书为1999年误)和1210—1848年的《备忘卷》(*Memoranda rolls*)中记载了为度支局会议准备的材料,它们是说明英吉利税收制度、关税征集等等活动的各种各样问题的极为重要的史料。

关于度支局,它的内部结构和职能的沿革历史的重要史料,有理查·费兹-尼尔于1176—1178年所写的两卷本的《度支局问答》(*Dialogus de scaccario*)。此书作者是1158—1198年的度支大臣和1189—1198年的伦敦主教。在第一卷中论述了度支局的组织和官员的职责。第二卷中论述了工作程序、收入的征集、会计制度、王室收入来源。这部论著中还包含着其他性质的材料,例如有关于领主和农民关系的材料。13世纪时,在《问答》中补充了《度支局红皮书》。其中包含证书、法令、账目、国王命令、教皇训谕及其他与王室财政有关的文件。后来又在其中收入了骑士地产清册和支付盾牌钱者的名簿及其他材料。所有这些反映度支局活动的史料，不仅对财政史，而且对于整个英吉利封建制度的历史的研究，都是极有价值的。

国王办公厅的档卷，也就是由它发出的无数公文：指示、特权文书、馈赠文书、官职任命公文、国王官吏的委任状，还有秘密指示、外交函件等类文件，全部记入在分为两大类的案卷中：起自1201年的《特许状卷宗》(*Patent rolls*)和起自1199年的《公文卷宗》(*Charter rolls*)。在《往昔证书》(*Cartae antiquae*)中，在12—
13世纪时收入了11—13世纪(讫至1272年)的国王证书及其他 180
证书的副本。在那以后，理查二世在位时，于1386年，国王枢密院最后从议会分离出去，它的决议也单独记录(Acts of the privy council)。保存下来的还有呈递给国王、枢密院、宰相等的大量请愿书，关于对军队和舰队的指令、军队薪俸名册、征兵令。即使只对这些种类繁多的文件史料——通常都是以数百年间的巨大汇集形式保存下来的——作一个简要的列举，已能明显地表明：反映11—15世纪英吉利封建国家生活的材料是多么丰富。

还应该指出大法官福特斯居(约1385—1479年)的两部政治论著。他是兰开斯特党的拥护者和内战的积极参加者，在他的撰于1468—1471年的《英吉利法律赞》(*De laudibus legum Angliae*)的论著中，作者向亨利六世的儿子、王子爱德华教导了政治原理，分析了英吉利的法律和社会制度。在论述英吉利农村时，他强调了农民的富裕状况。马克思在《资本论》第1卷第24章中引证这一叙述时指出，15世纪的独立农民经济和城市生活的繁荣，“使大法官福特斯居……十分雄辩地描述过的人民财富能够创造出来"[①],这篇论著是15世纪英吉利政治思想史的重要史料。作者赞扬了英吉利的立宪君主制,而谴责了路易十一的绝对君主制。他的另外一部论著(第一篇用英文写的政治论著)《英吉利政体或绝对君主制与有限君主制之间的区别》(*Governance of England or the difference between an absolute and a limited monarchy*),也是阐述这同一主题的。此文写于1471—1476年。福特斯居曾到过法兰西,并在自己的著作中提供了一系列重要的观察评述和关于这两国的社会经济关系及社会制度的对比。

(庞卓恒译　郭守田校)

① 马克思:《资本论》第1卷,俄文版,第722页。

第十二章　德意志历史的史料 181

10世纪初，德意志最后形成为独立国家，它与业已解体的加洛林帝国的最后联系割断了。但这并不仅仅是德意志部族的国家。西北边境是操拉丁方言的居民居住的土地（洛林的西部），后来对意大利的征服使意大利部族暂时地屈服于德意志皇帝，而将勃艮第并入帝国的结果，导致14—15世纪以前，德意志西南部竟有了法兰西人的区域。德意志封建主对东方的远征，其结果是对斯拉夫人土地的侵占。由此可见，正如恩格斯所说德意志从一开始就不是民族的共同体[①]。

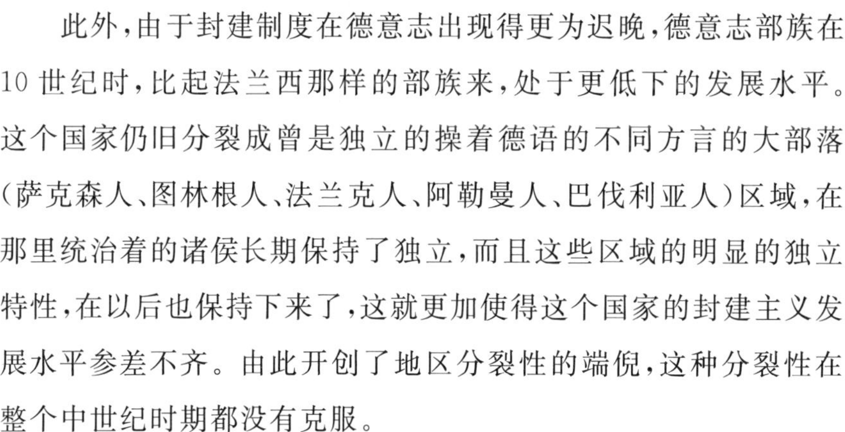

此外，由于封建制度在德意志出现得更为迟晚，德意志部族在10世纪时，比起法兰西那样的部族来，处于更低下的发展水平。这个国家仍旧分裂成曾是独立的操着德语的不同方言的大部落（萨克森人、图林根人、法兰克人、阿勒曼人、巴伐利亚人）区域，在那里统治着的诸侯长期保持了独立，而且这些区域的明显的独立特性，在以后也保持下来了，这就更加使得这个国家的封建主义发展水平参差不齐。由此开创了地区分裂性的端倪，这种分裂性在整个中世纪时期都没有克服。

① 《马克思恩格斯文库》第10卷，俄文版，第343页。

德意志经济和政治发展中的这些特点，不能不在历史资料的性质中反映出来。

考察反映生产力和生产关系的发展的史料时，必须指出，10—12 世纪的文字史料主要由封建地产清册和文据组成。这两类史料通常都是涉及教会大地产的，反映了封建土地所有制的增长，对农民的封建剥削的规模和形式以及领主经济的经营管理。这些资料包括副本簿（Kopiabücher）、馈赠簿（Traditionsbücher）和采邑簿（Urbarien）。副本簿在德意志从 9 世纪开始出现，乃是领地的文件簿，其中记入了曾在档案中保管的文件的副本。从 10 世纪
182 起，在所有教会和世俗大领地中，这些文件簿（关于它们在研究封建土地所有制历史方面的价值，前面已经说过了）被“馈赠簿”代替了。在馈赠簿中记入的已经不是文件副本，而是封建主获得土地的一切手续的摘要记录。这种馈赠簿出现的原因由以下情况可以看出。在它的广泛通行时期（10—12 世纪），正式的私人文书在德意志已几乎完全消逝了。这种私人文书，只是在加洛林帝国时期，把从罗马帝国承袭下来的撰写私人文据的习惯传到它的日耳曼区域时，才被暂时地采用。帝国解体之后，私人文据开始变得越来越不定型了，由此而丧失了正式文件的效力。而且在 10 世纪变成为一种在证人在场下缔结的某些协议的单纯记录。这种记录也构成了馈赠簿的内容。后者的形式虽然与文件副本簿不同，但也反映了大土地所有制和农民农奴化的增长，德意志大修道院（普留姆、福尔达、洛尔什、圣恩梅拉姆等修道院）和教会牧师会关于这方面的材料特别丰富。

领地财产清册，在德意志称为 Urbarien，出现于 12 世纪，而从 13 世纪起广泛盛行起来。它们包含着关于封建主的土地所有权，关于从农民征索的贡纳义务方面的详细材料。领地财产清册是以旧的包含在文件副本簿和馈赠簿中的材料为基础编纂起来的，但作为其依据的还有农民的供述、封建主的判决以及仲裁法庭的裁决。领地财产清册巩固了封建主的权利，而且成了他们用来反对农奴和依附农民减轻封建剥削的意图的文据。后来，领地财产清册和文件副本簿和其他文件合并在一起了。在某些大庄园中，它们变成了真正的封建地籍册（也就是地产清册），这种清册为德意志农村中的生产力、生产关系和多种封建剥削形态，提供了一幅广阔的图景。从 13 世纪起开始系统地编制庄园管理人的账目。其中包含了大封建主的，主要是教会经济的许多珍贵统计资料。

为了对封臣义务的履行进行监督，在大采邑中多次地编制了专门的封臣采地登记清册，即所谓采地簿（Lehnbücher），它反映了封建所有权的形态和封臣与领主的关系。国王和皇帝的封赐赠书（文书）反映了大土地所有制的增长、豁免权的发展等。它们在 10 世纪前半叶还不多见，可是从奥托一世起增多起来了。

在德意志殖民者向斯拉夫土地和普鲁士移居时期，产生了建立村庄和城市的文件。其中列举了移民的权利和义务以及提供给他们的优待免税权利。从 14 世纪起，出现了终生租地契约，其中载有关于农业经营方式的重要材料。

由于封建制度发展较晚，农民农奴化过程较为缓慢，在德意志农村中，无论是其本部，还是侵占区域，旧的马尔克组织都保持得更为长久和更明显得多。马尔克[①]组织反映在一种最有价值的史料——马尔克章程中(Markweistümer)。这种调节马尔克生活的
183 章程,长时期以口头流传的形式保存下来。从13世纪起,“当旧的不成文习惯法开始引起争论之时”[②],它们用德语的方言记录下来,而且一直保持通用到14世纪,某些地区还通用得更久。它们是习惯法的成文记录,是马尔克中的关于利用森林、牧场、沼泽、河湖、道路、磨坊等的根深蒂固的经济管理法规。这些马尔克章程中也反映了封建义务的增多,由于这个原因它们有时带有跟领主签订的合同的性质,这种合同性质表现在确定向农民索取的贡纳和徭役的一定限额,反映了马尔克跟土地贵族之间的无休无止的斗争。马尔克章程不仅对于农民经济和德意志农村中占统治地位的社会经济关系的研究,而且对于文化、语言、生活习俗等等的研究,都是最有价值的史料。通常它们都是由公社自己制定的,并提供了考察公社内部生活的可能性。

关于德意志农业生产力发展历史方面,有两篇极为重要的论著。其中之一是《乐园》(*Hortus deliciarum*),是阿尔萨斯的霍恩堡修道院女院长兰兹伯尔格的格拉达(死于1195年),在12世纪时为学校教课而撰写的。它是一种科学百科全书,其中有大量篇幅用来阐述农业技术。装饰这个唯一的稿本的彩画,是很有价值的。这些彩画中提供了中世纪水磨、葡萄压榨器等等的第一批图景。另外一篇论著——《论农作物》(*De vegetabilibus*),写于

① 马尔克是中世纪西欧若干国家的农民村社。——译者

② 恩格斯:《德国农民战争》附录,俄文版,第119页。

1254—1256年，属于一个多米尼克派学者大阿尔伯特(1193—1280年)的手笔。作者不止一次地游历过德意志，特别是莱茵河中下游区域，访问过农民，亲自作过许多观察。因此，他的著作虽然具有学院式的烦琐形式和大量的引证古代作家，但仍然反映了13世纪现实地在德意志存在着的农业各部门的经营实践。阿尔伯特写到了关于施肥、粮食作物及其栽培、把野生植物转变成栽培作物的方法、蔬菜栽培、果树栽培、葡萄园栽培，以及农事季节和操作方法。从他的著作可以看出，在13世纪时，德意志的莱茵区域已经采用了草田耕作制，特别是苜蓿种植，这是消灭秋耕休闲地的最早尝试。蔬菜栽培、果树栽培和葡萄园栽培在那时处于相当高的发展水平。

至于手工业，还在10世纪就保存下来一部卓越的论著，就是僧侣学者塞俄菲尔的《诸般工艺札记》(*Schedula diversorum artium*)。它是那时期绝无仅有的一部技术指南，收集了城市时期以前各种手工业的大量工艺和操作技术。其中对那时所知道的关于金属加工、青铜器铸造(详细地论述了青铜钟铸造过程)、玻璃、釉瓷、彩色的制造、纤细画技术等一切操作技术，作了一个汇总。在这部著作中还列举了各种各样的工具，掌握了这些工具的工匠，借助这些工具就能使自己的产品达到优良的质量和艺术的完美。

关于德意志城市历史的史料，特别丰富而且种类繁多，因此， 184
手工业和商品生产的发展，以及城市中的社会经济关系和其政治生活，都能十分详细地加以研究。

最老的史料是国王和封建主颁赐的证书，其中载有各种特权，主要是关于市场方面的特权(已知的市场特权证书中最早的一件是 1075 年阿伦斯巴赫城市证书)，还载有他们对城市的内部争端和冲突所作的裁决。城市中有一类被称为古城(也就是从罗马时期保存下来的)，位于德意志的主要水路通道上，这类城市大多拥有为它们未来的独立奠立了基础的那样一些文件。新城(也就是新建立的)在产生之后很快就获得了特权证书，或者自己按照其他城市已有的样板制定了自己的宪法。后来在城市中，按照或多或少的独立的程序，产生了有关一切城市生活问题的各种各样的规章，其内容是：市民的权利及其誓约；市政委员会和市长的组成成分和其职能；城市自治机构的司法、财政和警察权力；商人和手工业者们的组织；城市的土地关系；城市和城郊的牧场利用问题；与城市的和城郊的封建主的相互关系。这种丰富的、多种多样的材料汇总成为城市文献录(Stadtbuch)，并将以后的市政委员会决议和城市法庭判决补充了进去。

城市登记册提供了城市中的财产关系的具体图景。它们于 12 世纪中叶出现于科隆，而且从 13 世纪起，广泛地盛行于北德意志的所有城市，而且此后遍及南部区域。起初，卡片式的登记，记录在单张的活页上，后来把它们纂订成册；从 13 世纪起出现了真正的登记册，这种登记册由专门的执法官委员会或城市法庭掌管。在城市登记册中记载了市民之间的各种各样的文据和契约：遗嘱、分遗产、典当、买卖、抵押契约及其他等。这些文件登录之后就具有了正式的效力。

必须论述的还有反映德意志城市中的行会、兄弟会及其他组织的、经济及政治生活的各种史料。这类史料中最重要的是行会章程。这些章程确定了行会的组织形式、生产活动和会员的相互关系。行会在德意志形成于11世纪末；我们所知道的最早的行会是科隆毛毯织匠行会。13世纪时行会制度已遍及各地，行会章程和其他反映行会生活的文件主要产生于14—15世纪。最早的一些行会章程文本只是部分地保存了下来。我们所知道的大多是它们的较晚的版本；例如，科隆丝织工匠的两个最早的章程（1437年和1461年的）失传了，保存下来的只是1469年以后的章程。行会法规的确立有时是跟德意志城市中阶级斗争的尖锐爆发联系着的。例如，在科隆，1396年胜利的行会起义之后，新的民主的市政委员会于1397年确立了34个行会的章程，在这些章程中，巩固了 185
它们的特权。除了章程之外，对手工业和行会制度历史有巨大意义的还有以下的史料，诸如市政委员会关于个别手工业的决议、财政账目、价格表、业务合同、会员名册、租约、行会关于具体经营管理问题的指示、收徒合同、学徒出师证书和帮工品行证书、宴会规程、同桌会（Gaffelgesellschaften），也就是特别的行会集团的联盟协议会等等。记有关于帮工和师傅的斗争方面材料的文件，十分重要，这就是：帮工的兄弟会、联盟会章程、罢工号召书、帮工誓约程式、若干城市的行会师傅的联盟协议——这种协议的目的是建立反对帮工联盟的统一战线，类似内容的市政委员会致其他城市的呼吁书等。

市场组织和商人联盟的情况集中在国王、封建主或市政委员会颁发的市场和集市章程中、商人基尔特、杂货商、零售商及其他商人的章程中。

14世纪时，在富有的德意志城市中，出现了商业书籍，其中记载了各种经商业务，例如吕贝克商人维腾保尔格家族，罗斯托克商人特尔涅尔、汉堡商人格尔德曾,及南部城市累根斯堡、奥格斯堡、纽伦堡以及其他城市的许多商人的商业手册,就是这类例子。这些文献对于研究从14世纪起在德意志广泛发展的中介贸易的历史,是特别重要的。

10—15世纪的大量法律史料,提供了各种性质的、主要是反映社会经济关系和部分地反映政治结构和政治史方面的珍贵材料。在10—11世纪,由于封建制度的发展和各部落融合成德意志部族,部落法典的效力基本上终止了,但是,它们对于"地区的"(也就是本地区的)习惯法的制订发生着影响,由于德意志封建化过程的长期性,这种影响是很强烈的。整个国家在法律方面长期地分裂为两部分:1)法兰克法律地区(jus Franconicum),包括过去的东法兰克(也就是洛林和法兰克尼亚),还有士瓦本、巴伐利亚和东图林根;2)萨克森法律地区(jus Saxonicum),也就是萨克森本身、东弗里西亚和西图林根。这样一来,北德意志在法律方面就跟这个国家的中部和南部分离了,这是封建化过程的速度和特点的显著区别的反映。

加洛林王朝法令的有效时期在10世纪结束。查理大帝帝国的解体导致在整个日耳曼区域通行的法律失去效力。从10世纪到13世纪,地方习惯法占着统治地位。这种地方习惯法是在部落法典基础上产生的,而且一般是反映每一个封建的领地——国家中形成的统治和从属关系;它们具有各自的巨大的特殊性。13世纪以前,它们以口头流传形式存在着,后来笔录下来,而且一开始就是用德语记录的。在以后,从13世纪到15世纪,它逐渐发展;罗马法对它的实际影响不早于15世纪。

除了包括诉讼程序、刑法、民法等问题的本地习惯法之外，还有一些在该区生效的王权法规，有所谓的臣仆法(Dienstrecht)和 186
采邑法(Lehnrecht)，前者是关于臣仆(下层骑士)的权利和义务的法规，这类臣仆在11世纪时形成为一个特殊的阶层。最老的臣仆法文本是11世纪在班堡(在东法兰克尼亚)写成的；在此以前，关于臣仆，曾在大教会封建主的“家臣法”(Hofrecht)中提到，其中臣仆还被视为仆役(familia)。12世纪中叶在艾伯尔斯海姆修道院制定的臣仆法已经把骑士(milites)从佃农和农奴区分出来。科隆的臣仆法的最古文本也属于12世纪中叶；在13世纪中叶制定了被译成德语的修改本。

采邑法包括了封建关系和义务的全部领域；它反映封建主阶级的内部关系。它组成地方法的一个特殊部分，但有时也形成专门的法律。12世纪末在博洛尼亚编纂的伦巴底《采地约章》(*Libri feudorum*)①对德意志制定采地法形式，发生了极为强烈的影响。

从13世纪初起，习惯法被记录成一种特别的法典(Rechtsbücher)，其中多少系统地记载了全部通行的法律。起初这些记录是个别法官作的，后来它们获得了官方认可，被当作司法指南，并对以后的立法产生了影响。它们是用各种德意志方言写成的，跟马尔克规章(Markweistümer)一起，成为最早的德意志散文古籍。其中有的通用于一个大的区域，甚至一个公国，另一些则通行于大领地或个别的城市。

最老的法典是《萨克森之镜》(*Sachsenspiegel*)。这是由法官，

---

① 参见本书第214—215页。

列普戈夫的埃克于1215—1235年编纂的。作者出身于萨克森显贵的家族;大约1218年,他做了法尔肯什坦伯爵的臣仆,并按照他的指示编写了这部法典。起初用拉丁文写成,后来由他本人译成下德意志方言,但收入了许多上德意志方言的词汇,目的是使这个文本在德意志的其他区域中能被接受。作者把自己的著作称为《萨克森之镜》,力图提供一部排除了个别的、纯粹地方的狭隘性的萨克森地区法典。但事实上,在这部法典中,只叙述埃克的家乡东伐利亚(萨克森东部)的法律。作者熟悉教会法和帝国法律,但他对罗马法只有道听途说的知识。这部法典分为地方行政法和采邑法两卷;臣仆法、家臣法和城市法在其中没有得到反映。在《萨克森之镜》的开端部分,有一篇诗歌体和两篇散文体的前言,说明它的渊源。《萨克森之镜》是以充分的司法实践知识为基础的,但是,也正如所有的法典一样,它并不是实际现实的完全精确的复现。其中特别重要的是关于封建主阶级中的所有权关系的材料和关于农奴的状况和依附性的各种形态的材料。

《萨克森之镜》很快地获得了广泛的通行。有200件以上的抄本保存下来,其中有的还有插图。它被译成了上德意志和荷兰方
187 言、译成了波兰语,而且三次译成拉丁语。在14世纪,对它作了大量诠释,而在15世纪,根据新的条件对它作了改编,并使其具有了更便于实际运用的形式。在北德意志的法庭中,这部法典获得了法律效力,而在南部,则被当作记录地方习惯法的范本。

1235—1275年编纂了《德意志之镜》(*Deutschenspiegel*)。实是《萨克森之镜》的改编本,其目的是要提供一个全德意志法律汇编。但是这部记录充其量只是士瓦本地方法律的定型,大约是在

奥格斯堡由宗教界人物编写的，也是以诉讼法实践为基础的，但是征引的成文法律资料比埃克的著作要多。《德意志之镜》也分为两卷——地方行政法和采邑法。

《士瓦本之镜》(*Schwabenspiegel*)也是在奥格斯堡僧侣界中于1274—1275年产生的，而且和《德意志之镜》有着直接的联系。起初，它称为《帝国和所有地区的法律之镜》，但这部汇编逐渐被更确切地称为《士瓦本之镜》，因为它的内容比它原来的标题要狭小，仅仅包括士瓦本的地方法律。它也获得了广泛传布，被译成拉丁语、法语和捷克语，而且被当作另一些地方成文法的依据。在这两种士瓦本法典中，不像萨克森汇编那样，教皇权和教会占有首要地位。

法兰克尼亚地方法于14世纪前半叶成为成文法。这部法典的编纂者也像自己在这方面的前驱一样，力图使自己的著作具有更为广泛的性质，其中包括了各种类的法律，而且称自己的著作为《小帝国法》(*Kleines Kaiserrecht*)。但是他没有能够实现自己的志愿；这部法典实际上只反映了法兰克尼亚的地方行政法。它也在南德意志和北德意志都获得了广泛的流传，这是因为它是对不同形式的地方法提供一个共同理论基础的尝试，以及由于它具有鲜明的亲帝国倾向。在法庭上，这部法典一直通行到16世纪。

由此可见，凡是个别的德意志大公国的地方法，哪怕是力图为全德意志法律奠定一个理论体系的基础，在所有的场合下，这样的尝试都没有成功。但，无论是这样尝试的过程，还是它的毫无例外的失败结果，都是值得注意的事实。

在德意志的其他区域，也在13—14世纪正式编纂了地方法。在弗里西亚13世纪前半叶出现了《鲁道尔夫约章》(*Rudolfsbuch*)；这部法典的编纂者使它具有似乎是皇帝诏令的形式，把这些法典归之于“皇帝鲁道尔夫”，也就是士瓦本的鲁道尔夫。14世纪时，在《萨克森之镜》的基础上。产生了荷兰的、梅森的、西里西亚的和其他的法典。在奥地利，有两种地方法的版本，是在贵族和国王参与下约于1276年编纂的。上巴伐利亚地方法于1346年由巴伐利亚的路德维希皇帝正式确认。士提利亚于14世纪后半叶出现了由私人编纂的法典。萨尔茨堡大主教区的地方法于1328年编成。维尔茨堡主教区的地方法于1435年编成。最早的一批荷兰地方法典出现于13世纪末，而在14—15世纪每一个省区和每一个主教区都有了这种法典。

《地方安全法》(*Landfrieden*)应该特别论述一下，这类法律的
188 目的是反对近亲复仇、局部的封建战争和内讧以及刑事犯罪行为而确立惩罚和预防措施。它们逐渐变成为刑事法，构成了地方和帝国立法的核心。起初制定它们的意图，仅仅是对个别的建筑物(教会、住宅、磨坊等)，个别的人(例如：妇女、僧侣、行商)和田间的农业生产设备等确立法律保障。在11世纪时，这种由诸侯和其他大封建主实施的法律与教会的、宗教会议的“神的停战”或“神的和平”法规(最初于1037—1041年在法兰西确立)结合在一起了。后一类法规规定，在节日或一定的日子——从星期三晚上到星期一早上，禁止(对局部战争而言)使用武器。在德意志，这种法规于

1083年初次出现于科隆，而在1085年由亨利四世勒令全帝国通行。最老的关于地方安全的帝国法律颁布于1103年，以四年为有效期限。它仅仅保存下来一些片段。弗里德里希时期留下来三道法令；有一道约颁布于1152年；另一道是《隆卡利亚地方安全法》，是1158年向包括意大利在内的全帝国领土颁布的。第三道颁布于1186年，主要目标是针对纵火犯。在12—13世纪还为德意志的个别区域颁布过这同一类法令。所有这类法令的特点是它们只对那些向这类法律宣誓的人才具有强制性。当然，拒绝宣誓的人也就因此而使自己处于安全法的保护之外，但是这一限制显然说明这类措施的效力并不大，这些措施至多只能稍许约束一下封建主的横行霸道。

在弗里德里希二世在位时间，1235年于美因茨颁布了全帝国地方安全法，这个法令压倒了有关这个问题的从前的一切法令，并一直实行到15世纪。这是用德语写的第一道帝国法令。它包含了极为多种多样的法规，关于诉讼程序、货币、税收、交通、教会法庭等；在这道法令中，本来意义的地方安全问题已经退居到次要地位。从15世纪起，随着皇帝权力的削弱，地方安全的立法转到了诸侯手中。

《关于主权的决议》(*Sententia de regalibus*)是最早和最重要的皇帝法律之一，这是由弗里德里希一世于1158年在隆卡加利亚会议上与上述的地方安全法同时决定通过的。这道法令确立了皇帝与意大利城市和意大利的教会封建主的关系，把两者置于皇帝统治之下。起初这道法律仅是为意大利制定的，后来通行到德意志，以后的帝国法令具有确立皇帝选举程序的目的；它们以1356

年查理四世的《黄金诏书》而告完成，这个诏书的主要内容是关于选侯权利的确定，但除此之外也有关于地方安全的规定。

从 12 世纪起，皇帝和国王的命令分为所谓的特权令，这是无限期有效的委任状或特许状，这是临时性或局部性的指令。1156 年弗里德里希一世关于把奥地利变成独立公国的特权令及给诸侯和城市的其他特权令就属于第一类法令。

关于 10 世纪帝国和教皇的相互关系历史方面的最重要的法律史料是奥托一世和教皇约翰十二世的 962 年条约 Pactum Ot-
189 tonianum。以后跟教皇的这些关系，以宗教协定的形式加以法定化：沃姆斯条约（1122 年）解决了册封权的争端；还有康斯坦茨条约（1418 年）、所谓的诸侯条约（1447 年）以及维也纳条约（1448 年）。

帝国法令没有编成专门的汇编。霍恩斯陶芬时期，在帝国办公厅里，这些法令被归入查士丁尼法典中。

从 13 世纪起，随着城市的发展，产生了专门的城市法（Stadtrecht），这些城市法由于德意志的分裂而获得了特别重大的意义和广泛的流传。它调节了市民之间和城市与封建主之间的法律关系。有时它获得了皇帝或封建主的确认。几乎每一个城市中，法律本文都有一系列先后连续下来的版本，其中最早的版本并不是都保存下来的；跟官方文本一起，还有各种私人编纂的修改本存在着，而且不断增多，有时加上了大量的诠释。13 世纪中叶以前，这些史料中占优势的是拉丁语，14 世纪时则全都被德语所代替。这些史料对城市制度提供了系统的图景。

马格德堡城市法——这个城市位于易北河岸，跟斯拉夫人区域毗邻——在德意志封建主所征服的斯拉夫人地区以及在有许多德意志人居住的波兰和捷克的城市中获得了最为广泛的流传，但在德意志本部则差一些。马格德堡法是在萨克森地方法的基础上产生的。它们最老的一部分是当地大主教颁赐给这个城市的特权证书；在其中补充了市政委员会的单篇的法令和马格德堡的陪审官法庭的判决书。在13世纪中叶时，这全部的材料都被改编成法令汇编，而法令汇编又被改编成《萨克森城区法》(*Sächsisches Weichbild*)，这部法律不仅通行于城市本身，而且通行于依附它的四周地区。它很快获得了广泛的流传，补充了注释，译成了波兰语、捷克语和拉丁语。东伐利亚的城市，勃兰登堡、梅森和鲁日茨、马克(即边疆独立州)的殖民者、僧侣骑士团占领地区的城市、什切青及其他地区，都沿用了马格德堡法。马格德堡法对沿用了它的法律的城市起了指导作用，而它的法庭判决则成了那些城市的指南。

另一部关于北德意志城市历史的重要史料是吕贝克法律汇编，它被许多沿海的汉萨同盟城市所采用。最初在12世纪时通行的吕贝克法由几个不同部分组成，是分别从其他德意志和佛兰德斯的城市宪法以及从弗里德里希一世和弗里德里希二世的特权证书中征引来的。它只有一些片段保存下来。最早的一批吕贝克法的拉丁语本属于13世纪中叶，在它们之后出现了德语本。15世纪时，吕贝克法跟编纂了1270年的汉堡法汇合为一体。像马格德堡一样，吕贝克也支配着沿用它的法律的许多城市。

荷兰城市宪法和在这些城市中通行的法律是从帝国证书

和萨利克、查玛维、弗里西亚等法典的残篇综合而产生的。荷兰城市历史最老的史料是亨利五世于1108年颁赐给斯塔沃伦(在弗里斯兰)的特权证书。13—15世纪,荷兰的所有城市都重编过城市法律汇编,在乌特勒支,在14—15世纪,至少相继更替了五个文本。

莱茵城市有自己的城市法律汇编。斯特拉斯堡的法律史料,从12世纪中叶起至15世纪末,保存下来的特别多。奥格
190 斯堡的第一份特权证书属于12世纪初(1104年)。它的城市法是在士瓦本地方法的基础上产生的。弗利堡法对上莱茵城市发生过巨大的影响。在巴伐利亚,于14世纪中叶将地方法汇编改编成为慕尼黑城市法,并补进了城市法令和特权证书。维也纳的最早一批特权证书是13世纪初颁赐给这个城市的。维也纳的城市法汇编属于14世纪中叶。

10—13世纪是意大利—德意志国家(德意志民族的神圣罗马帝国)的形成和事实上的崩溃以及进入随后的封建割据的时期。这一时期德意志政治史的基本史料是年代记、主教传记和寺院及主教区中心编纂的编年史。由于德意志的分裂割据,在这个国度里,创立稳定的年代记撰修的基本中心,从维护中央政权的观点出发,来编纂连续不断地阐明国家历史的,像在欧洲中央集权国家中起过重要作用的那样庞大的编年史汇编——这是不可能实现的。在德意志,那样的全帝国年代记撰修中心,随着每一个新王朝的产生而兴盛;但在这个王朝退出舞台之后,它们也就退回到原来的地位,重新变成纯粹地方性中心。例如,在10—13世纪,就有萨克森

的、法兰克尼亚的、士瓦本的寺院年代记和编年史彼此相继地更迭。从 12 世纪起，由于德意志封建主向东方远征斯拉夫和波罗的海沿岸土地，充当了易北河以外的军事行动的据点的北部的主教城市和寺院，就获得了特别的意义。在这些城市和寺院中，也出现了丰富的年代记和编年史。

13 世纪前半叶，由于城市的发展，教会的拉丁语编年史撰修开始逐渐衰落，德语的散文和诗歌体的编年史开始排挤它。这类编年史是在城市中撰写的，并在 13 世纪后半叶获得了广泛的流传。同时，年代记本身，在某些城市，例如沃姆斯，也具有了世俗的特点，变成了城市本身的而不是主教区的历史记载。

由于 10 世纪时萨克森在国家政治生活中起了主导的作用，因此，在叙事性史料中占主导地位的也是北德意志编纂的年代记和历史著作。北部的大修道院和主教城市是那时的编年史撰修中心，其中有的跟皇室有着密切的联系。应该强调指出，在东伐利亚新建的修道院和主教中心在这方面起了特别积极的作用，这些修道院和主教中心很快成了德意志教会封建主进攻易北河以外的斯拉夫区域的据点。材料方面最有价值的年代记产生于东伐利亚：希尔德斯海姆主教中心和奎得林堡修道院。希尔德斯海姆年代记借以产生的基础，是在最老的 8 世纪已经建立起来的德意志修道院中，主要是在福尔达修道院中所撰修的事件记录。10 世纪时，这些记录在希尔德斯海姆被改编成详细的编年史。它有两个版本——详本和简本。其中只有叙述到 1137 年的简本保存下来。它在那时，在全德意志是闻名遐迩的，而且奠定了后来的年代记的基础，这些编年记事是 10—11 世纪产生的德意志宗教中心中编

纂的。

191 奎得林堡女修道院是奥托一世于936年为他的女儿玛提尔达建立的。这修道院(它位于跟斯拉夫区域最近的边界)自然地成了宫廷编年史撰修中心。奎得林堡年代记的第一部分(已失传)所凭以撰写的依据,既有取自不同寺院福尔达、赫尔斯菲尔德的事件记录,也有地方材料。保存下来的部分(985—1025年)所包括的事件,正属于奥托三世和亨利二世执政的年代,其中的材料特别充分,这是由于女修道院长接近皇帝宫廷,保证了编撰者们(更确切地说是女编撰者们)获得那样充分的情报。在奎得林堡年代记中还保存了一些古老的萨克森传说;总的说来,它们也是皇室年代记,类似于查理大帝的王室年代记或阿尔弗雷德的盎格鲁-撒克逊编年史,反映官方的倾向,颂扬萨克森王朝。

普留姆的列吉农(Regino of Prum)的续撰者所撰的年代记,也是阐述萨克森王朝历史的。有些研究者认为,这些年代记的作者是马格德堡大主教阿尔伯特。这是极为可能的,如果估计到这些年代记的共同政治倾向的话。这些年代记大约是从960年开始编纂,包含的时期是907—967年。907—930年这段事件的记述取材于列希瑙年代记和福尔达年代记(后者已经失传);930年以后的事件是独立地叙述的。其中反映了奥托一世在德意志和意大利的活动,而且是以亲帝国的精神来叙述的,这是跟列吉诺相反的。这些年代记的编纂者是皇帝的拥护者,主张皇帝对教皇和德意志僧侣有控制权。

其它修道院和主教驻地中也编纂了年代记。在旧的中心

(列希瑙、圣加伦、柯尔维、科隆、特里尔、列根斯堡等地),在佛兰德斯和洛林的寺院和城市中(根特、麦茨、列日、凡尔登)。都对过去的事件记录进行了续编和改编。在新的主权城市中,——其中马格德堡特别突出——年代记主要采取了主教生平记事的形式(Gesta episcoporum)。一般说来,10—11世纪的年代记中,地方历史记载占有优势,它们的主人公是地方上的宗教和世俗的统治者。但是其中初次广泛引用了有关主教区和修道院历史的文件:施赠证书、跟罗马的往来函件等。这些地方年代记,加到一起,对10—11世纪的教会大土地所有制的发展,提供了许多材料;而10—11世纪正是教会大地产在德意志经济和政治生活中起了重要作用的时期,它成为中央政权的支柱,强烈地促进了农民农奴化的过程。

萨克森人的古代历史和萨克森王朝初期的国王亨利一世和奥托一世的历史,叙述在柯尔维修道院(在威悉河的中游)的修士维都钦德(Widukind of Corvey,约925—约980年)的一部著作中,其书名是《萨克森人事迹》(*Rerum gestarum Saxonicarum libri* Ⅲ),此书撰于967—968年,并于973年时作了修改。它被献给奥托一世的女儿,奎德林堡女修道院长玛提尔达。第一卷的开头部分,根据古代历史故事、歌谣,传说叙述了萨克森人的古代历史。作者不止一次地说明,他从歌谣中以及从老军人——柯尔维修道院的封臣的叙述中征集过材料。跟图林根人和查理大帝的战争、亨利一世的登基及其与权臣诸侯的斗争,跟匈牙利人、斯拉夫人和丹麦人的斗争,构成了第一卷的基本内容。第二卷中记载了

936—946 年的事件，也就是：奥托一世的加冕，他的对外政策，王族内讧，国王的个性和宫廷习俗。第三卷叙述到 967 年，但是 964—966 年的材料几乎完全没有。它包括战胜匈牙利人，跟希腊人和阿拉伯人的贸易与交往，以及意大利远征等材料。奥托一世死后维都钦德还补充了几章来阐述这位皇帝晚年的执政、他的驾崩和在马格德堡的安葬。

192 关于萨克森人（维都钦德并不相当肯定，时而把他们视为从斯堪的那维亚移居来的诺曼人，时而又把他们视为马其顿的亚历山大的军人后裔）历史的某些材料，维都钦德是从中世纪和古代的文字史料中征引来的，但总的说来，他的著作是以个人的见闻为基础写成的，而他的见闻绝对说不上广博，特别在涉及奥托一世在德意志之外——在意大利、斯拉夫人土地等的活动方面时，尤其如此。关于帝国本身，维都钦德只有模糊的概念，这方面具有特征意义的是，在自己著作中的有关篇章里，他甚至没有提到奥托一世的 962 年加冕大典，只是在后来述到奥托二世时连带地对这一事件补充了一段简略的叙述。实际上，维都钦德所关心的只是萨克森的（甚至更狭窄——只是威斯特伐利亚的）事件。他注意到了当地的美因兹大主教，但却一叶障目。而忘记了其余所有的教会政权，包括教皇在内。萨克森人与周围一切部落和民族之间的战争历史，吸引了作者的最大注意。维都钦德对萨克森王朝的国王颂扬备至，正是因为他们是雄武善战的萨克森人，而奥托一世的作用被他夸大到那样的程度；以致这位皇帝被描述成不仅是全欧洲的甚至还是亚洲和非洲的统治者！与此同时：作者也并不在皇权面前盲目崇拜，而且他对于皇族内讧也没有缄默不语。维都钦德花了不少

精力注意沿易北河斯拉夫人，把他们作为一个强大的政治上独立的部落来加以描述。在他的著作中，还有关于 9—10 世纪的萨克森人和其他日耳曼部落的社会制度的极珍贵的材料。

维都钦德的著作是萨克森部落的古代历史和萨克森王朝初期国王历史的最重要的史料，它成了所有涉及这些问题的后来的著作家的依据，通过这些著作家的作品，这部书几乎为所有的中世纪历史学家所熟悉。

维都钦德有许多特点，使他类似于其他几个早期中世纪历史学家：图尔的格雷戈里、辅祭保罗、比德。像他们一样，维都钦德在历史记载中保存了古老的半神话的民间历史传说，这些历史传说在他的时代还以口头流传形式存在着，像他们一样，他意识到自己作为历史学家的任务是履行对自己的人民的责任，以自己人民的刚毅勇敢而骄傲（关于萨克森人向法兰克人的屈服，他特别不愿传扬）。虽然自己出身名门，维都钦德像辅祭保罗一样，没有丧失跟人民联系的感情，其原因在于 10 世纪中叶萨克森封建化速度相当缓慢，那时大批农民还没有被农奴化。但是他虽然获得了不算差的古典教育，却并没有能保持他与当代最有素养的人物，像伯达和辅祭保罗那样人物并驾齐驱。无论他的知识和兴趣，还是他的政治观念，维都钦德的局限都比自己的这些前驱要大得多。他的著作比起其他早期中世纪历史学家的著作来，反映的是这个部族的更为早期的一个发展阶段，造成这一情况的原因是萨克森的封建主义发展得较为迟晚，日耳曼部落融合成德意志部族的过程进行得缓慢。

10 世纪卓越的德意志女诗人荷罗茨维塔（约 935 年—？）对于

奥托一世的帝国政策知悉程度比维都钦德无比地充分，而她的文学才气过人，显著地超过维都钦德。她出身于萨克森名门，早年进入了希德尔斯海姆修道院（在东伐利亚），皇帝的侄女是这个修道
193 院的女院长。荷罗茨维塔写过几部拉丁语的喜剧和圣传性质的诗歌，但她的主要作品是关于奥托一世功勋的六韵体史诗（Carmen de gestis Ottonis I imperatoris），此诗成稿于 967 年，叙述的事件讫于 962 年。其中包含着关于意大利问题和奥托一世与弟兄之间和权臣诸侯之间斗争的丰富的事实材料。在宫廷内讧历史的叙述方面，荷罗茨维塔对许多问题沉默不语，因为她的情报是从王族成员那里获得的，而材料又是以适应王室的精神加工整理的，更何况这部诗是本着这位女修道院长颂扬皇帝的愿望来写的。然而对意大利的政策问题却记载得极为详细。这就充分地补充了维都钦德的著作，后者的著作中对于奥托一世这方面的活动阐述得不多。荷罗茨维塔的诗只有一个唯一的稿本保存下来，而且是不完整的；没有关于 953—962 年的这一部分。它很快就被忘记了，而且没有被归入中世纪德意志的历史编纂学的传统之中。

克里摩纳（伦巴底境内）的主教利乌普兰德（约 920—约 972 年）的著作中包含着关于整个奥托一世帝国历史的重要材料。利乌普兰德受过良好的教育，并通晓希腊语。起初他是国王伊弗里亚（Ivrea）的贝林加二世的秘书，并于 956 年以他的使臣身份到过君士坦丁堡。后来跟这位国王发生争执，并于 956 年转而拥戴奥托一世，他与意大利的联系和他的希腊语知识对奥托一世是有用的，而他则从奥托一世那里获得了克里摩纳主教的职位。他留下了几部历史著作。其中有一部写于 958—962 年。作者用希腊语

名之为 Antapodosis，也就是“报应”。利乌普兰德记述了 888—950 年的欧洲通史（Rerum per Europam gestarum libri VI）；有价值的只是后半部，其中包含着关于德意志和伦巴底历史的许多材料。利乌普兰德还记述了自己的君士坦丁堡之行，他在那里曾会见过奥托一世的大使，美因茨的富商利乌福里德。利乌普兰德的著作贯穿着论战的精神，与其说是历史著作，毋宁说更像一个反对自己的敌人，主要是反对贝林加的政治活动家的回忆录。奥托一世的 960—964 年的活动，特别是他 963—964 年的意大利远征，构成了《奥托大帝事迹录》（*Liber de rebus gestis Ottonis Magni imperatoris*）一书的内容。这部著作中包含着许多关于德意志、意大利和拜占庭历史的材料，还有关于皇帝和教皇相互关系的材料。利乌普兰德还对意大利状况和它的分裂割据作了有趣的分析。

从梅尔泽堡主教提特马尔（975—1018 年）的编年史中，我们可以探索到整个萨克森王朝的历史。提特马尔是萨克森的伯爵瓦尔比克家族成员，曾就学于奎得林堡和马格德堡，1009 年做了梅尔泽堡主教，就这样在这极接近于斯拉夫区域的边境地区度过了整个一生。他跟亨利二世和萨克森的名门望族有着密切的联系。他开始写编年史是在 1012 年，一直写到死，也没最后完成。提特马尔预计写本城和本主教地区的历史，但这部著作却超出了预定范围，成了德意志及其他相邻民族的历史。包含的时间是萨克森王朝统治时期，主要是亨利二世执政的时期，这部编年史的整个后半部，都是阐述亨利二世的。提特马尔用作史料的有维都钦德的著作、奎得林堡年代记、圣徒行传、某些文件和民间歌谣。但是编

194 年史所用的主要材料，是提特马尔自己从世俗和宗教的大封建主那里收集来的，他以亲戚纽带和自己在德意志主教中的地位和这些大封建主保持着联系。这些情况以及他对占统治地位的政治集团的接近保证了提特马尔获得充分的时情内幕材料，而他又以多种多样的个人观察来补充这些材料，保存下来的编年史原稿（关于这一时期的事实特别罕见）使得有可能追溯出全部的写作过程。这部编年史是在提特马尔口授下或在他的指示下，由几个笔录员撰写的。以后由作者进行审查，他对本文作了大量的修改和补充。编年史的最后一部分几乎是跟当时发生的事件同时地记载下来的，实际上更像一部日记，在其中把五花八门的材料糅成一体，没有精确的年代体系。提特马尔的编年史包含着德意志（主要是其东部）和意大利历史的极有价值的材料；他对斯拉夫人也极感兴趣；他懂得斯拉夫语而且留下了许多关于易北河以外的斯拉夫人的材料，还有一些关于波兰人、捷克人和关于基辅的材料。丹麦人和英吉利人在他的著作中也分占了不少篇幅。提特马尔是典型的大德意志主教，也就是向往独立的封建主，他猛烈地谴责皇帝的意大利政策，特别是10世纪末的政策，因为他和所有东伐利亚的宗教和世俗封建主的切身利益同意大利无关，而是跟对斯拉夫土地的侵略联系着的。这种侵略正是在当时被斯拉夫人的胜利战争挫断，他们抛掉了德意志的枷锁，摧毁了所有的基督教会。提特马尔的编年史不仅对于政治史，而且对生活习俗和文化史都是很有价值的，虽然其中有许多根本是荒诞无稽之谈。它在萨克森流传得特别广泛；但是，由于其中包含有与一般封建主相同的政治倾向，以及关于德意志历史的丰富的事实材料，它也被所有的主教中心

热心地加以转抄和引用。

10世纪的德意志主教传记数量非常多，而且由于德意志主教起着巨大的政治作用，这些传记是很重要的历史材料。例如，奥托一世的兄弟科隆大主教布鲁诺（953—965年）的传记，就是这样。这个传记是由科隆的修士卢特格尔根据充分的情报材料于966—967年编纂的。布鲁诺属于奥托一世的宗教政策所依赖的大僧侣界的代表人物，因此他的活动就成为德意志政治史的一部分。这部传记对于那时期的文化、学校、教育的历史也是重要的。吉尔德斯海姆牧师会首脑坦格马尔撰写了当地主教伯棱瓦尔德（993—1022年）的传记。它的主要价值是对吉尔德斯海姆的教堂建筑作详细记述，这个教堂是罗马式建筑的著名古迹。奥格斯堡主教乌尔里希（924—973年），帕德博恩的美因维尔克及其他人的传记中，也包含着德意志教会和政治生活历史的丰富材料。葛尔兹（位于麦茨附近）修道院院长约翰的传记对文化史是很重要的。约翰曾到过南意大利和阿拉伯的西班牙，研究了希腊语、阿拉伯语和犹太语，并从旅途中带回了希腊语和阿拉伯语的稿本，这些稿本促进了西欧对阿拉伯科学和亚里士多德著作的认识。

10世纪德意志的圣徒传有许多类似于加洛林朝圣徒传的特点。在其中占主要地位的是“启迪者”——即那些企图使斯拉夫人、普鲁士人、贝琴涅戈人及其他等皈依基督教的传教士们的

行传。

11 世纪城市开始在德意志发展起来，首先是莱茵河中游和多瑙河上游的旧罗马中心。与此相适应，国家政治生活中心由北部
195 转移到西南，转到法兰克尼亚和士瓦本，部分地传到了巴伐利亚，而这又导致这些地区的修道院和主教地，主要是维尔茨堡、班堡、奥格斯堡、勒赫瑙及其他等地的编年史撰修的兴盛。肇其端倪的是一部匿名的《士瓦本世界编年史》(*Chronicon Suevicum universale*)。这部著作只保存下来一段结束于 1043 年的不长的片段。这部编年史在 11 世纪时曾广泛流传于南德意志，在它的基础上编撰了《维尔茨堡编年史》，记载亨利三世执政时期和亨利四世执政初年的事件；还编撰了《奥格斯堡年代记》的续编(讫于 1104 年)，勒赫瑙、圣加伦及其他年代记的续编。在勒赫瑙的旧修道院(在康斯坦茨湖的岛上)中，在经历 10 世纪衰落时期之后，编年撰修于 11 世纪中叶又重新繁荣起来，因为这个修道院又处于北意大利和德意志西南部之间的兴旺的贸易交往区域之中。一个修士跛者赫尔曼(*Hermann the lame*，1013—1054)撰写了一部世界编年史。他是个生而多病的人，很有才华的诗人、数学家、机械学家、音乐家，是当代德意志的最有学识素养的人，他在其著作的第一部分中利用了古代所有的一切文字史料。他的著作值得重视之处在于，作者十分注意精确的年代体系，而且并不满足于对事件作单纯的叙述，力图系统地确定它们之间的因果关系。赫尔曼的编年史特别有价值的是 1039—1054 年的一段，这是德意志和其毗邻国家的丰富的历史，它被续编到 1100 年。

在多瑙河沿岸的修道院中编纂了大量的年代记(阿尔泰西的年代记记述到1073年,梅尔克的年代记讫于1123年)。

在萨克森的修道院和主教地中,继续编纂了年代记,但值得注意的是,它们的编纂者往往利用取自法兰克尼亚年代记的材料;例如吉尔德斯海姆年代记讫于1109年的一部分,是以美因茨年代记为基础的,讫于1137年的一部分,是以帕德博恩年代记为基础的。科尔维的年代记(讫于1148年)也是一例。

克吕尼改革的思想——它在许多德意志寺院中找到了自己的良好土壤——从11世纪中叶起已经开始反映在年代记和主教传记中,而且愈往后,反映得愈强烈。在亨利四世时,这一局面达到极为尖锐的程度,以至于整个德意志宗教界——编年撰修是集中在他们手中的——分裂为两个营垒:皇帝的和教皇的。皇帝与公侯的斗争又给这一斗争带来了附加因素。斗争中的每一方都很积极地利用历史编纂学来维护自己的利益,不仅以有利于自己的精神来描述当前事件,而且还以之描述过去的事件。年代记在那时期具有政论性质,这种性质还以更为强烈的程度渗入在那时期的其他历史和圣传著作中。

1074年萨克森的农民起义和亨利四世的萨克森战争,极为明显地反映在阐述这些事件的历史著作的记载中。总的说来,萨克森的历史编纂学对法兰克尼亚皇帝持着强烈仇视的态度,梅尔泽堡教区的牧师在布鲁诺撰写了一部《萨克森战记》(*Liber de bello*

saxonico)，记述1073—1081年的事件。此书的价值在于它收入的文件以及对于起义农民的同情，但总的说来，由于抱着强烈的偏见而歪曲了事实。作者力图为选举了新国王的叛乱封建主们辩护。亲帝国的倾向渗透在一部匿名的《萨克森战争诗》(*Carmen de bello Saxonico*)中，此书阐述了1073—1075年的事件；这一倾向也渗透在一部匿名的《亨利四世传》(*Vita Henrici* Ⅳ)中，此书是这位皇帝已经死后出现的。

格尔斯菲尔德的年代记的作者兰丕尔特的名字把我们引入到
196 一个阐述争夺册封权的长期斗争的大量的、多种多样的史料库中。兰丕尔特在1077年之后开始从事年代记的编纂，而在1069—1077年整理了材料。他的著作乃是对皇帝和整个皇帝政权的最强烈的抨击。在他的著作中，一切叙述都是为了达到预期结果而编撰起来的，这就是使读者相信，教皇格里高利七世是绝对正确的，而亨利四世是完全有罪的。他的著作用爽朗和精练的语言写成，充满着对各种事件的精彩的描述。它获得了广大读者的欢迎，其中包含着著名的卡诺沙事件的详细叙述。这一叙述的可靠性在长时期中没有遭到怀疑。然而，毋庸置疑，在这一叙述中，也正像在他的整个著作中一样，毕竟掺入了自己的幻想成分(特别是细节部分)。利用其中的事实材料时应该特别慎重，但整个著作作为党派和舆论斗争的反映，总的说来是有价值的。

12世纪初德意志最好的编年史家是埃克哈尔德(约死于1125年)。他是奥尔修道院(班堡附近)院长。他于1100年(原书为1001年，疑误)抵达巴勒斯坦并写了第一次十字军远征编年史；在他所撰的世界编年史中，1101—1125年的事件的叙述是他独立写作的。埃克哈尔德著作的特点是他叙述的事件范围广阔；除了德意志历史之外，在他的编年史中还有许多关于其他欧洲国家历史的材料，这些材料是他费了巨大心血搜集和整理出来的，甚至还带有考订的因素。埃克哈尔德对自己的编年史编纂过几次，其原稿都保存下来了。在亨利五世执政之初，他拥护亨利五世，并指望皇帝与教皇取得和解；但是当亨利五世把斗争继续下去之后，埃克哈尔德改变了对他的态度。因此在他的编年史的不同版本中，可以遇到作者的自相对立的评价和意见。埃克哈尔德的编年史由于结构和叙述的清晰，也享有巨大声望。

除了编年撰修之外，争夺册封权的斗争，无论在直接出自教皇和皇帝的文件中，还是在大量的政论著作中，都有极为充分的反映。

在文件中，具有特别意义的是教皇和宗教会议关于僧职选任程序的决议法规：1059 年拉特兰会议通过的关于教皇选举的教令，后来这个教令被皇帝的追随者以对己有利的精神加以篡改（添上了皇帝参加红衣主教选举会议的内容）；还有关于主教和修道院长的选任的教令（1060 年）；格里高利七世对教皇领导地位所持原则的著名表述，即所谓的（“教皇敕令”）；格里高利七世致各世俗和宗教公侯的呼吁书；亨利四世被革除教籍和他的誓约的本文；沃姆斯宗教会议关于贬黜格里高利七世的决议和亨利四世致罗马僧界和人民呼吁书；格利高里七世的信件等，这些信件没有完全保存下来，但仍有 1073—1082 年的 359 件之多。谈判文件和教皇与皇帝于 12 世纪初达成的协议，反映了导致缔结 1122 年的沃姆斯宗教条约的长期斗争。这个条约本文由两件证书组成：皇帝的证书和教皇的证书。其中列举了各方的权利和关于永久和平的相互保证。稍提前一点我们将说一说12世纪末13世纪初所确立了宗教自由选举原则的文件:1179年亚历山大三世的教令和1215年宗教会议的决议。

争夺册封权斗争时期的政论著作,像所有这类史料一样,乃是反映当代舆论的引人入胜的遗籍。自然,对待它们更需采取批判
197 的态度,但有价值的各种各样的材料是丰富的。保存下的有一百多篇分量不等的论著。19世纪的刊行者把它汇辑起来,给它一个总的标题《皇帝与教皇争端时论集》(*Libelli de lite imperatorum et pontificum romanorum*),其中有55篇是德意志作者写的,48篇是意大利作者写的,7篇是法兰西作者写的。全都具有通俗读物的性质,而且不仅是面向僧侣和封建主,也面向市民,甚至面向农民而写的,因所有的居民阶层都程度不等地卷入了这个斗争。它们的抄本传遍了寺院和主教驻地,而且由僧侣们和商人们在定期市集、市场、教会、广场等地方散发和诵读。这些论著所享有的广泛反响使其具有特殊的史料价值。这些文献中所争论的主要问题是僧侣的恶行、世俗册封权,以及教会政权还是世俗政权具有最高权力问题。但是在文献中也附带涉及许多各种各样的问题;其中最重要的是关于国家、政权等的各种各样的政治理论。

> 教皇党——大部分德意志主教和寺院都参与其中——和克吕尼改革所训练出来的组织发出的小册子数量最多。敌视皇帝的著述和信件,还在公开冲突之前很久就已在寺院中传播,康斯坦茨主教伯诺尔德写的一系列激烈论文维护格利高

里七世的改革。萨尔茨堡主教格布哈尔德曾为支持教皇而失去了自己的主教职位，他以其致麦茨主教的书信的形式叙述了这一斗争的经过。劳滕巴赫的马涅歌尔德在一长篇论文中阐发了最为详尽的论辩。这篇论文是用来维护格里高利七世改革的，于教皇死后不久完成。马涅歌尔德阐发了教皇政权的最高权威和神授论的理论。至于世俗政权，按他的意见，仅仅具有执行者的性质。主权承当者是人民，而作者把人民了解为就是选举国王的世俗和宗教封建主。后者有合法权利对不义之君，也就是暴君，进行武装反抗。

应该强调指出，马涅歌尔德所阐述的原则被当成了一个核心，整个中世纪时期反动的封建贵族派的各种政治理论都是由这个核心派生出来的。

诺姆堡主教瓦尔拉姆是皇帝追随者中的突出人物，他是《论保证教会统一》(*Liber de unitate ecclesiae conservanda*)一文的作者。其中阐明了皇帝和教皇同有最高权威的思想，但作者同时明显偏袒皇帝政权，认为一切臣民都必须对它完全服从。意大利法学家，拉文那的彼得·克拉斯在自己的《亨利四世辩白》(*Justificatio Heinrici Ⅳ*)一文中也阐明了同一观点，认为皇帝对于一切世俗事务是最高统治者，而教皇只是对宗教事务有最高权力。他的论据主要是从罗马法中吸取来的，他的理论中播下了后来的专制主义政治观点的种子。

法兰西人著作中采取了妥协调和的立场：修士弗列里的雨格在其《论国王的政权和僧侣的尊严》(*Tractatus de regia potestate et sacerdotali dignitate*)一文中表述了这种立场，此文写于1102—1104年，是献给英吉利国王亨利一世的；还有沙特尔主教依夫在其致里昂大主教的关于世俗册封权的信中，也表述了这一立场。

由于德意志各部分的分裂，法兰克尼亚王朝时期的政治斗争在这个国家的极北部引起的反响相当小，这一地区与德意志的南部及西南部，甚至与其中部，都只有微弱的联系。在北部，主要是在汉堡主教区，最大关心的是北方的远近邻国——英吉利、丹麦、瑞典、挪威、斯拉维亚（这是对当时对沿海斯拉夫人、沿易北河斯拉夫人、捷克人和波兰人的区域的称呼）和罗斯。北德意志区域——在那里，德意志封建主准备了而且从那里实行了对斯拉夫土地的

198 进攻——的政治和商业利益，集中于欧洲的东北部。因此，十分自然，正是在汉堡于11世纪中叶出现了一部内容丰富的历史-地理著作《汉堡主教事迹》(*Gesta Hammenburgensis ecclesiae pontificum*)。这是阐述德意志北部和其邻国状况的。它的作者，不来梅的亚当，从1069年起就是汉堡大主教阿达尔伯特的亲信，萨克森封建主的敌人和亨利四世的拥护者。他遵奉阿达尔伯尔特的指示撰写自己的著作，得以接触到大主教档案，广泛地引用了其中的文件。叙述从查理大帝征服萨克森开始，接着是萨克森基督教化的经过，汉堡和不来梅的创建，记述讫于1072年的大主教区历史，和阿达尔伯尔特的传记。936年以前的叙述，作者以安哈尔德著作和修道院年代记为依据；然后讲述最有价值的一部分，这部分是根据档案文件和作者的材料写的，这些材料是他千方百计搜集来的，而且转述得特别精确。第四卷专门记述丹麦和“位于丹麦后区的

国家”，也就是挪威、瑞典、奥克尼群岛、设得兰群岛、法罗群岛、冰岛和格陵兰。亚当第一次提到诺曼人在北美洲的殖民。这一部分中所利用的材料是亚当从丹麦国王斯芬·埃斯特里森、商人、海员、渔民和传教士那里收集来的。他搜集了关于波罗的海沿岸的部族，他们的风俗习惯，经基辅到君士坦丁堡的商路等方面的珍贵材料。不来梅的亚当的著作，对于沿易北河斯拉夫人 983 年、1002 年、1066 年反对德意志奴役者的起义的历史，也是最好的史料。

在 12 世纪和 13 世纪前半叶，在霍恩斯陶芬朝时期，出现了帝国的短暂繁荣，这一繁荣以他们对意大利政策的破产而告结束，随后，在弗里德里希二世死后，导致意大利—德意志国家事实上的解体。德意志封建主对东方的进攻也在那时开始。在被征服的斯拉夫土地上，出现了奥地利和勃兰登堡的德意志殖民地。这些殖民地后来在德意志历史上起了重要作用。至于德意志本部所发生的变化则是，从前的大公国事实上解体成为个别的封建领地。城市在这时期已开始在国家政治生活中起显著的作用，形成了威斯特伐利亚和莱茵城市同盟。但是它们的真正繁荣，如众所周知，是在 14—15 世纪。

12 世纪时，编年史撰修方面的主要作用，仍旧属于德意志北部和西南部的修道院和主教地，在那些地方继续撰修着年代记和“主教事迹”(Gesta episcoporum)：马格德堡(讫于 1188 年)，梅尔泽堡(讫于 1227 年)、帕德博恩(仅仅在其他年代记中保存下来一些片段摘录)，丕尔德(讫于 1182 年)、什特德堡(讫于 1238 年)、汉堡(讫于 1265 年)、哈勒伯尔什塔特

（讫于 1208 年）、马尔巴赫（讫于 1238 年）及其他地方的年代记等。在每一个大的主教中心撰修的主教编年史也是很多的：麦茨、凡尔登、列日、乌特勒支、特里尔、科隆、美因茨、萨尔茨堡及其他等，反映勃兰登堡主教区历史的第一部史料是安特卫普的亨利关于狮子亨利攻克勃兰登堡的论著（*Tractatus de captione urbis Brandenburg*）。13 世纪勃兰登堡主教区的编年史只保存下来一些片段。

上列的教会年代记和编年史，多数都主要具有地方性质。但是其中有一部分，例如，在马格德堡年代记中，包含有关于整个德意志历史的珍贵材料。

除了渐趋消逝的地方年代记之外，也像以前时期一样，还存在

199 着全帝国规模的编年史。1125 年萨克森的罗退耳二世当选为皇帝，引起一个匿名萨克森年代记史学家（Annalista Saxo）对他的执政历史的编纂。大概他是哈勒伯尔什塔特的牧师，于 1139—1152 年写成自己的编年史。它包含的事件起于 741 年讫于 1139 年，1125 年以前是以埃克哈尔德的编年史为依据的，有价值的是记述罗退耳二世执政历史的最后一部分；其中记载了跟捷克人的斗争，皇帝的意大利远征，他的加冕大典。皇冠归于霍恩斯陶芬族，使这部编年史中断下来，而且把另外的跟新王朝联系一起的历史学家推到前台。

其中最有影响的是弗列辛根的奥托（约 1111—1158 年），他是亨利四世的孙子和弗里德里希·巴巴诺萨的叔父。他在巴黎受过经院哲学的教育，但是他从这里吸取的不是当时进步的阿伯拉尔唯理主义学说的信仰，而是对明朗谷的伯尔纳[①]的反动的神秘正统学说的同情。后来在勃艮第的锡托派的修道院中逗留了几年，1137 年奥托做了巴伐利亚城市弗列辛根的主教，他在那里于 1143—1146 年撰写了自己的第一部历史著作——世界编年史，也称为《双城史》(*Liber de duabus civitatibus*)。讫于 1146 年的世界历史事件，在这部编年史中，是以埃克哈尔德编年史的事实材料为依据，但都是从彻底的奥古斯丁派的立场，也就是尘世原则跟神界原则如何不断斗争的立场来加以叙述的。这部编年史浸透了深沉的悲观主义，而且以臆想的尘世末日的图景而告结束。这种悲观主义的根源是当时德意志所特有的社会政治危机。德意志是 12 世纪前半叶最大的一个欧洲国家，一个妄图统治全世界的国家，它被为皇冠权力而互相争斗的封建党派的斗争弄得分崩离析。此外，所有王朝的皇帝都跟教皇进行了艰巨的斗争。所有这一切，不能不削弱整个封建主阶级的地位，特别在城市兴起时期，尤其如此。作为一个十足的封建主，弗列辛根的奥托强烈地蔑视农民、仇恨市民，因为他们跟封建主进行了顽强的斗争。因此在评述中世纪欧洲历史特别是 11—12 世纪的德意志历史时，他幻想从已经造成的死胡同——这死胡同正以衰落和覆灭威胁着德意志帝国——中找到某种出路。这决定了他的历史观的反动性。

但是，弗列辛根的奥托的著作，不仅从历史编纂学的观点来看，也不仅作为封建意识形态危机的证据，是重要的。这部编年史的最后一部分包含着 12 世纪前半叶德意志内政外交史的不少重

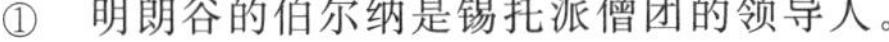

① 明朗谷的伯尔纳是锡托派僧团的领导人。

要事实材料。作者跟当权王朝的接近(编年史是在霍恩斯陶芬朝第一个皇帝康拉德三世执政时期撰写的),以及他的良好的学识素养和锐敏的洞察力,促使他比12世纪中叶的大多数编年史家拥有更为广阔的政治视野。奥托的编年史中提供了那时期一幅广阔的政治图景。但是,作者的总体观念是跟事实的取舍和解释方式密切联系在一起的。奥托在自己的叙述中,为了有利于德意志封建统治阶级的政治利益而任意对历史真相进行明显的歪曲。

200 弗列辛根的奥托的另一部著作《弗里德里希皇帝事迹》(*Gesta Friderici Imperatoris*)写于1157—1158年,那时德意志的政治形势已经大为改变了。那时弗里德里希·巴巴诺萨已经结束了内部的封建纷争,并制订了完全制服整个意大利的广泛计划。因为这个缘故,他对享有历史学家盛名的奥托感到了兴趣,想要他不仅对1150年代,还要对先前时期的德意志历史,都以相应的精神来加以撰述。弗里德里希本人于1156年给自己的叔父送去了为此任务而必需的材料,而且不止一次地向他作了重托。这样一来,奥托就成了当权集团的一个积极成员,而且完全接受了弗里德里希的政治纲领,他把后者视为强大的德意志帝国的理想君主。其结果就是他写"编年史"中的历史观点发生了显著改变。在《事迹》一书中,奥托重新叙述了起自亨利四世跟教皇和诸侯斗争的德意志历史,也有霍恩斯陶芬家族的历史,但是现在他是把这些事件当作弗里德里希·巴巴诺萨的光荣统治的序幕来叙述的。奥托曾随同康拉德三世一起参加第二次十字军远征,并在《事迹》一书中对这次远征历史作了详细叙述;应该特别指出的是其中关于十字军所路过的匈牙利的记载,奥托对意大利状况作了分析,而且对富庶的伦

巴底城市——德意志皇帝已准备把那些城市抓在手中——中的社会经济关系所作的评述引人入胜。奥托所记述的最后的重要事件之一是 1156 年列根斯堡的隆重的公侯会议上宣布一个新公国——奥地利的诞生。奥托著作中有大量篇幅用来阐述弗里德里希皇帝的外交。

《事迹》对于 12 世纪中叶的德意志和意大利历史，以及对东欧和地中海东部的国际关系史，都是珍贵的历史资料。由于跟皇帝的交谊，作者掌握了丰富的文件资料，而且极为熟悉实情内幕。前已指出他的视野广阔；《事迹》一书充分闪现出他的非凡的文学天才。但与此同时，《事迹》也属于竭力宣扬宫廷官方观点的那一类历史著作。因此，作者在这部书中也经常对历史真相进行直接歪曲，而且对文件进行错误的解释。

必须指出，德意志资产阶级历史学家把弗列辛根的奥托宣称为整个中世纪绝无仅有的最伟大的历史学家。这个观点得到了现代美国历史学家汤普逊的共鸣，他宣称，在中世纪欧洲，没有任何人对历史提出过像奥托在其《编年史》中所提供的那样深刻的哲学解释。又说什么他的早夭是整个中世纪历史编纂学的不可弥补的损失云云。产生这种意见的原因，与其说是系统的历史哲学观念在 12 世纪出现这一事实本身，毋宁说是这种观念的深沉的反动神学性质，正是这种性质使奥托和当今的反动资产阶级历史编纂学结下了不解之缘。

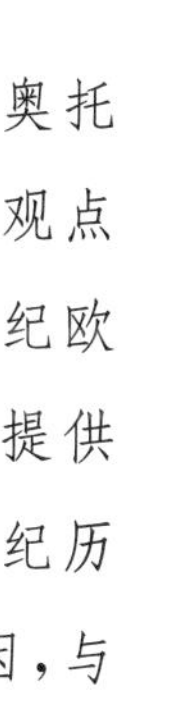

《事迹》一书没有最后完成，在奥托死后，由他的秘书拉赫芬根

据已有文件材料续编到 1160 年。拉赫芬叙述了跟教皇斗争的新的阶段，以及弗里德里希远征意大利和隆卡利亚会议。奥托的编年史还由圣布拉岑修道院（在南士瓦本）院长以年代记形式续编到 1209 年。

整个霍恩斯陶芬王朝统治时期的德意志历史，记载于《科隆王室编年史》（*Chronica regia Coloniensis*）中。它是由科隆修道院的
201 几个修士先后承续撰成的。这部编年史大约是 1144 年在本地和其他的年代记的基础上产生的，其讲述讫于 1249 年。它基本上坚持了亲帝国精神，但也照顾到了科隆大主教的政治立场。因此在记述 1198 年的事件时作者陷入了十分为难的境地，那时德意志同时有两个国王，而大主教时而归附于彼，时而又归附于此。编年史的最好的一部分是记述 1224—1249 年的事件的最后一部分，这乃是这一时期的德意志的整个历史的最可靠的史料。从中世纪图书馆的目录可以看出，科隆编年史在 13 世纪时，甚至在德意志国外也享有巨大的声望。

弗里德里希二世在意大利的统治历史，记载在意大利的编年史中；[①]而德意志征服斯拉夫领土历史的史料，则构成了特别的一类，这一类史料一般说来跟整个德意志历史很少联系。[②] 这里只须指出，在一部作为基本史料的格尔莫尔德的编年史中，反映的全德意志的题材，比起对《东征》（*Drang nach Osten*）历史的叙述来，显得无比的模糊和枯燥。而格尔莫尔德编年史的续编者，吕贝克

① 参见本书第 224—225 页。

② 参见本书第 242 页。

的阿诺德(死于1212年)在自己的记述讫于1209年的《斯拉夫编年史》(*Chronica Slavorum*)中,对帝国的注意力却比对斯拉夫的要多得多,并根据文件对亨利六世和奥托四世的历史提供了材料,虽然其年代是十分混乱的。

由于12—13世纪时期城市的发展和物质与精神文化的增长,在德意志生活中,也像其他国家一样,出现了具有重要意义的事实,这就是对历史的兴趣越来越广泛,出现了德语的通俗历史著作,而且获得了迅速流传。1237—1250年出现了一部匿名的《萨克森世界编年史》(*Sächsische Weltchronik*),这是最老的一部德语散文历史著作,它长期被认为是《萨克森之镜》的编纂者列普哥夫的埃克之作,但事实上它的作者显然是一个僧人。这部编年史享有巨大的声望,而且被几次加以续编,这主要是在德意志北部进行的,一直记述到15世纪中叶。

比上述一书更早,在12世纪中叶,也是在萨克森,出现了第一部德语的诗歌体《帝国编年史》(*Kaiserchronik*),可惜已经失传了。它的内容根据其他史料基本上恢复了出来。正如所料,亨利四世在其中被描绘得一团漆黑。几乎与此同时,在列根斯堡以另一种精神编纂了一部诗体的帝国编年史,它的作者是《罗兰歌》的德语本译者,神父康拉德。13世纪时,它被加以改编、补充,而且获得了最为广泛的流传,既有稿本流传,也有特别广泛的口头流传。正像江湖艺人和乐师的演奏的(往往具有戏剧形式)关于各种历史事件的民间歌谣一样,这类"帝国编年史"也属于民间创作的领域。它们对历史事实的选择和编排是十分任意的。它们作为历史资料的价值在于突出地反映了人民群众对12—13世纪德意志的政治

202 斗争的思想和观点，这一斗争也像11世纪一样，在不同程度上涉及所有的居民阶层，由此，人民群众遭受了莫大的灾难。在这样的土壤里，在人民中产生了一个“弗里德里希皇帝”（巴巴诺萨）的理想化的形象，这个形象部分地类似于民间创作中形成的查理大帝的形象。这部《帝国编年史》在相当大的程度上就是关于皇帝的民间传奇的反映，这种民间传奇，把威力和正义赋予自己的主人公；人民期望他惩罚封建主强盗以及所有的压迫者。这方面具有特征意义的是，13世纪的农民起义领袖往往采用弗里德里希的名字，例如“木鞋弗里德里希”。

在同样具有政论性质的诗歌作品中，应该指出12世纪末—13世纪初著名的德意志抒情诗人瓦尔特·封·德尔·弗格尔维德的某些作品，其中反映了民族——爱国主题和对于在13世纪开始的对德意志全盘掠夺政策的罗马教廷的抗议。

在研究12—13世纪德意志政治史方面，国务活动家和宗教与世俗的大封建主的书信集，是十分重要的。例如科尔维修道院院长维巴尔德（死于1158年），罗退耳和康拉德三世的顾问，后者为参加第二次十字军远征时期的德意志摄政——他的大量书信就是这类例子。他的1119—1157年的470件书信中，包含着许多材料，其中有德意志封建主对斯拉夫领土的远征历史的材料。弗里德里希二世和他的宰相彼得·德·维涅亚的书信，1239—1253年身任驻德意志的教皇使节贝海姆的阿尔布瑞喜特及其他人的书信，都是有价值的史料。

在14—15世纪商品货币关系发展和封建生产方式开始解体时期，德意志没有统一成一个民族国家。政治上的分裂割据仍旧在其中占统治地位。公侯事实上的独立性产生的结果是中央政权的衰弱，王朝战争达到了顶峰。城市的经济和政治作用虽然极大地加强了，但是在政治割据条件下，城市同盟（莱茵同盟、士瓦本同盟、汉萨同盟）依旧是分离的、不谋统一的集团。14—15世纪时期，一部分领土从帝国脱离了出去：瑞士联邦成立了，丹麦占领了什列斯威和荷尔斯坦，而荷兰和卢森堡并入了勃艮第国家。西南部的法兰西人区域重并于法兰西。

政治史充满了公侯之间的无休无止的无谓争端和战争。15世纪末开始出现了广泛的农民运动，这是即将来临的伟大农民战争的征兆。

跟这一时期德意志所发生的基本历史进程相适应，历史资料的性质也发生了变化。城市编年史在编年史中占了首要地位。如前所述，丰富的文件资料是14—15世纪西欧历史的基本史料，历史学家从这些史料中不仅吸取阐明社会经济生活的所有方面的材料，而且也从中吸取阐明相当大一部分政治史的材料。这种说法也完全适用于德意志。但是这个国家的分裂导致无论是文件资料，还是编年史，大多数都是属于个别城市或公国而不是属于皇帝政权的活动的。城市政治生活反映在存于城市档案库中的丰富的
文件材料之中。许多德意志城市是独立的共和国，可以进行宣战， 203
媾和，缔结联盟，正规地跟其他城市甚至其他国家交往，为自己商人取得了大量特权。这类关系记录在大量的文件中，这些文件以原件、副本或城市文献录的记载保存了下来。在所有城市中都纂

辑了市政会议记录、城市法庭记录和市民户口簿等。从这些列举中可以获得一些概念：在这些各种各样的史料中，不仅仅反映了德意志城市的经济和社会生活，而且也反映了它们的政治生活。

还应该即刻指出，中世纪德意志生活的最重要、最有趣的篇章正是出现于城市的史料中。自由的城市、中世纪最鲜艳的花朵(按马克思的形象说法)的历史，对于封建欧洲的两个政治分裂的国家——意大利和德意志——的历史，具有特别的意义。这一时期，年代记完全消逝了，而修道院的以及一般教会的编年史又让位于城市编年史。在某些场合下可以具体地追溯出，编年史怎样地从僧侣手中落入到市民手中，而后者已经用另一种精神来进行续编(克罗斯特涅堡的编年史，就是一例)。14 世纪每一个城市都出现了编年史；它们是反映城市生活，特别是激烈的阶级斗争的最珍贵的史料。有时城市编年史的作者还把自己的传记附入编年史中。例如，布尔卡尔德·秦克就把自己的生活和商业活动经历编入了马格德堡编年史。15 世纪时，许多城市编年史已经明显地显出了人文主义的影响。

城市编年史的作者大多是具有渊博学识素养的市议员、商人、行会匠师、大学教授等，他们的政治观点是各种各样的。这取决于他们的社会地位。他们的兴趣主要是集中在城市内部事务上，这些内部事件的历史在城市编年史中占着重要的地位。但是，由于城市在那时期德意志政治生活中起着巨大的政治作用，城市编年史中也包含着全国，甚至相邻国家的历史的材料，市民对于历史的兴趣还表现在某些场合下，本城市历史优先于广阔的世界编年史。

我们且以科隆的编年史作为或多或少具有典型性的范例。这个城市是巨大的经济和政治中心，以市民跟大主教的顽强斗争和以后的行会跟贵族的内部斗争而著名。13 世纪中叶就已经出现了市议会秘书葛特弗里德·哈根写的韵体编年史，其标题是《科隆城记》（*Boech van der Stade Coelne*），记述跟大主教的斗争。1369—1370 年的未得胜利的织工起义也记述在一个不知姓名的作者的诗体编年史《织工战》（*Die Weberschlacht*）中。1396 年，在行会胜利之后，出现了一部匿名的《现代记》（*Dat nuwe Boich*），以同情行会民主制的精神，叙述了 1369—1396 年激烈的阶级斗争时期的科隆的历史。唯一的一部完整的科隆编年史是 1499 年刊印的匿名著作，它按照刊印者的名字而被称为《科尔霍夫编年史》（*Koelhoffsche Chronik*）。在这部起于创世记的著作中，引用了各种各样的史料；科隆城市档案文件、西德意志和荷兰的地方和城市编年史、世界编年史、圣徒传、论文小册子等。从 14 世纪起，这部 204
汇辑开始具有科隆城市编年史的性质，而且以本地的史料为基础。特别重要的是从 1466 年起的最后一部分，其中详细地记述了与作者同时代的事件。它全部贯穿着贵族的观点，敌视行会和城市平民。与此相反，1368 年行会胜利之后动笔写书的奥格斯堡的编年史家，却表示了对手工业者的同情，例如在一部无名氏的、记述 1368—1406 年的事件的编年史，就表现了这种同情，此书被几度续编，叙述到 1447 年。最重要的一部《奥格斯堡编年史》是商人布尔卡尔德·秦克撰写的，他编纂了 1368—1468 年的该城市的历史，并把自己的自传编入其中，这个自传对于社会经济史是极有价值的。

莱茵河流域、多瑙河流域及其他地区的大城市（美因茨、沃姆斯、斯特拉斯堡、康斯坦茨、乌尔姆、列根斯堡及其他等）的编年史也记述了市民同公爵、主教的斗争，内部社会矛盾的增长，以及城市跟公爵的斗争，例如14世纪末士瓦本的城市战争。在斯特拉斯堡编年历史学家中，应该提出牧师特温格尔·克尼格斯霍芬（1346—1420年）。他的世界编年史的最后一部分，记述了该城市和莱茵地区的历史。无论斯特拉斯堡，还是附近的城市后来都对这部编年史作了续编，总起来几乎提供了莱茵河上中游所有地区和城市的历史。

在纽伦堡，跟这个城市中贵族占着政治优势的状况相适应，它的城市编年史也主要是由显贵家族人物撰修的，或者是反映他们的利益的。其中最重要的是人文主义者哈尔特曼·谢德利的著名的编年史，此书于1493年由柯柏格尔加上1600幅插图和图解刊印出来。也像科隆和斯特拉斯堡的编年史一样，它也是一部世界编年史，并根据先前的本地编年史和文件对纽伦堡的历史作了详细叙述。

汉萨在14—15世纪整个德意志历史中起着巨大的作用，与此完全相适应，汉萨诸城市的编年史与文件材料（条约、法规、各种决议等）一起，乃是北德意志历史的最重要的史料。占首要地位的是吕贝克，在那里，几乎所有的编年史在13世纪已具有了官方的性质。其中第一部是市议会公证人约翰·洛德（死于1349年）的编年史，此书只保存下来一些片段。在法兰西斯派教士迪特马尔的编年史中，事件叙述到14世纪末，此书后来被续编到1482年，是由不同的人物，主要是市政官员续编的。除了这一部官方的编年史以外，还应该指出吕贝克的多米尼克派教士格耳曼·科尔涅尔(1365—1438年)的编年史的5种不同的版本；在这些版本中有许多自相矛盾之处，但比起官方编年史来，科尔涅尔的著作中能够找到颇不寻常的材料。

> 1430年前的不来梅历史，记载于市长约翰·格米林的编年史中，此书是根据丰富的文件资料和城市年代记写成的。它由牧师亨利·伏勒泰尔斯续编到1436年。威斯玛尔的编年史是由市议会秘书亨利·巴尔泽于1384年前撰成的。罗斯托克的城市编年史出现于15世纪初。马格德堡的执政官编年史(Schöppenchronik)是遵照城市执政官的指示，由市议会秘书亨利·兰梅什普林格撰修的，叙述讫于1372年；后来对它作了五次续编，最后一次续编于1516年结束。这部编年史不仅包含着该城市历史，也包含着整个区域的历史的珍贵事实材料。

德意志的各个公国是封建国家的分裂肢体，它们的历史反映
在文件资料和大量的编年史中。但是这些史料所反映的事件有其 205
局限性，因为这些领地的规模都不大。只有大的公国和侯国的历史在14世纪德意志开始出现的深刻政治衰落的一般图景下较明确地显示出来。有关德意志公国和封建领地的内政和“外交”历史的文件史料，是同一类型的如：“中央”政权的命令和指示、各邦议会的决议、外交函件(从15世纪起保存下来的)、财产和封建关系

的文件、族谱文件、当权家族的历史，等等。保存得最为完整的是德意志教会大封建主的档案，其中大量反映德意志教会组织，它与罗马的联系，跟皇帝的关系的文件。

在大量的属于大片领土的编年史中，应该指出的只是最主要的，而首先是奥地利的编年史，后者从15世纪中叶起，成了德意志的最重要的一部分。威克特林修道院（在卡林提亚境内）院长约翰的编年史叙述的事件讫于13世纪中叶，记述了哈布斯堡家族和卢森堡家族为争夺奥地利和被征服的南部斯拉夫人土地：什提利亚、卡林提亚和克莱因的统治权而进行的斗争。博闻广识的维也纳大学教授托马斯·埃本多菲尔（死于1464年）的编年史完成于15世纪初，其中特别有价值的是1440—1463年的记载，这部分具有当代事件日记的性质。15世纪后半叶的奥地利历史（1435—1499年）反映在卡林提亚的教士雅各·温列斯特以哈布斯堡族的观点写的编年史中。

列根斯堡的安德烈（约死于1439年）于15世纪初撰写了一部讫于1439年的充满神话传奇和歪曲伪造的巴伐利亚公国历史（Chronica de principibus terrae Bavarorum）。作者是以其对胡斯派的刻骨仇恨和以相应的精神描述康斯坦茨宗教会议及反胡斯派远征历史而著称的。

维尔涅尔·罗列文克（死于1052年）写了一部《当今称为威斯特伐利亚的老萨克森颂》（*Vom Lobe des alten Sachsenlandes jetzt Westfalen genannt*），这一著作属于15世纪曾盛极一时的萨克森历史编纂学之列。这是唯一一部对这整个地区详明记述的著作。由于原来的萨克森在15世纪时最后解体为一系列的教会和世俗领地，它的整个区域的历史的叙事体史料也完全消逝了。代替它的地位的是地方主教编年史（闵斯特、俄斯那布律克、帕德博恩及其他）和下莱茵区马克、克列维、于利赫及伯尔格等伯爵领地的宫廷编年史。

14—15世纪的勃兰登堡编年史只保存下来一些不大的片段，以致使文件资料几乎成了这一时期勃兰登堡历史的唯一史料。

在条顿骑士团统治下的普鲁士历史，骑士团僧侣杜依斯堡的彼得的编年史（讫于1330年）及其续编者的编年史（讫于1435年）中，为了颂扬骑士团而任意歪曲了大量的事实。记述讫于1466年的《骑士团团长编年史》（*Hochmeisterchroniken*）是一部伪造的历史，它以歪曲事实材料而著名，特别是对骑士团的衰落时期和不光彩的覆灭的事实材料，尤其如此。

至于以瑞士联邦的名义于1315年开始其政治独立的地区，其14—15世纪的历史主要记载于各城市编年史：巴塞尔、伯尔尼、琉森、苏黎世及其他城市的编年史，其中应十分着重提出的有公证人康拉德·尤斯廷格尔（死于1438年）的，叙述到1421年的伯尔尼编年史，和老迪博尔德·西林的编年史（叙述讫于1484年），后一书中详细地记载了跟勇者查理发生的勃艮第战争。关于向哈布斯堡王朝争取独立的斗争和关于这一斗争中的英雄威廉·泰尔的民间传说，反映在梅勒肖尔·鲁斯（死于1509年）的《琉森编年史》和约于1475年撰写

成的匿名的《沙尔白皮书》(*Das Weisse Buch von Sarnen*)中。小迪博尔德·西林根据许多城市编年史于16世纪初编纂了瑞士历史(讫于1509年);16世纪出现了埃吉迪·楚迪(1505—1572年)的《赫尔维希亚(瑞士)编年史》(*Chronicon Helveticum*),席勒在写作关于泰尔的剧本时曾从其中引用了材料。

在中央政权衰落的条件下,帝国编年史也就自然地几乎完全消逝,能够看到的只是它们在亲近这一或那一皇帝的历史学家笔
206 下的暂时和微弱的复兴。值得注意的是这些历史学家大部分也是市民。这些编年史中,对14—15世纪的德意志和一部分欧洲历史的事件作了陈述,通常都是以十分枯燥的形式叙述的。它们没有获得广泛的声望,但其中的事实材料是相当丰富的。

讫于1378年的全德意志历史,记述在前已提及的特温格尔·克尼格斯霍芬的编年史中,此书于1415年最后完成。值得注意的是,作者由于对历史著作的巨大兴趣,开始用拉丁语写自己的书,后来改用德语写,这就使他用民族语言叙述的第一部德意志通史,获得了广泛的流传。

帝国历史编纂学的解体,还表现于它在15世纪的后期有影响的代表人物不是德意志人,而是意大利人——著名的人文主义者埃涅伊·西利维·皮科洛米尼(1405—1464年),以后成为教皇庇护二世。他撰写了一部很有兴趣的德意志纪实(De ritu, situ, moribus et conditione Theutoniae descriptio),此书刊印于1458年,其中着重描述了德意志城市的富庶和美丽。皮科洛米尼所报道的事实跟上述那部史料是一致的。皮科洛米尼还有一部更为重要的著作《弗里德

里希三世的生平和事迹》(*De vita et rebus gestis Friderici* Ⅲ),叙述讫于1458年。作者在开头部分描述了维也纳作为哈布斯堡王朝的基本领土的奥地利的一般情况,然后叙述奥地利的历史,以对弗里德里希三世(作者就是在他的办公室里著书立说的)执政的详细叙述而结束全书。在皮科洛米尼的著作中,反映了15世纪中叶德意志各方面的生活状况、经济状况、社会关系、政治斗争和文化。这部著作用秀丽的人文主义派拉丁语写成的,按其基本特点而论,是属于15世纪先进的人文主义的意大利历史编纂学之列。

属于中央政权活动的文件资料,十分贫乏。14世纪前半叶,在帝国办公厅中出现了文件登记册,其中记入了颁发出去的文件:命令、特权证书、特许状等。反映帝国议会活动的材料,主要是它的决议,也属于全帝国性质的文件。

14世纪教皇跟帝国的斗争,由于教廷在德意志的掠夺政策以及亨利七世与巴伐利亚的路易的失败的意大利远征,而特别尖锐起来。这一斗争反映在关于世俗和教会政权的本质和职能的各种政治理论中。最重要的是政论著作,在其中驳斥了教皇的反动的神权政治野心,阐发了当时具有进步意义的世俗政治至上的理论和民族教会自由的理论。但是,在14世纪德意志的条件下,无论是皇帝的政策还是这些理论,都包含着统治世界和统治意大利的野心;正如恩格斯指出:“在当时全德意志的利益总是被叛卖地破坏了。”[1]因此,在俄斯那布律克的约尔丹于1280—1281年写成的《论罗马帝国的权力》(*De praerogativa Romani imperii*)论文和

① 《马克思恩格斯全集》第10卷,俄文版,第344页。

帕多瓦的马西略于 1324 年写的《和平保卫者》(*Defensor pacis*)论文及其他论文中所阐发的关于皇帝最高权力的理论,就不可能获
207 得像出现在英吉利和法兰西——在那里形成了民族国家——的类似理论所具有的那种意义。15 世纪的论文中应该指出库赞的尼古拉的 1433 年《论天主教的协调》(*De concordantia catholica*)的著作,它试图提出一条陷入解体的天主教的改革路线,同时拟制出帝国组织形式。特别著名的是一个匿名小册子《西吉斯蒙德皇帝的宗教改革》(*Die Reformation des Kaisers Sigmund*),此文撰于 1430 年代末,于 1470 年刊印出来。它在德意志获得了极大的声望。作者拟定了反映激进的德意志市民利益的广泛改革纲领;这些市民阶层力图克服德意志的政治分裂,加强它的国家统一。值得注意的是小册子同时主张市民阶层跟下层人民结成联盟,而且总的说来,其中有明显的革命的胡斯派思想的影响。

德意志的大学——主要产生于 14 世纪后半叶和 15 世纪——的历史,乃是中世纪文化史的重要篇章。基本的史料是学籍簿,其中载有大学学生会全体会员的名单和学习课程及获得学位的阶段的说明。还应该指出反映大学生日常生活的材料。在所有大学图书馆里,都保存了讲稿和课堂笔记,这些材料反映了大学教育的性质,从中可以看出,在那些大学教育中,在 15 世纪后半叶,受着人文主义的显著影响。

(庞卓恒译　郭守田校)

第十三章　意大利历史的史料[①] 208

10—15 世纪，意大利部族的历史发展没有导致民族的中央集权国家的建立。15 世纪末，意大利依旧是一个不存在国家统一的国度。半岛的南部和西西里早在 11 世纪就已经处于诺曼人的统治之下，并在那里建立了单独的国家，它在 13 世纪被法兰西人（安茹王朝），以后又受到阿拉贡的占领。在意大利的心脏部分，存在着独立的教皇区。最后，意大利的主要经济和政治实力所在的繁荣的伦巴底和托斯坎尼的城市，在几乎上述整个时期中，都是独立的共和国，各有自己的历史。

跟意大利各区域和城市的割裂、分散相适应，史料也处于同样的割裂分散状况。此外，由于北部、中部和南部的发展的特殊性，史料也有自己独具的特点。

10—15 世纪意大利土地制度史主要是反映在文据中，同时，意大利的特点是，除了皇帝的、国王的和公国的文书之外，还存在着大量的社会公证人撰写的私人文据。公证文件在意大利甚至早期中世纪时也没有消逝过；从 12 世纪起这种文件特别增多起来。

---

① 罗马教廷史的史料见本书第二十二章。

文据中传到我们时代的，有的是原件，有的是副本，有的是副件簿中的抄录，而从13世纪起，还在公证人记事本中保存下来。此外，南意大利和西西里的土地关系，还反映在政府地籍册中。

也像其他国家一样，把各种文据保存得最好的是教会机关——修道院、主教地、中心教堂、其他教堂及教会医院等。最老的文件属于最大的和最古老的意大利修道院（法尔法、里帕、蒙特·卡西诺）和主教城市（克里摩纳、米兰等）。从11世纪初以及稍晚一些起，在整个半岛上的许多修道院、主教地和教会中都有文据保存下来。10—12世纪的文件中，占主要地位的是：国王的、皇
209 帝的和大公的土地施赠和豁免权文书，（南意大利和西西里的诺曼公爵的第一批文书于11世纪末写成，用的还是希腊语和阿拉伯语），封建主和农民公社的协议、遗嘱、土地的馈赠、买卖、交换和转让文书、永佃契、封建主的封赐文书等。寺院的地产登记簿保存下来的有蒙特·卡西诺的地产簿（13世纪后半叶的），其中列举了农民的各种贡纳义务。这种材料反映了封建土地所有制和农民经济的性质，封建剥削的形式，农民公社的内部秩序惯例和它在保卫公社地段及反对加强封建剥削中的作用。

从13世纪起，由于北部和中部意大利农奴关系的早期解体（越远的地方就越厉害），出现了赎消农奴地位的文书（在南部这类文据还列举了人身自由农民的义务和他们在公社土地、市场、法庭等方面的权利），短期对分制租约、土地买卖和典当文据等。中部意大利土地关系史的极为重要的史料是农村规章和城市共和国的法令，关于后者将在后面再述。意大利土地制度发生的主要变化过程及其在半岛个别地区所具有的特点，反映在13—15世纪的文

件中。最发达的区域的特点是:封建关系开始解体,农民摆脱了人身依附而取得自由,以及随之而来的土地的被剥夺。

在南部意大利和西西里,也像在英吉利一样,诺曼征服者于11世纪末引入了完整的封建组织形式。土地清册是他们用以巩固其统治的手段之一,它有些类似于《末日审判书》。诺曼人承袭了阿拉伯人的土地清册制度,但是使它适应于巩固自己的封建制度的目的。诺曼人的地籍册(quaterniones)保存在一个特别机构中——dohanade secretis;它们没有完全保存下来。其中所包含的记载既有国王领地的,也有所有封建主的土地的登记,并列举了居住在这些土地上的依附人口和他们的义务。土地所有主掌握着地籍清册的抄本,这种地籍清册,即所说的普拉提(platea),是在每一个新国王时期都要重订和修改的。这种封建地产和农民贡纳义务的登记制度在南部保持的时间是13—15世纪。除土地清册以外,在度支局里还保存着各种非自由民的清册,其中列举了向他们索取的贡纳义务(defetarii)。1154—1161年编制了全部王国采邑的清册,其中说明了领地的规模和应从其中征索的义务。这就是“贵族名册”。13—15世纪时(特别是弗里德里希二世执政时期),保存下来许多文件——指示、报告、行政函件,这些文件反映了大量王室地产(domaen,即国王私领)的管理和经济生活,还有不少副件簿,载有反映土地制度史的大量的多种私人文据。

由此可见,意大利土地制度史的材料,分为两部分:其中之一,属于整个南部意大利国家(14世纪以前是“两西西里王国”,而以
后是“那不勒斯王国”)的各种性质的史料:文据、土地清册、行政函 210
件、法令等;另一部分是反映意大利中部和北部土地关系的史料,

主要由文据组成,同时城市共和国的法令也是这后一部分的很重要的补充。属于半岛中部和北部的所有史料的特点是它们的复杂性,因为可以说每一个地区和每一个城市都有自己独具的特征。意大利的这些区域的土地制度的总图景,可以从每一个众多的城市区域所获得的材料的总和同时兼顾它们的特殊性中追溯出来。

彼得罗·克列辛查(约 1233—1321 年)的《论农业收益》(*Opus ruralium commodorum*)的论著,是 14 世纪初意大利北部和中部的土地关系与农业历史的重要史料。作者出身于博洛尼亚的波波兰家庭(波波兰,来自 popolo,泛指城市非贵族居民),一生中的大部分时间是在伦巴底和托斯坎尼各城市中做律师。13 世纪末他回到了博洛尼亚,在自己的城郊庄园中经营农业。他的著作约写于 1305 年,乃是一部百科全书,其中所包含的材料,无论对于研究农业技术史,还是考察伦巴底、托斯坎尼和埃米利的波波兰庄园的经营,都是有价值的。作为这部论著的重要补充材料是克列辛查庄园的文件:买地文据、征收租税的公告,和克列辛查关于把领地分予诸子的遗嘱。所有这些史料总和起来,就有可能对 14 世纪初典型意大利殷实市民庄园的形成和剥削方式的历史进行研究。克列辛查各种经营类型的庄园(粮食作物栽培、葡萄园栽培、果树栽培、蔬菜栽培、牲畜饲养),是由分成制佃农和雇工来耕种的;还部分地使用农奴劳动。克列辛查的论著获得了广泛的声望,大约还在作者在世时,已译成了意大利语,稍后还译成了法语。

意大利城市共和国的史料特别丰富而多种多样。也像在西欧所有地方一样,这类史料中最早的是经济和政治性质的特权证书;这是由神圣罗马帝国的皇帝颁赐给意大利城市的。这些证书大部分属于11世纪和12世纪初。例如曼图亚获得证书的时间是1014年，菲拉腊是1055年，比萨是1081年，等等。克里摩纳还在996年就从奥托三世得到了载有重大特权的文书，但是它的权利是在1114年的证书中得到最后巩固的。再往后，几乎所有的意大利北部和中部的城市，通过与皇帝、主教和世俗贵族的斗争，都为自己争得了完全的自由，而且变成了独立的小国家。这一时期，制定了有关城市公社内部生活制度和对其周围的郊区居民统治的大量城市法规。特别应该指出关于解放农奴的公社法令。“在意大利资本主义生产发展得最早，农奴制关系也瓦解得最早。”①

> 最老的法规是在热那亚制定的。1056年的法规乃是旧
> 惯例(consuetudines)的文字记录，那些惯例在952年的国王
> 文书中就已经提到过。帕多瓦法规属于12世纪。比萨的第
> 一个法规定于1142年，而在1161年则已编成了比萨公社法 211
> 律汇编(Constitutum usus Pisanae Civitatis)，在其中给城市
> 郊区的农民提供了人身自由。但是1233年的法律把这种自
> 由权取消了，而在13—14世纪初的法规则禁止解除劳役。在
> 13—14世纪初，几乎所有伦巴底和托斯坎尼城市都制定了自
> 己的法规：米兰于1216年，维尔切利于1243年，不列西亚于
> 1239年，帕尔玛于1255年，摩德纳于1221年，波斯托亚于
> 1296年，曼图亚于1303年，卢卡于1224年，佩鲁嘉于1286
> 年，等等。后来，在这些法规中补充了新决议或颁布了新

① 马克思：《资本论》第1卷，俄文版，第721页。

法规。

在博洛尼亚，波波兰阶层于1256年取得完全胜利后，于1257年颁布了一个“天国法令”(Paradisus)——一个庄严的公社宣言，以一切人皆生而自由的声明为其开端。这个法令以大宗罚款的威胁，迫令封建主把自己的农奴按一定数量的款项卖给城市，以使农民成为公社公民。1282年编纂了博洛尼亚公社法律汇编——《神圣和最神圣之法规》(*Ordinamenti sacrati et sacratissimi*)。威尼斯法律汇编完成于1242年，其名称是《威尼斯公民法规》。1297年颁布了杜绝新人员进入“大议会”途径的法律。1315年颁布《黄金簿》，巩固了威尼斯少数商业巨头对政权的垄断。佛罗伦萨的13世纪的大量法规，反映了波波兰阶层和大贵族斗争的各个阶段，这一斗争从1250年宪法(Primo popolo)开始，到1293年的《正义法规》(*Ordinamenti della giustizia*)为止，这后一法规中，波波兰阶层的完全胜利，得到了法律上的巩固。按照1289年的法律，佛罗伦萨在自己的郊区实行了无地农奴的完全解放。西埃那的第一批法规属于1181年；以后，在13—14世纪它们经过多次修订重新颁布。《民众法规》(*Statuti del popolo*)是在西埃那的波波兰阶层取得最后胜利之后于1277年颁布的。应该强调指出：虽然由于资本主义萌芽的发展水平不同，各个城市的法规中，在农奴解放的条件和形式方面，表现出形形色色的差别，但是这些法律的意义终归是一样的。解放是为了城市上层代表人物的利益而实行的，这些人物是跟诞生中的资本主义生产有联系的，这些立法在其后来的发展中，反映了衰落的过程，这一衰落，14世纪时在某些中心已

经开始，而在 15—16 世纪几乎席卷了所有的意大利城市。法规还反映了意大利新城市内部制度的特殊性，这些特殊性是由于在该地区占统治地位的生产的性质，行会和商人的上层集团在城市经济和政治生活中占优势的程度而决定的。

意大利大多数城市的行会法规，是 13—14 世纪制定的。威尼斯的第一个行会法规属于 1219 年。佛罗伦萨大多数行会法规出现于 1299—1385 年。1328 年组成了统一的正规的佛罗伦萨行会机构。1309 年颁布的佛罗伦萨商界法规，统一了 5 个旧行会的经营活动。西埃那的毛织业——西埃那的主要行会——法规出现于 1298 年。除了法规以外，反映行会活动的还有无数的说明行会组织的经营、行政、警察和政治生活情形的文件。但是，从 14 世纪末起，关于行会历史的史料愈来愈贫乏。城市中残酷的阶级斗争以及僭主政体的出现，带来的结果是，巩固了自己权力的僭主政权将

行会组织完全消灭，或者是行会的权力大为缩小，丧失了自己以往 212
的政治意义，只保留了纯粹的经济职能。

位于西埃那附近的马萨城市的铜矿和银矿条例（Ordinamenta super arte fossarum rameriae et argenteriae civitatis Massae），反映了生产力的增长和矿山开采的劳动组织。这个条例制定于 13 世纪末，但保存下来的只有 1301 年的抄本。其中详细地记载了矿山的各种操作，这些矿山主人是剥削雇佣工人的西埃那诸公司。恩格斯把这类晚期中世纪的采矿企业归属于依靠雇佣工人从事经营的股份公司。[①]

① 恩格斯：《〈资本论〉第 3 卷增补》；马克思：《资本论》第 3 卷，俄文版，第 917 页。

丰富的文件史料反映了意大利城市公社的其他方面的生活。这些文件是:外国君主颁赐的商业特权证书、各种文据和条约、教皇诏令、公社的经济和政治指令,等等。在许多城市,这类文件收录在城市文献录中。例如,在热那亚就有《热那亚共和国法令录》(*Liber jurium reipublicae Genuensis*)。威尼斯商业、手工业和政治历史方面的文件材料,以及威尼斯总督的法令(从 11 世纪起),是极为丰富的。佛罗伦萨公社保存下来的文件是:公社债务簿,其中载有城市义务公债摊派清册;公社的收入和支出账簿(Libro dei provisione),还有经过多次编订的纳税人名册和地籍册。后者中最详细的是 1427 年的地籍册。15 世纪后半叶几乎移居到所有意大利城市的伦巴德人的章程中,大多包含着重要的史料。由公社赎买的农奴的大量赎身和解放证书(instrumenta franchitatis)保存了下来,这些证书是城市颁发给被解放农民的。救济分发名册(elemosinarii)是佛罗伦萨社会经济史的重要史料。这些名册编制于 14 世纪;它们有助于考察下层和贫穷的市民数量。

南意大利国家的财政史方面,有许多珍贵史料,主要是赋税表册。第一份这类表册在那不勒斯从 1301 年保存下来的。

私人文据主要保存在公证人记事本中,这些文据包含了笼罩在城市及其辖区中的财产关系的所有方面。除了前述的反映土地制度的文件以外,保存下来的还有大量的各种买卖交易文据、组织商业、银行和保险公司(后者从 15 世纪初起)的契约,抵押和债务证券、期票、遗嘱、分产文据、婚约、拥有奴隶的文据,等等。这些研究得还相当少的史料,总的合起来,具有重大的价值。还应该指出,保留下来的一些个别市民的记事簿,其中有许多关于产品、各种手工制品、土地、牲畜等的价格、关于工人和仆役的工资、关于跟佃户的结算、关于贷款等的重要材料。

反映意大利的商业——银行及工业公司活动的史料，对于研 213
究意大利的经济史，具有特殊的价值。在这些史料中占首要地位的是公司股东或职员编制的各种账簿。那样的商业、银行和工业的账簿，反映了公司活动的一切方面。最初，它们主要出现在沿海城市里，具有原始的备忘簿的形式，在其中记入了关于“海上公司”的记载：公司股东名单、每个股东投资数、收入和亏损一览表等。在那样的备忘簿中，业务登记往往间插着家庭、生活和政治性质的记载。保存下来的最早的佛罗伦萨公司账簿属于 1211 年。13 世纪时，这些账簿采用了收支总账簿的形式，载有经常地加进去的账目。还通行着专门的债务人和投资人的账簿、公司各分支机构的账簿等。这些分支机构是按照一般的贸易和特别的呢绒贸易分设的。14 世纪时，由于资本主义生产的初期萌芽在意大利先进城市中发展起来，公司账簿特别广泛地流行起来。除了商业和银行账簿以外，14 世纪时还出现了各种手工业务的账簿——专门的“毛织品”账簿、“工人账簿”、“染工账簿”、“纺工账簿”，等等。往往公司账簿具有秘密的性质，因为这些业务是违背行会、城市机关和教会的规章的。可惜商业和工业账簿远远没有完整保存下来，不过其中有许多仍旧包括很长的时期，例如佛罗伦萨的佩鲁基公司的商业账簿包括 1286—1380 年的账目。

意大利商业和呢绒制造业特别发展，这导致在 14—15 世纪出现了专门的论著。这些论著反映了工场中的资本主义劳动组织。一部匿名的《毛织工车间论》(*Trattato dell'arte della lana*)，写于

14 世纪末，这是毛织工场主的一部实践指南。它包含关于羊毛加工和呢绒制造的约三十道工序的记载，这些工序是由农村和城市的手工业者及雇佣工人——纺工、织工、梳毛工、制毡工、剪毛工等完成的。

佛罗伦萨商人弗兰切斯科·巴尔都奇·佩葛洛蒂(13 世纪末—约 1347 年)的一部论著是意大利商业史的极为珍贵的史料。它出现于 14 世纪中叶，标题是:《各个国家及诸般经商方法志·商业指导》(*Libro di divisamenti di Paesi e di misure di mercatanzie. La Pratica della mercatura*)。这部论著的作者为了佛罗伦萨的巴尔迪商业银行公司的业务而几乎遍历了欧洲和地中海东岸国家的主要城市，搜集了大量的宝贵材料。他的著作纯粹为实用目的而写的:为了给意大利商人提供一本商业和信贷方面的广泛的参考书。论著的第一部分记述了关于佛罗伦萨商人及其商品抵达过的所有的地点，也就是西欧、黑海沿岸和远东的几乎所有城市的材料，还有关于东南亚国家通商路线的材料。对每一个地点记载了那里采用的度量衡、货币、关税、进出商品的特点和质量、贸易条件等方面的材料。论著的第二部分包含商业经营的一般知
214 识。佩葛洛蒂的论著反映了佛罗伦萨公司的经商业务的规模，它们的工业活动情况，在相当大的程度上反映了佛罗伦萨的一般经济生活。

15 世纪前半叶，出现了同一题目的另一部论著:《商业指导》(*Pratica della mercatura*)，它大约是乌查诺公司的最显赫的股东之一，佛罗伦萨富翁伯尔纳多·德安东尼奥·乌查诺写的。这部论著是在佩葛洛蒂的著作写成约一百年之后写的，反映了这时期

在佛罗伦萨的商业和工业中发生的变化。乌查诺的著作中关于航海的篇章是很重要的。

意大利法律史料具有突出的独特性，这里由于封建法权在意大利一般没有得到显著发展，而在罗马法的研究和复兴开始得最早的北部和中部的城市，以罗马法为基础制定了自己的城市法，这种城市法是在城市条例和法令中正式定形的。至于南部，那里在其全部领土上通行着自己特别的法律。

《罗退耳敕令》，也就是《伦巴德法典》，在民法领域中部分地保持到13世纪。这部法令没有补编和新版本，因为法兰克的以及后来的德意志的君主的法律，代替了它们。这些法律（从774年起至包括10世纪在内的时期）在11世纪初由私人汇总成一部特别的汇集，标题为*Capitulare*。11世纪时，在伦巴德国家的旧首都巴维亚创立了法律学校，这个学校很快就闻名全欧。巴维亚的法官——教授和实际司法人员于11世纪前半叶编纂了一部法律汇编，是按照年代顺序（罗退耳敕令、法兰克的和德意志皇帝的法律）编排的，还附上了诠释（即Glossa）和诉讼程式（有25种程式，称为Cartularium Langobardicum），这部汇编是为教学目的编纂的，取名为《巴维亚书》（*Liber Papiensis*）。大约在1070年，一个巴维亚教授编撰了伦巴德法律诠释，称为“诠释”（Expositio）。

11世纪末，《巴维亚书》重新修订。分类体代替了编年顺序，全文分为三册。它以这种加工修订过的形式，开始称为《伦巴达》（*Legis langobardorum libri Ⅲ seu Lombarda vulgo dicta ex libro Papiensi confecta*）。它广为流传，在意大利法律学校（后来演变为大学）里，用为教程。到了12世纪，人们以注释和从数量上

（即个别章节的归纳）对它进行了补充。

封地法亦即采邑法，在意大利主要取自康拉德二世、罗退耳三世和腓特烈一世的法律编成。康拉德二世《采邑法》是于1037年在米兰小骑士阶层（瓦瓦索尔）战胜了封建贵族之后颁行的，它确定了骑士领地所有权的继承权，并以此将它们变成了封地。地方封地法在后来帝王们为伦巴底地区颁行的法令中取得了发展，它的特色是封地联系弱，没有臣服礼以及对于西欧封建主义古典形式的其他偏离。12世纪中叶，在意大利法学的另一个中心博罗尼亚，出现了一部叫《封地书》（*Libri feudorum*）的采邑法典，在13—
215 14世纪也称《封地习惯》（*Consuetudines feudorum*）。在这部由著名意大利法学家、法律专家和米兰封建法庭之法官们撰成的汇编里，收集了律令，对律令的解释及法学家对有关伦巴德采邑法各种问题的答疑。

西北意大利的地方习惯法在14—15世纪被记录下来。依弗利亚习惯法所署日期为1334年，皮埃蒙特的农村公社法规在15世纪曾作了审订。

对于伦巴德和托斯坎尼的城市而言，罗马法在意大利的早期发展有极大意义，城市法规和律令的编撰人便是十分卖力地从罗马法中摄取东西的。“只是工业和商业先是在意大利，而后在其他国家继续发展了私有制，精湛的罗马私法马上被袭用并升格为权威。”[1]在整个早期中世纪，意大利的学校里一直在教授罗马法，由于出现了商业的起飞和商品货币关系的增长，从11世纪末起对它

---

① 《马克思恩格斯全集》第4卷，俄文版，第53页。

的研究尤为加强。博洛尼亚成为罗马法研究中心，当时著名的罗马法大专家伊尔奈利于1088—1125年曾在那里任教，此人奠定了注释学派即对包括查士丁尼法典在内的晚期罗马帝国主要法学文献注释学派的原理。13世纪中叶，这些注释家中有一个叫作亚库尔修斯的，撰写成全部注释的系统汇编（Glossa ordinaria），后来，不断有新的注释对它进行补充。

上述全部法学文献均为十分珍贵的历史资料；它们还以系统化形式描绘了一切所有制形态和各种财产关系及社会关系，根据这些法学文献可以深入研究对于北意大利和中部意大利而言十分重要的、在业已发达的商品货币关系压力下封建法规的解体过程。

专门的海洋法固定了港口城市中商人的相互关系和船长们的相互关系，这种海洋法在意大利早期的发展是它的一个特点。“在中世纪第一个进行广泛海上贸易的城市阿马尔菲，也制定了海洋法。”[①]形成于10—11世纪的阿马尔菲海洋法典（Tabula Amalphitana）后来不仅在意大利港口推广实行，而且也在其他地中海港口推广。威尼斯于1255—1256年编撰写成它特有的海洋法典（Statuta navium）。

在意大利南方和西西里岛，习惯法基本上仍是罗马法。在（巴勒摩、卡塔尼亚、叙拉古等）西西里大城市里，在罗马法基础上制定了城市法汇编。

诺曼征服者颁布了自己的律令（法典）。它们涉及到隶农、奴隶、农奴，部分地涉及到地产，同时巩固了诺曼人所带来的既成封

① 《马克思恩格斯全集》第4卷，俄文版，第53页。

建制度。在12世纪中叶的威廉一世时代(1160—1166年)制定了《法规》,《法规》扩大了农民的义务,限制农民的权利,规定搜捕逃亡农奴,实行高额捐税。当时,曾编撰了一部类似律令大典草案的
216 东西,里边收纳了诺曼公爵和国王们的法令、地方习俗及罗马法。但这一草案未获得官方正式批准。只是在腓特烈二世时于1231年才由王国最高法官、首相彼得·德·维涅亚制定了正式法典叫作《墨尔菲法规》(是在墨尔菲颁布的)或《两西西里王国法规》(*Constitutiones regum regni utriusque Siciliae*),只以拉丁文本保留下来。这部法典也包括了诺曼统治者的法令,对于13世纪上半期南意大利社会政治史来说是十分珍贵的史料。这些律令保护大土地所有者的特权,却压缩教会和贵族的政治权利,限制城市的自由。根据这些法令,禁止农民自由迁移,逃亡农奴要受到追捕并遣返给其主人。在《墨尔菲法规》中,反映出分支繁多的国家机构:法庭、军队、财政、行政的活动。因各种过失和罪行而征课罚金的等级规定兼顾了其阶层地位。资产阶级历史编纂学过高评价了《两西西里王国法规》,将它视为腓特烈二世绝对君主制的确立。实际上,它只是西欧国家早期立法汇编之一而已,只不过具有一些中央集权的因素罢了。

1282年发生了被称为“西西里晚祷”的起义,它导致了西西里脱离南意大利国家,成为西班牙在西西里和南意大利统治的开端,在这次西西里起义之后,安茹的查理于1283年颁布了《圣马丁命令》(*Capitoli di S. Martino*)。他意欲保证得到南意大利贵族的支持,在这份文件里为他们认证了新的特权。

10—15 世纪意大利历史命运的特殊性，在叙事体史料里也有所表现。在半岛之北部和中部，城市发展较早、较快，这使得那里的城市编年史很快便取得了对于一切其他形式编年史的压倒优势。至于南部，即在两西西里王国，创造了那种在某种程度上包含了这个王国完整历史的编年史出现的条件。从 14 世纪末起，由于在先进的意大利中心地带产生了资本主义关系萌芽及在此基础上出现了资产阶级世界观的因素，在某些编年史里贯穿了人文主义新思想的思潮。15 世纪，在先进的意大利城市里，出现了人文主义史学家的第一批作品，它们是历史科学发展的开创阶段。人文主义史学家向古希腊罗马的历史文献学习，无论在语言上、结构上都力加模仿，从中吸收了许多东西之后，又在自己的著作中表述了新东西，这便成为人文科学总的基础，即资产阶级世界观原理的基础。他们以此同中世纪的编年史学家决裂并在自己的历史作品中增加了从质上说是新的成分，其中包括科学研究的成分和对史料的批判。但是，只在一些大的先进城市里是这种情况。而在意大利的其他地区，编年史在 15 世纪仍旧基本上保持其原有性质。

对于 9 世纪末至 10 世纪中叶这一继查理帝国崩溃之后而来 217
的封建分散时期的意大利政治史来说，所保留下来的叙事体史料较少。阿拉伯人、匈牙利人及诺曼人的入侵破坏了这个国家。内部纷争及公爵们为争夺国王尊号所进行的胜负无常的斗争，妨碍了王宫里的编年史编撰的发展。只是从贝伦加尔一世执政时候起，保留了从 887 年到 916 年的简短纪年史（Gesta Berengarii）。在一些大的寺院里，对一些最重要的政治事件进行了简洁的记载。后来，便在这些纪事史的基础上形成了当地的编年史。从 11 世纪

初起，由于北意大利和中部意大利城市的发展壮大，在那里也在地方纪年史的基础上产生了城市编年史。只在罗马没有建立自己的编年史；罗马教廷史在很大程度上便包括了“永恒城市”的历史。此外，西欧整个教会所服从的罗马教廷，其活动远远超出了小小教皇领土的界限，故而描绘罗马教廷及罗马历史的史料，从其起源而言也绝非仅仅是意大利的史料。[①]

蒙特·卡西诺编年史是11—12世纪最重要的修道院编年史。地处教皇领地南部边界的蒙特·卡西诺自古便是最大的意大利修道院，在加洛林朝的意大利成为国家的文化中心之一。两次被毁（884年为阿拉伯人所毁，1030年为诺曼人所毁），两次恢复的蒙特·卡西诺修道院在11世纪中叶成为罗马教廷的据点之一和南意大利编年史撰写的最大中心。尚在978年前后，在这所修道院里便依据旧纪年史撰写了一部包括9—10世纪南部伦巴德诸公国历史和它们与拜占庭、阿拉伯人相互关系史的编年史。11世纪末，修士列奥，系伦巴德贵族出身后来成为奥斯蒂亚的红衣主教（卒于1118年前后），奉该修道院院长德西德留之命写了一部编年史（Chronica monasterii Casinensis）。列奥常去罗马，对于罗马教廷和诺曼公爵们的政治事务颇为熟悉。这部编年史的第一部分于1056年完稿，是根据现已部分失传的材料写成。在截止于1075年的第二部分里，从罗马教廷利益的观点出发极其详细地叙述了该寺院的历史，还含有关于南意大利历史的珍贵资料。列奥的编年史由修士执事彼得续写到1139年，此人曾多次执行教皇的外交

① 参见本书第二十二章。

使命。彼得的编年史也持同样观点，里边加了不少伪造的文件。后来，蒙特·卡西诺修道院编年史成为匿名的了，也就变得更为贫乏无味。

在一部作者佚名的《贝内文托、萨勒诺、卡普亚和那不勒斯公爵编年史》中记录了拜占庭在南方和南部诸伦巴德公国里的统治史（Chronicon ducum Beneventi，Salerni，Capuae et Neapolis）。965 年前后于那不勒斯撰成，包括从 518 年至 943 年这段时间。747 年至 974 年的《萨勒诺编年史》（*Chronicon Salernitanum*）接近于执事保罗的《伦巴德人史》，对于奥托一世在南意大利的政治史而言也很重要。巴里一个修道院的纪年史包括从 605 年至 1043 年这段时间；在此基础上于 12 世纪初编撰了无名氏的《在那不勒斯王国里的事业之简要编年史》（*Rerum in regno neapolitano gestarum breve chronicon*），包括从 855 年至 1102 年这段时间，其内容包含了拜占庭、阿拉伯和诺曼人在意大利南方统治的历史，还保存了另一部包括 855—1115 年的佚名编年史（Anonymi Barensis chronicon）。卡沃修道院（在那不勒斯附近）包括 569—1034 年的一部纪年史和贝内文托的圣索菲亚修道院包括 788—1182 年的纪年史内容十分贫乏。在法尔法修道院（斯波列托附近）里对
681—1228 年这段时间进行了纪年记载；在此基础及其他修 218
道院记事的基础上，修士卡丁的格里高利于 1105 年前后编成包括 681—1104 年这段时间的编年史（Chronicon Farfense）。阿马尔菲这个 10—11 世纪南意大利最大商业中心的纪年史，

包括了747—1294年这段时间。在截止于1082年的《阿马尔菲编年史》中只有一些片段保留在萨勒诺的罗穆阿尔德编年史里。[①] 阿布卢茨山里的卡尔皮尼托修道院之纪年史(包括962—1159年)和卡扎乌利亚的圣克里门特修道院的纪年史所包含的材料,能使我们去追溯诺曼人征服南意大利的进程。

从纪年史和编年史产生的时间上说,在北部城市中当推米兰为首位。11世纪末,在古老的简单记事的基础上编撰成《米兰大主教的事业》(*Gesta archiepiscoporum Mediolanensium*)编年史,它包括了925—1076年这段时间。其作者为教士阿尔努尔夫,教会改革的反对者。在他的著作中详述了"巴塔林"即在1056年开始的那次米兰手工业者、小骑士和城市僧侣之基本群众反对大主教和高级僧侣的长期运动。在教士老兰杜尔夫(11世纪初—1085年)的《米兰史》(*Mediolanensis historia*,包括374—1085年这段时间)里用持有偏见的说明阐述事件,因为作者是"巴塔林"运动的敌人,但是有许多事实材料并用了一些文件。《米兰史》由他的儿子小兰杜尔夫续写到1137年。

在米兰同腓特烈一世进行殊死斗争的年代里,米兰编年史有所中断。在米兰人同其他城市结盟,英勇顽强抵抗外国统治并获得胜利之后,才出现了包括1154—1177年这段时间的《大米兰纪年史》(*Annales mediolanenses maiores*),它由几个世俗作者编撰而成,包含有关当时这个伦巴底人最大城市之政治史、经济史的重

---

① 参见本书第224页。

要内容。应强调指出，尽管这部纪年史的名称如此，但实质上它是一部鲜明表达了纯城市倾向的地道编年史。与此同时，有一个未知名的米兰人写了另一部编年史《皇帝们在伦巴底的事业》(*Gesta imperatorum in Lombardia*)，也包括 1154—1177 年这段时期，后来由于它的皇帝党倾向性而遭到彻底修改。

继之而来的米兰纪年史也以匿名方式撰写并以几种稿本保存详本(1104—1228 年)，简本(到 1237 年止)和初步笔记形式(Memoriae)到 1251 年为止。它们包含不少有关伦巴底史及利凡特贸易的资料。另一批纪年史包括 1230—1402 年这段时间；里面记载了许多官方文件和函件，它们也为整个北意大利贸易史和政治形势史提供了许多材料。

公爵权力在米兰的确立(这一过程的开始在 14 世纪的纪年史中便已有所反映)改变了叙事体史料的性质。正如在许多意大利城市里一样，城市编年史让位于执政僭主们的官修“历史”。这种历史著作的作者大都为公爵们的亲信。自然，在这些“历史”里明显流露出对君主的绝对权力赞颂的倾向，这样有时便导致了事实的极大歪曲。1479 年出现了米兰公国的官修历史(Historia de re- 219
bus gestis Francisci primi ducis Sfortiae)，包括 1421—1466 年这段时间，是弗朗切斯科·斯福察公爵命令他的秘书乔万尼·西蒙尼塔(约死于 1491 年)写成的。15 世纪末，根据罗多维克·莫罗公爵的请求，米兰的一个城市贵族伯纳狄诺·柯里奥(1459—1519 年)写成从 13 世纪中叶至 1499 年的《米兰史》(*Storia di Milano*)；在这部著作里有丰富的事实材料，其中也有关于社会经济关系方面的材料。

米兰教会编年史向城市编年史进化，官修的公爵统治“史”取代城市编年史，对于北意大利和中部意大利的许多城市来说具有典型意义。

热那亚的历史记载于包括1099—1294年这段时间（无中断）的《热那亚纪年史》（*Annales Januenses*）中。这部庞大的城市编年史由十二部分组成，每部分由不同的作者写就；但他们都以不同的程度靠近热那亚的执政集团。《热那亚纪年史》包含关于本共和国之详细历史的内容，热那亚从12世纪起已与威尼斯一起成为不仅是意大利的而且是整个欧洲的最大的商业势力和海上势力。与热那亚这一角色相适应的是，在这部《热那亚纪年史》里反映出热那亚同拜占庭、巴勒斯坦、埃及、非洲以及罗马教廷、意大利诸城市和西欧国家的广泛经济联系和政治联系。

《热那亚纪年史》中1099—1163年这一段的第一部分出自热那亚城市贵族卡法罗·德·卡斯奇费伦涅（死于1166年）的手笔，此人于12世纪初被派往巴勒斯坦进行考察，后来领导过热那亚共和国，曾出使教皇和红胡子腓特烈。1152—1155年，他还写了一部热那亚舰队征服里凡特城市的历史，书名叫《关于东方城市的解放》（*De liberatione civitatum Orientis*）。对于东方的十字军国家的历史和热那亚在利凡特贸易中的作用来说，这是一份十分珍贵的史料。《热那亚纪年史》之详尽的第二部分，是奥贝尔托受卡法罗之子奥托及热那亚执政官们的委托编撰成的，奥贝尔托曾任过公证人，后来当过共和国的大臣。这一部分包括了1164—1173年这段时间。后面的几个部分主要是由城市政府的秘书们撰写而成，因而是官修的城市编年史。特别要指出的1266—1294年那一章，是局部或全部地由热那亚最显贵家族之一的贾柯波·多利亚家族的一个成员写成的。他这部描绘势力极盛时期之热那亚的著作，不只对于热那亚史和意大利史，就是对于整个地中海区域的国际关系史来说，也是极为重要的史料。对于那不勒斯和西西里被安茹的查理征服的历史，对于路易九世的十字军远征史，阿拉贡和法国的战争史等，在《热那亚纪年史》中均有许多史实材料。从1298年开始一批新的热那亚纪年史，是由斯蒂拉兄弟编撰成的。公证人乔吉奥·斯蒂拉（卒于1420年）于15世纪初修改了自1298年至1409年的城市纪事；这部著作的第二部分由他的兄弟，热那亚共和国大臣乔万尼·斯蒂拉写成，此人对1298年之前的事件予以概述，而对1409年至1435年的事件则予以详述。

从6世纪开始的威尼斯史，在佚名的《威尼斯编年史》（*Chronicon Venetum*）中有记载，此书的特色是用蛮族的拉丁文写成，看来，它约于9—10世纪依据已散佚的纪事编撰而成，后来，被续写到13世纪初。在这部编年史里有十分简短的记事，执政们及格拉 220
多的总主教们[1]的名册，末尾处是威尼斯最大家族的名册。执事约翰的编年史（*Chronicon Venetum*，以前称为*Chronicon Johannis Sagornini*）描述了未来的"亚德里亚海女皇"发展的第一阶段，堪称早期威尼斯史的最重要史料。作者曾是第一个著名执政皮埃尔第二奥尔修罗（991—1008年）的宫廷神甫和亲信顾问，所以深晓政事。他的编年史截止于1008年，是11世纪初撰成的。《简明威尼斯纪年史》（*Annales venetici breves*）包括了1062—1195年这段

[1] 1445年，格拉多（Gnado）的总主教迁至威尼斯。——译者

时间，写成于13世纪初，包含有关威尼斯内外历史之主要事件的材料。当时还产生了一部相当详细的匿名的《威尼斯首领们的历史》(*Historia ducum veneticorum*)，包括了1102—1177年这段时间，后来被续写到1204—1229年。

真正的城市编年史于13世纪在威尼斯出现，当时威尼斯寡头的经济实力和政治权力最终巩固下来。在1267年至1275年之间，马尼蒂诺·卡纳列的法文《威尼斯人的编年史》写就，此人可能并非威尼斯生人，但至少在那里生活了很久。作者追求这样一个目的，即让他的著作在威尼斯国界之外也知名，这就是他为什么选择了法文的原因，他曾写道："现在，无处不知法文。"对1229年之前的阐述，是对上述诸编年史的编纂；对1229—1275年的事件，则进行着一个当代人的极为详尽而又饶有兴致地讲述。

14世纪中叶，执政安德烈·丹多洛(卒于1354年)写成一部编年史，用的还是威尼斯的传统名称Chronicon Venetum。作者因地位关系得以接近大量文件材料并广为利用，还利用了许多威尼斯的及其他编年史。他的著作反映了威尼斯政府的官方观点。可惜，这一著作只到1280年便截止了。威尼斯大臣拉法埃里·卡列西尼(卒于1390年)以同样的精神也利用了许多文件将它续写到1388年。

威尼斯贵族家族成员安东尼奥·莫罗西尼(卒于1434年前后)的编年史，特别是他的日记是珍贵的史料。莫罗西尼曾多方游历，从1388年起任大议会成员。他的编年史用威尼斯方言写成；编年史中对1388年以前的事利用14世纪的编年史；自1388—1403年这一段，书中则阐述与作者同时代的事件。日记(Diario)

包括 1404—1434 年，含有大量宝贵的各种性质的资料，其中有关于欧洲其他国家历史的。其特色是，莫罗西尼在日记中全文或摘录了大量威尼斯各种人士从欧洲各地收到的信函。

多米尼科·马里皮埃罗（1428—1515 年）用威尼斯方言写成的《威尼斯纪年史》描述了威尼斯共和国在意大利领土的成长和它同土耳其人的战争。

从传说时代到 1493 年的《威尼斯通史》（*Vite de duchi di Venezia*）是由威尼斯城市贵族兼史料搜集家小马利诺·萨努多（1466—1535 年）写成的。他这一著作于 1501 年杀青，依据大量文件，研究了包括莫罗西尼在内的编年史（这些作者深受人文主义的意大利史学著作陶冶），并对上述材料进行了分析和批判。萨努多的另一重要著作，是他自 1496 年至 1531
年的《日记》（*Diarii*）。如同莫罗西尼的笔记一样，这些日记 221
包含了大量珍贵材料，不仅与威尼斯和意大利的历史有关，与整个西欧的历史也有关。

15 世纪末，奉政府指令撰写并于 1487 年在威尼斯付印了圣马克图书馆馆员萨贝里科（1436—1506 年）的历史作品《威尼斯历史的数十年》（*Decades rerum Venetarum*），阐述了威尼斯从开始到 1486 年的历史，该作品充满人文主义精神。

佛罗伦萨不仅作为银行业和商业中心，而且作为工业中心居领先地位，新的资本主义成分萌芽在那里出现得最早，这便使得佛罗伦萨编年史从 14 世纪起特别兴盛。编成于 13 世纪中叶，包括

1125—1231 年的匿名编年史《佛罗伦萨人的事业》(*Gesta florentinorum*)是保存下来的编年史中之最早的一部，编者为佛罗伦萨法官(此书在学术上用的标志 Senzanome judicis gesta florentinorum 便由此而来)。下一部历史大作是写成于 14 世纪初、包括 1280—1312 年的狄诺·康帕尼(1260—1324 年)的编年史，已采用当地的佛罗伦萨方言。作者生动而有表达力地描绘了他所积极参加过的当代政治事件。

应当承认乔万尼·维拉尼(1276—1348 年)的截止到 1348 年的编年史(Cronica)是 14 世纪佛罗伦萨历史的最重要史料。因巴尔第贸易公司之业务关系，维拉尼到过法国和佛兰德斯，后来在佛罗伦萨城市公社里担任过重要职务。为了让全体同胞都了解本城的历史，他为自己这部用意大利文写出的著作长期搜集材料和书面材料。结果产生了一部庞大的作品，从其选题上看，它远远超出了纯城市编年史的范围。它是历史编纂学发展中的一个重要里程碑，因为维拉尼已有了研究历史现象和分析史料的尝试。他的特色是记述中的现实主义，对社会经济史的关注和兴趣。他的著作，作为一部史料是相当珍贵的。在头七卷书中，维拉尼对 1292 年之前的佛罗伦萨史作了简要叙述，还附加了若干有关其他国家历史的资料；在其余的五卷书里对 1348 年以前的事加以详述，是年，他死于黑死病，工作遂中断。在这一部分中，详尽地记述了佛罗伦萨的政治生活和经济生活以及它同欧洲各国和许多亚洲国家的各种联系，这使维拉尼的著作有了世界编年史的某些特点。维拉尼消息灵通，在他的著作中利用了佛罗伦萨法规的条文、财政和统计性质的材料等。他的弟弟马蒂奥·维拉尼将这部编年史续写到

1363 年，马蒂奥之子菲里波（卒于 1405 年）又续写到 1364 年。

马尔琼尼·斯蒂凡尼（卒于 1386 年）《佛罗伦萨编年史》（*Cronica Fiorentina*）是在 1378—1385 年写成的。在从 14 世纪初开始阐述的头几章中，它主要是依据维拉尼编年史；从 1348 年起，作者是根据官方文件和自己的观察写的，提供了一部十分详尽的佛罗伦萨政治史，其中包括梳毛工起义史。必须强调指出，在谈到梳毛工起义的情况时，他的阶级面貌暴露无遗。斯蒂凡尼作为执政上层人物的支持者，诽谤梳毛工，在其编年史中有多处歪曲。

在 14 世纪的其他佛罗伦萨编年史中，应特别指出《家庭编年史》，在这种编年史里，家庭事件、丰富的日常生活材料与事务性和政治性的记载混淆在一起。例如，由多纳托·维卢蒂编撰的 1300—1370 年维卢蒂家族的家庭编年史，博纳考尔索·佩提编年史，一位不知名的某公司成员佛罗伦萨人撰著的 1358—1389 年日记，即 Diario d'anonimo fiorentino 等。 222

恰好在 15 世纪初的佛罗伦萨写成了在原则上有别于先前的一切编年史的大部头历史著作，这并非偶然。佛罗伦萨共和国的国务秘书里奥纳多·布鲁尼（1369—1444 年），从所受教育看是一个真正的人文主义者，以优美的拉丁文写作并在其文集里提供了《佛罗伦萨人民史》（*Historiarum florentini populi libri duodecim*）、《意大利现代事件史》（*Rerum suo tempere in Italia gestarum commentarius*），从某一点来说，还在但丁和彼特拉克的传记中进行了最早的历史研究。布鲁尼将维拉尼那里已有的那种创新的成分发展到某种科学研究体系的水平。但是，正是这种情况使得他的著作对历史编纂学思想的研究和历史研究的方法所具有的

价值大于对史料学的价值。如同自己的同行、意大利及欧洲其他国家的人文主义历史学家一样，布鲁尼不仅是一位编年史家或回忆录作家，还是一位历史学家和研究家，所以其著作的史料学意义具有特殊性质。[①]

在北意和中意其他较小城市中心的年代记和编年史的发展，基本上重复了对大中心所描述的情景。

克里摩纳纪年史包括了1096—1269年这段时间。在这些记事的基础上，克里摩纳主教西卡德（卒于1215年）编撰成一部截止于1213年的编年史，其中也包括了从许多其他史料中引用的资料。因此，这部著作不仅对于克里摩纳的历史，而且对于意大利历史、德国历史、十字军远征史和十字军国家的历史都有价值。

比萨纪年史开始于1004年。在伯尔纳德·马兰贡（卒于1188年前后）截止到1175年的《比萨编年史》中就利用了比萨纪年史。如同许多类似编年史一样，《比萨编年史》从创世开始写起，只是从11世纪初起它才有意义，也就是说作为一部城市编年史，作者从1136年起对比萨的内政、外交历史予以详尽阐述。《比萨人胜利的事业》(*Gesta triumphalia per pisanos facta*)包括了1099—1120年这段时间，里边记载了比萨舰队参加征服利凡特的港口城市的事迹。有部以意大利文写得极其详尽的《比萨编年史》为匿名作品，从1089年写到

① 参见本书第313—314页。

1389 年，续笔到 1406 年。

博洛尼亚史的主要史料是一部记载 1104—1314 年的十分详细的拉丁文编年史，即 Historia miscella Bononiensis，由弗朗切斯科·德拉·普里奥拉续写到 1471 年，15 世纪初，显要的博洛尼亚政治活动家马蒂奥·德·戈利富尼布斯（1351—1426 年）编撰了包括 1109—1426 年的大部头博洛尼亚史，即 Memeriale rerum Bononiensium。

卢卡的主要编年史是由一个商贾之子，卢卡公社成员乔万尼·赛尔堪比（1348—1424 年前后）用意大利文写成包括 1164—1423 年的编年史。书中，有关 14 世纪末至 15 世纪初的事件叙述得十分详细，这些事件不仅涉及卢卡，而且涉及整个中部意大利。

由多纳托·涅利写的包括 1352—1381 年的意大利文锡埃纳编年史十分详细，后由其子续写到 1384 年。

加列阿措·加塔罗编撰的包括 1311—1405 年的意大利文编年史，即 Istoria Padovana。对于帕多瓦的历史来说，是一部重要的著作，后由其子安德烈做了增补。还要早一些，即在 14 世纪初，由于皇帝亨利七世征伐意大利，有一个叫阿尔伯蒂诺·穆萨托（1262—1329 年）的帕多瓦人编撰了一部 14 世纪初的北意大利史，即 De gestis Heinrici Ⅶ Caesaris historia augusta。

简编韦罗纳纪年史包括 1095—1178 年这段时间；后来编成了两部相近的纪年史：一部从 1117 年写到 1223 年，另一部从 1117 年写到 1277 年。

223 皮阿琴察纪年史分别以皇帝党稿本(从1154—1284年)和教皇党稿本(从1012年至1235年)保留下来。截止到1402年的《皮阿琴察编年史》(*Chronica Placentina*)是皇帝党的稿本。

伯加莫纪年史包括1156—1266年;布里西亚纪年史截止到1273年;菲腊拉纪年史截止到1264年;维琴察纪年史截止到1243年;亚斯提纪年史截止到1293年。亚斯提纪年史由古尔耶尔莫·温图里续写到1325年,涉及整个西北意大利。由于洛迪这个城市于1111年为米兰所破坏,决定了该城编年史作者们的皇帝党倾向,在洛迪纪年史里,只写了1153—1167年之间的事件。1160年之前那一部分的作者为洛迪的高级官吏奥托·莫列尼;接着由其子续写。弗留里纪年史包括1275—1473年。用意大利文写成的《匹斯托亚史》(*Istoria Pistolese*)包括1300—1348年。《佩鲁嘉市编年史》(*Cronaca della citta bi Perugia*)包括1309—1491年。利米尼编年史包括1188—1375年,续写到1452年。1350—1472年的古比奥编年史由圭尔涅略·贝尔尼奥编撰成书。

萨伏依和皮埃蒙特的编年史于15世纪初用法文写成,即Chronique de Savoye。它的第一部分犹如一部史诗,包含有半传说式的资料。它将14世纪记述得十分详细并截止于1383年。15世纪末出现了《拉丁文的萨伏依编年史》(*Chronica latina Sabaudiae*),它开始那一部分是法文本编年史记述的缩编。这部拉丁文编年史关于1451—1487年那一段很详细,它的作者可能是萨伏依公爵的亲信,是仇视法国的。在有关皮埃蒙特历史的史料中，应特别指出有关1382—1384年皮埃蒙特农民(林中人)起义中的文件资料。

圣芳济派修士，帕尔马的萨里姆贝尼(1221—1288年前后)的编年史在北意大利和中意大利的大量编年史中占据特殊地位，这是一部内容十分繁杂，编年序列和逻辑连续性不甚清晰的著作。萨里姆贝尼这部包括了1167—1287年的编年史，同时又是圣芳济修士派团的历史、世界编年史、整个伦巴底的历史和作者自传。可惜，它只保存下来一部分(近一半的正文已散佚)，而且还是孤本，这证明它未能流传。萨里姆贝尼编年史自1221年以后的部分作为一部史料是十分珍贵的。萨里姆贝尼出身于巴尔马的富有贵族之家，从1238年起成为圣芳济派修士，并在本派的各修道院里受过教育。同时，他还迷恋于弗洛尔的约阿西姆的思想，此人被天主教会宣布为异端分子，他的思想在当时是进步的。萨里姆贝尼曾到过腓特烈二世在比萨的行宫，在意大利和法国多次游历，造访过路易九世的十字军部队。从1258年起，他在许多意大利修道院里生活，从1281年起，在勒焦的一个修道院里生活，并在那里写就了他的编年史。萨里姆贝尼一生见过许多各等级的人并且是许多重要事件的目击者，他将这些事件一一记在他的编年史里，譬如，法国的“牧人”起义，他家乡城市的阶级斗争，腓特烈二世与教皇和意大利城市的斗争，威尼斯经济实力和政治实力的增长等。萨里姆贝尼从意大利和法国的经济生活中提供了许多珍贵的资料。在他的编年史中有许多有趣而又鲜明的当代人物评介，从皇帝、王公、教皇起，到平民止，无所不包。这部编年史是以十分简洁的拉丁文

写成，从句法上看接近于民间意大利文。

第一部专门关于意大利南部诺曼人国家的编年史，是蒙特·卡西诺的修士阿麦（Amé 或 Aimé）的《诺曼人史》（*Istoire deli Normant*），阿麦出身大约为诺曼人（卒于 1101 年）。大约在 1075 年前后，他用拉丁文写成了自己的编年史，但拉丁文本散失，只保留了看来是不完全准确的法文译本，是在 13 世纪末译成的，亦即
224 在安茹朝征服之后了。在这部编年史中，记述了自 9 世纪以来的诺曼人历史，他们对诺曼底的占领，进攻地中海，最后立足于意大利南部。从其形式看，该编年史近似于史诗式的讲述，但其内容颇具精确之特色，其珍贵之处又在于作者以新鲜的材料和印象描述了他那个时代的事件。

阿普里亚的威廉之《关于诺曼人在西西里·阿普里亚和卡拉布利亚事业的史诗》（*Historica Poema epicum de rebus normannorum in Sicilia, Apulia et Calabria gestis*）是一份重要史料。这一史诗在 11 世纪末至 12 世纪初，以古代战争的叙事诗形式写成，它主要是讲述罗伯特·桂斯卡（卒于 1085 年）的征战的。作者利用了现已部分散失的古老纪年史。在以罗伯特·桂斯卡的兄弟罗哲尔讲述的基础上所写成的修士高弗烈德·马拉蒂拉的《西西里史》（*Historia sicula*）中记述了对西西里的征服。这一编年史也部分地具有诗歌形式。它从 1099 年写起，是献给诺曼王公们的颂辞。对此编年史有一段截止到 1265 年的短短续笔。

在教皇的公证人、贝内文托的法尔科之编年史中，从维护罗马教廷利益的观点去叙述南意大利的历史。这部编年史于 12 世纪中叶写成，未能完整地保留下来。只有包括 1102—1140 年那一部

分，其中含有大量文件材料并利用了旧的编年史。

萨勒诺的大主教，学问渊博的医生、12 世纪诺曼人国家的外交家、大政治家罗穆阿尔德（卒于 1181 年）的世界编年史是南意大利之最庞大的编年史。该编年史到 1178 年截止，其有价值部分是从 1125 年始。作者利用了大量史料，其中有若干重要的，后来被毁的文件，不仅在两西西里王国的历史方面，而且在十字军远征、罗马教廷和地中海区域国际关系史等方面提供了十分珍贵的材料。他这一著作是对南意大利和西西里的统治者、诺曼王公们的颂扬。

《西西里事业史》（*Historia de rebus gestis in Sicilia*）只涉及 1154—1169 年之间的西西里历史，其作者是一个叫雨果·法尔坎德的人，其国籍未能确定，但又必须提供这一史料，因为它里边含有关于 12 世纪中叶西西里社会经济关系的极为珍贵的资料。作者久居帕勒莫，他主要描述了当时是国都的这座城市的生活。他得以出入档案馆并为自己的编年史使用了许多珍贵文件。该编年史含有关于手工业和商业发展的重要资料。关于威廉一世时代男爵的阴谋活动和 1160—1161 年帕勒莫及全国的人民骚动的珍贵资料尤为详尽。

对于 13 世纪上半期，即腓特烈二世及其后继人时代的南意大利历史而言，主要史料为两部编年史，无论从断代年限还是从总的倾向来说，这两部编年史均可构成一个统一的综合体。国王的公证人（腓特烈二世有西西里国王的尊号）、圣杰马诺的利卡多（卒于 1243 年）之《西西里王国编年史》以两种版本保留下来：一种包括 1208—1226 年，另一种包括 1189—1243 年。它是当时南意大利

225 历史的最重要史料并含有丰富的史实材料。亚姆希尔的尼古拉编年史，即 Historia de rebus gestis Friderici Ⅱ，Conradi et Manfredi，包括了 1210—1258 年，也是以这种精神写成的，也极精确而且材料丰富。这两部编年史对腓特烈二世均持歌功颂德之势，实质上均为官修编年史。

在教皇马丁四世的秘书萨巴·马拉斯皮纳所编撰的一部编年史里，记载了南意大利历史上的一个非常重要的时期。这部撰于 1284—1285 年的编年史，即 Rerum Sicularum libri Ⅵ，包括了 1250—1276 年这段时间，后来由另一作者将它续写至 1285 年。这样一来，在这一编年史里便反映了霍恩斯陶芬家族统治的衰亡史，安茹征服和阿拉贡占领西西里等史实。这部编年史中（从罗马教廷利益出发）记述"西西里晚祷"的那一部分即 1282 年西西里起义那一段落尤为有价值，由于这次起义，西西里人民摆脱了不可忍受的法国人的桎梏。

在 14 世纪诸多的南部编年史当中，应提及匿名的《西西里人编年史》（*Chronicon Siculum*），是以日记的形式写成的；它之最后一部分即 1393—1396 年那一段落含有关于那不勒斯和西西里的详细资料，故特别重要。

14 世纪意大利阶级斗争和政治斗争的尖锐化，引起一系列政论文的问世，它们是研究政治思想史的珍贵史料。但丁的《帝制论》（*De monarchia*）即为首批政论文之一，是这位诗人晚年用拉丁文在 14 世纪初写成的。但丁在这篇论文里描绘了他为四分五裂的意大利所设想的理想政治制度。在他看来，完善化的德意帝国便是这种制度，他期待皇帝亨利七世来实现它。在意大利自身，但丁看不到能够将相互敌对的城市共和国团结为一体的力量。至于罗马教廷，正如恩格斯所指出的那样，它只是为了装潢门面才扮演民族统一的代表的角色，其所作所为，使得“比如但丁，仍将一个异国人皇帝视作意大利的拯救者”。[①]

还应指出佛罗伦萨共和国大臣、人文主义者柯侣樵·塞琉塔蒂（1331—1406 年）的论文《论暴君》（*De tyranno*）。作者认为，最佳政体不是共和制而是君主制，这种观点源于当时佛罗伦萨富豪对强权依靠的倾向，1378 年梳毛工起义对此起了很大促进作用。但是，塞琉塔蒂向君主提出了许多限制君权的要求，声称人民（即资产阶级的代表人物）有杀死“暴君”的权利，这里的“暴君”系指那种超出自己全权和权利的君主。塞琉塔蒂的论文之所以重要，是因为它奠定了所谓反暴君文学的原理的首批论文之一。

意大利政治家和人文主义者（彼特拉克及其他人等）的许多信件，作为史料也有重要意义，在这些信件中散布着种种关于意大利政治史的资料，其中也不乏局部涉及社会经济关系的资料。也保留
下来有关意大利大学史的丰富文件材料。指出一些游记尤为重要： 226
在这些游记中居首位者是著名的《马可·波罗游记》，他于 1298 年口授给一个叫卢斯蒂恰诺的比萨人，此人用法文记录下来。马可·波罗本人于 1307 年又亲自写了一本稿本。后来，由这两个稿本译成拉丁文、托斯坎尼及威尼斯方言的多种译本；这一著作广为流传。

（庞卓恒、白玉译　郭守田校）

---

① 《马克思恩格斯全集》第 10 卷，俄文版，第 344 页。

227 第十四章　西班牙和葡萄牙历史的史料(始于8世纪)

中世纪西班牙独特的历史命运决定着所指时期的开始界线，如同决定其内涵一样。众所周知，马克思深刻地阐述了封建西班牙的历史特征及这种特性的基本原因。“西班牙的地方生活，各省和各个公社的独立性，社会发展的不一样，这种不一样最初是由西班牙的地形造成的，后来又由于各省独立地从摩尔人统治下解放出来并组成独立的小国而历史地发展起来。”[①]阿拉伯的占领破坏了在整个半岛上西班牙和葡萄牙人民发展的正常进程；只是经历了几乎长达八百年的斗争之后，才夺回了被阿拉伯人强占的地域。

在分析所指时期的史料时，西班牙和葡萄牙历史的这种特点也表现得很明显。出现一些只有西班牙所特有的史料类型(如农民公社记)；另一些史料在全半岛得到极为广泛的传播(如自治特权书)，或且具有一系列特征等，这都和西班牙发展的条件相适应。

特别应指出的是皮列奈部族发展中的独特性，它也给史料的性质打下自己的烙印。在阿拉伯占领以后不久，很快就开始了三个部族的发展过程：卡斯蒂利亚、加泰罗尼亚和葡萄牙，他们都有

---

① 《马克思恩格斯全集》第10卷，俄文版，第721—722页。

以拉丁语为基础的自己的语言。收复失地的战争促进了所有这些部族在一定程度上和摩尔人的融合,而语言中又渗入一些阿拉伯词语。此外,在纳瓦尔(在比利牛斯山脉)居住有巴斯克人,这是来自伊比利安的一支古老的人民,他们的语言和邻近部族的拉丁语系的语言截然不同。

描述生产力和生产关系的史料按其性质对于半岛的所有部族都是一致的,因为他们都经历了封建制度建立和发展的同样的过程。所不同的只是每个地方的特点,它将在以后的叙述中谈及。228
这些史料总的说来都保存得相当完好,尽管有些文件资料在收复失地战争的兵荒马乱的条件下已遭毁灭。

首先必须指出,阿拉伯的占领正处在封建生产关系形成过程还远没有结束的时期,因此 8—11 世纪保存下来的史料描述的主要是它在半岛北部进一步的发展。各种文书记录下教堂和贵族大地产的增长和农民农奴化的过程。与此同时,自主地在半岛基督教传播的部分(特别是在加泰罗尼亚)得到长期的大发展。由于自主地的发展,保留有不少国王和伯爵的文书,它证实(无论大小的)土地所有者—自主地拥有者的占有权。自主地的发展,并在文件上得到的肯定,反过来要求一切土地买卖都得办理手续,因此就有了此类文书的存在。教会组织(主要是修道院)早在 9 世纪就对通过这种途径所得到的土地进行正式的登记工作,同时在其他类似的情况下,有些这样的出售也具有不真实的性质:教堂非法(武力)占有某些农民的土地,而以买卖文书作伪装。国王馈赠土地的文书,或对过去馈赠加以确认的文书也很流行。对加泰罗尼亚(如同对加洛林帝国的所有“西班牙村社”一样)典型的是 9 世纪的作为占有地或作为特惠地而馈赠的新开垦地的帝国证书。9—10 世纪这种帝国馈赠文书也在西班牙其他地方出现。从 11 世纪起,封建关系已基本确立。这时,主要的是给教堂和贵族豁免权和各种特权的馈赠文书,把土地连同土地上居住的隶农一起转让给采邑。这些文献材料、遗嘱、馈赠书、被俘的摩尔奴隶释放书、农民徭役的规定书以及确定领主和持有者之间关系的证书等,都鲜明地描绘出封建化进程的发展和完成的典型过程。与此同时应强调的是农奴制严厉的形态只形成于前加泰罗尼亚和阿拉贡,特别是葡萄牙北部;卡斯蒂利亚、莱昂和葡萄牙南部的农民早在 13 世纪初在顽强的斗争中获得人身的自由,并得到了自由宪章(以后还要提及)。特别要指出的是在莱昂-卡斯蒂利亚王国有自由农民公社——别格特里,在葡萄牙有咨议会,对其研究的史料是:在公社迁往新夺取的土地时国王颁发的一些特殊文书、农民公社和他们选出的领主签订的契约文书、有关农民公社事宜的国王命令及农民公社致国王和国会的请愿书。在 14 世纪中叶编有这些公社一种独特的登记册《农民公社的牛皮书》[①],它记述每个公社封建农民的权利和义务。编制登记册的目的是确定和认证国王和各种领主对农民付款和徭役的权利。所有这些史料为叙述自由农民公社的内部制
229 度及其和封建制度的斗争提供宝贵的材料。这种斗争在卡斯蒂利亚和葡萄牙的历史上起过相当重要的作用。

由于这一斗争,农民保持了自己的个人自由。

---

① 书名来源于抄本封面的材料。

封建阶级的内部关系体现在决定附庸关系的一些特殊的文书中。引为特征的是早从11世纪起就已要求附庸忠心的书面誓言。既然在收复失地过程中所有夺回的领土都认为是王国的私有财产，那么给封建主的新土地也都是具有一种国王馈赠的形式，如此多种多样的馈赠从14世纪中叶起被称为委托监护制。然而，这些文书也确定应属国王收入的那部分。在和摩尔人的战争中掠夺来的动产和土地按一些特殊的规则进行分配，并编造成册，有些清册传留至今（例如，13世纪夺取穆尔西亚和塞维利亚时所编制的清册）。所有这些史料描绘土地所有权的分配情况，特别是它的内部结构。对于14世纪中叶的加泰罗尼亚，科学界甚至还得到一些统计资料；1359年在那里对国王和领主土地上所有的家产作过一次清查。

13—15世纪土地也逐渐开始卷进商品流通，在这发展中的商品—货币关系时期，贵族地产买卖文书在西班牙保留下的相当少。长子继承制阻碍领地收归国有的自由和广泛的发展。从14世纪起出现了永久租赁的契约。15世纪是大规模农民起义的时代，这一时期特别有极其丰富的各种文书（保留有原件副本和公证件号），记载着农民的义务，及其土地所有权和农民的申诉。这些文件反映出农民反对农奴制和对封建主横征暴敛的顽强而不断的斗争。在有的情况下，他们的斗争直指整个封建制度。

研究农业关系史和大畜牧业史相当重要的史料是《地方组织》，即卡斯蒂利亚养羊封建主联合会的文件。第一份国王给地方组织的特权是1273年的文书，其次是1347年阿方索十一世颁发的文书。在斐迪南和伊莎贝拉统治时期，特权大为增多，并于

1511 年其汇编本问世。

极珍贵的历史资料是在整个中世纪西班牙数量很大的所谓富埃罗斯(在葡萄牙称为福拉伊什)的自由宪章,它记载半岛各种各样的主要习俗和规章,它之所以能广为流传应归功于收复失地的战争。起初,在 10—12 世纪自由特权由国王、伯爵、大封建主所赏赐,后来(一直到 16 世纪)主要由国王来赏赐。实际上,每个有自治权的城市、城堡、村镇等都有自己的自由特权。这种现象极明显地反映了马克思所指的西班牙行省和公社的独立性,这是在收复失地战争的过程中历史地发展起来的。自治特权也赏赐给某个王
230 国或州的统治阶级的一些团体,一些城市的摩尔人和犹太人。大多数自治特权是在收复失地战争的进程中出现的,它也被称为“居民宪章”(cartas de poblacion)。自治特权的形式在大多数情况下是自由和特权的赏赐证书或对早已掌握权力所颁发的证书。在夺回的领土上,自治特权书给许多老的、也给一些新的城乡很多的特惠,同时他们也要承担防卫和服兵役的义务(南部沿海地区城市的自治特权还有海上服役的义务)。至于北方的旧领土,很多自治特权在那里是被农民和市民通过顽强斗争用武力夺取的;他们正式摆脱了个人的农奴依附关系,确定已规定的义务和各种自治权、审判权等。

自治特权中的权利和特权的范围是不同的——从完全的自治到较少的特权,其中包括自治权、审判权,申请到某些优惠或准确规定的赋税,财产权,城市对附近农村区域的权利,逃跑农奴的避难权,对于居住在城里的摩尔人、犹太人、法兰西人的各种权利等;农民(在交付一定租赋的情况下)对份地和公社经营地的权利,免

除劳役等。有时某个城市的自治特权成为其邻近大多数城市效仿的典范，从而达到城市制度的某种统一（尽管是有限度的）。

加泰罗尼亚的最古老的自治特权是早在9世纪巴尔谢隆伯爵给卡尔顿小城的宪章，该文本保留在986年的证明文据中。① 巴尔谢隆本身在10世纪也从伯爵那里得到了很大的特权；流传至今的第一份这种批准的自由宪章属于1025年。贵族特权的赏赐宪章汇编是最古老的阿拉贡和纳瓦拉的自治特权书（《索勃拉尔别的特权》）。在10—12世纪，莱昂、卡斯蒂利亚、加泰罗尼亚和葡萄牙的几乎所有旧的，或是新建的城镇都得到了自己的宪章。引为特征的是如萨拉曼卡的自治特权是市会议自身在其以前决议的基础上编制的，只不过再由国王批准而已。在13世纪，南方所有夺回的大城市，其中也有塞维利亚，都正式办了自治特权的手续。阿拉贡的城市和城堡的自治特权在11世纪由国王批准（萨拉戈萨的自治特权是属于1119年）；那里占主要的是自由城市公社（universidades）。11世纪批准的纳瓦拉和巴斯克各省的城市自治特权最明显地反映了地方分立主义。在那里保证了完全的自治和很多封建的自由。葡萄牙最古老的自治特权属于1055—1065年，那时斐迪南大帝把特权赏赐给了四座城市。12—13世纪在科伊姆勃尔（1145年）、卡斯捷利-罗德里戈和卡斯捷洛-麦利戈尔（1209年）用葡文编制了内容丰富的市法典。13世纪阿拉贡夺取了巴利阿里群岛，那里保留下古老的习俗，并颁发了各种

① 985年巴尔谢隆被摩尔人占领和劫掠，大宗文件被毁于一旦，其中包括卡尔顿的第一份宪章。

自由的宪章。

231 随着时间的推移，自治特权经受了一定的变化和补充。它的合法化还应在国会会议上得到王国当局的首肯，实际上许多城市(特别是北方沿岸的自由城市和完全独立的城市)，就常常独自改变自己的自治特权，用不着王国政权的批准。

很多史料都和城市自治特权有着紧密的关系，如城乡同盟(即自由城市联盟)的章程、决定和宣言。城乡同盟在收复失地的战争及城市和贵族的斗争中起过不少的作用。这类史料描述城乡同盟的结构和活动，在莱昂-卡斯蒂利亚王国，城乡同盟出现在12世纪末，起初是以临时联盟的形式出现；城乡同盟完全自主地出版确定其权利的自己的决议和宣言。1312年建立了由王国特权所准许的常设的《托列多、塔拉维拉、维利亚列阿利神圣王国的城乡同盟》。谢戈维城乡同盟的章程于1473年得到国王的确认；在司法-警察圈中其权利极为广泛。遗憾的是北部沿岸城市的城乡同盟章程已失传了。这些城市从13世纪末就开始组织联盟，它们拥有更广泛的特权，一直到15世纪末，独立地和法国、英国缔结贸易和政治条约。在阿拉贡，与这些城乡同盟一样，根据国王公文还存在具有同样自治特权的城乡联盟(communidades)，它主要出于军事的目的。

城市的手工业组织有时也写入城市自治特权书中；如1180年的圣塞巴斯提昂的自治特权书是一份真正的手工业章程；在萨拉曼卡及其他一些城市的自治特权书中也有关于手工业和行会的特别条项。但也像在其他欧洲国家一样，总之行会结构可以在行会和团体的特殊条例中得到巩固。

西班牙城市的行会组织体系确立于12世纪，与此同时，在西班牙引为特征的是初期的行会和主要具有军事性质的团体紧密相结合。行会最早出现于那些富裕的加泰罗尼亚城市里，它在很长时间里称作兄弟会，但实质上是纯粹手工业的组织。第一份加泰罗尼亚的行会文件属于1200年。加泰罗尼亚行会的条例得到王国当局的确认。类似情况也见于瓦伦西亚，在那里行会从13世纪中叶就如加泰罗尼亚那样已组织起来；从14世纪起，行会条例也得到了国王的批准。在莱昂-卡斯蒂利亚王国，很多城市的行会在13世纪中叶从国王那里得到了特权和自由的特别证书，这就是行会规章(ordenanzas de gremios)。布尔果斯的行会章程由市会议编制，只是到13世纪末才被国王批准。在14世纪期间，各地都有了行会章程(但远不是都保存了下来)。与此同时，国会和国王按他们的请愿书给了一些行会特权。保存下很多15世纪的行会章程；在布尔果斯、托列多和塞维利亚，王国当局还批准了很多新的规章，有的是修改了的，有的是对旧的加以补充的。在阿拉贡，发达的行会形成得较晚，只是从14世纪才出现。他们的章程由其行会自己编制，然后得到国王的批准。纳瓦拉的特点是兄弟会长期统治着行会。在纳瓦拉兄弟会的章程(如1355年桑季亚戈和图杰尔的兄弟会)中，军事的、宗教的和慈善的功能大大超过纯手工业 232
的功能。纳瓦拉村庄的农民为了共同灌溉田地组织了协作社。这些联合体的章程表明类似的协作社历史非常古老。而在纳瓦拉城市书面的手工业规章只是从16世纪才出现。

在加泰罗尼亚的富裕港口，早在13世纪就有自己的贸易和航行的章程。1258年海姆一世颁布了规定领事在外国城市的权利，

并在西班牙港口成立海军领事馆。看来，在13世纪中叶出现了一部有关航海和外贸问题的习俗和法律的完整的汇编——《海军领事馆志》(*Libro del consulado de mar*)，该书很快为地中海各港口所接受。毫无疑义，一部特别的贸易规范法典——托尔托萨《习惯法》也是属于13世纪。西班牙和葡萄牙贸易史的重要史料是自14世纪为数甚多的贸易条约；如前已指出，北方港口的城乡同盟，学习汉萨同盟的样式，一直到15世纪末都完全自主地和外国缔结商贸协定。在15世纪，由于王国当局推行集中而缜密的政策，出现了许多贸易指令，它们是1446年和1450年下达给边境和港口海关的命令及博览会的拨款令等。

在研究自治特权中，我们看到西班牙和葡萄牙的中世纪城市、村镇、同业团体等拥有纯地方性的自由和特权的大量史料。在法律文献中也见到收复失地战争所造成的许多不一致之处，这些文献如已不止一次指出的那样，是非常珍贵的史料。

首先应该指出，阿拉伯的占领在某种程度上延缓了封建化进程。由于这种情况，西班牙在很长的时期还保留下旧的西哥特法律的残余。很多地方的自治特权巩固了各种自由和优惠，但除了一些大城市的自治特权外，这些宪章都不在民法和刑法的范围。这方面还长期继续通行西哥特法典（如 Liber judiciorum 或 Forum judicum；在13世纪中叶它被译成各民族方言——《胡兹戈自治特权》[*Fuero Jusgo*]）。在8—11世纪，这部法典在国王的主持下，在教会和贵族会议上不止一次地作了补充。在11世纪，出现了它的新的版本，该版本在13世纪又进行过修订。胡兹戈自治特权的这一最后版本使我们了解由于封建关系的充分发展而发生的许多变化。但与此同时，其中在继承、财产权、家庭关系、诉讼程序（神意裁判，法庭争辩）、惩罚（维尔格利德）等方面保留下很多旧西哥特习俗的残余。此外，在不同的国家，胡兹戈自治特权文本都各不相同，因为它反映了各地的特权，在北部地区胡兹戈自治特权一直到 15 世纪还部分地发挥着效力。在半岛的这个部分，关于旧“野蛮”传统如此缓慢消失的情况，马克思在强调这一点时写道：“半岛经过了将近八百年的顽强斗争才缓慢地从阿拉伯人的统治下解放出来，这就使半岛到完全肃清领土上的敌人的时候具有了与当时的欧洲完全不同的特点，在欧洲文艺复兴时期，西班牙的北部盛行的是哥特人和汪达尔人的风俗习惯。”[①] 233

行省和公社的独立性及他们地方的特权，在国王政权和国王立法的扩展下削弱程度不大。同时，在比利牛斯山脉的每个国家，这一过程各有自己的特点。

在北方最发达的地区——老加泰罗尼亚，有富饶的沿海城市和早已巩固的巴尔谢隆伯爵政权，这里最早出现，并颁布了正式的书面习惯法。早在 11 世纪中叶，约在 1058 年，在伯爵主持的贵族会议上编写了《巴尔谢隆习惯法》（*Usualia de curialibus usibus Barchinonae*），借以巩固加泰罗尼亚地区的封建制度。接着约在 1060 年伯爵拉蒙-别连格尔一世颁发了《文告》，这说明他的政权已有相当大的规模。1060 年出现了关于《仙界》的决议及其他命令。1076 年左右的全部这种材料综合为一个总的名称《巴尔谢隆习俗》（*Usatici Barchinonae*，加泰罗尼亚语为 *Usatges*）。这部文

① 《马克思恩格斯全集》第 10 卷，俄文版，第 719 页。

献是一部极为重要和内容丰富的史料，无论是对老加泰罗尼亚社会关系和财产关系，还是伯爵政权的性质都提供了一幅系统的图景。书中详细描述封建主的附庸关系，相互的义务和相互间解决各种冲突可行的办法，伯爵在立法、审判、行政、作战、课税等领域有相当多的权利。《巴尔谢隆习俗》有关加泰罗尼亚农村中社会关系的珍贵材料，主要是谈当时为数众多、有人身自由的农民情况，他们还没有完全卷进领主政权的活动范围。甚至这些有个人自由的农民在 11 世纪拥有的权利已不多了。史料还记载了一些“坏的习俗”，从而描述出在农民农奴化的过程中最明显的一个阶段。有的材料讲的是关于公社使用经营地、国有土地、巴尔谢隆商船、商人财产的保护、奴隶（被俘的摩尔人）的悲惨处境等情况。

哥特习俗的残余在本法典中也有所反映。像以前一样，杀人、伤残和财产损失都可以用数目不同的罚金来赎买。同时，杀人和伤残的罚金还取决于被杀者或被伤害者的地位状况。这些罚款的级差表说明已形成的封建等级状况（有四类封建主）；市民的地位和普通骑士相等，和自由农民相比能得双倍的赔偿费。像胡兹戈自治特权书一样，保留下很多旧的诉讼程序标准（神意裁判、诉讼决斗）。

加泰罗尼亚的富裕的自由城市（巴尔谢隆、列里达、托尔戈斯），接着还有 13 世纪的瓦伦西亚都编制了自己地方的详细的城市法典，该法典从罗马法中借用甚多，在贸易和贷款方面调节商品—金融关系的发展。这些城市法典也极好地反映出城市自治的整个体系，发达的贸易和手工业活动，城市和领主、国王当局的关系。

234 13 世纪基本完成了用新的指令，国王法律等对《巴尔谢隆习惯法》的补充工作。不过，这部汇编一直到15世纪不仅作了很多的注释，并且也得到了部分的充实。在13—14世纪编制了几部加泰罗尼亚习惯法私人的汇编，而在1409年在巴尔谢隆的国会试图编制一部全加泰罗尼亚正式的法典。引为特征的是国王当局未能克服各自为政的众多的自治特权，对他们实行统一的法律。起主导作用的还是自治特权，国王的法律居其后，最后才是《一般法》的规则(罗马的和合乎教规的，即宗教的)它作为对自治特权和国王法律的补充。

1162年加泰罗尼亚和阿拉贡合并后，《巴尔谢隆习惯法》开始也在阿拉贡生效，但自然要兼顾到当地的习俗和自由。阿拉贡的自治特权在1247年海姆一世时期综合在一起，后来又补充了以后国王的法律。阿拉贡首都萨拉戈萨在13世纪有了一部自己的内容丰富的自治特权汇编。14世纪末，正式形成了自治特权的汇集和阿拉贡法；这部习惯法汇编被称为《塞瓦斯法》。15世纪这部汇编经过新的法律和自治特权的补充，改称为《新塞瓦斯法》，最后成了12卷的阿拉贡自治特权和王国立法的完整的汇编。这样在15世纪的阿拉贡地方自治特权仍然完全有效。

在莱昂-卡斯蒂利亚王国，12世纪初“神世”规则在教堂确立，并在13世纪中叶已试图编制统一的习惯法汇编，但它未能完成。正式形成的只有卡斯蒂利亚的市自治特权汇编(Libro de los concejos de Castilla)。在阿方索十世(1252—1282年)时期，颁布了《列阿里自治特权法》(*Fuero Real*)，即《王国自治特权法》，这是在胡兹戈自治特权(13世纪版)和立法文书的基础上编成的。《列阿里自治特权法》分四卷，包含了所有方面的法律，王国上诉审法院的判决都以它为依据。它考虑到城市、贸易等的利益,并在卡斯蒂利亚许多城市广为推广,对城市法的统一起了一定的促进作用。《列阿里自治特权法》不止一次地加以补充。引为特征的是文本在各地按各地自治特权的情况而有所变化。

在13世纪下半叶也出现了几部法律汇编,它都是由个人编写的,其中应提出的是部分留传至今的《法镜》(*El Especulo*)。

在阿方索十世督察下由几位法学家于1256—1265年编写的内容广泛的汇编,它是13世纪卡斯蒂利亚法的最重要的典籍,反映了王国立法的统一的趋势。最初它称为《法记》(*Libro de las leyes*),但从16世纪起由于该书分七部分,就开始称为《详法》(*Las Partidas*)。这部法律汇编按编者的意图应对现行规则作较大的改变。它不仅系统阐述从胡兹戈自治特权书、列阿里自治特权书,卡斯蒂利亚和莱昂自治特权书,宗教法和罗马法中吸收的许

235 多主要准则,并且还引进新的内容和规定。在汇编的引言和其他部分中贯穿一种思想,即《详法》应摒弃一切别的法规和自治特权。它反映出王国当局的集权的努力。其中几乎不提国会,它明确臣民对国王的义务,组建国王军队等。国王被宣布为完全独立于皇帝的人,并提出王国政权源于神灵的理论(与贵族选举出国王的封建理论相对立)。《详法》在对待动产、继承和债权等方面用的是罗马法的准则,即考虑到市民的利益。关于船队和海上贸易的篇章也以此精神编写。

但是,阿方索十世未能使《详法》正式批准。它只是在小范围内实施,只是在不违背自治特权的情况下施行。得到全面推广的是列阿里自治特权法,而不是充满朝气的《详法》。然而《详法》却

能在大学里得到研究和评述，成为律师和法官的参考资料和指导文件；从而为书中的思想逐渐地准备了推广的土壤。

在阿方索十一世时期，1348 年在阿利卡尔国会调整了卡斯蒂利亚众多法律文献的相互协调程序，着重强调了当时批准的法律（《阿利卡尔章程》），它包括各方面的权利和日益增强的国王法庭和行政的作用。占第二位的是列阿里自治特权，第三位是城市自治特权（国王对它可以改变和补充）。《详法》只占了第四位，并且还作了某些修改，作为对前面文献的补充。最后是卡斯蒂利亚贵族的自治特权，其中有贵族决斗的规则，国王在前几年对这种决斗现象是束手无策的。

这种来源和风格各异的众多的法律鲜明地反映出地方自治特权的活力和卡斯蒂利亚贵族拥有的强大势力，它体现在另一部私人性质的法律汇编上——《卡斯蒂利亚旧自治特权》（*Fuero viejo de Castilla*）。该书似乎是国王于 1356 年颁布的汇编，但实际上是 15 世纪根据别人著作编成的。其特点是突出贵族特权和领主对农民财产所规定的权利。

特别应指出 1351 年经国会批准的佩德罗一世的《手工业的命令》。它完全和 1349 年英国关于工人的规章及法国 1350 年的敕令相适应，因为它们都出自同样的原因。在命令中确定了工人的工资，工作日的长短和对很多产品规定的固定价格。接着在这种情形下又有了价格和工资的其他命令。

15 世纪末，受伊莎贝拉女王的委托颁布了法学家蒙塔利沃编制的《卡斯蒂利亚王国命令》汇编。它综合了 13 世纪中叶以来国王的命令，1348 年来的国会决议和一些旧法规。这样，15 世纪末只在卡斯蒂利亚，国王法律在一定程度上强过地方的自由性，但也绝不意味着地方自由性的消失。1505 年在托罗国会批准划一的民法。这部《托罗法》在相当程度上是自相矛盾的；尽管在个人和财产关系上罗马法原则无疑还占上风，但它明显倾向于保持旧传统和地方的自由。在 16 世纪初，在一些行省和城市还是保留下各种法律和习俗，这就说明西班牙各地间没有牢固的经济联系。

236 在葡萄牙，在阿方索十一世（1245—1279 年）时期编制了法律汇编（Ordenações），目的是集中国家的权力，巩固王国的政权。

比利牛斯半岛一些单独部族组成了独立国家，它们经济和政治生活上的独立性非常鲜明地表现为几乎在整个中世纪每个部族都有自己的叙述体史料。例外的只有 8—11 世纪时期（这相当于收复失地战争的和某些部族形成的第一个阶段。这时，在编年史上还继续保留着哥特的西班牙的统一传统），还有 15 世纪末，此后与葡萄牙同时，开始了全西班牙的史学史。

8—12 世纪的事件在圣僧传、编年史和史诗中材料极少。但其中的一些资料总地还是提供了所有未被阿拉伯人侵占的地方在所指的时期和收复失地战争之初的简单的历史。

主要史料是修道院枯涩而简要的编年纪事，其中最主要的是 9—10 世纪阿利别利金编年史和 11—12 世纪巴尔谢隆编年史、10—12 世纪罗得编年史和 11—12 世纪卢齐坦编年史等。国王列昂·阿方索编制的《简史》（*Brevis historia*）也是这种性质。在西班牙和葡萄牙，民间创作为主的史诗源于 10 世纪末，那时出现了歌颂收复失地战争中创立功勋的英雄史诗（cantares de gesta）和流浪歌手的歌曲。其中有些片段保留在 13 世纪最后时期的编年史中。《熙德之歌》（12 世纪中叶）和半岛各部族的民歌是非常宝贵的史料。这些作品以史诗的形式反映收复失地战争初期人民和封建主的现实困境，在一定程度上有助于使乏味的编年纪事变得生动而增添光彩。

11 世纪在编年纪事的基础上，开始形成编年史，叙述从远古以来的西班牙史，该编年史试图按年代顺序统一编排古今的事件。奥维埃多的主教佩莱奥（死于 1143 年）根据塞维尔的伊西多尔的历史著作和阿方索三世（10 世纪）编年史、阿斯托尔格的主教萨姆皮罗（11 世纪）的编年史和自己写的编年史（到 1109 年）完成了一部大型汇编（Corpus Pelagianum）。

从 12 世纪起，部族最后形成，编年史分为卡斯蒂利亚的、加泰罗尼亚的和葡萄牙的。既然，在日益发展的收复失地的战争中卡斯蒂利亚部族起了主导的作用，12—15 世纪西班牙编年史的主导地位也就落在卡斯蒂利亚编年史的身上，同时这部编年史保留下卡斯蒂利亚历史对阿拉伯前的西班牙总的历史的继承性。

13 世纪初期，最著名的卡斯蒂利亚编年史家是托列多的主教罗德里戈·德·拉达（1170—1247 年），他是当代一位学识非常渊博的人，熟知古典文学和西班牙从前的历史学家和编年史家的著作。这些著作他约在 1243 年作了修订，编写了从罗马时期到 13 世纪初的西班牙第一部通史，名为《西班牙记事》（*De rebus Hispaniae libri IX*）。前几部分主要叙述日耳曼民族和阿拉伯人的 237

历史，它们都是编纂而成的。而最后一部分——《哥特史》，写到1214年，它是12世纪历史的最重要的史料。作者自己把它译成卡斯蒂利亚语(Estoria de los Godos)，而在13世纪中叶它被翻译成加泰罗尼亚语。它以此为民族语言的编年史奠定了基础。在西班牙，地方语言几乎很快地完全排挤掉拉丁语编年史。在14世纪初，罗德里戈的著作用卡斯蒂利亚的语言续编到1305年，但流传下来的只有这部史料的拉丁文译本。

从13世纪开始，在许多城市，特别是大城市(如托列多)，开始作简短的记事，其内容往往是最精确的。

在智者阿方索十世(1252—1282年)时期，如上所述，他在立法上起过重大的作用，力图推行对大家都是统一的法律(《详法》)，在他执政时期开始编制王国的卡斯蒂利亚大编年史。《全西班牙编年史》(*Cronica general de España*)的第一部分的作者是国王本人，他是一位很有学问的人，并实实在在地和贵族较量，奉行中央集权的政策。这种思想也反映在编年史中；史诗中的一些片段在其中占有相当的位置。在14世纪这部编年史得到了延续；此外，还编写了其简本。卡斯蒂利亚史从13世纪中叶到14世纪初在以后几位作者的一个个编年史中得到阐述，其总标题为《三部编年史》(*Las tres cronicas*)。它的续编是《阿方索十一世编年史》(*Cronica de Alfonso XI*)，包括1312—1350年的事件，其中有关于人民起义和国王与封建主斗争的宝贵资料。所有这些历史著作都是维护国王政权的立场和国王导向统一的政策。

卡斯蒂利亚历史中重要而充满激情的时期是残酷者佩德罗一世执政时期(1350—1369年)，大臣佩德罗·洛佩斯·德·艾亚拉

(1332—1407 年)的编年史有所描述。艾亚拉是卡斯蒂利亚一位穷贵族的儿子,他升居为王国重臣,积聚万贯家财。他作为一位刚愎自用和贪高慕远的廷臣,在国王失败时背叛投敌,投向国王的敌人——特拉斯塔马尔的恩里克。佩德罗一世被杀后,他继续为特拉斯塔马尔家族的国王服务,为讨好新主在 1350—1396 年时期自己的《编年史》中不惜歪曲佩德罗一世统治的历史。艾亚拉为残酷者佩德罗的"存心叵测的稗史"开了头,后来它又被其他编年史家所延续。国王的进步的举措力求巩固王权,减少各州和城市的独立性,削弱贵族的力量,在这样的基调下,编年史作了有倾向性的阐述以有利于卡斯蒂利亚城市,而佩德罗对造反的封建主的残酷迫害被描绘成"暴君"的凶恶行为。此外,如同实际上一样,艾亚拉在编年史中以"社会福利"的假面具来掩盖自己的反动观点和行为,因而博得马基亚维利的赞赏,他称赞艾亚拉在政治上是狡诈灵活。

艾亚拉的侄儿古兹曼把艾亚拉编年史续写到 1454 年。卡斯蒂利亚一个王国史的最后阶段是充满国王和贵族残酷斗
争的恩里克四世统治时期(1451—1474 年),有两部针锋相对 238
的大编年史叙述这段时期的事。其中的一位作者是宫廷神甫和国王宠臣季叶戈·杰利·卡斯季里奥,他从国王利益的角度来阐述这场斗争的波折。相反,卡斯蒂利亚阿方索王子的贵族领袖的历史编纂学家阿蒙索·德·帕连西亚在自己的编年史中表现为卡斯蒂利亚高级贵族反动主张的捍卫者。

加泰罗尼亚编年史的先导是阿拉贡和加泰罗尼亚的修道院的年代记；这些年代记成了它编写的基础。但是加泰罗尼亚编年史比起卡斯蒂利亚的编年史更具有地方性。里波利修道院是加泰罗尼亚最主要的宗教中心之一，它是巴尔谢隆第一伯爵在9世纪末修建的（从此修道院就和统治王朝紧密地联系在一起）。在12世纪末，里波利修道院编写了编年史《巴尔谢隆伯爵活动记》（*Gesta comitum Barcinonensium*）。编年史反映了加泰罗尼亚的土地集中在巴尔谢隆伯爵领地的过程，反映了和法国的关系，收复失地的第一阶段和伯爵与大封建主的斗争。当然，事件的叙述精神总是为巴尔谢隆伯爵利益效劳。后来，这部编年史也是在该修道院编纂到13世纪末。

13世纪在阿拉贡-加泰罗尼亚王国史上发生了一次大转折。夺取瓦伦西亚和穆尔西亚大大地扩展了其在半岛上的疆土，而夺取巴利阿里群岛和西西里岛为阿拉贡在地中海西部和南意大利的统治奠定了基础。与此相连的出现了许多已用加泰罗尼亚语写成的大型编年史，它叙述和颂扬阿拉贡国王的开疆拓土的伟绩。其中一部编年史《征服者海姆国王事迹录》（*Libre dels feyts ... del senyor rey Jacme lo Conqueridor*），作者不详，但无疑是编年史主人公国王海姆一世（1213—1276年）的近臣写的。该书以自传体写成，因此长期以来被认为是国王亲笔，但更可能是他也参与了一定的编写工作。实际材料按相应要求精选，但对很多事件完全避而不谈。作者主要的注意力放在夺取巴利阿里群岛、瓦伦西亚和穆尔西亚上。

和本著作紧密相接的是下一部加泰罗尼亚编年史——《阿拉

贡国王佩德罗三世执政年史》(*Cronica del rey En Pere*),作者是别尔纳特·杰斯克洛,包括年代是1276—1285年。关于作者的情况一无所知,但根据其丰富翔实的内容可以推测出,他也是一位国王身边的人,并能接触到档案资料。编年史主要记载佩德罗三世的风云变幻的外交及其征战,战争结果是他成为西西里亚的统治者。杰斯克洛关于"西西里晚祷",即1282年西西里人反对法国占领者的成功起义作了简明扼要而内容翔实的报道。这位编年史家不仅信息灵通,而且许多文件叙述简明清楚(往往极为准确)。

阿拉贡进一步的扩张已转向地中海的东部,但没有建树,此内容记载于加泰罗尼亚贵族拉蒙·穆塔涅尔(1255—1336年)的第三部编年史中。作者参加了加泰罗尼亚对莫列亚的远征,并在巴尔干和小亚细亚定居多年。穆塔涅尔在自己著作《国王海姆一世及其许多继承者……事迹记述》(*Cronica o descripcio dels fets ... del tey rey Jacme I ... e de molts de sos descendents*)中(根据许多以前的编年史)描述了阿拉贡和加泰罗尼亚的历史,起始于1208年:从13世纪末到1327年。
编年史是一部内容新颖、语言优美的回忆录;其主人公是西西 239
里国王(到1295年),然后是阿拉贡和加泰罗尼亚国王海姆二世(1291—1327年)。

最后一位阿拉贡-加泰罗尼亚的大编年史家是《国王佩德罗四世编年史》(*Cronica del Rey Don Pedro IV*)(1336—1387年)的作者,看来他是佩德罗四世的秘书别尔纳特·杰斯科利(死于1391年),他是在国王的监视下,以他的日记为基础写成的。

在卡斯蒂利亚的伊莎贝拉和阿拉贡的斐迪南时期，卡斯蒂利亚和阿拉贡的统一意味着加泰罗尼亚和卡斯蒂利亚部族的统一和西班牙团结为一个正式的民族国家；夺取格拉纳达结束了这一过程。在这一基础上终于有可能首次编写全西班牙的编年史。其中一部是出于15世纪杰出的西班牙编年史家——卡斯蒂利亚的伊莎贝拉的秘书埃尔南·杰利·普利加拉(死于1492年)，他在自己的《天主教国王的编年史》(*Cronica de los reyes catolicos*)中对1490年前的事件作了详细的阐述。塞维尔主教的宫廷神甫和季叶戈·杰·杰斯的宗教裁判者安德烈斯·别尔纳利杰斯(约1450—1513年)留下内容丰富的回忆录，一直到1513年——《天主教国王的历史》(*Historia de los reyes catolicos*)。既然大主教参加审查哥伦布计划的委员会工作，并积极促进计划的实施，别尔纳利杰斯就能接近哥伦布，并得知探险队的准备情况。他的回忆录不仅对这件事[①]，也是总的15世纪末西班牙史的重要史料。

葡萄牙在14—15世纪对旧的拉丁语编年史和修道院编年史进行修订，以它为基础用葡萄牙语先编写简要的，后是详细的编年史。例如，夺取里斯本，并在那里修建圣文增季修道院的历史是由二位事件的见证者于1088年编写的，在这部及其他已失传的史料基础上，15世纪出现了文增季编年史(Chronica dos Vicentes)。在科伊姆勃尔，关于圣十字修道院的创建及其历史的年代记

① 参见本书第333页。

(Chronicas breves de S. Cruz u Livro da Noa de S. Cruz);15 世纪的事件阐述得相当详细。被称为《国家档案简明编年史》(*Chronica breve do Archivio Nacional*)是保留下来 14 世纪末唯一的手抄本,它记载了 1150—1325 年最初几位葡萄牙国王的事迹。

15 世纪末,王权的加强像在其他国家一样,需要编写一本王国的编年史。其作者是 15 世纪国家档案馆的主要职员,他们都是通晓事实和有学识的人,谙熟古典文学和祖国的历史著作。他们的编年史一贯致力于颂扬王权集中的政策和斥责封建贵族的反叛行为。与此同时,它叙述葡萄牙人在大西洋和非洲沿岸的发现和征服。他们的著作广为流传,它们保存在王国的档案馆中,达官贵人和教堂的图书馆,城市委员会都是从那里得到副本。

其中第一位是费尔南·洛佩什(1380—约 1454 年),他被认为是葡萄牙史料学之父。按其生动的叙述风格又被称为葡萄牙的费鲁阿萨尔。1434 年他遵照国王的命令撰写自己第一部关于新朝 240
代的奠基者国王若昂一世(1385—1433 年)的编年史(Chronica del rey João I),叙述到 1415 年。后来他整理了勃艮第王朝最后两名国王——佩德罗一世和费尔南多一世执政史的材料(Chronica de D. Pedro I u Chronica de D. Fernando),最后他还修订了简编年代记和关于葡萄牙第一个朝代总的旧编年史(《第一部》,*Primeira parte*)。结果几乎就成了一部从 11 世纪末到 15 世纪初的葡萄牙通史。洛佩什根据丰富的文件资料、书信和个人观察叙述了 14 世纪末—15 世纪初的历史。

他事业的继承者戈麦茨·茹拉拉(约死于 1479 年),在许多编年史中写了葡萄牙人在非洲的最早的发现和占领(Chronica da conquista de Guiné 等)。对于国王杜阿尔特和阿方索五世(1433—1481 年)的统治情况,他只收集了材料,这些材料由王家编年史最后一位编者柳伊·德·皮那(约 1440—约 1521 年)加工整理。编年史写到 15 世纪末,并以若昂二世(1481—1495 年)统治时期的编年史结束。

葡萄牙人发现史的珍贵材料是国王和官方人员(如阿利布克尔克)的来往信件。

政治史方面的文件资料相当丰富。国会史的史料值得重视。马克思指出:"无论法国的三级会议或且中世纪英国的议会都不能同西班牙的议会相比",议会"是古哥特人的 concilia(咨议会)的改变形式"。[①] 确实,卡斯蒂利亚的贵族和宗教界会议从 10 世纪起为人所知,阿拉贡是从 11 世纪末,葡萄牙则从 12 世纪初。卡斯蒂利亚国会史的最早史料是 1137 年在纳赫尔召开的贵族会议(称为国会第一次会议)通过的贵族决斗章程。对于葡萄牙国会史,1211 年在科英布拉的国会决议也具有这样的意义,可能也在此时卡斯蒂利亚封建主的特别自治特权也被批准。整个王国半岛国会史的主要史料是阶层委托书,特别是城市的请愿书和申诉书(城市在 14 世纪已成为国会最有力的部分),各种行会、村镇和某些人的请愿书、会议记录和国会通过的很多决议和法律。当法律是国王提交的就称为《宪法》;如果法律是阶层提出、并经国王同意的就称为《会议决定》和《正式记录》。

中央政权的财经性质的文件像在其他国家一样,对于中央集

① 《马克思恩格斯全集》第 10 卷,俄文版,第 718—719 页。

权过程的历史部分对社会经济关系史都是珍贵的材料。卡斯蒂利亚从15世纪初开始，就已试图编制国家预算，为此收集了国王收入的详细资料。为了征收13世纪开始的直接税和间接税，按所有动产和不动产进行普查和编制土地清册。

（李琳译　胡敦伟校）

241 第十五章 拉巴河流域和波罗的海沿岸斯拉夫人历史的史料（13世纪前）

德国封建主和天主教教会沿拉巴河和波罗的海沿岸深入斯拉夫土地，还深入到普鲁士和波罗的海沿岸，这就中断了居住在这些地方人民的自然发展进程。对本地居民的杀戮及其幸存部分长期所受的奴役妨碍了被征服的民族拥有自己的文字史料。他们可能曾有的那些文献资料在被征服的过程中也都毁坏掉了。科学界目前拥有的拉巴河流域和波罗的海沿岸斯拉夫人的文字史料都是那时的征服者——德意志人编写的。他们自然富有倾向性，并且常常以歪曲的形式来描绘历史的事件。

考古遗物证明北方沿岸地区早在10—11世纪就有许多富庶的大城市，他们和许多欧洲国家（瑞典、格但斯克等）从事繁荣的贸易。维都钦德[①]对斯拉夫人有很多报道，阐述了亨利一世和奥托一世的远征，他们夺取了勃拉尼鲍尔及其他斯拉夫城市，组织边境的马克公社，在斯拉夫人中推广基督教，还阐述了斯拉夫部落的起义。在10世纪阿拉伯旅行家伊博拉基姆-伊本-亚库勃的游记中

① 参见本书第191—192页。

关于奥博德里特人的材料以及关于波兰和捷克的材料十分珍贵。他的著作中一些片段保留在来自哥尔多瓦的阿拉伯学者阿利-别克里(死于1094年)的《一些国家的游记》中。伊博拉基姆-伊本-亚库勃于965年(或973年)访问了德国,看来此后去了斯拉夫国家。

按国王阿尔弗雷德[①]的吩咐,奥罗修斯的著作被译成盎格鲁-撒克逊语,此书中有一段写于10世纪商人武利弗斯坦从什列斯威到普鲁士的游记流传至今。武列弗斯坦记下了自己一路上的印象,普鲁士人的国土,他们的活动和风俗习惯。

11世纪初斯拉夫国土的很重要史料是麦尔泽堡[②]的季特马尔编年史,写到1018年。季特马尔本人到过斯拉夫人那里,通晓他们的语言,并作为一位目击者写了很多事情(如柳蒂奇人的土地、城市、宗教仪式和寺院的精美浮雕装饰)。他讲述了关于11世纪初斯拉夫土地上所发生的一些事件的故事。

斯拉维亚(拉巴河以东的斯拉夫地域)在不来梅的亚当[③]著作 242
中有相当详细的描写。作者对11世纪末斯拉夫部落分布,他们的城市(特别是“欧洲最大的城市”沃伦尼亚)、宗教等提供了一幅真实而精确的图画。但是,当不来梅的亚当叙述斯拉夫人的历史事件,讲到奥博德里特人的公国(戈特沙尔克国),他有一种民族的和宗教的倾向,他的材料在某些情况下令人怀疑。

---

① 参见本书第175页。

② 参见本书第193—194页。

③ 参见本书第198页。

在奔堡的奥托的传记，格利莫利德编年史和吕贝克的阿诺德编年史中记载有 12—13 世纪初斯拉夫人的最珍贵的和详细的材料。

奔堡的主教奥托应波兰王公鲍列斯拉夫三世的邀请于 1124—1125 年两次和自己的随从去过刚归属波兰的斯拉夫人那里，目的是使他们皈依基督教。这两次出行的详细记述是在他的亲信——使团成员的讲述基础上编成的。现保留有三个版本：一本的作者是埃邦，第二本的作者是一位不知名的行僧，第三本名为《关于奔堡主教奥托的对话》(*Dialogus de Ottone episcopo Bambergense*)，由格尔鲍尔德(死于 1168 年)于 1158—1159 年写成。作者提供了一幅斯拉夫地域五谷丰登的鲜明景象，他描述了斯拉夫人的社会制度，维彻会议，北方沿岸地区人和其他斯拉夫人的关系。

格利莫利德(死于 1177 年)是戈利什登的传教士，后来又成了神甫，曾在鲍索夫，在斯拉夫部落瓦格尔人中居住。他的《斯拉夫编年史》(*Chronica Slavorum*)看来大约在 1172 年写成，因为编年史写到这一年止。他通晓斯拉夫语，并陪同格罗利德主教到过斯拉夫各地。他在自己的书中详细地描写了德意志人和斯拉夫人的战争，以及德国封建主亨利·利奥、阿利勃利赫特·麦德维季等洗劫那个国家的事。格利莫利德根据不来梅的亚当的著作描写了斯拉夫的很多州。他按他自己所看到的和在当地收集到的材料写了 12 世纪的历史。他用很大的篇幅讲述了斯拉夫人的习俗，主要是瓦格尔人及其邻族人的习俗。

吕贝克的阿诺德(死于 1212 年)是格利莫利德和不来梅的亚

当编年史的继承者。他以自己的《斯拉夫编年史》完成了这一系列作品。他的著作包括 1171—1209 年，尽管它的标题如此，但它比起斯拉夫史料来，更是一部帝国史的史料。此时，一直到维斯瓦河的斯拉夫土地都已被德国封建主所占领，里加已奠基，并开始了对波罗的海沿岸的占领。阿诺德叙述了最后阶段的斯拉夫人为自己独立的斗争；不过，他的著作也具有倾向性。

（李琳译　胡敦伟校）

243
第十六章　捷克历史的史料

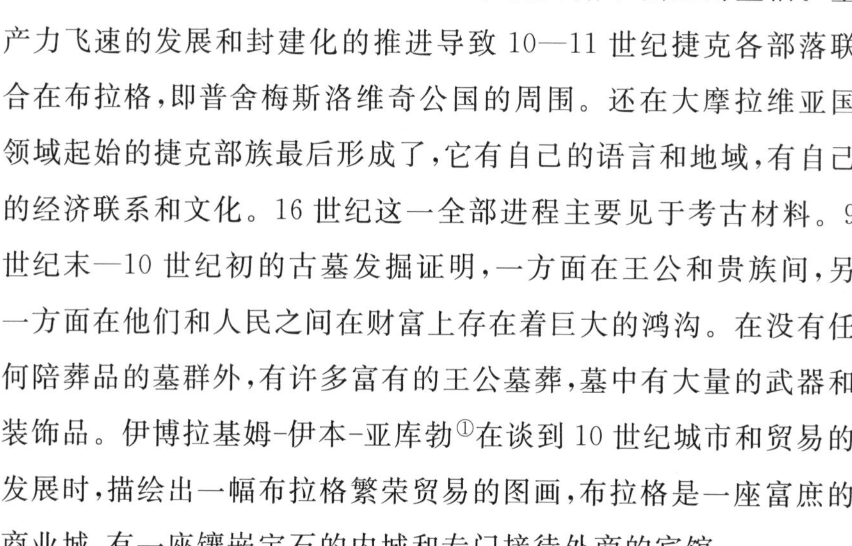

906 年大摩拉维亚国解体以后，捷克开始了独立的生活。生产力飞速的发展和封建化的推进导致 10—11 世纪捷克各部落联合在布拉格，即普舍梅斯洛维奇公国的周围。还在大摩拉维亚国领域起始的捷克部族最后形成了，它有自己的语言和地域，有自己的经济联系和文化。16 世纪这一全部进程主要见于考古材料。9 世纪末—10 世纪初的古墓发掘证明，一方面在王公和贵族间，另一方面在他们和人民之间在财富上存在着巨大的鸿沟。在没有任何陪葬品的墓群外，有许多富有的王公墓葬，墓中有大量的武器和装饰品。伊博拉基姆-伊本-亚库勃[①]在谈到 10 世纪城市和贸易的发展时，描绘出一幅布拉格繁荣贸易的图画，布拉格是一座富庶的商业城，有一座镶嵌宝石的内城和专门接待外商的宾馆 。

最古老的捷克法律文本已失传，但捷克的第一位编年史家科齐马（12 世纪初）曾提及勃尔热季斯拉夫王公于 10 世纪颁布的法律。最早流传至今的记述封建生产关系的史料是王公的赏赐文书，赏给教堂和贵族大地产或在一定地域的收费权。最早的这种文书是属于 10 世纪末—11 世纪初；流传下来的只有副本，并且不

---

① 参见本书第 241 页。

全是真的。例如,布拉格附近的勃尔热诺夫修道院 993 年前的创建文书,传下来的是一个 13 世纪歪曲的抄本。1045 年的也是给那个修道院的一个王公赏赐抄本也属于 13 世纪。第一份流传下来的捷克证明文件的真本《利托麦尔齐克文书》,约写于 1057 年。其文本证实捷克在 11 世纪中叶已存在封建依属的农民。此文书是王公贵族和教会封建地产增长史的最珍贵的史料。在 12 世纪,由于封建化进程的最后完成,土地和收益的赏赐文书数量大增。出现了赏赐给修道院的豁免文书:奥洛英乌茨克修道院(1144
年)、格拉吉辛修道院(1160 年)、克拉多鲁宾修道院(1176 年)等。 244
像在其他国家一样,保存得最好的是教堂的档案,这类文书的最大部分是给教堂的馈赠和豁免文书。12 世纪末流传至今的有根据《德意志法》颁发给定居在平定土地上的殖民者的大封建主文书。文书上指明分配土地的条件。在 13 世纪,这样下发的文书很多。此时出现了封建主用拉丁文编写的地产清册。捷克的史料史用德国通行的术语“乌尔巴里亚”来称呼它。捷克自己把这种文献称为《地产清册》(*descriptio hereditarum*),或《财产清单》(*registrum bonorum*),或《注册项目书》(*liber censuum*)等。如果 11—12 世纪编制的只是简单的属于一些教会组织或封建主的农村清册(保留下来最古老的是约编于 1000 年的奥斯特罗夫修道院的农村清单),那到了 13 世纪,已经出现记载地产和农民义务的详细清单。从 13 世纪到 14 世纪初流传下大约 15 份清单,但多数文本缺页。有些清单列举了所有贵族的土地,农民的家当和义务,另一些清单只列举农民的劳役和租赋。有的指出农民家当及其肩负租税的总数,有的提供某些农民的家当。在 14—15 世纪,地产清单更具有

规范化和统一的形式。按材料规模和数量，最大的是1374—1389年大地主罗日姆别尔克家族的大地产清单（350多个村庄）、特舍邦修道院1378年的田庄清单、1414年利赫京什坚家族的捷克和莫拉瓦地产清单、15世纪初兹拉托科伦修道院的农庄清单等。它反映了从14世纪末的封建地租向特别普及的现金地租的更替。和清单密切相关的还有对大地产管理者的指令和他们的呈报书。

农民公社的生活及其内部规章反映在13世纪出现的类似德国马尔克规章（Markweistümer）的史料中。在捷克它们用捷克语编写，称呼各不相同（potazy、zrizeni等）。史料记录下以前口头保留下来的使用公社土地习俗，记载下农民为保卫自己权利和公社土地而和封建主进行的斗争。公社的决议在捷克一直到17世纪仍有效力，尽管封建主常常作了损害农民利益的补充和修改。从15世纪末，大地主对公社权利的侵犯表现在封建主自己开始为自己农民颁发决定农村经济生活的特殊准则。但是就是在对农民如此不利的条件下，公社决议还是继续存在，只是到17世纪初，当捷克农民被完全农奴化后，地主们才废止了公社习俗汇编的作用。

最早的捷克城市史的史料是王公赏赐的特权。第一部这样的文书是1178年的《赏赐给居住在布拉格近郊的德意志人的特权》（*Privilegium theutonicorum in suburbio Pragensi manentium*）；
245 13世纪许多城市都有了自己的特许状[1]。德国移民在捷克许多城市带来了他们自己的城市法规（马格德堡法或纽伦堡法）；此法规适应于新的条件，并以捷克的地方法规加以补充，最终，这部法规

① 中世纪写在羊皮纸上由君主颁发的特许状。——译者

变成了在布拉格市通行的《布拉格法》，它和德国的法规有极大的区别。13 世纪末—14 世纪初，这部法规由个人译成了德文 Prager Rechtsbuch。布拉格城市议会在 1314—1418 年间通过决议对此文本进行了补充。布尔诺于 1243 年有了自己的特许状（lura originalia）。在 14 世纪后半叶，布尔诺城市议会的秘书用拉丁文编写了《陪审官书本》——市议会决议汇编，书中有国王特权的摘录和罗马法注释。

社会经济关系史很重要的史料是地方自治厚装书（zemske desky）。布拉格法庭和边区法庭从 13 世纪中叶起把申诉和诉状，还有法庭判决写进这些书中。后来逐渐地把一些私人行为也写入书中：各种不动产交易、遗嘱、馈赠书等。从 14 世纪起，布拉格地方自治厚装书还收入议会决议。流传下来的只是这些宝贵史料的片段，因为它们的大部分都在 1541 年烧掉了。在 19 世纪，失传的文本根据幸存的书籍以及当时私人摘录部分地得以修复。在捷克城市档案馆中珍藏有许多各种私人文据的原件。

捷克手工业史的史料是行会章程。流传下来的最早的章程属于 14 世纪。15 世纪布拉格的章程关系到 16 个行会（实际上那时布拉格行会要多得多）。13 世纪为居住在捷克城市的犹太人（Jus judaeorum）所颁布的章程有着关于货币关系发展和高利贷的很有价值的材料。1300 年出版的关于矿场的决议汇编（Jus regale montanorum）谈及矿业的发展，矿业在捷克的经济中起着十分重要的作用。14—15 世纪和波兰、立陶宛、威尼斯及德国城市缔结的众多贸易条约描绘了外贸发展的景象。

康拉德·奥顿·兹诺伊姆斯基王公（1189—1191 年）颁布的

《康拉德章程》(*Jura Conradi*)是流传至今的最早的习惯法典籍。保存下来的文本是经国王普舍梅谢尔一世批准的三个相互略有差异的版本:1222年、1229年和1237年。章程通行区域是摩拉维亚。13世纪末开始有私人编撰的地方法(习惯法)。《罗日姆别尔克的老地主书》(*Kniha rozmberska*)属于这个时期的作品,作者不详。14世纪出现了另一部汇编《地方法律制度》(*Ordo judiciae terrae* 或 *Řad prawa zemského*)也是匿名的。这些文件反映出封建所有制、封建主的法律和政治特权的发展,反映了自由农民日益加快的消失。采地从属关系(即封建等级关系和封建所有制结构)不属地方法的权限,在这些汇编中未予考虑;其史料是宫廷的,即御用的法庭登记册(记录)和议会决议。

14世纪中叶,捷克出现极为重要的法律文献。1355年按查理
246 一世(查理四世皇帝)的建议,把一份名为 Majestas Carolina 的正式法规交议会审议。它是国王及其近臣根据记在地方自治厚装书中的法庭判决书和地方法等编撰的。在前言中说明其编写的目的是与大地主主张相反的巩固中央集权的国家和王权。这一情况表现在法规的结构中:它并不是地方法的系统和完全的记述。它只审议国王和大地主看法不一的律条。尽管如此,它像所有法规一样为研究全社会的社会结构和各阶级、各阶层间的相互关系提供丰富的材料。

在 *Majestas Carolina* 的条文中规定了国王的权力;领地(其中包括城市和城堡)不可割让,任命地方官吏,处理无继承人财产的权利,加冕礼办法等。高等地方自治法院地位提高,它是王国最高审判机构,是在加强中央政权过程中的一件主要工具。叛国案也归它审判。发表了统一的成文法，加强了国家在捷克王权下(Corona Bohemiae)的统一。除了这些反映捷克国家中央集权的客观进步进程的条文外，法规中也有保护封建主财产，部分地捍卫其政治权利的条款。从经济和法律上定下了农民没有充分的权利，也限制了其迁移的权利。

议会并没有完全批准法规文本，但通过了其中许多重要的律条。在 14 世纪末，当大地主势力重新抬头而扼制中央政权时，出现了一部新的法律典籍——杜巴的地主安德烈的《捷克地方自治法阐述》(*Vyklad na právo zemské České*)，作者在 1370—1380 年是捷克王国的一名高级地方自治法官(死于 1412 年)。这部史料由《补遗》和正文组成。编撰于 1380 年代的《补遗》是向着瓦茨拉夫四世的。作者在书中鼓吹全部审判大权都应集中在国王手里。书中主要部分的编撰和补充都是在 14 世纪末和 15 世纪初进行的。书中反映在那些年代所通行的封建习惯法，重述了一些国王的命令，类似于 13 世纪末—14 世纪初的以前汇编。安德烈地主的《补遗》作为一部私人著作没有得到国家的批准。但作为一部史料，它宝贵之处在于有一幅封建阶级财产和政治状况的系统的景象，叙述了封建所有制的具体形式等。

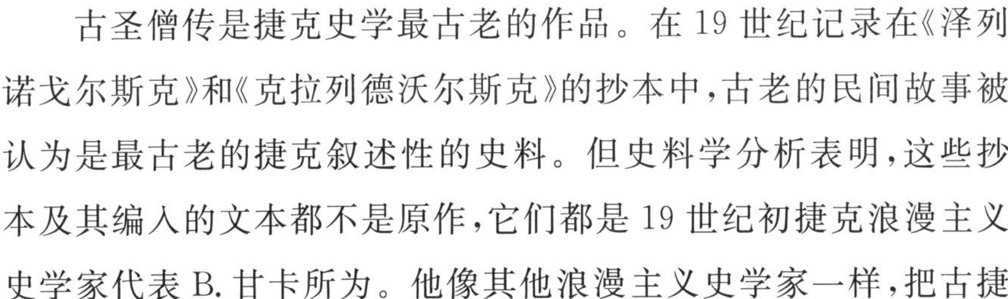

古圣僧传是捷克史学最古老的作品。在 19 世纪记录在《泽列诺戈尔斯克》和《克拉列德沃尔斯克》的抄本中，古老的民间故事被认为是最古老的捷克叙述性的史料。但史料学分析表明，这些抄本及其编入的文本都不是原作，它们都是 19 世纪初捷克浪漫主义 247
史学家代表 B. 甘卡所为。他像其他浪漫主义史学家一样，把古捷

克人的社会制度理想化了。他不惜歪曲事实来证明自己的观点。圣僧传收进不少传说材料，为了颂扬圣僧而歪曲历史事实，但书中同时也有关于初期捷克王公和国家基督教化的珍贵资料。有时书中也指出捷克社会制度的一些很重要的特征。

引为特征的是早在最初的传记中就表现出捷克人与德国影响的斗争，此斗争后来在捷克中世纪的史料史中具有一种明显的形式。最古老的传记是10世纪前半叶事件的同时代人编撰的，这是柳德米拉女王公（死于921年）及其孙子瓦茨拉夫王公（死于935年）的传记。柳德米拉和瓦茨拉夫支持捷克的天主教教会，并是主张与西方政界和教会联系的拥护者，而当时他们的反对者是力主捷克独立的鲍列斯拉夫一世王公。鲍列斯拉夫在自己兄长瓦茨拉夫被害后于935年即位。他巩固了自己的权力，降服了各部落王公，并成功地结束了和奥托一世的斗争；他把外国教士驱逐出境，从而大大削弱了罗马教廷的势力。因此教皇们对他深恶痛绝，把柳德米拉和瓦茨拉夫宣布成为基督教信仰而献身的"圣殉难者"。天主教僧人（主要是德国和意大利的）以相应风格编撰了女王公及其孙子的拉丁文传记。至于捷克用古斯拉夫语和拉丁语编撰的传记，其中有的表现作者对鲍列斯拉夫所奉行的对天主教政策的某种同情。在这些传记中保留下关于捷克第一位基督徒王公鲍尔日沃耶的民间传说，他于9世纪在摩拉维亚按东正教而不是按天主教的仪式接受洗礼。

有些传记的编写时间不总是可以准确认定的。一般认为捷克最早的（935年前）是用拉丁文编写的柳德米拉传（开头

的字是“Fuit in provincia Boemorum …”)。935—940年也在那里出现了关于圣瓦茨拉夫的最古老的古斯拉夫传说,约在950年出现了第一部他的拉丁文传记(开头语是“Crescente fide christiana …”)。天主教教会急于把它改写以符合自己的利益,很快在巴伐利亚出现一部此传记的改写本,其目的是贬低鲍列斯拉夫而颂扬瓦茨拉夫。约在980年曼图安的主教古姆波利(死于985年)按奥托二世的旨意又重新修订了此文本。

大约在10世纪末出现了一些瓦茨拉夫新传记,其作者使用了其先辈的真实材料。其中一篇传记的作者被认为是布尔诺的修士克里斯季安,另一篇是意大利的蒙特·卡西诺修道院修士拉夫连季编撰,第三篇被称为关于圣瓦茨拉夫的第二篇古斯拉夫传说,是古姆波利编撰,它是经过改编和补充的传记译本。

除9世纪的传记外,还有一篇根据克里斯季安文本在13世纪初写的瓦茨拉夫传记(开头语是“Oriente jam sole…”)。

另外一批老传记是写布拉格主教和普鲁士的传教士沃维捷赫的阿达利别尔德(拉丁名,死于997年)。保存下来的有关他的三本传记:第一本是匿名的,约写于1000年,第二本是圣阿列克谢的罗马修道院的修士、后来当上克维尔富尔特主教勃鲁诺(死于1009年)约在1004年所写,第三本的作者也是该修道院的院长约翰·卡纳巴里,约写于1012年。意大利编写这么多时间相近、目的一致的传记,证明罗马教廷十分关注天主教主教在捷克和北方沿岸地区的活动,证明教皇力图

> 巩固天主教教会在斯拉夫国家的地位的立场。卡纳巴里的证明材料是很有意思的：在10世纪末捷克的主要居民只在名义上是基督教徒，而崇拜的是石头和木头。

248 最早的捷克年鉴出现在捷克圣维特大教堂，看来它和973年成立主教区是同时期。这些《布拉格年鉴》(*Annales Pragenses*)所包含的时期是894—1220年。894—997年的事件是以追溯方式写成的(部分根据德国年鉴的材料)；王公当政及其他史实的年表是靠计算恢复的。从997年开始记，应该说和事件同时进行。它们是可信的，但1193年前的材料很少，后来才逐渐增多。另一个版本的布拉格年鉴保存下来的只是725—1163年简单的片段。流传下来还有一个老布拉格年鉴的一个片段。这是保留在14世纪装订成册的手写本羊皮书的一页。它们成为11—12世纪开始的其他修道院年鉴的基础。保留在奔堡的手写本中《布拉格年鉴》版看来是13世纪初按科齐马编年史(以后还要谈及)编纂而成，也就是说它不是年鉴原本。最古老的捷克编年史有关于第一批王公、基督教传入和传播、战争等资料。

在格拉季茨(在奥洛穆茨附近)的圣斯捷凡修道院年鉴(Annales Gradicenses)记到1145年。其第一部分(到893年)是参照世界编年史，主要参照埃克哈尔德编年史编成。1150年在奥帕托维茨的普列蒙斯特兰特修道院的僧人占据了圣斯捷凡修道院，接收了年鉴手写本，续写到1158年，即Annales Opatowicenses。

在10—11世纪，捷克的封建社会和国家奠定了基础，提高了捷克的国际地位。因此积累了大宗各种各样的史料(主要在布拉格):传记、年鉴、王公和主教的档案文件。在11世纪末,出现了针对捷克王公的帝国文书;1086年弗拉基斯拉夫王公得到了国王的封号,这些过程的合乎规律的结果是12世纪初出现的第一部捷克年鉴,它已开始对捷克人民历史进行连贯的记述。

布拉格大教堂神甫会会长——科齐马·普拉日斯基(1045—1125年)是"捷克历史之父"。他出身于封建主,受过当时的很好的教育,熟悉古典文学和西欧编年史,研究过捷克和波兰的编年史。他由于自己有捷克教会的高贵身份,能接触到布拉格主教区的档案文件。科齐马把自己的著作《捷克人编年史》(*Chronica Boemorum*)写到1125年,共分为三部。第一部书把事件写到1038年,首次记述了捷克部落的很多民间传说,它们都是科齐马时期口头相传的。作者写道:"我从捷克的第一批移民开始写起,为的是此事不被人遗忘。"科齐马为后代留下关于斯拉夫部落占领捷克地域,关于领袖克罗克和他的三个女儿,关于柳布什的统治,关于政权移交给普舍梅谢尔,关于布拉格奠基,关于捷克王公涅克兰和卢昌王公弗拉基斯斯拉夫的斗争,关于鲍尔齐沃伊王公的统治等。所有这些故事都是传说,但其中有历史真理的种子,它在人民的意识中折射为充满诗意的独特传说。例如在关于斯拉夫最早的领袖切赫和列赫的故事中,保留了对捷克人和波兰人总的起源的记忆;在关于柳布什和普舍梅谢尔的故事中反映了从母权制到 249
父权制的过渡。9世纪的历史记述还充满着神奇的色彩。

此外,第一部还讲述了10—11世纪初的事件(此时王权在捷克确立和巩固):普舍梅斯洛维奇和兹利昌的王公斯拉夫尼克的斗争,皈依基督教,鲍列斯拉夫和瓦茨拉夫的斗争。第二部写到

1092 年，第三部写到 1125 年。

科齐马手头有各种史料，总的说来他对史料用得正确和得体；有时他还加以引用。为了 9 世纪的历史，除了口头传说外，他还用了普舍梅斯洛维奇王公的家谱。在叙述 10—11 世纪的事件中，科齐马依据传记、布拉格和克拉科夫文书、主教档案文件（后来有的已失传）：教皇的训谕，皇帝的文书，主教名册，记有王公及其家族成员死亡日子的追悼亡魂的文章等。科齐马作为同时代人和目击者来阐述 11 世纪末 12 世纪初的捷克史。他的语言尽管有些浮夸，但生动极富表现力，有时行文颇具诗意。

12 世纪初是封建化进程几乎接近完成的阶段，财富增加，教会和大封建主的影响加大。写于这一时期的科齐马编年史在谈论捷克人民过去不久的往事时，就先考虑统治阶级的利益，主要是教会利益。例如，引为特征的是科齐马在叙述鲍列斯拉夫和瓦茨拉夫的斗争时，都遵循一般的教会传统，把鲍列斯拉夫描述成天主教教会和部落王公的“残忍的暴君”，而瓦茨拉夫是“为信仰而献身的圣殉难者”。但与此同时科齐马在自己的作品中对捷克人民的历史传说表现出极大的爱心，并予严谨收录。

科齐马的作品在捷克广为流传，人们多次传抄和续编。科齐马第一位继承人是他的朋友布拉格的大教堂神甫——硕士格尔瓦齐，《捷克人编年史》第一部就是献给他的。格尔瓦齐从布拉格、克拉科夫和麦茨的年鉴和从列吉农编年史中摘取了不少材料补充到编年史中；他还使记述添加一层文学的形式。在萨扎夫修道院，科齐马编年史续编到 1162 年（按修

> 道院史补充了 932—1162 年时段的内容),在维舍格勒修道院续写到 1142 年。在布拉格大教堂,神甫文增季·普拉日斯基(约死于 1174 年)和米洛维奇修道院院长格尔拉赫(约死于 1228 年)进行详细续编名为《捷克人年代记或编年史》(*Annales seu chronica Boemorum*);前者续编到 1167 年,后者续编到 1198 年(部分材料流传至今)。科齐马编年史所有的续篇,配合分成三卷的 13 世纪布拉格编年史(1196—1278 年,1278—1280 年,1279—1283 年),就成为一部 12—13 世纪捷克内外史的内容广泛的历史大汇编。

《达利米尔编年史》记述到 1310 年,是第一部捷克语的历史著作,它是一部很有特色的史料,证明捷克在 14 世纪初民族运动的高涨,有时它也被称为邦茨拉乌斯的诗体编年史。它得名于拟议中的作者达利米尔,关于该作者的情况没有保存下任何资料。有人说他是贵族,有人说他是神甫。有一种说法是编年史作者是一位主教,他是来自杜巴的基涅克·扎克。作者以诗的形式记述捷克民间故事、科齐马编年史及其他著作。《达利米尔编年史》的价值不完全在于抄袭于其他史料的那些事实,而在于其字里行间透 250
露出来的反对在宫廷、教会和城市里的德国霸道行为,反对奉行镇压民族传统的政策和对民族语言的那种鄙视态度。编年史在广大的捷克居民中加强了民族意识,他们遭受德国殖民的压迫和上层统治者的德意志化。编年史很快声名大振,在 14 世纪前半叶成了最受欢迎和家喻户晓的历史著作。

居住在捷克的德国封建主、僧人和市民想尽办法，哪怕是在某种程度上削弱这种声誉给他们带来的不快后果。《达利米尔编年史》大约在 1320 年出现了德文译本(部分散文体、部分诗体)，在反德倾向最明显的地方发行。编年史也以这种风格续编到 1343 年。

德国人的努力不仅局限于此，他们力求以自己的捷克史说法来面对捷克的民族史学史。早在 13 世纪后半叶，在克尼格斯扎阿尔(布拉格附近)的瓦茨拉夫二世奠基的齐斯捷尔齐安修道院开始编写《王宫年代记》(*Annales aulae regiae*)，此修道院是德国在捷克的影响支柱，由德国修道院长主持。在 14 世纪初修道院长绍林吉亚的奥托编写了国王瓦茨拉夫二世传记。它由他的继任来自齐塔奥的修道院长彼得(1276—约 1339 年)最后完成。彼得还修订了《王宫编年史》(*Chronicon aulae regiae*)的全部材料，他(或另一位修士)把它续编到 1337 年。

反映德国利益的彼得的编年史一问世，马上被捷克历史学家作了根本性的修改。布拉格主教约安四世指示大教堂神甫弗兰齐舍克(Franciscus Pragensis，死于 1362 年)修改彼得修道院长编写的文本，删除德国作者带倾向性的所有部分，并补充了布拉格教堂神甫会史的材料。弗兰齐舍克完成了这一使命，把这些事件记述到 1341 年。这部著作被收编入保存在神甫会图书馆中的手稿中，其中已有续写到 1283 年的科齐马编年史文本。这样一来，此古抄本似乎由两部分组成：第一部分是科齐马编年史，第二部分是其续编，其最后是弗兰齐舍克编年史。在1350年代弗兰齐舍克又一次修订了整个文本，并用1341—1353年发生的事件故事加以补充，献给查理一世，并把科齐马的《捷克编年史》(*Chronica Boemorum*)著作名称扩大到整部汇集。弗兰齐舍克的著作无论从名称或其风格都接近捷克史料史的民族老传统，它是14世纪中叶捷克文化生活中的一个重要现象。著作中收集了1330—1350年历史的重要而翔实的材料。作者对欧洲的所有事件十分清楚，并特别详尽地记述克列西战役。

14世纪中叶和后半叶是捷克经济和文化相当兴盛的时期，也是其国际声誉上升的时期，这一时期的历史反映在很多的史料中。保存下来的有丰富的国王办公厅的文件材料，它既记述国内的一般状况，也记述查理一世的对外政策。在按国王命令编写的普里比克·普尔卡瓦(死于1380年)编年史中包含很有价值的材料，特别是查理一世兼并入捷克的勃兰登堡史。《查理自传》(*Vita Caroli IV imperatoris*)几乎是中世纪西欧君主唯一的一部自传，它是 251
一部迥非寻常的史料。看来它是在1347年皇帝皇冠加冕礼之后编写的，讲述1331—1346年的事，并在1341年前都是以第一人称讲述，讲述查理自己的青年时代，在法国和意大利的漂泊生活，然后回到捷克和在捷克的初期活动。1341—1346年的事件用第三人称讲述，但要枯燥得多。毋庸置疑，就是这部分如果不是国王自己亲笔，至少也是在他关照之下写成的。尽管此作品具有极明显的主观倾向性，但它对捷克人来说很有价值，因为捷克国王从1347年开始成了德国皇帝，捷克在整个中欧也起了主导的作用。因此查理自传在捷克很快名扬故里，被翻译成捷克语和德语。布

拉格神甫会的大教堂神甫和国王参事别涅什·克拉比采(死于1375年)在自己编年史中用了这一史料。他的著作约起始于1371年,记述1283—1374年的事情,像弗兰齐舍克的编年史一样是汇集的继续,它由科齐马编年史和1283年前在布拉格编纂的续编组成。别涅什编年史的前部主要是布拉格神甫会会史。1331—1341年的历史按查理自传记述,但作了某些补充。编年史最珍贵的部分是后部,作者因了解实情,阐述了1346—1374年查理一世统治的历史,提供了欧洲其他国家的很多史料。

建于1348年的布拉格大学的各种史料有很高的价值。布拉格大学从15世纪初期开始了捷克人反对天主教—德国把持捷克的民族斗争,并成为胡斯及其追随者宗教改革活动的中心。教皇训谕、王国文书、规章及其他文件有着不少关于建校建系、关于校部、课程建设和开展学术辩论、关于职务职责的规定等材料。学校成员的民族和社会成分从师生名册中可以了解。学园发表的政论著作、信件、各党派谈判记录及其他材料能再现胡斯党和德国人的斗争史。记述1348—1420年的《布拉格大学编年史》(*Chronicon Pragensis Universitatis*)有很多宝贵的材料。编年史详细记述1409年库特诺戈尔敕令史及1409—1412年党派的斗争,此斗争使胡斯及其拥护者取得完全的胜利,这也保证布拉格大学在捷克民族文化发展中起了重大的作用。编年史引用有教皇训谕及其他文件,按其总的方向来看,它反映司饮的观点。

对总的胡斯运动史保存有很多重要而珍贵的史料。首先应提到的是捷克大改革者的著作。除了那些胡斯发展自己宗教改革学说的神学论文外,还有一篇论文《谈捷克的正字法》,文中阐述捷克正字法改革方案，很多信函和政论著作都出自胡斯的手笔，例如为库特诺戈尔敕令辩护的文章，此文详细批驳了德国人对布拉格大学领导角色的奢望。

在康斯坦茨教堂所上演的那个戏剧性的事件：斥责和处死胡 252
司及其战友布拉格的伊叶罗尼姆，不仅写入教堂的记录，还保存有其他史料，更详细和更可信地记下真实的材料，描画在胡斯学说的宿敌和同情胡斯的教会成员（捷克教皇、某些牧师）间进行的残酷斗争。意大利人文主义者波德若·勃拉乔利尼（1380—1459 年）的书信和来自姆拉杰诺夫查的捷克人彼得作品（约 1390—1451 年）也都属于此类史料。

勃拉乔利尼在宗教会议上作为罗马教廷的秘书在胡斯言论的影响下，成了胡斯的积极拥护者。他在自己的一封书信中描述了宗教会议上关于斥责和处死胡斯问题的激烈争论，引用了发言者的话（其中有他为胡斯辩护的话）来斥责西基兹蒙德的奸诈和背叛的行为。勃拉乔利尼在致意大利的人文主义者列奥尔多·阿列京斯基·波德召的信中激动万分地谈了诉讼和处死布拉格的伊叶罗尼姆的情况。信是在处死伊叶罗尼姆那天写的。作者赞赏他的勇敢和崇高气概，他的能言善辩，对自己学说的正确坚信不疑。

来自姆拉杰诺夫查的彼得是 1416 年布拉格大学的硕士，从 1439 年起任校长。他是胡斯的朋友，并作为来自赫柳姆的捷克教皇杨的秘书，和胡斯一起来到康斯坦查宗教会议。因此，他也是事情的目击者，并列席了对胡斯和伊叶罗尼姆的审问。他在自己的著作《1414—1415 年约翰·胡斯在康斯坦查的活动和命运史》（*Historia de fatis et actis magistri Johannis Hus Constantiae*

1414—1415)中详细记述了胡斯生活的最后时期，并驳斥敌人力图对伟大的革新者形象的诬蔑。作者引用了大量文件材料来证明：西基兹蒙德文书、证人供词、宗教会议记录摘抄等。布拉格的伊叶罗尼姆生平和逝世的故事也出自他的手笔，有两种文本：拉丁文和捷克文。彼得极力想维护学生和继承者对胡斯的纪念不被中伤，把自己的记述献给捷克的广大读者，因此使它广为人知。

勃尔热沃维的硕士拉夫连季(捷克名为瓦弗尔任茨)(1365—1437年)的编年史《捷克王国的事务及各种事件》(*De gestis et variis accidentibus regni Bohemiae*)谈及初期的胡斯运动(1414—1422年)。该编年史记述营垒的产生、塔博里特派的学说、塔博里特营垒中的内部规章制度、布拉格市民参与革命运动、起义群众对布拉格的德国富商的清算、布拉格对西基兹蒙德的十字军的英勇防卫、日日卡在维特科山的胜利。绘声绘色地把日日卡描绘成一位“非常勇敢”的统帅，“衣衫褴褛的农民对他服服帖帖，手执大棒、锁链、弓箭和长矛跟随他作战”。作者属于市民反政府派，随着运动不断发展成为全民反封建的斗争，他就愈益公然地反映出自己温和的观点和对塔博里特派的憎恨。他歪曲了他们的学说，在自己作品中抨击贫民，指责他们道德沦丧，这对中世纪作家是很普遍
253 的事。约于1500年拉夫连季编年史由一位不知名的人(塔博里特派的拥护者)从拉丁语译成捷克语。译者的拉丁语并不好：有些地方他或许是没明白，或许译不过来。但相当有意思的是他对拉夫连季文中所作的那些补充。他指控拉夫连季对皮卡尔特派人(塔博里特运动中极为“异端”的教派成员)的诽谤，他声称拉夫连季写的是连他自己都没见过的东西，他所追求的是中伤塔博里特派。

来自德拉戈尼茨的巴尔托舍克(死于1464年左右)写的《捷克编年史》(*Chronicon Bohemicum*)对1419—1443年的事件有简短而确切的记述。胡斯运动全史最丰富的实际材料记述在匿名的《塔博里特编年史》(*Chronicon Taboritorum*)中,它约编于1443年,并落在某二位来自佩利格尔日莫夫的尼古拉和卢卡维查的约翰的名下。不管这部编年史的作者是谁,他相当清楚地反映了一位温和的宗教改革家和塔博里特派敌人的信念。

意大利人文主义者埃涅伊·西利维·皮科洛米尼[1]的历史巨著894—1458年《捷克史》的最后部分说明其总的反胡斯的性质。来自鲍利金海姆的德国商人马尔金见闻录《关于在西列齐亚和卢日查的胡斯战争》(*Von den Hussitenkriegen in Schlesien und in der Lausitz*)有1425—1444年胡斯远征西利齐亚及邻近地域历史的材料。作者作为商人常到捷克,有些事情是他自己本人所见。

在胡斯运动不同阶段编写、并反映他的纲领的文件是非常珍贵的。应特别指出的是,先是恰什尼克派人和塔博里特派人共同编写、后是单独编写的胡斯宣言。宣言捍卫胡斯派的正确和表达他们的纲领。1420年的《布拉格文集》包含恰什尼克派人的要求,被交给西基兹蒙德,又被后者拒绝。1420年写的塔博里特的论文反映了起义的革命纲领,也归于这一类史料。1430年恰什尼克派

① 参见本书第206页。

人的宣言和 1433 年《布拉格的短文》完成了恰什尼克派人和天主教教会间的协议。对了解塔博里特运动史有很大价值的是日日卡的书信和传单，还有塔博里特的军事条令。数量不少的民歌：有号召和封建主斗争的(《纳戈雷》)、有赞美胡斯胜利的(《向胜利者致敬》)、有鼓舞战斗的(塔博里特颂歌《你是谁——神的勇士》)。这些民歌鲜明地反映了勇敢、英雄主义和人民群众崇高的民族和阶级的觉悟。塔博里特派的社会—政治学说记述在布拉格大学系主任杨·普什勃拉姆(死于 1448 年)的论文《塔博里特派神甫传记》(*Život kněži taborskych*)中。但是这一记述不能说是准确的。作者是塔博里特派的敌人，把极端教派的观点(要求取消私有制)强加给整个塔博里特运动的身上。

第十七章　波兰历史的史料 254

10世纪在奥德河、瓦尔塔河、维斯瓦河和布格河流域，众多的波兰部落公国联合在波罗的海沿岸、小波兰、大波兰、西列齐亚、马佐维亚的几个大中心周围。波兰部族发展了，形成了波兰的封建国家。

研究10—12世纪生产力的发展，主要靠出土文物来识别农具的性质，了解谷物、蔬菜、家畜、手工业工具、武器、首饰和陶业等情况。古城的发掘提供关于城市规模、手工业和商业发展水平的概念。伊博拉基姆-伊本-亚库勃[1]的著作证明波兰在10世纪已有三田轮作制，并把克拉科夫说成是一个贸易的大中心。

流传至今的最古老的波兰史料属于12世纪中叶，它证明已形成的封建土地所有制的确立。这是所谓馈赠书，即王公馈赠给教堂，主要是给修道院的文书。在13世纪前半叶这种文书还赏赐给世俗的大封建主，后来又给骑士。最早出现的是豁免证书。证书不仅列有赏赐给封建主的权利，还有向居住在馈赠地域上的农民征收有利于王公和封建主的苛捐杂税（有时还相当详细）。例如，

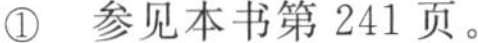

① 参见本书第241页。

王公麦什科在 1145 年赏赐给连德修道院的证书等。在 13 世纪的证书中馈赠的已不是地产上的收入，而是地产本身（村庄、部分村庄、有很多村落的大片土地）的继承权。这些文件是研究 12—13 世纪封建生产关系的主要史料。它使我们能了解封建地租的性质（主要是交谷物、牲畜和一些劳役：运输、修建工事，而修道院还有徭役），14 世纪证书上还指有付款。

13 世纪除了这些证书外，还有王公馈赠书，开始很少，后来到
255 了 14 世纪就越来越多。它根据“德国法”允许在赏赐地殖民。封建主以这种馈赠书为依据和殖民承办人签订定居契约。在 14 世纪和德国殖民者签订了很多这样的定居契约，很多波兰农村都纳入德国法。由于这些文件有大量准确的资料，它们是研究 14 世纪波兰农业关系史的最好的史料。文件指明殖民者可免除向封建主和国家承担所有义务的期限，确定在殖民地域农民份地和老爷庄园的规模，列举殖民承办人的财产和诉讼行政权，并详尽地记述向农民收取的苛捐杂税。定居契约证明在 14 世纪小波兰主要存在的是货币地租，而大波兰是实物地租。

在 13 世纪下半叶出现教堂大地产的首批清册。起初，它的形式是《馈赠书》，在波兰称为《创建书》(*Libri fundationum*)。最古老的是西列齐亚的根里霍夫的 1227 年奠基的齐斯捷尔齐安修道院书(Liber fundationis claustri S. Mariae in Heinrichow)，第一卷编于 1269—1273 年，第二卷约编于 1310 年。书中列举并简述了赏赐给修道院的土地，提及馈赠者的名字及他们对转让的地产和地段的权利。弗罗茨拉夫主教区书(Liber fundationis episcopatus Vratislaviensis)是由 1305—1317 年一起转抄的一些清册组成。

这是一份真正的清册，上面列举收入、每份地产的土地数量、农民的徭役和贵族庄园的情况。此类清册也在其他一些大修道院和主教区编制。应提一提克拉科夫修道院书，它由波兰史学家扬·德卢戈什[①]编于1440—1470年。书中有出家的和不出家的牧师们所有财产和地产的清单，以及主教区历史的一些资料，附带还有一些文件的摘录。

归于这类史料的有大地产管家的报告。最早的这种报告始于14世纪末，它是属于王家的大地产。到了15世纪末，由于田庄的发展，管家的报告和清册也出现在很多普通封建主的庄园中。

15世纪前半叶的一些史料就已证明建立庄园的趋势。1420—1423年的规章是这一过程历史的有价值的史料。它承认封建主在一些场合下有收买殖民承办人产业的权利，从而便利了今后以徭役为基础的大地产改革。

封建土地所有制历史的文件史料还包括众多的个人买卖土地、交换、馈赠、遗嘱等证书。其中很多保存在公文档案库中(Codices diplomatici)。例如，克拉科夫神甫会就有几个，其中最早的属于15世纪。

古老的波兰习惯法没有原样地流传下来。保留下来的只是两部13—14世纪晚期的抄件，它总地反映出这一时期的制度，但也带有较古老制度的一些特点。 256

第一篇抄录大约编写于1270年，有时被称为波兰法典或埃利勃隆格书，流传下来的这本没有结尾部分，并且是14世纪唯一的

① 参见本书第260—261页。

一份手抄本。其编写者是来自马里延堡的德国人，他对有些实行波兰法的农村通行的法律条文是用德语抄写的（看来是为了介绍给德国人）。在诗体的引言后有 29 条，其中前 6 条是关于法庭组织和诉讼程序的。文本的中心部分（第 7—22 条）列举对刑事犯的惩罚，其余的各条有关继承及其他问题。有专项规定对出逃农民和地主家仆归还封建主的办法。

波兰法典是 13 世纪波兰农民史的珍贵史料。很多条文证明地区公社的存在。公社保护被怀疑在公社地域杀人的农民。公社应为王公使者提供马匹。农民分化为两个阶层：农奴（被固定在土地上的奴隶）和依附民（过去的自由社员）。后者有迁移权，他们徭役的规模由习惯法确定。也有自由农，“他们在半自由和不自由之间”（史料文本在这句后就中断了）。

另一篇抄录是在连奇茨克，可能是在 14 世纪末。在边远而没被德国占领的库亚维亚这块土地上，一直到 14 世纪几乎还保持着完全的独立，在那里长期地保留着波兰人民的古习惯法。抄录和 15 世纪初的一份私人的法规汇编一起留存下来，记有连奇茨克地区的法律（Costitutiones terrae Lanciciensis）。这部法律汇编的第 3—17 条和其他文本有很大的不同，好像自为一体，汇编中列举有对刑事犯的各种罚款。

城市史的史料在波兰开始于 12 世纪。著名的阿拉伯地理学家伊德里西（1099—约 1164 年）于 1154 年访问了波兰，他在自己的地理著作《罗热尔书》中谈及波兰富足的大城市。从 12 世纪中叶开始，城市争取到了开办自由市场的特权，后来又在长期的斗争中争得更多的权利。13 世纪波兰城市法发展成一个完整的体系。

其基础是马格德堡法规，按波兰条件加以修订而成。从13世纪初开始在西列齐亚老城实施“新法”或赠给重新建立城市的馈赠书，而从13世纪中叶已遍及波兰其他地区(1253年是波兹南，1257年是克拉科夫等)。14—15世纪又加入了很多城市(1317年是卢布林，1413年是华沙等)。馈赠书写有城市的权利和优惠，它们可不受王公法庭的审判和免除王公的捐税。在新的城市成立时，馈赠书写有一定时期有效的特惠和特惠期期满后应从城市为王公和教堂征收的税金和义务。13世纪末在很多城市成立了行会，但此时的规章没有保存下来。后来城市又得到很多新的特权和更多的权利(例如1354年给克拉科克的特权，其中大大限制了外商的权 257
利)。

在卡西米尔三世(1333—1370年)时期，这一权利变成了波兰城市的权利。1336年、1346年和1365年专门特权授予桑多米尔、贝德戈希和克拉科夫，这些城市有权解决所有诉讼案件，不用像以前那样再向马格德堡请示。

从14世纪末，一些最大的城市(克拉科夫、波兹南)保留下最早的城志(市会议登记册)，登记有财产契约书、城市公民权的居民名单、行会章程、市会议命令(关于价格、关于和奢侈的斗争)及上报给国王的呈报书等。城志里还记有市法庭对各种刑事案件和民事案件的判决。从15世纪起几乎所有波兰城市都有这些史料。

由于各封建领地和地区渐渐合并为统一的国家，波兰在14世纪编写出一部为加强王权利益服务经修订的习惯法大全。在卡西米尔三世统治初期，由上层宗教界和法学家组成的一个特别委员会，负责收集当时现行的未成文的习惯法资料，并分别为大波兰和小波兰用拉丁文编写了两部法典，因为波兰这两个主要地区总的发展水平不同，因此在法律上的差异也很明显。1347 年在维斯利查批准了小波兰法典的前 24 条（维斯利查法）和在佩特尔科夫批准了大波兰法典的前 34 条（佩特尔科夫法），其余条款（维斯利查法总共有 106 条，佩特尔科夫法总共有 51 条）在后来的年代中得到批准。小波兰作为政治和经济更发达的地区，其法律比佩特尔科夫法有较多的革新。

两部法典涉及刑法和民法的各个方面，及宗教界和小贵族阶级的法律和特权。它们像所有此类的司法典籍，为 14 世纪波兰社会的阶级和阶层地位提供了一幅系统的画像。

总的说来，法典保卫的是封建阶级的利益并力图巩固封建国家。同时法典也反映出由于商品货币关系的发展，在波兰社会所发生的变化。法典废除“废手”权，确定农民迁移的条件，保护农民的人身等。

卡西米尔三世前，王公和国王的法制相对很不健全：从 12 世纪到 14 世纪初的这段时期传下来的此类文件总共只有约 30 件。从卡西米尔三世开始，出现了许多国王敕令，它含有很多关于社会经济关系史的珍贵资料（货币法、全波兰的免税贸易法、经营盐业、石盐矿场、教堂什一税法等）。

法院登记簿是重要的史料。从 14 世纪末出现一种城市乡村书，书中记有审判案件，有时还有国王法律文本。乡书在地区的范围内编纂（波兹南、卡利什、连奇茨克等），它和上面已提到过的城市书的性质差不多。

叙述性史料从10世纪开始记述波兰。维都钦德[①]在963年前 258
年表中（由于波兰人和波罗的海沿岸斯拉夫的一个部落沃雷尼人的冲突）第一次提到波兰王公梅什科一世。伊博拉基姆-伊本-亚库勃提供了这位王公拥有庞大亲兵队的重要资料。波兰自己最早的历史记载是在10世纪末。最初的形式是每个大的宗教机构在复活节的报表中的简要历史笔记（流传下来的只有一份这样的记述报表，它属于12世纪）。在波兹南主教区在10世纪末看来这种笔录已是经常的行为。11—12世纪在其基础上开始形成年代记（波兰称罗奇尼克），原样保留的没有，只有一部《圣十字年代记》（*Annales sanctae Crucis*），它在格涅兹诺约编于1122年，后又续写到1410年（它按保存于雷索戈尔圣十字修道院唯一的一份手抄本的地点而得名）。

其他所有为数众多的12世纪波兰年代记后来的13世纪被修订，并在14世纪（有的还在15世纪）加以续编。在13—15世纪这些大汇编中，最早的11—12世纪年代记或多或少只能靠史料史分析来分辨。古年代记从965年开始记述波兰史，有些还有730—1000年的稀少的记述，它是从捷克和德国传入波兰的年代记和传记。在克拉科夫，布拉格年代记早在11世纪中叶就已闻名，从中为波兰编年史作了摘录。波兰年代记作较系统的记述始于1015年；从1031年起它已主要根据本国的史料。

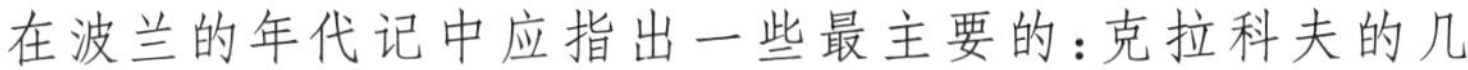

在波兰的年代记中应指出一些最主要的：克拉科夫的几

① 参见本书第191—192页。

部(965—1135 年的 Annales Cracovienses breves 及其 1142—1283 年的续编;966—1291 年的 Annales Cracovienses compilati;948—1122 年、1136 年的 Annales Cracovienses vetusti;从创世到 1331 年的 Annales capituli Cracoviensis);麦霍夫年代记(947—1434 年的 Annales Mechovienses);卡明涅茨年代记(955—1165 年的 Annales Kamenzenses);波兹南年代记(965—1311 年的 Annales Posnanienses 和 730—1309 年的 Annales Majoris Poloniae);库亚夫年代记(966—1477 年的 Annales Cuiavienses);西列齐亚的根里霍夫修道院的年代记(977—1293 年的 Annales Heinrichowenses);弗罗茨拉夫年代记(1238—1308 年的 Annales Vratislavienses)等。在克拉科夫有主教的名册(Catalogus episcoporum Cracoviensium)。

沃伊捷赫和奔堡的奥托的圣徒传中载有波兰的一些资料,对此,前已论述。[①] 13 世纪波兰编撰的圣徒亚德维加、萨洛梅娅、斯塔尼斯拉沃(后者著书甚多)、弗罗茨拉夫女修道院公爵夫人安娜(死于 1265 年)等人的传记和其他圣徒的传记都有一些有趣的叙述。

12 世纪初诸多的编年传统、相当多的笔记和年代记决定了那时的波兰有条件编撰第一部大编年史。它在科学界俗称为加尔·阿诺尼姆的《波兰编年史》(*Chronica polonorum*)。关于作者的姓名及其民族有许多猜测(波兰人、法兰西人、意大利人、匈牙利人和克罗阿特人等),但都未得到证实。可能他在王公办公厅工作,后

① 参见本书第 242—247 页。

来成为僧人。不管怎样，他是一位很有学问的人，通晓波兰语及他
同时代发生的波兰事件，而对过去能广泛使用民间故事和年代记。259

编年史分三卷，约写于 1113 年，记述也到此年为止。第一卷讲的是多神教时期的波兰古代史，讲了基督教的传入和最初的波佩利德王朝和普雅斯特王朝。作者像布拉格的科齐马及其他中世纪早期的史学家一样，他写这部分是根据当时流传的口头民间传说，用了神话和歌曲。第一卷部分用诗篇写成。关于最早的王公交待得很简单；有不少关于勇者波列斯拉夫和他的战争、关于 1100 年格涅兹年代表大会、关于 1030 年的起义等珍贵的材料。其他各卷详细记述 12 世纪的历史，特别是歪嘴波列斯拉夫统治的情况。

编年史语句通顺，史实清楚。作者和歪嘴波列斯拉夫王族的亲密关系决定了编年史的基调，这显然是王公所要求的。全书充满对王公及其统一业绩的赞颂。

加尔·阿诺尼姆的编年史是颇具规模的史料，保留下波兰人民的远古传说及其成文史的初期几世纪的资料。对于 12 世纪初的波兰史，特别是社会制度史，它是最重要的史料。

流传至今的编年史只有几个抄本，但以后所有波兰编年史的作者都普遍使用它。

他们当中首推文增特·卡德卢别克（死于 1223 年），他求学于意大利和巴黎，他在 1208—1218 年任克拉科夫主教，后来在 1218—1223 年出家于延德里霍夫修道院，在那里他编写了他的四卷编年史（Chronica polonorum）。他记述从传说时代到 1202 年的波兰史。前三卷以对话形式写成，最后一卷没有结尾，因为作者去

世了，未能完成自己的著作。在前头部分，卡德卢别克用了阿诺尼姆编年史的史料、圣沃伊捷赫传、年代记和一些民间传说（如关于克拉克的传说）。最有价值的是1113—1202年的材料。编年史以词藻华丽、醒世风格写成。在评述事件上，作者倾向性很大，他赞美王公，而对他们在军事及其他一些事情上的失败避而不谈。与此同时，他的著作又是继承了加尔·阿诺尼姆开创的传统，把波兰史看成一个整体，而不是局部地区的历史。因此卡德卢别克编年史广为传播，特别是从13世纪末，这时开始了波兰土地联合为统一国家的过程。这部编年史经多次传抄（留存下五十多部抄本）和在学校作为阅读材料和讲评使用。在14世纪初，一位不知名的作者做了修订，废除它的对话形式，并作了某些补充：此文本续写到1288年（《麦尔日瓦编年史》[*Chronica Mierzwae*]）。

12—13世纪波兰的封建割据不仅反映在大量的地方年代记上，还反映在13—14世纪初出现的各洲的编年史中。大波兰史反映在《大波兰编年史》上，其作者不详，他编写此著作在14世纪初，一直写到1271年，以前把它误认为属于13世纪，而作者被认为是波兹南主教鲍古赫瓦尔（死于1253年）。1202年前的记述采用的是以前的编年史和年代记，1203—1271年的时期根据的是波兹南神甫会的年代记（科学界把它称为大波兰年代记），克拉科夫年代记和圣斯塔尼斯拉夫传。
260 大波兰编年史总方向符合封建割据时代的精神。编年史写的是大波兰统治者史，从捍卫他们独立和地方自立的角度来记述。与此同时，作者以反德的精神来描述和勃兰登堡的斗争，

尽管他的爱国主义还未达到全民族的高度。

几乎在和大波兰编年史的同时，在西列齐亚也出现类似的编年史（约在 1300 年）。不知名的作者（可能是来自贝钦的彼得）是一位波兰人，有理由认为西列齐亚是波兰的一部分，相应地把自己的作品称为 *Chronica polonorum*。1202 年前事件的记述根据卡德卢别克编年史；后续的是 1285 年前的西列齐亚史。在 14 世纪末，一位不知名的德国作者把这本编年史加以补充，取名为 *Chronica principum Poloniae*，续写到 1370 年。很有特征的是尽管作者不是波兰人，在这部续编中还是把西列齐亚看成为波兰的地方，并对西列齐亚王公失去自己独立而感到惋惜。

14 世纪波兰编年史开始展示出波兰民族文化的繁荣和民族自我意识的增长。波兰语言渗透进编年史。在这方面很重要的是《大波兰编年史》里增补 14 世纪的斯拉夫文句。增补的作者可能是一位过赤贫生活的天主教僧团的僧人，市民阶层的代表，他和封建分立主义的拥护者——编年史原作者对自己人民往事的观点不同。他以宽广的视野来描述斯拉夫各族的早期历史，关心波兰的语言及其地理分布。他指出波兰人属于斯拉夫族的大家庭，首先指出他们和西斯拉夫人有语言和民族的共同性。作者使地名、人名波兰化。因此除了记述单独统治者的历史外，他还记载了一些波兰部族史的人物。

来自恰尔恩科夫的扬科（约死于 1386 年）编年史是 14 世纪后半叶波兰政治史的极重要史料，他是波兹南的修士大辅祭，并是卡西米尔三世在1364—1370年的录事。流传至今的一部分编年史记述1370—1384年、即国王死后的年代,并非常详细地记述了这一阶段的事件。可能,讲述卡西米尔三世时期的现已失传的第一部分也出自这位作者的手笔。留存的对这位国王统治的简评无疑是另一位作者的手笔。扬科著述不用别人的史料,但他的显赫地位保证了他拥有翔实丰富的信息。他把卡西米尔三世的活动理想化,但这种夸大国王业绩的举措是皮亚斯·蒂来国王去世以后发生事件的自然结果;抢夺政权、无国王状态、大地主和小贵族阶级势力的加强、封建内乱的加剧。

15世纪的一个标志是出现一位波兰的大历史学家,15世纪欧洲的一位伟大的作者:克拉科夫大教堂的神甫扬·德卢戈什(1415—1480年),他是一位学者、外交家、手抄本热情的收集者和波兰史权威。他的一部非常珍贵的巨著12卷本《波兰史》(*Historia Poloniae*),写于1455—1480年,这是他应克拉科夫主教奥列斯尼茨基的请求而写,他曾是这位主教的秘书。

德卢戈什编写了一部波兰通史,从远古写到他去世的那一年(1480年),使用了大量各种各样的史料:波兰的所有年代记和编年史,俄国编年史,捷克、德国、匈牙利的编年史,圣徒传,国王档案库的文件和教会组织的档案等。很多文件按原样摘录,这些材料只有流传至今的他那本编年史中才有。他还使用了他的庇护
261 人——克拉科夫主教给他提供的资料和他本人关于他同时代事件的大量的笔记。编年史特为珍贵之处是从1384年,即在恰伦科夫编撰的扬科著作结尾部分。它详细写了议会史、世俗和教会的冲突,它对研究15世纪波兰政治思想史十分重要。书中有关于格柳

瓦利德战役的精确报道。

德卢戈什的编年史有大量的史实资料，首先是本国史的，其次是俄国史及其他周边国家历史的。他有崇高的爱国热忱和高尚的品格。作者力图尽心思考事件的发展，确定社会各阶层的立场和统治集团政策的动机。与此同时，他模仿李维，把事件戏剧化，编写台词，有时甚至是人为臆造的豪言壮语。他和波兰天主教会首领关系密切，这反映在他对胡斯派人的仇恨，反映在他记述同时代历史、国王和教会的冲突上的倾向性，他是教会的卫道士。

早在15世纪末和整个16世纪，德卢戈什编年史就有许多手抄本，广为利用，但首次印刷只是在1614—1615年(前10卷)，到1711—1712年才全部出齐。

许多历史题材的民间诗歌：关于格柳瓦利德战役(这首民歌的材料保留在14世纪的史料中)、关于鞑靼人的入侵、关于和土耳其人的瓦尔那战役等——使我们有可能了解广大人民群众对有关民族独立的重大事件的态度。留存有描述15世纪波兰大学生生活习俗和社会意向的大学生诗歌。小贵族阶级出版了篇幅不大的诗作《对懒惰农奴的讽刺》，谈的是农奴对徭役消极怠工。它勾画出一幅15世纪波兰农村生活的图景。《关于坚钦的安德热伊被害的诗》记述了1461年克拉科夫手工业者杀害一位小贵族的现实事件，全诗充满贵族的高傲和对市民的鄙视。

波兰政治史的法律史料出现于12世纪。1138年歪嘴波列斯拉夫的规章决定了波兰国家的政治制度。王公的儿子得到自己的封地，但是其权力受到很多的限制。中央采邑、权力和大公称号还是归波列斯拉夫，他握有国家的无上权力(外交、宣战权、签订和约、统率波兰全军等)。但是封建割据的加剧破坏了这个准则,1180 年教会和世俗的封建主的连奇茨克代表大会颁布的馈赠书作出了对教会和贵族有利的很大的让步。

众多的史料反映出波兰社会制度的特点:从 14 世纪末开始的贵族势力的强盛,尔后导致国家变成了以空有其名的僧侣为首的小贵族阶级的共和国。14—15 世纪末王国的特权逐渐地扩大了地主和小贵族的政治和经济权利。1374 年科希采馈赠书是第一份只给贵族的文件,它是给作为一个阶层的整个贵族的。此文件肯定了只是那些在封建阶级发展过程中自然形成的贵族权利,这
262 些权利早就是很多西欧各国贵族所特有的(继承领地所有权,即把领地所有权变成采邑,除了波兰国内的兵役和不多的捐税外免除国家的徭役等)。但是弗拉基斯拉夫二世的馈赠书(1422 年奇尔文的和 1430 年叶德林的)已经给贵族提供了很大的政治权利,而 1454 年的涅沙夫规章巩固了小贵族阶级在不仅和地主还和国王的斗争中的胜利,此规章也打击了城市的政治权利。立法权转入小贵族阶级的议会手中。建立了以选出的国王为首的贵族共和国。最后,1496 年的彼特科夫规章为已经羽毛丰满的小贵族阶级从政治上提供极大的经济特权,那是免税外贸权(沿维斯瓦河输出农产品和输入外国货),土地私有垄断权(市民不能拥有土地),限制农民迁移的自由和缩小其权利。所有这一切促进 16 世纪田庄的发展,农民再一次地被农奴化。

14—15 世纪文件资料变得十分丰富。教皇的训谕、皇帝和王公的文书、与其他国家签订的条约、波兰和立陶宛合并证书(1385 年克列夫合并证书等)都记述了国际关系及和教皇罗马的联系。

属于国内历史的有众多的先是城市的、后是小贵族联盟的证书，关于选出国王的权利文件（关于亚盖拉及其后裔对波兰王位权利的1387年克拉科夫证书及以后类似的证书），众多的议会文件，开始于1444年的彼得科夫议会，这些文件从15世纪中叶起称为《决议》（*Conclusiones*）。从15世纪中叶保留下国王办公厅的文件簿（《波兰王国出生簿》），因为更早的文件可能是由于保存王家档案的克拉科夫城堡的一次大火而付之一炬。国王和臣僚的正式往来书信等都很有价值。

15世纪波兰的政论作品有几部政治评论，最有分量的是一位人文主义者和大政论家扬·奥斯特罗罗格（约1436—1501年）的《波斯波利特言论结构记事》。在1474—1477年写的一篇政论文中提出一个旨在巩固国王权力的政治改革方案；它反对地主、反对天主教会的特权。作者要求停止向教堂交纳十分之一税，停止向教皇每年支付贡物。

（李琳译　胡敦伟校）

263 第十八章　拜占庭历史的史料

在10—15世纪，拜占庭帝国的封建关系得到进一步的发展和巩固。1204年拉丁人夺取君士坦丁堡，建立了拉丁帝国、尼西亚帝国、伊庇鲁斯专制君主国和特拉布松帝国，这导致中央政权的削弱；拜占庭帝国版图就再也没能恢复到原有的规模。1261年拉丁人被驱逐出君士坦丁堡后，拜占庭帝国只留下自己原先领土的一小部分，即小亚细亚的西北部、色雷斯和马其顿的一部、索伦、爱琴海的一些岛屿和伯罗奔尼撒的一些州。

伊庇鲁斯专制君主国和特拉布松帝国继续保持独立，不归属于君士坦丁堡，而在希腊境内保留着拉丁领地。这种领土分散的状态无疑会助长帝国的离心力。早从12世纪末或13世纪初，拜占庭在地中海东部的经济阵地逐渐转到威尼斯和热那亚。在稍后期间，这些意大利共和国在本帝国也得到了贸易上的优惠，它的存在愈益破坏了拜占庭本身的手工业和商业。

所有这种艰难的处境使帝国的经济和政治实力进一步削弱，最后难以抵御势力愈益强大的土耳其人的攻击。1453年土耳其攻占君士坦丁堡，最后终止了帝国的存在，并长期毁灭了希腊国家。无论在1204年或1453年，在君士坦丁堡及其他城市被占领后，城市的和私人的档案库都被毁坏，许多手抄本也被葬送（据一位同时代的人统计，只是一个君士坦丁堡在1453年就毁了不少于12万手抄本）。

10—15世纪的文件资料极为稀少，其原因也正是由于档案库的毁灭，保存下来的主要是修道院地产的文据，此类文据在阿托斯修道院档案库特别多。然而，10—15世纪史的叙述性史料则非常多。

10—15世纪拜占庭政治史的某些时段，如同其他方面的历史一样，其史料中阐述的内容不尽一致。10—12世纪的历史记述得相当好，但尼西亚帝国，或伊庇鲁斯专制君主国和特拉布松帝国只有不多的史料。这些国家都是1204[①]年十字军毁灭拜占庭后在拜 264
占庭领土上建立的。1261年帝国恢复后，它从13世纪中叶到15世纪中叶的历史在很多的历史典籍中多有记载。

农业结构史最重要的史料是世俗的和修道院的地产文据、税册（所谓实记录），以及皇帝的法令。关于一些地产的规模、特权赏赐等资料存在于一些叙述性的史料中。由于文件材料相对贫乏，这种资料有时就显得很有价值。

属于10—15世纪世俗的和教堂—修道院的地产文件可以分为以下几类：皇帝的奖赏文书、清单、买卖文据。具体内容较少的史料是皇帝的奖赏文书，因为它是由皇帝办公厅按一定格式编写的，因而较少反映对研究者颇为重要的地方情况，但这并不失其作为历史史料的珍贵性。皇帝褒奖为修道院和世俗贵族提供豁免

① 1204—1261年拉丁帝国史的史料参见本书第125页。

权，在另一些情况下为馈赠土地办理手续，这证明大地产的增多和封建割据的加剧。11世纪皇帝文书又开始办理分封领地的所有权；此时还列举出所移交土地上的居民和土地规模。

最珍贵的史料是拜占庭当时的清单（如同英国一样，这说明该两个国家都有强大的中央政权），它有两种形式：国家的和私人的。国家清单是为国库目的编制的地籍簿（为了收税）。因此，如所有此类清单一样，首要的是地域原则。一份份记录着不同地段及其应交纳税款的数目。13世纪末特拉布松清单就是这样。

所谓实记的私人清单编写者的目的则不同。清单中应列举所有徭役和代役租，即登记封建地租。这些清单像西欧的地产清册和英国的清册。它按其性质可分为两类：一类清单登记农民及其家小、牲畜数量，农民家产中的各种土地规模（耕地、菜园、葡萄园），以及租金的大小，各种建筑和其他经营地。另一类清单准确记录土地的边界，指出其规模。但这两类之间并没有明显的差别。有些清单兼有两者的特征。实记如在西方一样主要是修道院编制的。实记中包含的丰富材料使它具有特殊的价值。

私人的土地买卖证书是相当重要的史料。因为它和一般此类
265 文件都写有地段、价格、买主卖主和私人的姓名。遗憾的是留存下来的数量不大，因此学术界不能为一些西欧国家提供那么多的资料。

其他的私人证书，如遗嘱，保存下的数量也不多，但有时有很多有意思的材料。如11世纪中叶大地主沃伊拉的遗嘱中，除其生平外，还列举了他的财产：土地、奴隶、家什、书籍等。

有些修道院的教规有珍贵的材料，因为它记有修道院田庄的地产及劳动组织情况。

拜占庭生产力的史料贫乏，特别是在农业领域，这就更需要特别注意每种典籍；因此必须提一下名为《格奥波尼克》的著名的农业百科全书。此书像所有其他类似的中世纪专著一样，很多内容取之于古典作家的著作，但也有属于其编写者同时代的不少特点。

农业百科全书是6—7世纪之交一位名叫卡西安·巴斯编纂的古代农业著作汇集，共20集，而在10世纪又重新审订和补充。正是这本10世纪的修订本流传至今。全书最重要的部分是大田作物管理、园艺业、葡萄种植、橄榄种植、花卉栽培、养蜂业、养鸟业、畜牧业、养狗业和养鱼业。

10—12世纪的农业法令是研究封建世俗和教会地产逐渐增长的珍贵史料。应该指出，大地产主经济和政治实力的加强导致独立农民逐渐的消失，拜占庭政府努力和这种现象作斗争。政府对此的指导思想是：农民地产能满足国家两项重要的要求，因为农民能交公粮，服兵役。如果农民数量减少，那么上两项也会减少（934年罗曼·拉卡平法）。

该皇帝922年颁布的法律规定，在农民土地易手时，所卖土地主人的亲戚或他的同村人对此土地享有优先权，大地产主想得到农民的土地只有在他们在该村已成为某块土地的所有者时才允许。

该法律还指出，军屯户土地保留的规模是按服兵役所需而定。

934年法律规定，大地产主得把在927年饥荒之年从小农手中买来的土地返还给他们。

但是，所有这些法律也像君士坦丁七世皇帝的法律一样，说明中央政权想阻止封建领地增长的努力都只是徒劳无益。类似的最后努力当属10世纪末和11世纪初——保加利亚勇士瓦西里统治时期；他的996年法律要求大地产主在922年法律后从农民和军屯户得到的土地都必须无偿地归还给原主；1001—1002年的法律规定大地产主要对小农不缴赋税负责。

266 10—11世纪的其他皇帝都和大地产主有紧密的联系，他们的一些法律证明政府在对封建主政策上有这种摇摆不定的现象。在964年尼基福尔·福卡的法律中，曾试图制止教堂和修道院（但不是大地产主的）地产的增长。967年的法律回避了大地产主和军屯户的地产问题。

913—1139年，即10—12世纪的《税务条例》是有特色、有价值的史料。它是征收赋税的细则，有着各种各样资料。条例中有赋税的名称、在为某村确定赋税总额时所应遵循的原则、确定土地经营程度和赋税优惠的方法、对土地所有者的土地遭到“毁灭性”灾害或只是“一时的歉收”时的处理办法、征收员征收税款的办法等。这部史料使我们看到国家对土地所有者征收赋税的实际情况，并从而提供关于10—12世纪拜占庭农业制度的许多珍贵资料。

拜占庭城市在封建制度发展时期的特点在于保留下还在希腊化时代城市生活的一些特征，其中包括奴隶制的残余。很多拜占庭城市（首先是君士坦丁堡）继续是东地中海贸易的大中心，在那里手工业十分兴盛。有些史料记述城市的经济状况及城市全部生活。其中最重要的是编于 10 世纪（更准确的时间难以确定）的所谓《监管员手册》，其宗旨是保证监管员对手工业和商业的监管，监管员是首都的极重要的官员，他全面管理君士坦丁堡，特别是手工业和商业的经营。

看来，《监管员手册》是在利奥六世（886—912 年）当政时代颁布的有关一些手工业和商业部门的命令和决议的基础上编成的，政府想以此对行会组织作某些改革。汇集的编者目的不在于出一部手工业和商业无所不包的法典，因此书中缺少关于某些重要、并且在君士坦丁堡无疑是主要的职业（如锻造业）。不过，这部史料提供了一幅拜占庭行会的多方面的图景，其中一个特点就是使用奴隶劳动。

《监管员手册》收集了关于公证人、珠宝商、银钱兑换商、服装商、织造商、生丝采购商、布匹转销商、香料佐料商、蜡烛商、肥皂商、日用品商、经营肉食牲畜和渔业的商人、面包商、旅店老板的社团信息。

在《监管员手册》的第 22 条中有着关于政府官员认真调整君士坦丁堡的贸易和手工业的内容；控制商品价格，调整社团的义务和权利，以及加入社团的办法。这份典籍描述了拜占庭行会的结构、雇工（拜占庭帝国农业、手工业雇工）的处境，书中还有关于手工业技术等相当重要的资料。

有关拜占庭城市，特别是拜占庭城市的手工业组织史的文件 267
材料极为贫乏；它几乎一点也没保留下来。12—13 世纪有些拜占庭皇帝的褒奖书有描述帝国商业的状况。通常上面谈到为意大利共和国（威尼斯和热那亚）的商人提供优惠。1148 年马努伊尔·

科穆宁的褒奖书(其中列举的拜占庭城市很珍贵)、1275 年和 1277 年帕列奥洛格的米哈依尔八世的褒奖书,以及 14—15 世纪的文书(为西班牙商人和杜勃罗夫尼克的商人提供优惠)就是这样的。

在 10 世纪基辅罗斯和拜占庭缔结的条约中有许多关于君士坦丁堡外贸组织、拜占庭进出口货物以及关于海上贸易法规的很重要的材料。

农业制度以及贸易的一些材料可见于传记文学,但主要只是在 10 世纪,因为拜占庭的圣徒行传鼎盛时期是在 9—10 世纪,往后它就蒙上一种动听空谈的性质,这样作为史料的意义就削弱了。

在圣徒传中,提到多种多样的手工业情况:关于生产丝绸的小型奴隶作坊,关于鞋匠、泥罐匠、建筑工人、小商人、没活干时就得行乞的短工、编筐匠、编草席匠,关于石匠、铁匠、制革匠等。圣徒行传的材料一般都关系到总是过赤贫生活的个体手工业者。

如所预料的那样,帝国首都——君士坦丁堡的生活状况得到最好的记述。在各种史料中,有关这座城市记述的是:上面提及的《监管员手册》;圣徒行传,如 10 世纪编写的安德烈·尤罗季维传,费奥多尔·斯图季特传(9 世纪),新瓦西里传(10 世纪后半叶),以及众多的游记(如 949—968 年的利乌普兰德·克列蒙斯基[①]游记,1171 年的维尼阿明·图杰利斯

① 参见本书第 193 页。

基游记；十字军的埃多姆·杰伊利斯基对于君士坦丁堡的描述（12 世纪中叶）和罗贝尔·德·克拉里[①]（13 世纪初）提供许多珍贵的材料，但这些记述的准确性不是没有问题的。

大部分历史著作都有城市的一些零散的资料。很多有相当价值的资料也可以从有关帝国的第二大城市（无论是在规模和意义上）——索卢尼（弗萨洛尼克）的史料中找到。索卢尼是爱琴海岸的一个重要港口。

索卢尼司祭约翰·卡麦尼阿塔（其生平不详）详细记述了 904 年阿拉伯人占领索卢尼的情况。卡麦尼阿塔不是一个职业作家，他根据所经历事件的直接印象来写作，因此这使他的故事相当可信。故事详细记述索卢尼及其郊区的位置，被困过程和沦陷。关于索卢尼郊区斯拉夫人的村落、市民与这些村落居民的贸易关系的材料很有价值。

在 12 世纪以主人公名字命名的一篇不记名的讽刺对话《季马里昂》，它记述有索卢尼一年一度的集市。对话明显指出，城市进行着繁荣贸易，经营各种来自不同国家的商品。季马里昂说："我看到了凡是世界上纺织工生产的产品，从别奥季亚、伯罗奔尼撒的一切商品，商船从意大利运到希腊的所有商品。还有不少商品来自腓尼基、埃及、西班牙和以世界最好地毯著称的赫拉克力士柱。"

① 参见本书第 119 和 124 页。

> 在雅典都主教米哈伊尔·阿科米纳特(12世纪末)的书信中有关于中世纪雅典(早已失去了自己曾有的光辉)的材料。阿科米纳特的信讲述了雅典居民的贫困处境,他们由于
> 268 难以承受的苛捐杂税和海盗的洗劫而一贫如洗。后述这种情况在第四次十字军征讨前夕的帝国封建割据时的情况是很典型的,那时大地主把沉重的赋税压在其居民身上,使各省经济濒临崩溃。

10—12世纪公正地说是拜占庭文化的全盛时期。很多拜占庭作家都是活动在这两个世纪;此时造就出一批拜占庭优秀的艺术典籍。

10世纪一系列史料的出现是和君士坦丁七世(912—959年)

的活动有关。他不仅是一些著作的作者,而且还促进了一种百科全书性质的某些学科汇编的产生:历史、法律、军事、农业[①]医学和畜牧业。在君士坦丁的著作中应推编于945—959年的《皇帝瓦西里一世史》。它主要依据格涅西[②]的著作写成,其中褒义词颇多,因而这种史料在使用时要特别慎重。

《帝国行政论》一文(另一个题目是《论人民》;还有一个拉丁题目[③]也为人所知:*De administrando imperio*)是948—952年君士坦丁的儿子——罗曼努斯写的,为的是教导未来的皇帝懂得国内

① 参见本书第265页。

② 参见本书第270页。

③ 君士坦丁的著作如同其他一些著名作家一样经常使用拉丁文,并在其初版的著作上冠以拉丁文书名。

外政策。在引言中列出论文下列题目：(1)拜占庭对周边民族的政策原则，即：《他们可怕之处及怎么才能制服他们，以夷制夷》；(2)《他们的无理要求及如何应答》；(3)他们的产生、习俗及特点、他们的国家地理状况，《以及罗奈人和各族在不同时候发生的事情》；(4)《关于罗奈国中推行的新措施》。

君士坦丁在编写此文时参阅了帝国档案文件，大使们的汇报、游记，从而极大地提高了这部典籍的珍贵程度。遗憾的是它的很多部分没有结尾。文中有关于拜占庭周边国家：南意大利、塞尔维亚、格鲁吉亚、亚美尼亚、黑海沿岸北部、匈牙利、阿拉伯、可萨、北非、西班牙、达尔马提亚、霍尔瓦季亚、威尼斯、罗斯等在某种程度上具有重要意义的资料。

与此同时必须指出，君士坦丁的这篇著作也像其他著作一样，对理解 10 世纪拜占庭统治者的政治观点、政治原则十分重要。周边国家之所以引起作者注意是因为它们可能成为政府侵略政策的对象。政府认为，拜占庭作为一个世界帝国，有权拥有那些曾归自己的所有国土。文章强调，帝国对外政策的目的在于收复在巴尔干半岛、小亚细亚和意大利丧失的各州。文章这一倾向性很强的
目的不是详细描绘周边的国家，而是向继承者讲清楚帝国的对外 269
侵略政策，这使文中材料有很多地方不甚可信；文中在对待所述国家和人民的历史和地理上有不少差错。

君士坦丁的第三部著作是《论各军区》(*De thematibus*)对查士丁尼时代的帝国作了地理上的描述；10 世纪各省只是有了新的名称和划分。此著作主要根据现已失传的 6 世纪著作编成。

君士坦丁描述拜占庭宫廷礼仪的名为《拜占庭宫廷仪式》(*De cerimoniis aulae Byzantinae*)两卷本有相当的文史价值,该书记述拜占庭的民间和宗教的节日,任命官员的仪式和宫廷娱乐活动。君士坦丁时期编撰某些领域的百科全书,其中最有分量的是《历史百科》,它根据古典和拜占庭历史学家的著作编写而成。

全部《百科全书》由53卷组成,按内容分类。留存下来的只有四卷:(1)使节篇(保存完好);(2)优劣篇(部分不全);(3)判断篇(保留下重要段落);(4)阴谋篇(保存下一小部分)。知道的还有其余26本的书名,但未保存下来。这部百科全书应该替代为数众多的历史著作(有古典的、有拜占庭的)。按编者的说法,其数量很大,"所及的历史范围多得不可胜数"。

由于百科全书编写所参考的著作都已失传,这些遗存的著作就成了相当重要的史料。例如使节篇有关于其他民族的来使和拜占庭出使其他民族的材料。此书保留下现已失传的彼得·帕特里基(宗教骑士团团长,约500—552年后)的历史著作的重要片段,它有关公元初几世纪的事件。《历史百科全书》也保存下6世纪另一位历史学家——密南德尔·普罗季克托尔[①]著作的片段。

此外,按君士坦丁七世的倡议,编写了兽医学、自然史、医学和军事学的汇集。

---

① 参见本书第32页。

对君士坦丁引为特征的是他组织一批学者和作家根据古典和拜占庭早期的著作来编撰新作；对古籍的研究和使用促进了10世纪拜占庭文学和科学的繁荣，激励新的汇编和历史著作的编写，重抄优秀的古典希腊文学著作，并为这些著作编写注释等。

约在960年的斯维达词典问世可能和编写专门汇集有关。关于作者的情况除了名字外一无所知；这部词典宝贵之处不仅是有丰富的词汇和充实的语法材料，还在于各行各业都有具体的事实材料。词典的词条牵涉到最广泛的知识领域，但最重要的是文史词条和人名词条，为此参考了很多后来完全失传或部分失传的著作，例如，斯维达词典转述有保加利亚大公克鲁姆(802—815年)[1]法典，彼得·帕特里基的历史著作，伊西希·米列茨基(6世纪中叶)著作和密南德尔·普罗季克托尔的《历史》片段。关于某些作 270
者的人名词条材料非常珍贵，因为它提到已失传的著作。

斯维达的材料收集于古代拜占庭作家的著作、古典作者的注解、君士坦丁七世的历史百科等。

拜占庭很多其他作家的活动也属于10世纪，他们都是拜占庭历史重要著作的作者。

约西弗·格涅西也是君士坦丁七世身边的学者，他出身于名门望族。格涅西按皇帝的要求，写了四卷本的利奥五世(813—820年)、米哈依尔二世(820—829年)、狄奥非立斯(829—842年)、米哈依尔三世(842—867年)和瓦西里一世(867—886年)的历史。

格涅西所用的史料既有同时代的口头材料，也有某些书面典

[1] 参见本书第105页。

籍，如助祭伊格纳季编写的尼基福鲁斯二世传和最早版的格奥尔格·哈马托罗斯编年史。格涅西的著作虽然有珍贵的史料，但对所述事实缺乏批判的态度。格涅西作为圣像崇拜党的代表人物，引用了很多谎话来诋毁反对圣像崇拜的皇帝的形象。格涅西作为君士坦丁七世的一位宫廷历史学家，也力图淡化在马其顿的瓦西里一世生活中的阴暗面（特别是瓦西里刺杀米哈依尔三世的情况）。

格涅西的著作比其他史料更详细地描绘了福马·斯拉维亚宁（821—823年）的起义。因此尽管他的著作富有倾向性（他憎恨起义者），但它是这次起义史最详尽的史料。关于这些事件较简单的材料载于《蒂奥番续编》（*Theophanes continuatus* 或 *Scriptores post Theophanem*）中；这一题目更大地团结了一些不记名的编年史家，他们受君士坦丁七世的重托续编蒂奥番[①]《编年纪事》，描述813—961年的事件。

《续编》开头说明编年史起始于蒂奥番结束之处。全书分为六卷，前五卷是在君士坦丁七世时写的，看来是受他的委托；这几卷记述813年至885年的事件。第六卷写的是利奥六世、亚历山大、君士坦丁七世、罗曼努斯一世和二世的统治，即886—962年的时期。前五卷热衷于极力美化马其顿王朝的业绩，这就降低了这五卷书作为史料的价值。编写第六卷时参考了西蒙·洛戈费特编年史，此编年史在对待马其顿王朝的帝王时就没有那种赞扬的语气。这部不甚知详的编年史的作者是西蒙·马基斯特尔和洛戈费特，

① 参见本书第101—102页。

可能和西蒙·麦塔弗拉斯特是同一个人，后者在10世纪按教会[①]的要求重新整理和编写了圣徒传汇集。西蒙·洛戈费特编年史是格奥尔格·哈马托罗斯编年史的续编，记述843—948年的帝国史。

关于铜手瓦西里的人民《大起义》的材料只在西蒙·洛戈费特 271
编年史中保存下来。

《蒂奥番续编》载有关于帝国内政史的珍贵材料，关于保罗派教徒和赫里索希尔起义的材料尤为重要，只有在这个史料中才有对其最详细的描述。

《蒂奥番续编》第五卷有马其顿的瓦西里一世皇帝的传记，其中记述了9世纪他的一位庇护者达尼莉达（伯罗奔尼撒的女贵族）的庄园；这一记载鲜明地讲述了9—11世纪大地产主的地产，他们掌握着大片土地、很多奴隶和阉人，拥有许多宝石和器皿。史料记载，达尼莉达献给皇帝精美的礼品，“这种礼品在此以前没有一个外族的国王给拜占庭皇帝进贡过”；“达尼莉达按私有法拥有的伯罗奔尼撒的部分土地”也在这些礼品之列。

965—975年的事件，主要是拜占庭和阿拉伯海盗在克里特岛的战争、小亚细亚的萨拉秦人的战争，和保加利亚及罗斯的战争。这些事件只有在他们同时代的这一史料中才有记载——即利奥·戴克努斯（他就是利奥·卡洛伊斯基）的《历史》。这部著作根据作者自己的见闻和目击者的口头叙述，对保加利亚人和罗斯人的出身、习俗和居住地都提供珍贵的资料，利奥的资料对于保加利亚和

① 参见本书第103页。

罗斯的历史都是一个最古老的和最可信的证据。

10世纪末—11世纪初小亚细亚东边区省份的拜占庭封建主的生活习俗记述在11世纪初拜占庭的史诗典籍中，史诗的基础是关于瓦西里·基格尼斯·阿克里特的人民史诗，史诗的历史背景是这些省份的居民和阿拉伯人几乎长年不断的冲突。基格尼斯·阿克里特，即《边防军人》，属于帝国外层边防人员，他们此时处于半独立于皇族的境地。这样，史诗记述了帝国东部边区各州的状况。名为《杰夫格尼的事业》的古斯拉夫译本对于希腊古文本的复原有不少意义，因为古希腊文本留存下来的只是后期的加工本。

有几位作者的著作是写11—12世纪政治史的，他们当中最出众的是拜占庭学者、作家和国务活动家米哈伊尔·普谢勒（1018—约1078年），他的著作面很广：哲学、医学、物理学、数学、天文学、法学、语法等。米哈伊尔·普谢勒的著作使我们了解11世纪拜占庭教育的一般情况。被他称为《年代记》的他的历史回忆录涉及976—1077年。书中明显表现出作者对皇室成员的权欲纷争比对帝国对外政策更感兴趣。他深得皇家的信任，他也是朝廷的一位谄媚者。普谢勒对他一些同时代人的描述引人入胜、栩栩如生。

有关976—1059年事件的资料最可信，因为这部分回忆录要比后来写君士坦丁十世（1059—1067年）、罗曼努斯四世·狄奥格内斯（1067—1071年）和米哈依尔七世（1071—1078年）的统治时期的更客观；后者是按米哈依尔七世的愿望写就的，因而有明显的宣扬色彩，极力颂扬米哈依尔七世本人，也颂扬他的父皇君士坦丁十世的统治。

在米哈伊尔·普谢勒和他那时很多有学问的名人之间的大量书信中也有一些关于帝国国内政策的材料。

约翰·斯基利查（约1018—1081年后）编写的年代记属于11 272
世纪下半叶，记述911—1079年的事件。斯基利查在编年史的前言中说到自己想写一部简明的历史指南，它摒弃倾向性和偏袒性，全书依据的是古代作家的著作。斯基利查所用的是《蒂奥番续篇》、格涅西、君士坦丁七世、利奥·戴克努斯等人的史料。

斯基利查的著作几乎全部收入格奥尔基·克德林的世界编年史（编于11世纪末或12世纪初）。斯基利查的书稿未能出版，因为他几乎完全收入克德林的著作；因此材料一般都是来自两位作家：斯基利查和克德林。关于克德林的情况一无所知；很可能他是一位僧人。他的《世界编年史》起始于创世，一直写到1057年，根据蒂奥番、格奥尔格·哈马托罗斯、《复活节编年史》等汇编而成。克德林的著作所记述的事件从811年到1057年，几乎是重复斯基利查编年史，只是稍改写了前言和删除了个别地方。

斯基利查-克德林编年史是11世纪史不多的同时代史料之一；它不仅有帝国政治史和社会经济史的材料，还有9—11世纪保加利亚史的材料。

11世纪末克卡弗缅的《兵法》在拜占庭其他史料中独树一帜。这部著作是父亲给自己孩子们的忠告和训导。部分还有对国王的劝说和忠告。在《兵法》一书中不仅有军事上的训

> 喻，还有生活中的智谋才略，治家理财的道德规范。克卡弗缅著作珍贵之处在于不仅介绍拜占庭的习俗、对家庭和社会的看法，还讲述很多军事、政治和外交的情节作为富有教益的事例。有的事例是10世纪末的（保加利亚勇士瓦西里二世和保加利亚沙皇萨姆伊尔时期），而有的是11世纪后半叶的（1042—1071年）。以这些情节描述拜占庭和保加利亚人战争史，11世纪的达尔马京的城市，诺曼人的军事行动和瓦拉几亚及亚美尼亚史等。

尼基富尔·弗里叶尼和安娜·科穆宁相互有联系的著作都是写科穆宁王朝，首先是科穆宁·阿列克塞一世皇帝统治的。

尼基富尔·弗里叶尼（1062—1137年）的著作，他们称之为《史料》的著作，按其内容更多是一本科穆宁皇室在1070—1079年期间的家史，而不是名副其实的这一时期的时代史。作者感兴趣的是宫廷的权欲纷争、贵族的反叛、科穆宁身价的提高，而在对外的历史事件上则关注日益增长的来自土耳其的危险。总之，弗里叶尼的珍贵的史料需批判地对待，因为叙述有明显的倾向性。

弗里叶尼的著作由他妻子在其《阿列克塞记》中续写，她是阿列克塞皇帝的长女——安娜·科穆尼娜（1083—1148年后）。这书名本身就指明它庄严的性质，说明作者的目的是给自己父亲唱颂辞。阿列克塞一世及其功绩、家族势力的不断巩固是安娜关注的中心。《阿列克塞记》也是第一次十字军征讨史的最重要的史料
273 之一，因为书中详细记述拜占庭和十字军的相互关系，安娜对其表现出明显的不满。尽管作者有偏向性，对一些事件的年表也不令

人满意，但安娜·科穆尼娜的材料是可信的，因为她使用的不仅是她自己经历的和同时代人的口头叙述，还使用了皇家档案的文件和外交来往信件。安娜所引用的阿列克塞和保罗派教徒斗争的史料很珍贵。

约翰·佐纳拉（11 世纪末—12 世纪中叶）的《世界编年史》结局是科穆宁·阿列克塞一世去世及其儿子约翰·科穆宁即位。它事实丰富，区别于其他拜占庭编年史，作者吸收了他所使用的史料，并对这些史料或多或少进行了独立的加工。在佐纳拉编年史的 18 卷中，只有最后的 6 卷写拜占庭史。这部编年史可贵之处在于它保存下一些重要的古典史料。只有在佐纳拉那里保存下罗马史学家季昂·卡西的部分著作（第 1—21 卷）。佐纳拉为了 457—565 年这一时段用了某些我们不知道的，但非常珍贵和完整的史料，从而使佐纳拉的编年史对 5—6 世纪拜占庭史变得重要。在 14 世纪，佐纳拉编年史被译成塞尔维亚语、保加利亚语和俄语；后来，佐纳拉的著作又被译成了拉丁语、法语和意大利语。

12 世纪中叶或后半叶君士坦丁·马纳西亚编了诗体世界编年史，以尼基福鲁斯·沃塔尼阿特（1081 年）去世结尾。它在 14 世纪前半叶被译成保加利亚语，可能是为了保加利亚沙皇约翰·亚历山大（1331—1365 年）。马纳西亚编年史的这个译本和希腊文本有重大的区别，因为保加利亚译者在译稿页边上补充了自己的注解，谈及保加利亚人的历史及他们和拜占庭[①]的关系。尽管拜占庭的材料简短，马纳西亚编年史在罗斯年史汇编和年代记中

① 参见本书第 281 页。

都广为使用。

12世纪末和13世纪初，第四次十字军远征和十字军摧毁君士坦丁堡的事件，仅有一部现代的希腊史料对此有所记述，它就是尼基塔·阿科米纳特(12世纪中叶—约1220年)的《历史》。这部著作共分21卷，说的是从1118年到1206年时期的事，同时约翰·科穆宁(1118—1143年)的统治时期记述得很简单，而主要关注的是马努伊尔·科穆宁(1143—1180年)的统治。在皇朝尼基塔身居要位，并是许多事件的目击者。他的著作是相当可靠的史料，特别是他所记述时期的帝国内部史。尼基塔详细记述了十字军于1204年占领君士坦丁堡、市民和难民的穷途潦倒，同时强调深受其害的是有产阶级，而农奴、牧羊人、下层人把有产者受害看成是正义的恢复，并希望自己境况有所改善。尼基塔在谈到他本人的遭遇及他亲友的不幸时写道："我们的以及和我们情况相同、文化水平相同的所有人的处境都是如此。然而，下层的平民和街
274 头上的混蛋都因抢劫圣物而发财，圣物让拉丁人都变卖光了。"

接着记述的是十字军领袖们瓜分帝国的领土，居民破产，农业凋敝，当地居民反对外来桎梏的起义。尼基塔《历史》有不少关于保加利亚人反对拜占庭统治的斗争的材料，还有塞尔维亚和保加利亚的内部史，但是关于这些人民的材料断断续续，并不总是可信的；例如斯提芬·涅马尼的战争事件写得就不很真实。

另外，还有一些著作也是尼基塔·阿科米纳特写的，其中应提一下一部不大的著作，写的是关于1204年被十字军打碎的雕像。这几乎是拜占庭作家谈及装点首都的古典雕塑的唯一的著作。

马努伊尔的秘书——约翰·金纳姆（约1145—1185年后）的历史著作记述12世纪中叶的历史，特别是马努伊尔一世科穆宁的统治，共分七卷，记述从1118年到1176年的拜占庭史，而约翰（1118—1143年）的统治只是在第一卷中作简短的记述。作者主要关注的是马努伊尔的军事活动及其远征。金纳姆为了著书看来使用了帝国档案馆的文件，因而提高了其著作的历史价值，不过著作中明显有美化马努伊尔个人的倾向。

13—15世纪的帝国史反映在一些历史学家的作品中，但是程度不同。只有不多的史料是有关尼克帝国（1206—1261年）内部史的。如前所述，关于后期拜占庭城市的材料很少，有关世俗领地的文件则更少。相反，政治史的材料多而繁杂；文化史的材料也不少。13—15世纪的史学家十分关注教义和论战的问题。

尼克帝国史（史料学研究相对较少的时期）的主要史料是格奥尔基·阿克罗波利特（1217—1282年）的著作，他曾是皇位继承人狄奥多尔·拉斯卡里的教师、皇帝米哈依尔八世帕列奥洛格（1259—1281年）的首位大臣和宠信人物。阿克罗波利特的《编年史》记述1203—1261年的事件，是尼基塔·阿科米纳特的续作；它相当详细地记述尼克帝国内政史的事件，帝国和十字军、埃皮尔专制君主、保加利亚人、土耳其人的关系；特别关注希腊土地集中在尼克皇帝的手里，以及米哈依尔八世帕列奥洛格的崛起。阿克罗波利特在讲述米哈依尔的活动时，改变了自己平常的客观态度，力求把自己的主人公写得更完美。

13世纪下半叶到14世纪中叶最最重要的史料是两位史学家的著作。这两位史学家是格奥尔基·帕希麦尔(1242—1310年)和尼基福尔·格里戈拉(1295—约1360年),他们属于当时学识渊博之列,并身居要位。

帕希麦尔写了13卷本的《历史》,记述1261—1308年的事件,因而是阿克罗波利特《编年史》的继续。尼基福尔·格里戈拉编写了1204—1359年的《罗奈史》,成为帕希麦尔著作的续编,并有所增补。此外,帕希麦尔和格里戈拉还有其他方面的著作:雄辩学、哲学和神学,而格里戈拉还有天文学和语法学的著述。

275 这两位作者的历史著作相当详细地记述了他们所写时期的政治史,还有社会经济史方面的材料,例如帕希麦尔在书中报道了有关1262年在维菲尼亚的农民起义,起义的结果削弱了小亚细亚各省反对土耳其人—塞尔柱人的防务能力。格里戈拉关于1343年索卢尼的泽洛特党人起义的报道极为重要,尽管作者个人明显流露出对起义的反感态度。两位作者都很关注当时的教会论战,他们(特别是格里戈拉)都积极参加了这场论战。

1341年在亚得里亚堡发生的起义在约翰六世坎塔科津皇帝的回忆录中有所描述,记述1320—1356年的事件;这些回忆录是14世纪帝国内部史的重要史料,但是坎塔科津的材料要以批判的态度对待,因为作者记述失之偏颇,把自己摆在全部记述的中心,并极力贬低自己的敌人。

帝国存在的最后几十年的事件,土耳其1453年围困和占领君士坦丁堡及他们以后向巴尔干半岛和爱琴海岛屿的进军给当代人留下极深刻的印象，并被记述于许多著作中，其中最重要的是杜卡、格奥尔基·弗兰吉、拉奥尼克·哈勒科康季尔和米哈伊尔·克里托武尔的著作。

杜卡（约死于 1462 年）写了 1341—1462 年事件的历史；他的著作以唯一的一份手抄本留存于世，但书名未能保存下来。关于杜卡自传性的材料很少，只能从他著作中去找。他属于杜卡皇族的家庭，在福克任格努埃兹高级官吏的秘书，并是主张和罗马联合的拥护者，以此希望得到抗击土耳其的援助。

在君士坦丁堡陷落后，由于土耳其对列斯鲍斯-加捷卢兹岛虎视眈眈，杜卡被该岛统治者派遣去和苏丹谈判。

在杜卡作品的开头有按年代顺序列举的拜占庭皇帝的名单，直到帕列奥洛格。1389 年前的拜占庭历史事件即到科索夫战役写得相当简单；然而以后年代的历史作为同时代人的作者写得详细而生动。杜卡很了解土耳其人，他本人看到土耳其人准备包围首都。他书中有一些关于土耳其行政机构及土耳其精兵的材料。最后三章写 1453—1462 年的列斯博斯海岛史，一直到土耳其占领它为止。杜卡文笔生动，并有新希腊语的成分，他的著作是 14 世纪末到 1462 年事件的可靠史料；这部著作不仅保存下希腊原稿，并且还有意大利旧译本，旧译本对希腊文本有所补充。

格奥尔基·弗兰吉（1401—约 1481 年）在帕列奥洛格最后期间身居要位，多次承担外交使命。因此他对帝国最后几年的事件比杜卡更知情。他的《编年史》（保存下来的有详本和简本）记述 1258—1476 年，到 1477 年结束；第一卷是帕列奥洛格王朝史：从米哈依尔八世到 1425 年马努伊尔去世止；第二卷较详细地记述

276 1425—1448年的事件；第三卷描述君士坦丁堡的围困和陷落；最后一卷记述伯罗奔尼撒的独裁者帕列奥洛格家族的纷争和伯罗奔尼撒被征服。

编年史具有自传的性质；作者费尽心思想取得西方的援助，他在被围困时期曾是君士坦丁堡的一位守卫者。他作为皇帝所信任之人，知道并在自己编年史中记有守城部队的数目（4973名希腊人和约2000名外籍人），被围困一方拥有的海军信息，敌我双方的军事配备。围困的过程说得很详细，指出城中军队和指挥人员的配置。在城市被占后，弗兰吉和全家被俘，他的孩子死在土耳其人的手下。弗兰吉作为一位信奉东正教的希腊人，无限忠诚于最后一位皇帝君士坦丁八世，他悲愤交加地描写土耳其人，描述“拉丁人”冷漠的态度，把君士坦丁堡的陷落看成是上帝对异教徒希腊人的惩罚，描述临危丧胆的同胞们从被困的城市仓忙出逃，最后讲述最后一位皇帝的大无畏精神。

弗兰吉的编年史是君士坦丁堡围困史的可靠史料。编年史中有土耳其语和意大利语。他的语言通俗易懂，没有杜卡那种粗鲁不雅的话。

拉奥尼克·哈勒科康季尔（简称为哈勒康季尔，约1447—1511年）是雅典人。他是第一位拜占庭史学家在自己的《历史》（1298—1463年）中不仅描述了帝国衰亡的最后年代，还记述了土耳其在巴尔干半岛的历史、土耳其国家实力的加强，土耳其人逐渐侵吞希腊和斯拉夫的土地。特别详细地记述土耳其人的由来，军事组织和胜利，同时书中还有巴尔干半岛和西欧人民的材料（不是总有，但材料翔实），匈牙利、德国、意大利、西班牙、法国和英国人民的生活方式和习俗。

哈勒科康季尔所写的许多事件，他并不是目击者，因而他的著作比起弗兰吉的作品来可靠程度较差。他不是亲土耳其的人，他不像克里托武尔，不想为土耳其苏丹唱赞歌；与此同时，他也不像弗兰吉，不是笃信东正教的希腊人。

米哈伊尔·格尔莫多尔·克里托武尔（约生于1400年）不同于上述三位15世纪的作者，对土耳其表现出明显的好感。他的著作称为《穆罕默德二世史》，记述1450—1467年的事情，即这位苏丹统治的前半期。穆罕默德这个人物及其功迹是作者关注的中心；但他并没有局限于土耳其国家史，还涉及到拜占庭在其存在的最后年月的内政外交史和逐渐被土耳其侵吞的拜占庭毗邻国家的历史。

应该指出，在14—15世纪拜占庭历史学家的所有著作中不仅有很多拜占庭本身在其存在的最后几十年的，还有巴尔干半岛其他民族：塞尔维亚人、博斯尼亚人、保加利亚人、阿尔巴尼亚人、瓦拉几亚人的政治、社会经济和文化史的各种各样的材料。这些编
年史记述了南斯拉夫人与土耳其人的英勇斗争，以及土耳其军队 277
逐渐深入斯拉夫的土地。其中还有巴尔干各国内政史的重要资料和研究这些国家的经济材料。例如，我们可以从克里托武尔那里找到15世纪塞尔维亚的地理位置、自然和经济状况，同时特别要指出的是塞尔维亚庞大的军事实力，这个国家拥有矿业和繁华的城市。哈勒科康季尔报道了塞尔维亚人和保加利亚人的产生，他们的地理扩张，简述了博斯尼亚；哈勒科康季尔把拉古扎（杜勃罗夫尼克）称为“斯拉夫的雅典”，以此比较来烘托出拉古扎的文化

意义。

弗兰吉和杜卡局限于描述土耳其人在这些土地上的军事行动及和土耳其人的斗争;但杜卡还简要地记述了贝尔格莱德,以及塞尔维亚内政史的一些材料。

在克里托武尔的著作中有一些关于阿尔巴尼亚历史的材料,记述其自然状况、居民和社会制度,但是作者力图掩盖土耳其在远征阿尔巴尼亚的失败,歪曲了阿尔巴尼亚人民抗击土耳其的英勇斗争史,避而不谈斯堪德培的胜利。

斯堪德培史的主要史料是阿尔巴尼亚人马丁·巴尔列齐(15世纪下半叶)编的斯堪德培传:《关于格奥尔基·卡斯特里奥特的生平、习俗和反土耳其的活动》(*De vita, moribus ac rebus praecipue adversus turcas gestis Georgii Castrioti*)。作者除了自身的资料和民间故事外,还使用了意大利历史学家—人文主义者的著作:埃涅伊·西利维·皮科洛米尼,帕维尔·召维奥及斯堪德培的其他同时代人的著作。事实材料准确可信;这在研究有关阿尔巴尼亚和斯堪德培资料的意大利档案文件中得以证实。巴尔列齐的著作充满爱国主义热忱;作者赞扬阿尔巴尼亚民族英雄的英勇精神和功绩。传记在16世纪被译成许多语言,其中有波兰语。波兰译本是俄国的《阿尔巴尼亚世袭贵族斯堪德培的故事》一书的基础。

(李琳译　胡敦伟校)

第十九章　南斯拉夫国家历史的史料 278

10—15世纪南斯拉夫国家引为特征的是留存至今的史料极为匮乏。其原因是在土耳其侵占和统治时期古斯拉夫的、特别是保加利亚的文字典籍大批被毁。当时被毁的有很多文书、编年史和传记等。科学界现所掌握的史料只是各种各样手抄本中的可怜的残余部分，对其原有的浩瀚程度当时同时代人都曾有证实。10—15世纪巴尔干半岛斯拉夫人民史在我们的知识中有很多空白之处，这都是由于没有足够数量的史料。考古学提供了保加利亚、塞尔维亚、克罗地亚和达尔马提亚生产力发展最宝贵的资料。日益增多的考古发掘材料证明农具制造及整个农业的进步，城市的成长和手工业日益的分化，石砌宫殿和有贵重艺术装饰的教堂建筑，矿业的发展等。14—15世纪手抄本中的图画和教堂壁画常常描绘着手拿当时典型武器的战士。

保加利亚

在10—15世纪，保加利亚史由于它的两种沉重处境而变得复杂。在11—12世纪拜占庭统治着这个国家，而在15世纪它又深受土耳其长期的压制。

异族的统治对保加利亚史料损害极大。保加利亚的文书受害尤甚。11—12 世纪拜占庭的统治阻碍了当时保加利亚民族法制的发展，阻碍了保加利亚文书及其他文件的和法律的文献的出现，这种文献如多次指出过那样是封建生产关系史最重要的史料。关于 11—12 世纪保加利亚社会经济关系的一些报道可以从拜占庭皇帝的馈赠书中获得。例如，要说明当时保加利亚农民封建隶属处境的发展，给保加利亚教堂机构的馈赠书就很重要，其中列举有为修道院或主教劳动的隶农。从 1095 年阿列克塞一世科穆宁的馈赠书中可以明显看出拜占庭人压迫保加利亚农民的情况，书中谈到父母把自己孩子出卖为奴。一位大地主格里戈里・帕库里安(11 世纪)在自己的保加利亚领地上建了一座修道院，并为其制定
279 了章程，章程中详细记述农民的众多的徭役和代役租的义务。这是封建生产关系史的很珍贵的史料。当时领导保加利亚教会的拜占庭高级僧侣的代表们(大主教奥赫里德的费奥菲拉克特，都主教叶弗斯塔菲・索伦斯基和米哈伊尔・阿科米纳特等)的书信和呈报记述保加利亚农民受到拜占庭统治集团的极沉重的政治和经济的压迫。

从保加利亚第二王国时期(13—14 世纪)起留下了一些王国文书。尽管其数量很少，并主要都是地方性的，但修道院大地产中的封建生产关系在文书中总地描绘得很明显。大多是保加利亚沙皇赐给大修道院的馈赠书：维尔平修道院、左格拉夫修道院、里利修道院等。属于这类文书的还有 13 世纪末—14 世纪前半叶塞尔维亚国王的文书(当时西保加利亚一部分暂时归属于塞尔维亚)，如斯提芬・米卢京给保加利亚维尔平修道院的文书。文书列举了

修道院的权利和特权：豁免权、拥有庞大的地产（村庄、花园、葡萄园、森林、牧场、钓鱼场等），隶农（有时还写上名字）及加在他们身上的苛捐杂税和义务，为农民和修道院庄园服务的手工业者：铁匠、木匠、建筑工人等。文书中谈到公社用地，其中有关于保加利亚税收和司法制度的材料，因为那上面记有修道院免交的所有课税的名称，还列举了许多国家官吏的名字，修道院人员曾在其管辖的部门操控下过着穷困的日子。

13—14 世纪保加利亚贸易的性质和规模部分地记述在国王文书中。伊凡和米哈依尔·阿谢涅伊（约 1230—1253 年）的文书授予杜勃罗夫尼克商人在保加利亚的免税经商权；1352 年伊凡·亚历山大的文书授予威尼斯商人只交 3%关税的权利。1369 年颁布的文书授予谢米格勒的勃拉绍夫城的商人免税贸易权。1387 年多勃鲁吉的专制君主伊凡卡的文书赏给格努埃斯商人很多权利，在保加利亚城市可设立自己领事的权利，只缴纳 1%税的权利等。关于国内贸易的发展在 1378 年伊凡·希什曼给里尔修道院的文书有资料，文书授给修道院的人有在全国自由贸易的权利。

像塞尔维亚的斯提芬·杜尚的法律家制定的法典汇编，在 13—14 世纪的保加利亚还没有出现。但该法典 14 世纪在保加利亚领土上通行，因此它也能作为这个国家的史料。

15 世纪，即土耳其侵占后的保加利亚经济的困状，在土耳其史料①中得到印证。

铭文、传记、保加利亚编年史、拜占庭年代记，伪经和文学典籍

① 参见本书第 342 页。

等记述保加利亚的政治史。在10—14世纪有在石头、碑柱上刻铭文的习俗。例如,904年国王西蒙的铭文提供了一些关于国家管
280 理、设州的情况。在提尔诺瓦的索罗克教堂的殉教的圣徒柱子上留有一篇铭文,它记述伊凡·阿森1230年在克洛科特尼茨战役中战胜伊庇鲁斯专制君主的事迹。

保加利亚古传记出现于10世纪,这时保加利亚早已有了自己的文字和用自己语言写成的著作。保加利亚文字最痴情的捍卫者是切尔诺里泽茨·赫拉勃尔①,他在自己约写于930年的专著《论文字》中证明斯拉夫文字也和希腊文、罗马文等有同样存在的权利。10世纪前半叶的传记是写君士坦丁和美多德的学生的,他们在马其顿和保加利亚继承了他们的事业:克力门主教维利奇斯基(死于916年)和纳乌姆·奥赫里茨斯基(死于910年)。传记是他们口述由他们的某学生所写。10世纪下半叶编写了10世纪保加利亚圣徒伊凡·里尔斯基的传记。所有这些古代真本都没有流传下来。在12—13世纪这些书被当时主持保加利亚宗教界上层教会的拜占庭人蓄意毁坏了。他们力图彻底消灭保加利亚的语言和文字。大克力门的传记被奥赫里德的大主教作了有倾向性的修改。有一位前已提及的狄奥菲拉克特(1094—1107年)用希腊文撰写了大本的克力门传记;另一位名叫德米特里·霍马季安(1216—1234年),他写了小本传记(流传有它的保加利亚译本)。两本希腊文传记都用了10世纪保加利亚传记的真实材料,但形式和风格是希腊圣徒传式的。1170年拜占庭作家约翰·斯基利查

① 关于切尔诺里泽茨·赫拉勃尔的身份问题至今仍有争议。

受命于马努伊尔一世科穆宁对保加利亚圣徒伊凡·里尔斯基传作了同样的修改。所有记载保加利亚古传记的铭文后来均遭毁灭。

但甚至在那受残酷压迫和无法制的时候，保加利亚人民还是珍惜地牢记着自己光辉的过去。11 世纪的匿名著作《先知以赛亚的传说》就是明证，书中采用了民间口头传说和神话故事。

14 世纪保加利亚文化的繁荣和民族传统的复兴促使了从传记文学中消除拜占庭的影响，推崇君士坦丁和美多德及其弟子的形象。出现了君士坦丁(《西里尔升天节》和《索伦的传说》)和克力门一世的新传记，即所谓《奥赫里德传说》，它全部根据保加利亚的材料，并体现民族的精神。有几部保加利亚圣徒传(其中是伊凡·里尔斯基新传)是大牧首叶弗菲米·蒂尔诺夫斯基(约 1320—约 1393 年)写的。这些作品对于阐述某些历史活动家，对于文化和习俗史都很重要。君士坦丁大牧首卡利斯特(1350—1363 年)编写了蒂尔诺夫斯基·狄奥多西传，此作品如 14 世纪一些其他传记一样，是当时波果米耳运动史极珍贵的资料。

简明的年代记在保加利亚出现得很早[①]，但它的发展由于11—12 世纪拜占庭的统治而中断。在 13 世纪它得到了恢复，而 281
其繁荣时期是在 14 世纪中叶和下半叶。在 1340 年代为沙皇约翰·亚历山大(1331—1371 年)准备了几份手稿，其中有 12 世纪拜占庭人君士坦丁·马纳西亚的带有丰富插图的诗体的世界年代记抄本和各种作品选集，最有价值的是这本年代记在那些年代被翻译成保加利亚文的译本。译本附有保加利亚文的难词、难句、注

① 参见本书第 106 页。

释，它特别珍贵，因为它使用了现已失传的古代保加利亚编年史。它有从5世纪末到1018年保加利亚第一王朝覆灭的保加利亚的史料。以简明的形式记有关于斯拉夫人和古保加利亚人第一批迁移到巴尔干半岛北部、关于和拜占庭和匈牙利人的战争，关于皈依基督教等材料。

还在18世纪，保加利亚有一部完整的捷尔诺夫大编年史，它由一位神职人员、保加利亚人用保加利亚语写于15世纪中叶（写到1453年）。流传至今的只是1296—1417年间的这部分。它已不是简单的记述，而是根据文字材料和口头传闻写成的年代相当准确的真正的年代记。

在10—15世纪的拜占庭年代记中，有很多保加利亚史的珍贵资料；主要记述政治事件，但也有一些关于城市手工业，保加利亚城市的社会成分等资料。在10—12世纪格涅西、约翰·卡缅尼阿塔、利奥·戴克努斯、尼基富尔·弗里叶尼、安娜·科穆宁娜、约翰·金纳姆等史学家[①]的著作中，保加利亚的材料具有某些片面的性质，并主要是涉及拜占庭和保加利亚的相互关系。保加利亚使这些作者感兴趣的只是作为隶属于拜占庭的一个国家。引为特征的是他们大多数人甚至不用“保加利亚”、“保加利亚人”的名称，认为保加利亚人在拜占庭的统治下失去了全部独立性，并完全被希腊化了。

13—14世纪尼基福尔·格里戈拉和格奥尔基·帕希麦尔[②]的

① 参见本书第270页及后。

② 参见本书第274—275页。

年代记有关于1273—1280年在牧人伊瓦伊勒领导下保加利亚的农民战争。在14—15世纪拜占庭历史学家约翰·坎塔库津，杜卡，弗兰吉和米哈伊尔·克里托武尔的著作中，不仅有不少关于保加利亚内部状况，还有保加利亚人抗击土耳其人的珍贵材料。

关于15世纪初保加利亚人民反土耳其人[1]的起义情况，在塞尔维亚的《斯提芬·拉扎列维奇传》[2]中有简短的，但是非常珍贵的资料。

10—14世纪波果米耳运动的史料是一组特殊的，并且又是非常重要的历史典籍。保加利亚是其发祥地和主要舞台。波果米耳自己的几乎全部作品，也像中世纪其他异端者的作品一样被一直迫害他们的宗教界和政府所毁灭。被波果米耳运动者称为“秘密书”的《圣约翰书》是残存不多的波果米耳作品最有价值的一部。

流传下来的只是从已失传的斯拉夫原作中的拉丁文译本，史料中 282
记述了波果米耳学说的基本原理。

在君士坦丁堡的大牧首狄奥菲拉克特给保加利亚沙皇彼得(927—969年)的书信中有关于保加利亚的波果米耳运动早期的珍贵资料。

关于异端者的报道在官方文书或他们敌人的著作中流传下来的大部分都已被歪曲。某位名叫科齐马的神父(关于此人只知道他生活于10世纪中叶)所写的教诲之作《交谈》记述波果米耳的习俗和规则，但他们生活的方式及其观点的记述全都充满极明显的

① 参见本书第275页及后。

② 参见本书第285页。

敌意和偏执性。拜占庭神学家叶弗菲米·齐加宾约写于1114年的《驳斥波果米耳》的论战作品就是这样。沙皇鲍里尔三世(1207—1218年)的《追荐亡人名簿》是1211年在蒂尔诺夫高级神职人士会议上通过的,当时波果米耳者已受斥责并加以严刑,它是一份有价值的史料。这份史料主要珍贵之处在于它记述了波果米耳者的学说,他们的宣传和仪式。此外,在《追荐亡人名簿》中有保加利亚教堂的规定和对侵犯教堂土地和财产的所有人的诅咒,即关于农民(可能还有封建主)对日益增长的教堂地产斗争的证明。

丰富的保加利亚史诗、歌曲,传说反映了和拜占庭,后来和土耳其人的斗争情节。在民间留存有在后来又被写成的伪经,即关于圣经的和新约的、被东正教排斥的、和波果米耳派学说相近的人物故事。其中有雅科夫的初始福音书、皮拉特寄语罗马、亚伯兰之死的故事、圣徒马特费和安德烈的活动等。在这些作品中反映出保加利亚封建时期的民意;所有作品都不同程度地反对封建制度。其作为史料珍贵性还由于其中有许多农民和城市手工业者的生活习俗有趣的描写。属于此类的还有各种占卜书,有农事所需的许多有趣的气候记载。

在保加利亚的史料中,留存稀少的文学典籍应提一下10世纪作家约翰·埃克扎尔赫的《舍斯托德尼》,它按圣经传说记有创世史。该书最有趣的部分是完全出于作者手笔的前言(正文是从拜占庭作家的著作中编纂而成),文中非常生动地描绘了保加利亚农民(斯麦尔德)贫困的生活和保加利亚首都普列斯拉夫城中皇族和教堂的奢侈豪华。有意思的是近期的考古发掘证实了约翰·埃克扎尔赫的说法。发掘出的宫殿遗址保留下富丽堂皇的装潢残迹。

《勃金集》为伊凡·斯特拉齐的妻子安娜王后编写于14世纪中叶，它是传记集和对贤惠妇女的赞扬。

在一些外国旅游者的报道中有时散记有关于保加利亚相当珍贵的资料。12世纪的旅行家阿拉伯人伊德里西和第三次十字军东征的参加者阿尔诺利德·柳别克斯基[①]谈及保加利亚城市的宏伟和富庶。15世纪路经保加利亚的法国人德·利亚·勃罗基叶尔[②]和意大利的人文主义者布奥那科尔西指出保加利亚人在土耳其人统治下的艰苦生活和他们要摆脱憎恨的桎梏的强烈愿望。

塞尔维亚

塞尔维亚史最早期（10—12世纪中叶）留下的资料微不足道， 283
主要是一些外国的史料。拜占庭皇帝君士坦丁七世编写于948—952年的《帝国行政论》记有塞尔维亚的农业和畜牧业及基督教按东正教仪式的传播情况，述说了各州和设防的城市。10世纪前半叶的阿拉伯作家阿利·马苏季称塞尔维亚人是令人生畏的独立的人民。12世纪的克罗地亚的编年史家杜克梁斯基神父[③]报道了切

---

① 参见本书第242页。

② 参见本书第286页。

③ 参见本书第287页。

斯拉夫的统治(10 世纪中叶)及塞尔维亚公国在他死后的解体。尽管留存资料稀少和不连贯,但它证明至 10 世纪中叶巴尔干半岛西北的一些单独的斯拉夫部落融合成名为塞尔维亚的人民,它成了塞尔维亚部族和塞尔维亚封建国家的发展基础。从 12 世纪中叶保留下来的塞尔维亚文字材料反映出业已形成的封建关系和塞尔维亚社会发达的政治结构。

王公和国王的馈赠书是 12—14 世纪塞尔维亚生产关系史的基本史料。留传至今的最古老的史料已不多见;这些史料是属于大省长斯提芬·涅马尼时期(1160—1196 年)的,是有关对很多村镇的修道院的馈赠,村镇的农民必须为修道院干活的史料。1196 年给斯图杰尼修道院的馈赠书中含有对当时来说很稀少的、因而特别珍贵的关于封建地租的资料(主要是实物地租)。12 世纪末和 13 世纪前半叶的馈赠书像后来的一样,都是馈赠给修道院大地产的(关于世俗的封建主地产几乎没有留下任何史料)。文书描述出修道院地产的增长和阶级分化的加深。这方面特别珍贵的是斯提芬·佩尔沃文昌国王(1196—1224 年)的日奇文书。它从法律上肯定了早已形成的塞尔维亚社会分为统治者、军人和穷人的情况。弗拉基斯拉夫(1234—1243 年)和米卢京(1282—1321 年)的馈赠书材料证明存在发达的封建土地所有制:自主地、领地所有权、豁免权、租佃、封建隶农、自由农和奴隶后代。有些文书还详细陈述了农民的贡赋,提到手工业的生产(铁器、皮具、呢绒等)。斯提芬·杜尚时期(1331—1355 年)保存下的文书特别多(80 多份);其中有些列举出上百个被馈赠的农户家庭。

14 世纪后半叶保留下大封建主(统治者)赏赐给修道院的馈

赠书。

塞尔维亚的修道院也像其他地方的一样，拥有大批的土地，在这种情况下，也就出现地产的特殊清单，但可惜留存不多。在赫捷托夫修道院的清单中既有馈赠土地、也有买进土地的珍贵资料。

13 世纪后半叶由于生产力有了较大的发展，塞尔维亚的商业 284
也兴盛起来。和杜勃罗夫尼克[①]人缔结的条约是主要的史料。早在国王乌洛什一世（1243—1276 年）时期就缔结了商贸条约，它使塞尔维亚商人和杜勃罗夫尼克商人在免除关税的贸易中得到相同的权利。米卢京条约文本，特别是斯提芬·杜尚条约文本，有关于塞尔维亚商业的性质和规模，以及关于塞尔维亚和杜勃罗夫尼克在经济和政治上紧密联系的珍贵资料。

塞尔维亚封建法律的优秀典籍——斯提芬·杜尚法典是研究 14 世纪中叶塞尔维亚社会的主要史料。在此法典公布以前，塞尔维亚习惯法是以口头传统形式存在的；书面史料只有一些法规的单独资料，例如 1254 年乌洛什馈赠书中列举有对凶杀、帮助奴隶逃跑等惩罚；米卢京的馈赠书谈到誓言、农村公社的边界。在塞尔维亚通过的拜占庭《领袖书》中记有教堂法。14 世纪中叶封建关系的发展和封建剥削的加剧，以立法来巩固他们的法律地位被提上日程。拜占庭封建法律典籍——《国王查士丁尼法》及其他法典早在 1330 年代就已译成塞尔维亚语，并附有注释。后来写下了塞尔维亚习惯法。1349 年法典文本被交到贵族大教堂和斯科普尔教堂，该文本得到大教堂的承认和批准。

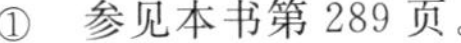

① 参见本书第 289 页。

斯提芬·杜尚的法典一部分是习惯法记录，一部分是塞尔维亚大公的命令汇编，其中也有斯提芬·杜尚的命令。有些是吸收了拜占庭法，但它已适应于塞尔维亚的具体状况。

史料提供了一幅塞尔维亚封建社会制度化的图景。大家庭的农民(大家族)分成几类，主要群众是麦罗普赫，法典剥夺了他们的迁居权；还有自由农和无权的奴隶后裔；为全塞尔维亚农民规定了劳役标准：一周两天；巩固并明文定下了封建主的特惠领地所有权，记述了封建等级制度(统治者和被统治者)。法律禁止农民聚会和保护封建主的利益。杀人的罚金级别更加证实了社会的阶级分化。

1354 年通过了法典的补充条文，巩固农奴制和加强对农民逃跑的斗争。

12 世纪下半叶开始编制塞尔维亚编年史，13 世纪初的史料对此有所记载，但编年史料本身已失传了。留存至今的最古老的叙述性史料是国王和大主教的传记，它出现于 12 世纪末，后来成为一整套传记文学，主要是描写涅马尼王族成员的。前两篇：《圣西麦翁传》(即斯提芬·涅马尼)是由他的两个儿子写的：塞尔维亚第一位大主教萨瓦(1169—1237 年)和首位加冕的斯提芬大公。作者颂扬大省长是塞尔维亚国家的奠基人、东正教的传播者和波果
285 米耳异教徒的铲除者。萨瓦的学生、修士狄奥多西和多密喜安编写了自己师傅、首位加冕的斯提芬及其儿子们的传略。在 14 世纪初这部传记汇集又增添了大主教但以理二世(死于 1336 年)的《家谱》或《皇族》。但以理出身于贵族，学识渊博，很有威信，写了德拉吉京和米卢京大公传；他的学生助祭但以理及其他《家谱》的继承

者把这本汇集续写到 1376 年，还收入了塞尔维亚大牧首传。

所有《家谱》传记都是对大公和宗教领袖的颂词。关于他们行为的阴暗面，传记的作者则缄口不言，而对有些事件就故意加以歪曲（如杰昌的斯捷芬被刺）。但传记中有塞尔维亚史年代记的重要资料。这些资料中还有一些零散的社会经济关系和某些日常生活习俗细节的资料。传记中有两份杰昌的斯提芬的传记特别醒目。第一份是僧人忒奥克季斯特编写的，其特点是内容丰富多彩，事件记述朴实无华，第二份为杰昌修道院院长格利高里·查姆勃拉克（他死于 1419 年）所写，他后来任基辅都主教。他有声有色地记述了 14 世纪初叶塞尔维亚的繁荣。

简明的《拉扎尔大公传》主要记述 1389 年的科索沃战役。在俄罗斯史料《都主教皮缅帝都游记》中有关于塞尔维亚这场悲剧极可靠和重要的资料。皮缅的同行者、俄罗斯僧侣 1389 年访问巴尔干半岛，写下自己的旅行日记，其中收入了他们收集到的有关科索沃战役的资料。斯摩棱斯克助祭以这些笔记为基础写出了《游记》。

1431 年保加利亚人君士坦丁·菲洛索弗移居塞尔维亚。他于 1431 年所编写的《专制君主斯提芬·拉扎列维奇传》（死于 1427 年）是很珍贵的史料。曾受人道主义熏陶的作者大大地扩大了传记的传统框框，他收集了耳熟能详的材料，还参考了专制君主颁布过的文书。著作开头是对塞尔维亚的描写，描写其山河、气候和土壤，同时作者强调了国家自然物产的丰盛。他在谈到人口时，把它分为老百姓、僧侣和主人，记述了城市建设、和土耳其的关系，描述了斯提芬本人及其活动。

流传下来的最古老编年史编写时间不会早于 14 世纪后半叶，但它们只保留在 15 世纪的抄本中，并且大部都是较后期的。编年史有的根据现已失传的古代记载，有的根据传记、同时代人在宗教书籍中的一些札记和编年史家收集的口头传说。斯拉夫古代史和 11—12 世纪塞尔维亚史的报道使用了 14 世纪末 15 世纪初译成塞尔维亚语的保加利亚编年史和拜占庭年代记。

科普里夫尼茨（或克鲁舍多利的）编年史转抄于 1453 年，只有涅曼尼奇家谱及他们活动简单的记述，写到 1371 年。1501 年的谢切尼茨编年史写到 1473 年；它是最准确的编年史。1503 年的卡尔洛维茨编年史看来是马克辛·勃兰科维奇主教所写，他使用了斯提芬·拉扎列维奇传和 15 世纪末早期相当详细的塞尔维亚史。

286 其他抄本属于 16—18 世纪，它们或是古编年史的简明摘记，或是有续编的年代记汇编。14 世纪末 15 世纪初出现了塞尔维亚年代记，它是拜占庭世界年代记的改编，并增加了一些塞尔维亚史内容。

丰富的塞尔维亚史诗是非常珍贵的历史史料。民歌主要歌颂民族英雄、和土耳其人的斗争、科索沃战役等，反映出人民的伟大和力量，他们就是在最艰苦的土耳其统治年代仍坚持了自己的文化和语言。史诗记述了封建关系的压迫，劳动人民的日常生活，其心愿、理想和期望。

在法国旅行家的著作中有 14—15 世纪塞尔维亚的一些材料。由于十字军东征的关系而记述有关于塞尔维亚和巴勒斯坦的资料。多米尼克派僧人勃罗基叶尔曾长期居住在近东，他于1332年为法国国王菲利普六世编写《海外远征指导》(*Directorium ad passagium faciendum ultra mare*)。作者描绘了塞尔维亚的财富，其金矿和银矿，暗示国王应夺取这个国家。1455年为勃艮第的公爵慈善者菲利普把该书译成了法文。公爵曾打算出兵和土耳其战斗。

勃艮第公爵的谋士别尔特兰顿·德·拉·勃罗基耶尔(死于1459年)于1432年访问了巴勒斯坦，在返回法国的途中经过马其顿、保加利亚和贝尔格莱德。他在自己的《海外游记》(*Voyage d'outremer*)中顺便记述了塞尔维亚的疆界及其财富，报道了关于塞尔维亚和土耳其、匈牙利关系的一些材料。

克罗地亚　达尔马提亚　波斯尼亚

10世纪这些国家历史的简短资料在德国编年史和君士坦丁(帝胄)七世的著作中有所记载，君士坦丁七世记述克罗地亚人，从他们来到巴尔干半岛到10世纪中叶。在他报道的材料中最珍贵的是关于克罗地亚人皈依基督教和在10世纪把他们地域分成10个区的情况。914年市民会议章程描述了克罗地亚教会的组织状况。924—928年斯普利特大教堂的规定一共15条，提供了教会作用、教会和国家的联盟及农民农奴化过程的极珍贵的材料。其中有一条禁止托米斯拉夫大公用斯拉夫语作祈祷仪式。托米斯拉夫大公(910—928年)就是在该大教堂登基成为克罗地亚国王的。

克罗地亚国王、波斯尼亚自治州长、匈牙利国王和威尼斯首领在11—15世纪颁发了(从14世纪起还有大区首脑和将军颁发的)众多的馈赠文书及其他文件。大量的这些文据材料是社会制度史的一种主要史料。这些文书主要馈赠给教堂和修道院,并说明教堂地产的增长。私人证书证明土地及其他动产和不动产的买卖。很多材料留存于财产纠纷的案件记录中。有些文字是用格拉哥利次字母书写,这是一种特别的斯拉夫文字,它区别于一般通用的基利尔字母。14—15世纪文书规定了修道院的权利和优惠,列举了隶农的徭役等。

13—15世纪编写的克罗地亚和达尔马提亚州的规章记有社会制度相当完整和系统的图景。这些规章是地方习惯法典籍,随着时间的推移也因而不断得到补充和更改。巴尔干半岛西北部这些不大的沿海或多山的州,在经济和政治上的孤立促使这些地方
287 较长时间得以保留地方的习俗,因而地方规章长期起作用。这些规章有刑法和民法准则,罚款和惩治,大公及其仆从的权利和义务,以及贵族的权利等。

维诺多尔是伊斯特里亚南面的一个沿海不大的窄长地区,1288年在新格拉德宗教界和贵族会议上通过一个规章,写入书中,并把副本分发到全州各城市。典籍证明有区域公社的存在,发达的农业和商业。在法律的编撰中,法律总是捍卫“本部出身的人”,即贵族的利益。

沿海州波里查(在斯普利特以南)的规章流传下来的不是其原件,而是古老的和较新的条文混杂物。其最早的部分属于1440年,但它已经多次修改,条文相互间都不是按年代的顺序。很可能前29

条是最古老的。规章反映出农业和商业(主要是和威尼斯的贸易)相当高的发展水平,存在富有的贵族和隶农,但同时也有不少古老传统关系的痕迹。保存下来的还有其他地方的规章:茨列萨岛屿的(1283 年),克尔克岛的(1388 年),1362 年维尔班的等。还有一些城市:扎格列勃、斯普利特和特罗基尔等的章程和法律也是有类似的性质。

克罗地亚政治史最古老的典籍应推 1102 年匈牙利国王科洛曼的条约文书。文书记载 12 位克罗地亚大公承认国王最高权力的条件。

最古老的年代记已失传。有一位无名的作者可能是保加利亚人,他根据古老民间传说和后来已失传的文字史料编写了(可能在 12 世纪前半叶)一部斯拉夫文著作。这部著作留传下来的只是一些片段,不过保存下一部它的拉丁语译本,书名为《论斯拉夫国家》(*De regno slavorum*),杜克梁神父(Diocleus presbyter)译于 12 世纪中叶。这部著作谈及克罗地亚人从其迁移到巴尔干半岛一直到 12 世纪的情况。尽管阐述前后不相连贯,但却提供了王公们瓜分土地,苛捐杂税迫使人民破产等珍贵史料。

修士大辅祭斯普利特的福马(死于 1268 年)的《斯普利特史》写于 13 世纪中叶,续写到 1260 年。它主要写斯普利特教会史,但其中有关于达尔马提亚城市(斯普利特等),关于斯拉夫人来到达尔马提亚的珍贵资料。作者属于达尔马提亚的罗马化的居民,曾就学于鲍隆大学;他对斯拉夫人极为反感,这可以从他写的年代记的语气中得到印证。

戈里茨修士大辅祭伊凡(约 1280—约 1350 年)的年代记只保留下一些片段和克罗地亚后来作家的一些引证,但所保留下来的这些片段资料也非常珍贵。它描绘了农民遭受封建剥削的情况，提供了和匈牙利人、鞑靼人、塞尔维亚人关系方面的材料。杜克梁的神父文本(书中有作者所作的一些补充)是出现于14世纪匿名的《克罗地亚年代记》的基础。在14—15世纪匈牙利的所有年代记中都有达尔马提亚和克罗地亚史的资料。

杜勃罗夫尼克

288 亚得里亚海斯拉夫共和国在14—15世纪曾出现过一片繁荣昌盛的景象，在地中海和陆路贸易中都位居前列。它的历史史料有章程、规章、条约、文书和年代记。

君士坦丁七世的著作中有杜勃罗夫尼克的建立，沿海地区斯拉夫居民点以及该城最早发生的历史事件的珍贵资料。11世纪克罗地亚国王和波斯尼亚州长的馈赠文书证明他们拥有周围的地区和岛屿。本地的史料，其中包括规章，保留下来的只有从14世纪开始的，因为较古老的史料在1013年和1297年的大火中被焚毁，或者在威尼斯统治杜勃罗夫尼克时期(到14世纪中叶)被威尼斯人毁坏。最古老的杜勃罗夫尼克的立法典籍(1272年规章)留存至今的是14世纪的版本(Liber statutorum civitatis Rhacusii)。现有的八卷中只有前两卷才确切是1272年的；其余的都是13世纪末的增补，并可能只是相近的注明日期，有些条文引用古代的习俗；因此此规章有评述较早世纪社会制度的一些材料。章程规定伯爵(威尼斯人)和大主教的特权和收入，写下城市公职人员和同业人等誓词本。在1310年、1358年和1462年章程补充了新的条文(Reformationes)。所有条文综合在一起就构成了13—15世纪共和国社会制度史及其贸易和航海业发展的丰富材料。记述有诉讼程序、债务和贷款责任，关于经营盐、酒、木材、船舶、衡器的决议，船主和船员、商人的关系，以及在达尔马提亚、波斯尼亚和意大利城市共和国使节的工资等。

属章程一类的有原文保存下来的1413年的海关章程，即Capitolare della dogana grande。(70条中的)前37条是1277年的章程；随着新海关条约的缔结，增加了后来的各条，一直到17世纪末。章程详细记述被征收货物关税的外国商人的权利，和杜勃罗夫尼克商人贸易的规则等。13世纪的条文对威尼斯人有特别的优惠，在1368年后，当威尼斯当局从杜勃罗夫尼克被最后驱逐时，优惠才被取消。海关章程和11世纪出现而从13世纪起特别多的共和国和塞尔维亚、保加利亚、匈牙利、西西里、威尼斯、伊斯特里、比萨、昂科纳、巴里和拜占庭等缔结的贸易条约对研究杜勃罗夫尼克商业性质和规模有特殊珍贵的意义。特别的一份海事章程，即Regolamenti della Republica di Ragusa per la navigazione，提供了关于航行业的有价值的资料。

除了杜勃罗夫尼克自己的章程和规章外，还有共和国管内的岛屿科尔丘拉、姆列特和拉斯托夫的拉丁的和意大利的规章。1213年科尔丘拉的规章作了补充，一直补充到16世纪中叶，描述了发达的社会制度。在1427年的补充部分有岛上的土地全部拥有者的清册。姆列特的规章还保存有塞尔维亚译本，编写于1345年，并补充到1524年。拉斯托夫的规章制订于1345年，补充到16世纪。后两个规章流传下来的不是最早的文本。

289 杜勃罗夫尼克的古老拉丁文编年史早在8世纪就有了，关于6—8世纪为数不多的事件有很扼要的记载。从9世纪初开始，这些编年史已转入正常编写程序，可以说续写到11世纪。最早的编年史文本现已失传，但有几种意大利编年史的版本，在记述到11世纪的事件上彼此非常相似，看来都是从一本现已失传的拉丁译本翻译过来的。在记述11世纪事件和以后的部分，这些意大利译本各有不同。它们大概是杜勃罗夫尼克共和国的秘书们写的，因而使其具有官方的性质。

杜勃罗夫尼克编年史大约于13世纪末修成，是由一名叫米列齐的人以拉丁文诗歌的形式编写的，此人的资料无从查证。他的作品传到我们这一代的只有16世纪编年史中的一部分片段。这部编年史根据年代记(pagina prisca，按作者的表述)讲述城市创建的古老故事；它在编年史书中或传播事件时的特点是翔实无误。其他的编年史主要是在16世纪[①]完成的。

共和国国家机关的登记册，即 Libri delgran consiglio，Libri del minore consiglio 等，也是杜勃罗夫尼克政治史的重要史料，登记册中有社会经济关系的资料。教皇的训谕，威尼斯元老院的命令，和拜占庭、匈牙利等国的书信等记述反映了杜勃罗夫尼克的对外政策。

（李琳译　胡敦伟校）

① 参见本书第342—343页。

第二十章　匈牙利历史的史料 290

在匈牙利人定居欧洲的第一个世纪，他们还没有结束阶级形成的过程，也没有自己的文字史料。关于他们那时的社会制度状况，我们部分得知于考古材料，部分借助于外国的史料。拜占庭的作者（主要是 9 世纪末和 10 世纪的皇帝智者利奥和君士坦丁七世）在自己的作品中留下关于匈牙利人的兵法，关于他们占领的地域和部落的迁移，关于他们的社会制度、部落的联合等珍贵的资料。在 10 世纪德国的很多年代记和编年史中记有关于匈牙利人对法国东部和德国进行可怕的毁灭性袭击的报道。

随着公社-氏族制度的解体，定居农耕的转变和阶级的出现，匈牙利社会开始需求成文的法律以巩固有产阶层的权益，需求历史叙述性的记录（年代记和编年史）。因此，在相应的条件下像其他地方一样，匈牙利封建生产关系和封建国家发展的初期阶段也在习惯法典籍和年代记中打下烙印。

类似于法典的古代匈牙利法律史料用拉丁文写成，并以国王、贵族和宗教界的法律形式问世。

第一位信奉基督教的国王斯提芬一世（997—1038 年）流传下两本法典，第一本法典共 35 章，看来它是在斯提芬即位不久就颁布的，第二本共 21 章，颁布于以后的年代。法律巩固了匈牙利国家和战胜部落王公的王权，保护私有制和对奴隶的统治。法律中也反映出旧制度的一些痕迹，例如部分罚款有利于公社。斯提芬一世对自己儿子的教诲《关于合适的习俗》(*De morum institutione*)在很多方面补充了这些法律的内容，教诲中谈到了社会各界：宗教界、军人、王国官员等。

弗拉基斯拉夫一世(1077—1095 年)的法律属于匈牙利社会发展的下一个阶段。它一共三本：第一本是 1092 年通过的决议，其他两本是各种命令和决定。封建土地所有制的形成和阶级的分化都可以从这部史料中看得相当清楚。文中谈到隶属于贵族、教

291 堂和官吏的无地无房、固定在地主土地上的人们。他们交付国税、受官方法院的管辖。对破坏私有制所犯罪行的惩罚是极为严厉的：偷任何一件比一只鸡或一只鹅更贵的东西均处以死刑。

斯提芬和弗拉基斯拉夫的法律流传下来的不是最初的原件，而是在 12 世纪的一些后期的汇编中。

国王科洛曼(1095—1116 年)时期颁布的法律显示出社会经济关系发生了很大的变化。第一本法律有 84 章，是 1096 年决议的记录；第二本有 15 章，是取之于各种决议的摘录。科洛曼的法律是一组古习惯法典籍的终结。封建土地所有制形成了，也出现了阶级；在隶农的邻近公社失去了氏族制度的特征。开始发展手工业和贸易，这得益于匈牙利在多瑙河流域和从西欧去往斯拉夫地域、拜占庭和里凡特的交叉路口优越的地理环境。在科洛曼的法律中税收和罚款已收现金，而不是牲畜，各种商业和金融的交易得到调节。

地方上的一些史料描绘出封建生产关系进一步的发展。习惯

法像在所有其他地方一样还是继续发生变化，但是要取决于每个封建领地的具体条件，而主从关系在馈赠书和领地的文件中得到反映。

流传下几份 12 世纪的馈赠书，它巩固了国王对教堂和贵族的土地馈赠。1138 年给天主教德迈什修道院的馈赠书中列有修道院所属村庄的居民及农民应尽的一切义务；这份文书是此类的第一份清册，从 12 世纪中叶起其数量日益增多。13 世纪出现经济期鉴，从中可以清楚地重新勾画出封建经济和剥削农民的图景，但这类史料的数量还很有限，只到 14 世纪后半叶才逐渐增多起来。1350 年在林德弗编制的期鉴记有全部实物租赋、资金注册项目和从一些完整份地上征得的捐赠品，指明每个份地应支付的日期和一定的徭役日子（或期限）。修道院牧师会 14—15 世纪以后的经济期鉴和章程也大致如此；除了其他领地文件（其中包括管家的汇报、国王命令和文书）外，它是匈牙利及其当时所管辖的特兰西瓦尼亚的封建生产关系史的主要史料。它勾画出从 15 世纪中叶开始逐渐增加的徭役及其他义务。

城市史的史料首先出现于 13 世纪，那是国王或大地主颁发的城市宪章。匈牙利的和特兰西瓦尼亚的城市常常被来自德国的殖民者所占，他们也带来德国的城市法，但这种城市法在匈牙利的国情下受到本地的习惯法强烈的影响而变为匈牙利的城市法。最古老的宪章是给谢克什费赫尔瓦尔、布达和舍利麦茨班等城市的；后来以它为样本编制出新的城市宪章。结果最普及的是布达市宪
章。城市机关的各种文件、15 世纪开始出现的行会章程、财产交 292
易证书、国王文书、城市当局的书信及其他史料描绘出城市生活、

手工业和贸易史。特别应提一提记述14—15世纪全国商品生产增长的史料,这方面有一份很有价值的文件,其中有1405年匈牙利城市代表会议通过的决议。这份文件确定城市税收,其在国内免税经商的权利、对外国商人权利的限制等。

在封建生产关系和封建国家确立时期,在匈牙利所形成的法律典籍像其他国家的类似史料一样,有社会和政治制度史的系统的和非常珍贵的材料。在13世纪此类典籍中最重要的是安德烈三世于1222年颁布的《黄金文书》。它和自由大宪章有些相像,但有重大的差异,它是处于封建主义较低的发展水准上。该文件的33章描绘出封建制度的完成:领地所有权变成采邑,封建主免交赋税,他们的军务局限于匈牙利领域。贵族和显贵在地方(省)和中央(每年召开的会议)都有势力,他们还有权举行反对国王的起义。

《黄金文书》有七份,但全已失传,现保存下来的是副本,其中最古老的是1318年的。

大地主和教会势力的进一步增大反映在以后的13世纪的法律中(1231年安德烈二世的法令、1267年别拉二世的法令和1290年安德烈三世的法令等),这些法律是以议会决议的形式颁布的。按14—15世纪的法律也可以觉察出全国商品货币关系的发展、城市的增多和王权的巩固。

在这方面特别重要的是1351年在安茹的路易统治时期议会通过的《统一法令》(*Decretum unicum*),该法令正式肯定了国王和封建主的协定,封建主得到了土地专营权和对自己农民的审判权,农民的义务加重了。与此同时,王权牢固地掌握了重要特权。王权进一步的兴盛反映在马特维·科尔文(1458—1490年)的法律中，特别是 1486 年的《大法令》中。这本包括从生活到管理各领域的内容丰富的法律应该起到法典的作用；它的编纂既根据马特维及其先辈法令，也根据新校正过的习惯法。《大法令》全面推行并出版分发到整个匈牙利。但在马特维死后，大地主把它废除了，又恢复了自己的法律(1492 年的弗拉基斯拉夫二世《大法令》)。

最早的匈牙利编年史属于皈依基督教时期；编年史是在一些最大的教会中心编撰的。留存有 997—1127 年的谢克什费赫尔瓦尔编年史，997—1203 年的波忠编年史等，但是 11—12 世纪的大部分编年史只保留下一些片段，散落在后期的文本中。在编年史中有像在其他国家那样类似的简略记载。圣徒传是 11 世纪最重要的史料。在古代传记中反映有匈牙利皈依基督教和人民坚决反对从德国引进的新教、反抗天主教的牧师们及德国的骑士们的材料。这方面有价值的是斯提芬一世的传记，保存有三个主要版本(匿名的详本、匿名的简本和第三种版本，它是 12 世纪初加尔特维格主教编写的，根据别人著作作了某些补充编纂而成)。后来由这些版本出现了其他的说法；圣格拉尔达传记、恰那茨基(死于 1046 年)主教传记有两个版本(简本被认为较可信，但可能详本用了现已失传的传记真本)；国王弗拉基斯拉夫一世传记(有两个版本)等。

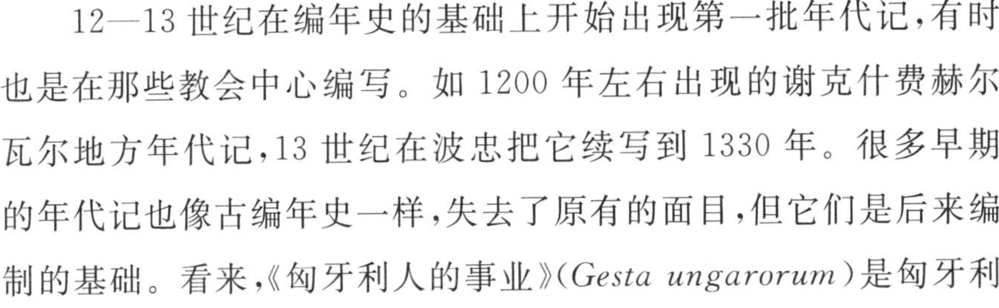

12—13 世纪在编年史的基础上开始出现第一批年代记，有时也是在那些教会中心编写。如 1200 年左右出现的谢克什费赫尔瓦尔地方年代记，13 世纪在波忠把它续写到 1330 年。很多早期的年代记也像古编年史一样，失去了原有的面目，但它们是后来编制的基础。看来，《匈牙利人的事业》(*Gesta ungarorum*)是匈牙利最古老的年代记，其作者不详（可能他是德梅什天主教修道院的僧人），编于12世纪，随后丢失。作者记述匈牙利部落和匈牙利国家的初期历史；以后时期的编年史家都从其著作中摄取所有的材料。

从流传至今的年代记中首推国王别拉的匿名公证人的《匈牙利人的事业》（*Anonymi Belae regis notarii gesta ungarorum*）。尽管经过很长时间地探寻，作者的名字还是确定不了；学术界长期争辩的话题是年代记的作者应是在称为别拉的四代国王统治时期。目前以最大的可能程度确定年代记编写于12世纪末，在别拉三世（1172—1196年）统治后不久，并且唯一的一份手稿文本属于13世纪下半叶。[①] 这是早期匈牙利史的最重要的史料。年代记记述匈牙利人的迁移，斯拉夫居民的征服，部落间内战，匈牙利人和邻邦的战争及部落的初步统一等。作者主要依靠的是口头传说、民间故事和稗史。

国王弗拉基斯拉夫四世（1272—1290年）的一位教士西蒙·盖特编的年代记《匈奴人和匈牙利人的事业》（*Gesta hunnorum et ungarorum*）写到1280年，但其主要部分是匈奴史，作者认为匈奴人是匈牙利人的祖先。年代记讲述了阿季尔的传说，匈奴王国的覆灭，然后讲述匈牙利人的出现，匈牙利人作为匈奴人的后裔，“回到”了属于他们的领土，把他们的历史写到13世纪末。盖萨使用口头和书面的丰富材料。两项很

① 德国和奥地利的史学家认为作者是别拉四世（1235—1271年）时的作者，年代记写于1278—1282年，而其抄本属于16世纪。

有价值的补充材料是：关于在欧洲移民时期匈牙利的名门望族和小部族(udvornici)，奴隶及其他隶属的居民。

在其他的编年史中应提《杜勃尼茨编年史》(它写到1356年，补充到1479年)，《扎格拉勃编年史》和《瓦拉德编年史》(写到1342年)，《韵体文编年史》(被认为是亨利·冯·缪格林所写，写到1332年)，《插图的文斯克编年史》(*Chronicon pictum*)(约写于1358年，它和克赞文本类同)。匈牙利有一部早期出版非常流行的匿名的编年史，从古代写到1458年，它于1473年在布达出版，因而称为《布达编年史》(*Chronicon Budense*)。

在15世纪后半叶，当马特威·科尔文宫廷开展人文主义运动时，有一位匈牙利杰出的编年史家，他是约翰·图罗齐国王的公证师。他的《匈牙利人编年史》(*Chronica Hungarorum*)写到1464 294
年，书中15世纪史的材料尤为珍贵。他如同15世纪其他作家一样拥有农民运动和城市运动史的资料，这些资料吸取于文件材料：国王文书、地方当局、主教和市民的书信，地方文件等。

1437—1438年特兰西瓦尼亚农民战争史的极为珍贵的史料是起义农民和封建主的两份协定文本，其中有农民的要求和他们领袖的名字。匈牙利和特兰西瓦尼亚的胡斯主义的史料是主教和宗教裁判者给教皇的书信。

14—15世纪留下大宗内政外交史的文件材料：文书、书信、国际条约和外交信函等。

(李琳译　胡敦伟校)

295 第二十一章　斯堪的纳维亚半岛各国和冰岛历史的史料

斯堪的纳维亚半岛各国在后期才出现了自己书面的历史史料，这是和它发展较晚的情形相适应的。12 世纪前，这些国家的历史，以及诺尔曼人在奥克尼群岛、设得兰群岛、在冰岛、英国东部、爱尔兰和格陵兰等地多次侵袭的历史，以及诺尔曼人的移民史主要都是靠保留在冰岛口头传说中的古代歌曲和故事来复原，这些歌曲和故事从 12—13 世纪也在冰岛被书写下来。英国、爱尔兰、北德意志及其他的年代记、编年史（特别是不来梅的阿达姆编年史）和传教士的传记都保留下许多资料。弗兰克的僧人安斯加尔（死于 865 年）传记有特别的价值，安斯加尔后来升为汉堡的大主教。传记由他的弟子里姆别尔特在 876 年后用拉丁文写成，并在 14 世纪末被译成德语和古瑞典语。作者记述 829—831 年安斯加尔去瑞典中部的旅行、海盗的袭击，去比尔克港的漫长的旅程，在那里传道和修建教堂。安斯加尔过了 30 年才作第二次旅行，重新在瑞典筹建了基督教教会，因为那时基督教在那里已被废止。

出土文物是很重要的史料。由于新的考古发掘工作不断开展，文物的数量也大大增加，这极大地丰富了我们对斯堪的纳维亚半岛史这段古老时期的知识。器具、武器、半商半贼航海者的大船、货币、珍宝等使我们能了解文化传播的途径、生产力的发展、开始的社会分化、斯堪的纳维亚各族人民和欧洲其他国家的联系。石砌古教堂废墟证明基督教进入的途径。在古城(比尔卡、西格图纳)的发掘提供了这些城市曾有的辉煌。北部(更多的是在瑞典)常常可见到众多的古代文字的石刻。这里有墓碑(有时它会提供各家族史的相当有价值的材料)、咒语文本、为纪念某些工程或划定地界时立的石碑等。

引为特征的是12—15世纪斯堪的纳维亚的某些书面史料类似英国古代的盎格鲁-撒克逊法或德国的《镜法》,特别是用斯堪的纳维亚语言,即日耳曼语记载的地方习惯法。

丹　麦

确定为约1174年的教会法(Kirkeret)是最早的史料之一,它 296
为天主教教会提供了经济上完全的独立,证明封建化进程的成就。封建生产方式的发展导致了从11世纪末以来王国馈赠书的出现,馈赠书明确了教堂和世俗封建主对土地和固定在土地上农民所拥有的权利。第一份文书是卡努特二世于1085年赐给伦特大教堂的证书。文书是11—13世纪丹麦封建史的主要史料。1231年在瓦耳德玛二世(1202—1241年)统治时期编制了政府的所有土地清单(Liber census Daniae),它在很多方面很像《末日审判书》,含有关于封建的和农民的土地占有的珍贵材料,为每个区标明向国库所交的贡赋。在补充部分记有王国的封地,列举了法利斯捷尔岛的收入和详细的土地清册。在教堂的大封地上,农民的贡赋记入一种特别的书中(如约在1370年写的《罗斯基利特主教应交纳的贡赋目录》;约在1420年写的《什列兹比格主教财产调查书》等)。1241年在瓦耳德玛二世统治时期用丹麦文编写了尤特兰季亚及其他岛屿的习惯法(地方法典)。最大的岛屿法典——《泽叶兰达》(*Saellandske Lov*)是一部11—13世纪形成的独立编纂的习惯法汇集,但其根源可追溯到更古老的时期。在12世纪末编写了瑞典南方各州的法典(Skänelagh),瑞典当时受丹麦的统治。法典是用丹麦的地方方言编写的。在13世纪也在那里出现了第二个版本,这次是伦德大主教用拉丁语编写。这些地方法律在丹麦一直沿用到17世纪。这些法典也像在斯堪的纳维亚的其他国家一样,无论对公社制度和农民经济的历史,还是对整个社会关系的情景都是珍贵的史料。

丹麦城市由于汉萨同盟的竞争发展很慢。其历史的史料也不多。什列兹维格的城市法写于1200年;后来其他城市也都采纳了它。弗连斯鲍尔堡城法记于1284年。保存下详细的商人等级章程。在汉萨同盟的文件中保存有许多关于斯堪的纳维亚所有国家的商业和手工业历史的材料。

卡努特大帝(1017—1035年)的丹麦—英国国家史的重要史料是约写于1260年的卡努特史诗。

12世纪在丹麦的修道院和主教区出现了僧侣们用拉丁文书写的年代记。维捷斯科尔修道院的年代记(Annaies Vitescolenses)记述1130—1300年的事。其他的年代记一般始于本世纪(根据《全世界编年史》和别达的著作),并续写到13世纪中叶或13世纪末。在瓦耳德玛二世时期编写的年代记(*Annales Waldemari-*

ani）结束于 1219 年。

根据 12 世纪中叶年代记编写出了编年史。最古老的是 826—1157 年的《丹麦编年史》（*Chronicon Danicum*），它的作者是罗斯基利特一位不知名的僧人，编年史后续写到 1202 年。

随着基督教在丹麦的胜利，多神教传统和保持自己原始形式的古史诗仍未成文，后来也就逐渐消失了。只有它的余音回响在 297
最伟大的丹麦史学家萨克松、格拉马季克（1150—1216 年）的《丹麦史》（*Historia danica* 或 *Gesta Danorum*）中。萨克松可能是一位教士，伦德大主教阿勃萨蓙（死于 1201 年）的亲信，他是当代一位知名的学者和学识渊博的人。他的著作记述的是从遥远的古代到 1185 年的丹麦史，这部编年史受阿勃萨隆的委托于 1185—1186 年开始编写，并在阿勃萨隆的监督下进行。前几卷记述的是史诗和古老的故事（其中有哈姆雷特的故事）。最后六卷（10—16）是伦德主教区的历史，以及瓦耳德玛大帝的历史。萨克松广泛地使用了别达和德国编年史家的著作、冰岛的史诗；他细心地收集和记下他周围人所知道的丹麦人和其他北方各族人民过去和当时的故事。他的著作是斯堪的纳维亚的习俗史、文学史、各族人民史的珍贵史料。著作描述了社会经济关系、政治制度、法律、习俗、丧葬仪式等。特别应指出他提供的波罗的海沿岸的斯拉夫各民族历史材料甚是重要。

大封建主势力的加强导致了众多的确定贵族特权文件的出现。1282 年国王埃里克·格利平格给大地主颁发特许状，它在很多方面都像自由大宪章。从 14 世纪开始（从 1320 年起）每位国王在登基时都要颁发“诏书”，即确认贵族和教堂权利的文书，这已成为习俗。“诏书”记述大地主权力的增长和他们逐渐从属于王权之下。

1397 年卡尔马君合国[①]文本是所有三个斯堪的纳维亚国家政治史的重要史料，丹麦按其规定在某种意义上把瑞典和挪威归属于自己。在各国代表会议上制定了联合国家的宪法草案，据此草案每个成员国完全可以保留下自己的法律和管理行政机构。这个写在纸上的草案文本只有几个代表盖上图章，以后还应以正式文件的形式加以通过，但这种正式手续没能完成；保存下的写在羊皮纸上并盖有各代表印章的文书，只有向联合国家国王埃里克的宣誓文本。以后事件证明丹麦把君合国文书为自己的利益服务。

瑞　典

在瑞典由于封建制度发展较晚，并且也较弱，反映封建生产关系的文件也不多。12 世纪出现确定封建土地所有制的国王馈赠书。

最古老的法律典籍是《多神教法律》的残简，它确定诉讼辩论规则。流传至今的最早一部古代西瑞典的法典《维斯季约特法》(*Westgotalag*)属于 13 世纪初。第二版编于 13 世纪末 14 世纪初，并在以后得到了许多的补充。农村公社的生活状况在法律中反映的相当详细。保存了很多氏族关系的残余。杀人所得到的更

① 卡尔马君合国(1397—1523 年)丹麦、挪威和瑞典在承认丹麦国王最高权力下的联合。——译者

多的赔偿归受害者的全氏族所有，但公社中已出现经济分化的现象。法律还有关于国家制度—国王选举办法的最古老的证明。

13世纪末14世纪初有的州出现了地方法。缓慢的封建化进程和公社—氏族制度残余顽强的生存力，导致在这些法典中许多情况下仍保留更古老规则的痕迹。1296年比尔格尔·马格努斯国王批准了乌普兰法（Uplandslag），乌普兰是马拉尔湖以北的一个州。地方法在未流传至今的古老文本基础上加以校订。 298

埃斯季约特法（Ostgotalag）未流传下来的最早的一个版本属于1285—1303年；它在维特尔湖以东的州及其相邻的州通用。

约1300年出现的斯莫兰德（在维特尔湖以南）法只保留下关于教会的一段。

1327年国王马格努斯·埃里克批准了谢杰尔曼兰德（马拉尔湖以南的一个州）法。在北方州达列卡尔林第一部地方法属于14世纪初，第二部编制于14世纪中叶。

所有这些法律都是用不同的瑞典地方方言写成，参加编制工作的是富裕农民的代表，主要是公社社长。

地方法记述自由农民公社推行的制度，及国王选举办法等。此时城市尚未提到议事日程。在13—14世纪出现了关于保卫和平、关于贵族的特权关于城市和关于取消奴隶制的王国法律。14世纪由于封建制的发展，旧的法律被重新制订（各州为政）。约在1350年在国王马格努斯·埃里克执政时期制定了全瑞典统一的法典——《国王法令》。该法试图在一定程度上统一各州的习惯法。它像所有此类史料一样，对社会各阶层状况作了系统的描绘。在国王权力一节，记述了国王选举办法和国王及封建主宣誓文本。15 世纪的法律是贵族阶级势力加强史的史料，他们力图限制国王的权力。

城市的史料相对要多一些。约在 1300 年确立了斯德哥尔摩的城市法。14 世纪大多数城市得到了一定自治权的宪章。斯德哥尔摩、阿尔布格等城市都有城市志，记有诉讼案件、城市委员会决议等。

瑞典最古老的叙述性史料是年代记。《丹麦—瑞典年代记》(*Annales Dano-Suecani*)记述 916—1263 年的事件，内含瑞典和丹麦国王的年表。瓦德斯坚修道院的年代记(*Chronologia brevis*)开始于 1040 年，修士埃里克·约甘在 15 世纪作了订正，记到 1450 年结束。

约在 1321 年曾求学于巴黎大学的大臣拉格瓦利德编写了《论国王和君主的治理》，这是一篇政治思想上很有价值的典籍。此文本着法国当时法律的精神，宣扬为加强王权而努力。

15—16 世纪被译成欧洲各国语言的《圣徒勃里吉塔的启示录》(*Revelationes s. Brigittae*)是 14 世纪很有价值的史料。勃里吉塔(约 1303—1373 年)出身于贵族家庭，她在瓦德斯坚建立女修士团会，该会在瑞典得到广泛的传播。《启示录》充满神秘主义，书中有关于瑞典教会状况、教会改革以及关于教会与国家的相互关系，关于当时瑞典社会史和政治史的一些材料。

13—15世纪编年史在瑞典还相当通行。第一部大的历史著 299
作是诗体的《埃里克编年史》(*Eriks-Krönikan*)，一位不知名的作者于1320—1330年用瑞典语写成。该书记述1230—1319年的事件，福尔孔王朝史，特别是马格努斯国王第二个儿子埃里克公爵史，比尔格尔和戈尔吉利斯·克努特向罗斯的讨伐及13世纪瑞典封建主的其他掠夺性战争。编年史后来加以续写，并结合《卡尔编年史》(*Karls-Krönikan*)编了《押韵的大编年史》，它是13—15世纪瑞典政治史的主要史料。《卡尔编年史》由几位宫廷诗人，主要为卡尔·克努特(死于1470年)的政绩而写。其最古老的部分是1389—1436年的《恩格利勃列克特编年史》(*Engelbrekts-Krönikan*)。约在1410年，即恩格利勃列克特起义和已经死亡以后，编年史作了修订并以颂扬卡尔中央集权政治的精神续写到1452年。

除了这部编年史外，还保存下恩格利勃列克特起义史的其他史料。格但斯克商人别尔纳尔德·奥津勃柳格1434年8月1日给格但斯克市委员会的信函是非常珍贵的史料。信中写了起义的发动和起义的纲领。恩格利勃列克特本人和他同时代人的书信也很重要。斯特列格涅斯的主教托马斯(死于1443年)写的《恩格利勃列克特的叙事诗》很有价值，它是瑞典中世纪诗歌的一篇杰作，至今它还一直保留在人民的记忆中。作者愤怒地记述丹麦人残暴的统治，号召为自由而斗争。在格尔曼·科尔涅尔的吕贝克编年史中也有起义的材料。

挪　威

挪威地理位置及其历史发展的特殊性，使得挪威在整个中世纪得以保有自由农民阶级。恩格斯特别指出：“挪威人民从来都不是农奴。”[1]这使挪威整个发展具有特别的性质。这也反映在史料的性质上。习惯法几乎是社会制度史的唯一的史料。

古代史诗和考古发掘有可能确定一些挪威部落的居住区域以及他们的社会制度。

封建化初期的典籍是在圣奥拉弗二世（1015—1024 年）统治时期随着皈依基督教而编制的教会法，以及 1174 年的《金笔文书》，它赋予教堂有权收取什一税和完全的独立。为此教堂给教皇举行加冕礼，而人民选举国王的权利被取消了。

13 世纪前在挪威的四个州中的每一个州都有自己的习惯法；可能它早在 11 世纪中叶就已成文。在国王马格努斯的 1263 年的《感化法典》基础上，编制了全国通用的《地方法》，它于 1274—1276 年在地方会议上通过。它确定了国家是小农土地所有占统治地位的社会和政治制度，地方法确立了不需选举的王位继承的
300 制度，废除血亲复仇和杀害自由人赔偿费，减轻了某些处罚。法律巩固了国王、他的法官和近臣的权力。

也是在那位国王统治时期，1276 年重新审定了卑尔根城市法，并以此形式推广到其他城市。写于国王斯维尔（死于 1202 年）

① 《马克思恩格斯通信选集》，俄文版，第 420 页。

执政时期的国王史诗，特别是关于统一挪威的美发者加拉利德统治的史诗是很有价值的史料。有名的散文体的《勇敢者弗里德季奥弗史诗》写于13世纪末—14世纪初，但描述的是6—9世纪的事件。它留存下两个版本；简本（较古老）和繁本（较后期）。史诗中提供的关于社会关系、习俗和政治史的材料尤为可贵。

12世纪末（在1177年和1180年之间）在旧史诗和简本年代记（有挪威历代国王的名单）的基础上出现了挪威的编年史《挪威国王古代历史》（*Historia de antiquitate regum Norwagiensium*），它是由那德霍利姆的别涅季克京修道院修士捷奥德里克于1183—1188年用通顺的拉丁语的文学语言写就。全书从美发者加拉利德（885—930年）起到1130年代内讧开始止。作者主要以教会的观点编写教会史。

13世纪出现了挪威社会和习俗史的非常有价值的史料《国王守法镜》（*Konungs-Kuggsjâ*），它记述其他阶层的行为和骑士待人态度的准则。它在某种意义上是根据法国类似的作品编成，但书中还有很多关于斯堪的纳维亚所有国家、冰岛、格陵兰、爱尔兰很多各种各样有价值的材料。正是这些材料构成典籍的主要珍贵之处。

冰　岛

冰岛的传说，即民间故事对于斯堪的纳维亚所有人民，也包括冰岛的历史都很有价值。凡是诺曼人居住或重新定居的地方，到处都有传说。在9世纪下半叶，很多家族同时从挪威迁到冰岛。

在冰岛他们的氏族关系残余保留的时间特别长。因此，这个岛形成一种良好的条件，口头的人民创作（还有多神教的）长期十分繁荣，记录下斯堪的纳维亚人的历史事件、社会制度、习俗、文化和宗教。传说的保存者和创造者是众多的故事作者——歌唱诗人。这种口头创作传统一直继续到12世纪（第一次提到文献是在1116年），当时约在1140年开始记录最重要的传说，一直记到13世纪中叶。

北欧传说也是研究德国神话和德国古代史诗的主要史料，因为德国本地和英国留存下来的只有不多的材料片段或在后来的世纪加工过的史诗，例如《尼贝龙根之歌》。后者在北方早于6世纪就已知晓，并以其传说的原貌保存下来（如《伏尔松史诗》）。

北方传说按内容可以分为神话传说、冰岛氏族传说（关于氏族领袖和900—1030年冰岛名门望族的活动）、挪威国王和丹麦国王的传说，以及从9世纪至12世纪初在奥克尼群岛形成的民间传说等。

301 从列举的传说中可以看出，一般说来它们同时也是极珍贵的史料，还是反映北方各族人民和国家发展的许多特征的史料。

传说的大汇集称为伊达，《老伊达》颂歌是9—12世纪形成的关于神灵和英雄的诗体的传说，这些传说的一部分是挪威的，但主要部分是在冰岛，也在格陵兰形成的。《老伊达》有古典神话、基督教传说和克里特叙述故事的影响；但这影响主要来自冰岛，通过冰岛的故事作者，在半商半贼的航海者来犯时也被他们所接受。

《老伊达》最早文本编于13世纪，其初期的抄本已失传。在最古老的抄本（13世纪末的*Codex regius*）有29篇史诗和一些片段。

在其他的抄本中还有一些单独的诗歌。总共保存有 34 篇史诗。在很多历史的史诗中有散文体的加注，对诗歌文本的注释。

《新伊达》又称《散文伊达》，或《斯诺里伊达》，这是以作者斯诺里·斯图尔鲁松的名字命名。它约编于 1220 年；后来对它作了很多的补充。它由诗体神话传说的散文体的转述和歌唱诗人的诗体指南组成；后者有许多老史诗的片段，并按很多歌唱诗人的名字命名。其中有斯诺里本人写的诗歌作品 *Háttatal*——为挪威国王哈康国王（死于 1263 年）和斯库利作的颂歌，并作了历史的注释。

此外，保存下不少编于 10—14 世纪的散文体的冰岛史诗，其中特别应该指出的是关于冰岛殖民化及发现格陵兰和北美沿岸的故事（如《关于红色埃里克的史诗》）。

冰岛人阿里·托尔吉利松（1067—1148 年）理应称为冰岛的诺曼人的书面历史之父。他用冰岛语写的作品《冰岛人志》（*Islenddigabók*）有 874—1120 年的非常丰富的历史材料。该书记述冰岛的殖民地化、皈依基督教和冰岛教会的初期史、首批冰岛居民点史、第一批法律和历书、格陵兰和北美的殖民地化。编年准确和记述清晰使这部著作具有特别的珍贵性。遗憾的是留存下来的只是其第二版本。它和第一版本相比是简本，编写的时间不早于 1134 年。阿里根据旧的口头传说写就；伊达史诗还未写成，很多法律只是口头相传地保留下来。《冰岛人志》第一版和完整版（现已失传）是其他历史作品的基础：《国王传》（*Konungabók*），《土地占有者传》（*Landnamabók*）和《基督教史诗》（*Kristnisaga*）。《国王传》也已失传，但它使很多后来的编年史家了解挪威和丹麦的国王史。《土地占有者传》有关于冰岛土地所有情况的珍贵材料。至于冰岛基督教教会史的《基督教史诗》，它流传下来的只是较后期的被歪曲的文本。

在基督教传播以后，出现了圣徒传，但北方的传记，即使是用拉丁文写的，也和大陆行传大相径庭，它更接近于口头文学，因为
302 冰岛的基督教文化只控制了社会为数不多的上层。从 12 世纪也只是保存下一些主教、神甫编写的挪威和丹麦的国王传记。

第二位北方的大历史学家是斯诺里·斯图尔鲁松（1178—1241 年），他也是冰岛人，一位法学家、作家、政治家和歌唱诗人。他是挪威统治冰岛的拥护者。前已提及，他是散文体伊达的编者。他的历史著作《尘世圈》（*Heimskringla*）中有关远古世纪部分，是根据阿里的《冰岛志》编写的，但也吸收了不少新的材料；记述遍及整个北方，但根据作者的政治观，更多关注的是挪威。斯诺里按墓葬的种类描述北方各族人民发展的各阶段。在他的著作中有北方居民各阶层的评述：农民、大小贵族。还描述有人民隶属大贵族和国王的过程，人民的反抗和抱怨，多神教和基督教的斗争。他的史料非常丰富。他书写于传说兴盛的时代，一些家族还保存有氏族世存的传说和族谱，他有可能收集到所需要的材料。《尘世圈》写到挪威国王马格努斯·埃尔林格（死于 1177 年）统治时期。

斯诺里的外甥——斯图尔拉·托尔德松（1214—1284 年），是第三位和最后一位冰岛的历史学家，他经历了挪威占领冰岛时期，并死在挪威。他写了《斯图尔伦格的史诗》（*Sturlunsaga*）——北方史，从挪威国王美发者加拉利德（从 855 年）统治起到 13 世纪中叶冰岛丧失独立止。由于历史材料丰富，他的著作被称为《冰岛大史诗》。斯图尔拉使用了他当时的所有史料：书面的和口头的。他

的文笔优美典雅，有时甚至灿烂耀眼；作者具有真正的文学天赋。

13 世纪末，冰岛开始衰落，史料学也随之衰败；史诗也失去了往日的意义。

首批冰岛法律写于 12 世纪前半叶，但现已失传。留存至今的是《格拉加斯汇集》(*Lodbok Gragas*)，它编于 12 世纪，但反映了更古老的习惯法。法律的内容对评价冰岛的土地占有和经济情况有很重要的价值。记述了土地的分配、地段的界限、农耕制度、土地占有制和仆役的相互关系、牲畜价格、度量衡制等。结合历史书籍中有的材料，法律提供了 13 世纪冰岛社会制度清晰的图景。

冰岛并入挪威史的史料主要是条约。其中第一份是 1264 年的《旧条约》，它保证冰岛保留旧法律和冰岛人在缴纳了一定数目的税款后，冰岛可以免交挪威的关税。1281 年《新条约》(*Jonsbok*)给挪威国王往岛国派遣自己全权代表的权利。从此时起一直到近代，冰岛史主要反映在挪威的史料中。

303

第二十二章　罗马教廷和教会历史的史料

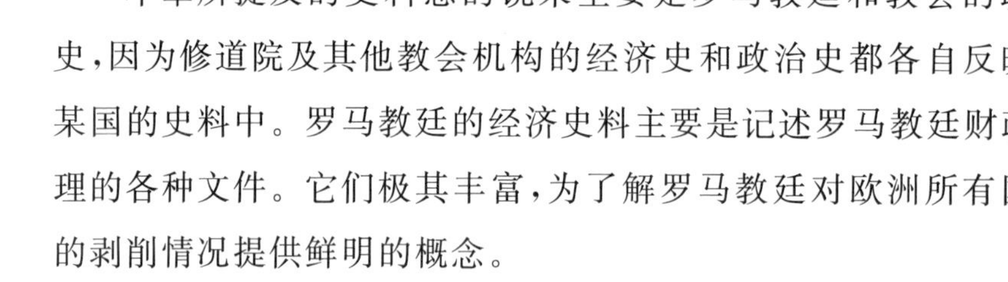

本章所提及的史料总的说来主要是罗马教廷和教会的政治史，因为修道院及其他教会机构的经济史和政治史都各自反映在某国的史料中。罗马教廷的经济史料主要是记述罗马教廷财政管理的各种文件。它们极其丰富，为了解罗马教廷对欧洲所有国家的剥削情况提供鲜明的概念。

罗马教廷史和天主教教会史的主要文件史料总的都是教皇的文书。公开命名为《使徒文书》(*litterae apostolicae*)，而从 14 世纪起通称为训谕(dynna)(以铅制成的悬于文件的玺封)。早期的训谕(4 世纪中叶前)没有日期，绝大多数的训谕在某种程度上都是伪造的(或完全是假的，或加了后期增补的文句)。在以后的各世纪中，也编写出不少假训谕。在 8 世纪中叶教皇办公厅出了所谓《日志》(*Liber diurnus*)的定义汇编。

训谕大批保存下来，有正本，有副本，保存在各种公文或专门的训谕汇集中。从 13 世纪起出现索引，同时有些训谕特别标出，如 1199—1210 年和德国皇帝有关的训谕(Registrum domini Innocentii super negotio Romani imperii)。训谕一般在全文的第 2—3 个词就标明，例如菲利普四世和卜尼法斯八世的斗争时期的有名的训谕：*Clerici laicos*、*Ausculta fili* 等。训谕分几类：宪法类（一般阐明教义性质的决议），教皇通告类（对主教的通告），法令类（给各教堂的各种决定），教皇训谕类（对一些有关全教会的问题所作出的决议）等。教皇信件（小件文书）作为史料也很有价值，它在15世纪在数量上大为增加。这些文书由于各种不同事件而发布，是教皇和各国、各城市、各主教和各修道院等来往的政治信件。

训谕和教皇信件从各方面详尽地记述罗马教廷的活动和整个天主教会史。它也是西欧和中欧所有国家历史的重要史料，因为罗马教廷干预生活的各个方面，并力图操纵和导向国王和帝王的政治。罗马教廷的反动角色特别明显地体现在号召发动十字军讨 304
伐斯拉夫人和波罗的海沿岸人民的教谕中。

教皇地域，即教皇的世俗国家产生史的史料是法郎国家的国王们的馈赠文书。矮子丕平和查理一世的文书现已失传，于是诚笃者路易的文书《确认的条约》（*Pactum confirmationis*）就具有主要的意义。文书确认查理的馈赠，列有并入教皇地域的城市和州区。文书文本留存的只有11世纪的一个抄本；除了一处后期增补的文句外，它是真实的。著名的假文书《君士坦丁的馈赠》，似乎它在4世纪初给教皇们在西罗马帝国的至高的权力，它是罗马教廷在8世纪后半叶（可能已是753年）编制的。最古老的文书抄本属于9世纪初。它的目的是赋予罗马教廷觊觎全西欧的最高权力，其性质不可动摇。伪造行为在15世纪被意大利的人文主义者罗伦佐·瓦拉所揭穿，如早已指出，伪造文件在僧侣中非常普遍，特别是在中世纪早期，但看来哪里也比不上罗马教廷伪造出如此大宗的假文书。

宗教大会的文据是教会史最重要的史料。在6世纪前这种文据更具有全世界的性质。后来开始分别按各国收集或按整个西方教会收集。在早期大会(6—7世纪)上,参加会议的还有世俗贵族,而大会的决议涉及各种问题。决议中有各个国家很多的史料,因此在书写早期中世纪史料时就已谈及。15世纪,当天主教教会试图进行内部改革的宗教运动时期,会议文据就越来越多。众所周知,这些企图都失败了,15世纪的大会又一次表明封建教会组织的解体。皮赞会议(1409年),康斯坦茨会议(1415—1418年)和巴泽利会议(1431—1447年)的文据是会议记录,其中最重要的是康斯坦茨会议记录,记录包含有对伟大捷克的宗教改革者杨·胡斯和布拉格的伊叶罗明的审问记录和判决书。会议活动也反映在会议参加者的众多的书信、外交报告、给使者的指令、抨击性文章等材料中。在当时教会和教坛的大活动家的著作中都有关于皮赞会议和康斯坦茨会议的很多资料,特别是在法国人的著作中:皮埃尔·德·阿利亚(1350—1420年)和巴黎大学的高职人员让·热尔松(1363—1429年)。他们两位都赞成审判胡斯。大会书记,后来是教皇皮伊二世[①]的书记埃涅伊·西利维·皮科洛米尼编写的《巴泽利会议史》(*Historia concilii Basiliensis*)只留下第一册和第三册,书中有很多实际的材料。

一般收入主教目录的各种文件是记述管理地方教会组织的文件史料:教皇训谕、国王的及其他具有各种特权的文书、

① 参见本书第206、253页。

主教法庭的文件、神职人员名单等。所有这些文件都在某种 305
程度上不仅关系到教会，还关系到世俗人员。特别还应提一提主教在巡视其辖区所写的日记。他们描绘出一幅农村牧师的生活，有时还有农民生活的鲜明的图景。例如，卢昂大主教埃德·里戈于1248—1269年写的日记（Visitationes Odonis Rigaudi），记有不少关于诺曼僧侣生活的有价值的材料。

宗规法，即宗教法规的典籍作为史料有着特别的意义。教会按自己的法规运行和管理：最初宗规法包括了教堂和僧侣活动的所有方面，还涉及了世俗生活的很多领域（生死、婚嫁、遗嘱、继承等）。随着封建国家的发展，宗规法只是逐渐地开始受到损害，教会在教士的刑事犯罪和民事犯罪方面失去了豁免权。但总的说来，在16世纪前宗规法在所有天主教国家仍继续实行。宗规法典籍由于其内容丰富，不仅反映出教会结构和教会组织的生活，还反映了整个封建社会生活的诸多方面。

宗规法形成于教皇的法令和教律。这种教会法汇编称为《教律集》（*Collectio canonica*）。其中第一本是修士季奥尼西汇编，他通晓希腊语和拉丁语。6世纪中叶他在罗马收集了东西教会的会议决议，即所谓《季奥尼西集》（*Collectio Dionysiana* 或 *Codex canonum*），后来它补充了地方大教堂的教律，被很多国家接纳为官方的汇集（例如查理大帝就为法兰克教会采用了它）。西班牙有自己的汇集：Collectio Hispana。此外，很多主教和神甫为自身需要自行编写汇集。

9世纪中叶，在加罗林帝国的教会界，可能是在莱姆主教区打造出著名的伪造文件《伪伊西多尔法令集》(这是按伪造的作者伊西多尔·麦尔卡托尔而命名),他在自己的教皇法令集的一些真文件中添进去了相当一批假的,其目的是借助伪造文件中编造的事实来巩固法兰西主教的权力,使他们不受世俗的审判,还在(秃头)查理时期(在852年的帝国的西部和868年帝国的东部)这本伪文件被认为是真本,并被正式引用。罗马教廷于865年加以承认。

在11世纪,德国出版了沃尔姆的布尔哈尔德汇编(Decretum),意大利出版了红衣主教杰乌斯杰季特汇编(Collectio canonum),法国出版了沙尔特尔的伊夫汇编(Panormia 和 Decretum)。将近12世纪,已积累了很多常常是互相对立的决议,这就真的需要重审和编纂宗规法。意大利修士格拉齐安约在1150年编纂了新的大部头的汇集,名为《对立教规的协调》(*Concordantia discordantium canonum*)。文中通过对比力图协调和掩盖特别对立的矛盾,使教皇、大教堂的早期决议和后来的、与早期基督教会习俗大相径庭的决议相适应。格拉齐安著作所用的史料是教皇、
306 大教堂的决议、法兰克国王的命令和来自罗马法的一些借用物。格拉齐安的汇集是非官方的汇编,但它很快地挤垮了所有以前的汇集。成百上千的抄本及众多的注释都证明其广泛流行的程度。它成了大学教授宗规法的基础。后来这本汇集又增添了越来越多的新教律和命令。从12世纪末,宗规法权威开始系统整理格拉齐安的汇集材料。13世纪出现了一部重新校正的正式的宗规法法典。对于新法典的需求是由于13世纪出现了一种极为发达的异教,其中反映出市民阶级和城市下层对封建教会种种压迫的反抗。《宗规法法典》(*Corpus juris canonici*)于1234年教皇格列高利13

世时公布。13 世纪前重新修订的材料作为法典的第一部分，第二部分是格雷戈里九世的法令。13—14 世纪出现了法典的第三和第四部分，由新决议组成。

罗马教廷史的最古老的叙述性史料自古以来就是《罗马教会的教皇书》(*Liber pontificalis ecclesiae Romanae*)。最初这不过是一份教皇名册，后来开始简单地记述了一些他们的活动情况，最后变成一份简单、但又是连贯的关于各教皇统治的故事，就好像后来流行于所有西欧国家的《主教的事业》(*Gesta episcoporum*)，这是某种主教区的年鉴。《教皇书》文本为教皇的最亲近的谋士编写，具有正式的性质。流传至今的第一部版本写到 483 年，是在 6 世纪初写成的，第二部版本以 682 年结束。此后看来每年都在编写。7 世纪末前的《教皇书》是根据现已失传的史料编写的；其内容不尽可信，因为编者为了歌颂教皇往往不惜歪曲历史事实。每年的记述一直到 891 年。此后，由于教皇权力的衰落和罗马教廷从属于德国皇帝，《教皇书》也就走向衰败；记述又变得简单了。从 11 世纪中叶起，当教皇权力开始加强时，这又在《教皇书》上有所反映。在 12 世纪，在教皇势力走上鼎盛时期，教皇年鉴文本失去了《主教的事业》那种往常的形式，而变成系统详细的教皇传记(犹如 12 世纪法兰西国王传一般)。特别详细的是阿德里安四世(1154—1159 年)和亚历山大三世(1159—1181 年)的传记。最有权势的教皇英诺森三世传是由教皇的一位不知名的近臣编写的。《教皇英诺森三世的事业》(*Gesta Innocentii Ⅲ papae*)写的只是在位的前十一年(1198—1208 年)；书中使用了教皇办公厅的登记录，记述了不少教皇的圣谕。这一史料是当时最重要的，但按其记

述和事实的引用上也是最有倾向性的。

在13—14世纪，教皇的传记又开始趋向简单化，特别是在教皇迁至阿维尼翁时期[①]。在14世纪后半叶，每当教皇准备回罗马的时候，乌尔班五世（1362—1370年）的宫廷神甫别齐叶的阿莫里·奥热编写了到1321年的系列教皇传记，称之为《罗马教皇活动记》(*Actus pontificum Romanorum*)。

307 教皇史在很多世纪年代记中都有反映，这已曾提及。例如，很多教皇传见于特罗帕乌的马尔京的年代记中。帕马的一位不知名的多米尼加人约在1320年编写了《教皇和皇帝年代记》(*Chronicon pontificum et imperatorum*)，记到1294年；它后来续写到1344年。

多米尼加人巴尔托洛麦奥·卢克斯基（死于1327年）在1061—1303年编写的《教会年代记》为一般教会史，他使用过意大利和法国的很多修道院的档案材料。

天主教教会为数众多的僧团年代记绝大多数是由这些僧团的成员编写的，并且是在所有中世纪年代记中最不可信的。书中神话连篇，而它们的作者常常为了称颂自己的僧团而有意歪曲事实材料。这些年代记所使用的最古老的史料是僧团创始人及其弟子的传记、僧团章程、教皇训谕、某些修道院院长的名单、修道院院长和僧侣的传记及书信等。克柳尼修道

① 阿维尼翁时期——1309—1377年罗马教皇在法国国王的压力下被迫迁至阿维尼翁。——译者

院院长名册涉及910—1244年；以其为基础，并引用14世纪僧团的传记、书信和章程编写了910—1328年的《克柳尼年代记》(*Chronicon Cluniacense*)。对西司忒僧团史最有意义的是僧团章程和别尔纳尔·克列尔沃斯的书信；他的传记大多具有轶闻的性质。此类史料记述的是贫穷僧团的历史。多米尼加人的历史在别尔纳尔·吉(死于1331年)的记述中最全面。他是僧团的一位领导者，并是朗格多克的主要宗教裁判者，他的著作没完成，作者也没有给它起名，开头部分是根据以前的多米尼加僧团年代记编纂的；然后根据丰富的事实材料记述13—14世纪初法国南部多米尼加修道院的历史，书中有大量一般教会史和朗格多克宗教裁判所史的丰富材料。此外，有多米尼加所有修道院的名册和僧团的决议。他还写了一篇宗教裁判所具有指导性的文章：《调查邪说迷津的实践》(*Practica officii inquisitionis hereticae pravitatis*)，它编写于1321—1323年。文中记述别尔纳尔·吉作为主要宗教裁判员、亚尔毕派及其他异端者的严厉审判官长期活动的结局。该文作为史料的价值在于作者作为例子提供了宗教裁判过程的真实记录，还有不同异端学说的详细描述，从中描绘了秘密异端分子的图画，他们的思想及和天主教教会的斗争。宗教裁判所本身的档案部分保留下来：审问的审判笔录、告密和判决书等。

两位知名人士的日记作为15—16世纪之交罗马教廷历史的史料(特别是作为教皇亚历山大六世鲍尔治的历史史料)很有价

值。他们是斯提芬·英费索拉(约在 1500 年去世)和约甘·布尔哈尔德(约 1450—1506 年)。前者是罗马市政局官员,又是名门科隆家族的拥护者,他是 15 世纪末当政教皇的死敌。他的著作涉及 1294—1494 年罗马教廷的历史,但 1404 年前的情况都根据别人著作编成的。15 世纪的历史非常珍贵,特别是在其最后部分,它是一种集中丰富信息基础上用日记体写成的。作者部分用拉丁语,部分用意大利语,因此他的著作有两个书名:*Diarium urbis Romae* 或 *Diario della citta di Roma*。英费索拉提供一幅罗马教皇史的鲜明的图画,笼罩着梵蒂冈和罗马上层的骄奢淫逸的图画。

布尔哈尔德是斯特拉斯堡人,他于 1481 年迁居罗马,并从 1483 年起成为教皇的司仪,他的《罗马教廷日志》(*Diarium curiae Romanae*)包括 1483—1506 年时期;书中使用了英费索拉的材料。作者主要的注意力放在各种仪式上,但他的日记也有关于教皇的政策及其和全欧洲君王联系的许多有趣的珍贵资料。

(李琳译　胡敦伟校)

中世纪后期

第二十三章　16—17世纪中叶的史料概述 311

16世纪，资本主义制度在西欧一些国家的产生既反映在有关生产力和生产关系的发展上，也表现在那些国家上层建筑的史料性质上。资产阶级在自己成长的过程中需要生产工具的完善和新的生产过程的组织，这反映在专门的技术和贸易的文章中。资产阶级还需要众多的各种各样的文件，来巩固新的剥削制度，需要维护这种制度的法律，需要中央政权提供的特权。出现了反映日益成长的前期无产阶级的阶级斗争的文件。资本主义制度渗透到农业关系也引出许多新文据。但是资本主义制度是在封建制度内部长成的。在16—17世纪中叶的农村（除荷兰外）还继续保持着封建的生产关系，而在城市行会手工业还远没有把工场手工业挤垮。封建国家继续在发挥效力，尽管封建权力的形式已有所变化。因此旧的仍是封建的史料类型不可能消失，诸如：表明封建土地所有制和封建剥削的文件，封建法律典籍等。

文艺复兴时代是每个欧洲国家发展民族文化的重要阶段，并对历史叙述性史料的性质产生了重大的影响，这就大大促进印刷业的蓬勃发展。中世纪的年代记已成为过去。在叙述性史料中开始显露出学术研究的成分;资本主义意识形态开始形成,其中包括新的上升阶级的历史观。资本主义的意识形态是在和封建阶层的意识形态和历史观的斗争中产生的,首先是在宗教改革运动反对天主教教会的情况下产生的,这些现象就会反映在人文主义者和新教徒的历史著作中。出现了新型的历史叙述性史料:政治家和社会活动家反映两种意识形态(资本主义的和封建主义的)斗争的回忆录。但是反映这场斗争最鲜明的是16世纪兴起的政论作品,这些政论作品对阶级斗争在政治和思想上的一切表现反映最敏感。

312 无论在史料中,还是在资产阶级早期发展阶段本身的生活中都反映出一种新老交替的现象,并且在新事物中有时又有旧事物的烙印,常常文件的文体和结构还是中世纪的,可是在内容上它已是新关系出现的结果了。

西欧资产阶级制度在一些国家产生的过程中,从16世纪起在某些国家(莱茵河以东)资产阶级制度的某些因素经短期发展以后,却出现了向另一方向的转变。在这些国家“第二版农奴制”被确认了,它扼杀了已出现的资本主义制度的萌芽。建立在剥削农奴劳役基础上的地主大地产又得到巩固和发展。工业发展迟缓下来。因此史料总的方面没有发生在发达的资本主义制度国家那样的变化。农奴制的加强只会增多以前那种类型的文件,不过数量减少。这类文件巩固教会和贵族大地产中的秩序及加强对农奴的剥削,并加剧了农奴反对地主的斗争。城市和商品生产的史料相对地,有时又是绝对地减少。在叙述性史料中保留下许多旧的特征;城市年代记,甚至是教会年代记在较长时间内不继续存在。

除了西欧和中欧国家之间史料类型如此相当重要的区别外（从 16 世纪中叶开始特别明显），应该指出从 16 世纪起各国史料也开始具有那种本质上共同的东西。

16 世纪印刷业蓬勃发展不仅表现在地域的意义上，还表现在出版物本身的性质上。印刷的书籍最终战胜了手抄本，手抄本只是留在较狭窄的范围内使用。流传下来的 16 世纪的手写书籍（指的不是一般的手抄本，而是书）或是国王奢华的带绘画的手抄本或类似汇集，或是书刊检查机关禁书的抄本和极其昂贵的稀有书籍的抄本，或是作者手稿和清稿，或是各种文件的副本集等。出版物在文学和科学各领域的运用使历史著作广泛传播，从而使著作得到更好的保存。研究者只有在个别情况下才能碰上被遗失的 16 世纪印刷的历史著作。

印刷业的兴旺发达也反映在较为兴盛的政论作品上。16 世纪出现了很多印刷的小册子和传单（当时称之为“抨击性的文章”），它们在阶级斗争、政治斗争和宗教斗争中都起过很大的作用，它们无论是对社会史和政治史还是对文化史，对新的资产阶级意识形态都是珍贵的史料。由于同时代人通常不太注意去保存这些“传单”，以致有些散失了，有些只留下一两份，现在就成为馆存的珍品。但是总的说来 16—17 世纪保存下来的政论作品还是令人满意的。

将近 16 世纪末，在一些先进国家为期刊的出版创造了条件，313
这也只有在印刷业广泛发展的情况下才有可能实现。

16 世纪，无论是对生产关系史，还是对政治史文件材料明显占了上风。这种情况还在 14—15 世纪就已显现，其产生的原因前已述及。[①] 在16世纪,国家活动的规模已前所未有,政治史文件的数量激增。如果在14世纪前,政治史材料主要只是存在于年代记和编年史中,14—15世纪存在于编年史和文件中,那么16世纪文件材料在政治史方面占了首位,最终超过了叙述性史料。

来自国王和国家政权机关(中央和地方)的各种文件数目大为增加。官方政府的来往信件(常常是秘密的)、政府各部门的会议记录、地方政权的报告和汇报等:所有这些文件材料与15世纪相比大为增多,它关联到政治生活的各个方面。外交关系史和整个对外政治史的文件库相当丰富。国际条约和16世纪常常具有密码形式和常规性质的大使内部报告和政府指令为深入和详细研究对外政策提供了可能。必须指出大使向自己政府报告他们所在国家的内部情况需要很仔细的验证。不管这些外交家具有多高的洞察力(其中包括最高明的威尼斯人),他们还是以外国人的眼光去看待别国的制度和习俗,有很多他们不明白的东西,有很多事情理解不对,从而常常出错。他们四处收集到的当代事件情报也不尽准确;部长们在和使节们谈话中常常有意地、相当巧妙地歪曲真情以维护本身的利益。把大使们的内部报告材料和其他较权威性史料证据相对比,常使我们不得不推翻或在很多地方加以更正外交报告中的不实之处。

在记述16世纪丰富多彩的政治史文件材料的时候,还应补充指出这些材料保存得很好。文件(不仅是作为史料,而且还作为实现实际目的所必需的业务公文)都得到精心的保存,这使文件没受

① 参见本书第115页。

到特别的损害，尽管当时各机构保管文件材料的条件还是很差的。

那时保存下来的文件材料对叙述性史料的性质产生很大的影响。16世纪的历史学家留给我们相当可观和内容丰富的“当代史”，他们自己有时也极广泛地使用这些他们同时代的文件材料。314
人文主义历史学的作品中科研因素，首先在于这些作者开始从新兴资产阶级对其周围封建主义世界的态度中寻找所发生事件的真意，这使得这些历史学家的作品成为16世纪社会思想史的相当重要的史料。其次，人文主义历史学家对史料具有新的态度。他们不像中世纪编年史那样简单地把文件材料收进自己的文章中，而是加以研究，分析其可靠性和完整性等。这种加工在大部分情况下还相当原始，常常很幼稚，但人文主义史料的优秀代表们把它作为他们研究的基础。有些文件只有在历史著作中才流传于世，然而有一种情况大大降低了16世纪历史作品为史料的意义。这是在于当今我们的科学家同样拥有这些史学家所有的文件材料（有时甚至更多）。于是常常不需使用他们著作中所说的实际材料。这种实际材料可以直接取之于16世纪的历史著作为基础的那些史料（这种情况在17—18世纪表现得更明显）。我们当今的历史学家有马列主义方法的武装，并且史料批判分析的方法也要比16世纪更为周密，从这些文件中可以找到更多的材料，能比16世纪的学者对它进行深广得多的研究，同时还能参考很多其他的史料。引为特征的是19世纪资产阶级历史学家（特别是现在）却很少有意具体仔细研究16世纪政治史的文件材料，而主张使用已提供的事件细节，甚至常常抄袭16世纪史学家作品中的评述。这也是资产阶级史料学在研究16世纪历史时所表现出来的那种公式化和

僵硬化的部分原因。

但是完全不顾史料学领域中的16世纪历史著作也是不对的。它们尽管有局限性，但在有的情况下作为史料仍有保留的意义，首先，在没有某种文件的情况下不靠它们是不行的。16世纪的文件也有可能遗失，尽管比起14—15世纪的文件来说这种情况要少得多，再往前就更不必说了。其次，16世纪史的文件材料远不是全面公开的。应该说出版的要比未出版的多得多。因此，当研究人员由于这样或那样的原因难以使用档案材料时，就不得不求助于16世纪作品中的著述，尽管知道著述中会有不全面和缺陷的地方。最后，16世纪，还有17—18世纪，历史著作的史料学价值在于不仅是著作所使用的文件，还在于这些著作有个人的回忆。16世纪大部分历史著作在某种程度上说又是一种回忆录。

回忆录（即回忆、个人的观察记录，它常常和自传因素相当紧
315 密地联系在一起）以其完整形式出现是以文艺复兴时期开始的，并和人文主义者对人性的关心密不可分。在一些中世纪的编年史和自传中（如诺让的基别尔特、若安维尔、弗鲁瓦沙尔、查理四世和科曼等人的自传）都有后来回忆录特征的萌芽（特别明显的是查理四世和科曼的自传），但是总的方面这些作品主要是中世纪无人称的历史叙述性质。16世纪在这个领域有了改变。

在回忆录中，特别从16世纪中叶起，人称因素坚定地成为主导方面。作者不仅主要记述他们看到的和听到的，并且他本人就是事件的见证人；他自觉地、坦率地把自己放在故事的中心位置。由此作为史料的回忆录有了三点可取的性质。第一点在于细节极为丰富（和中世纪的相比），提供一幅具体，并常常是相当绚丽的习俗图景，具体人记述绘声绘色等。回忆录的这些特征使它接近于文学作品；有时，历史学和文学史都同样，并有充分理由把回忆录认为是各自的史料。回忆录的第二个特点是它对阶级意识形态史、阶级政纲史和16世纪社会阶层史有很大的价值。正是由于回忆录特有的个人性质，它有丰富的材料可清楚了解作者所在的那个社会集团的利益，有时还可了解到他那个阶层的观点和纲领。因此回忆录是16世纪相当复杂的政治斗争史的珍贵史料，也是那个时期社会舆论史的珍贵史料。回忆录第三个可取的性质在于如果作者真是一位政治大活动家，他所说的是文件中没有，甚至也不可能找到的事实，例如关于秘密会议，政治寡头们私人的谈话和见解，关于他们对某事决策时的私下动机等。在这种情况下，回忆录的一些证据常是独一无二的，因而也是极其宝贵的（当然在真实的条件下）。

但与此同时，回忆录比起编年史或16世纪的历史著作来更富有不可靠性。一般回忆录没有准确的年代顺序，没有严格的事实记述的连贯性，最后没有起码的真实性，不过也远不是所有回忆录都不真实。甚至在最好的回忆录中，作者常常对很多问题避而不谈，夸大自己在事件中的作用等。在许多情况下，作者对实际情况进行有意的，有时又是巧妙的歪曲，这对经验不足的研究人员是非常可怕的。

回忆录由于其不可靠性（很少的例外），使用时主要用作补充的，某种例证的史料，而研究的基础还是应建立在文件史料上。

如不止一次地指出过，书信有着很高的价值。15世纪末以前的书信体材料主要都保留在一些特殊的场合，因而通常具有官方

的性质(国君、大国务活动家、宗教界人士和科学文学界某些代表的书信)。个人信件从16世纪起就为数可观,但留存很少。在文
316 艺复兴时代教育的发展、对书信作为一种文学典籍(有时又是历史史料)所表现的极大兴趣、氏族世存文献出现等促使很好地保存下不仅是政治活动家、学者、文学家们的收信,还保存下一些不甚出名的个人信件。应该说丰富的16世纪书信体的史料为研究者提供了巨大的帮助。书信是直接的和轰动一时的全部社会生活的一面很好的镜子。书信中有(比回忆录)更准确的,在社会经济关系、阶级斗争等方面的珍贵的资料。

地理发现和殖民地掠夺的历史史料是航海家的日记、旅行报告和旅行故事、关于新土地的文章和殖民地所属国当局和殖民地当局的来往信件。

关于16世纪(及以后世纪)史料的极为重要的总评语在于资本主义成分的发展逐渐消灭了文件(特别是个人文据)的内容、类型和形式的差异,抹去了文件在13—15世纪发达的封建主义时期表现鲜明的民族特点。从形式上看,文件越来越简化。它那种中世纪"难解"的外形逐渐消失了,又长又复杂的形式已成为过去,语言也比较接近于现代,因而也比较容易明白。早在16世纪,反映资本主义关系的文件材料的差别主要是语言和保留下某些(不多)的中世纪模式。后来,文件的模式一般都趋于统一。它的民族性主要区别于语言。

由于文件模式逐渐趋于统一,在评论16世纪文件特征时,总的来说就没有必要按国家去研讨单类文件的特点。在10—15世纪的六个世纪时期,欧洲各国封建主义发展的速度和形式多样而各有特色,因此,必须对其进行仔细的研究,而对16世纪只需要指

出一些国家的历史文件史料最鲜明的特点就可以了。

16世纪叙述性史料则相反，民族特点表现得极为鲜明。在资产阶级民族产生和民族文化共同性形成的时期也不能不这样。但是就是这种史料也要比以前各世纪的年代记更综合些。如已指出，16世纪史的这种史料的意义缩小了。它们主要不是史料学研究的对象，而是史学史的研究对象。当这些资料首先作为史学史的史料时，他们是持这种观点的。非常有意义的是，随着对历史兴趣的增加，16世纪出现了大批历史著作，而且其中大型的和最著名的作品都归功于史学史的范畴，而不是史料学的范畴。当然这些史料还远不是16世纪史料领域最好的史料。

但是，所有这一切并不意味16世纪史料的研究简单或容易了。它们的大量存在和新的性质为研究者造成某种新的难度。个人的文据只有极小量出版；因此在研究社会经济关系各个方面时必须求助于未公布的档案材料，寻找和抄录（有时数量相当可观） 317
难读的手抄本。政治史的文件材料也是如此。出版的主要是国王、大政治活动家和社会活动家（路德、查理五世、菲利普二世、亨利八世、英国的伊丽莎白、奥伦治的威廉、格兰维拉、美第奇家族的喀德琳、菲利普四世和黎塞留等人）的书信，出版的还有一部分使节们的内部报告。官员的正式信件公布的篇幅相当少。已公布的史料甚至常常是零散在各种版本中，这就不便于使用，并且对16世纪的史料从总的方面看要比对早期和发达的封建主义时期的史料研究得少。在很多情况下历史学家面对根本没研究过的材料，就得亲自动手弄清回忆录或政治文章作者的传记，挑选文件材料，并将其系统化起来等。

16 世纪西欧先进国家社会经济史的最重要的课题是资本主义制度的产生和发展。与此相应，有关新生产关系的文件就成了最重要的一类史料。很遗憾，在 16 世纪有限的企业规模内，作坊本身的公文保存稀少，不过这些资料也不可能是大量的。作坊史的主要史料是工业公司的合同（主要是短期的），合同中准确写明投资各方的资本和利润的分配份额，有时还标明作坊的设备。在国王的特权证书[①]中有作坊的组织形式、作坊主人的各种特权，有时还标明新的技术手段，其文本常常只保存在国王会议的登记册中。税收文件（大部分是城市税务收入清单）有关于工业和商业资本增长的珍贵资料（尽管是间接的）。文件指出每位纳税者缴纳税款的数目，这是从其收入或财产估价按一定比例计算出来的。

作坊设备、厂房性质和规模可以从财产登记、遗嘱、婚约和诉讼文件等材料中获悉。其中有些情况还可见于商业来往信函和商业账簿。生产工具的改善和技术发明反映在决定作坊产品质量的文件（操作规程）、处理这些问题的商业局记录和常有插图的专门性的文章中。在有的情况下，16—17 世纪作坊中使用过的工具直接保存了下来（印刷厂、冶金作坊等单位的设备）。

318 作坊主和商人向政府或阶层代表处机构的请愿书、政治和经济类的抨击性文章和论文（特别是商业文章）很好地揭示出增长资本的经济要求。

各行会继续编制以前那种行为文件（章程、契约和请愿书等）；

---

① “特权”一词源于国王证书一类的外交用语，这类证书被赋予各不相同的权力，即所谓“无限权力证书”（Litterae patentes）。

出现(或增多)了工长职称的国王证书。

既然 16 世纪商业资本超过工业资本,商业史的史料也就比作坊史的史料更多。首先应该提到普遍广为使用的商业账簿[①]。一方面,可以通过它研究(有时相当准确)商业资本的流通量,商业利润、贸易公司的活动范围和规模,另一方面可研究其业务活动中某项业务所占的优势,最后研究其暴富和破产的变动情况(例如:富裕家族的没落从 14 世纪起)。商业交易所和商业法庭的登记簿、贸易公司的合同、以前已提到过的商业局记录、商业来往书信和贸易方面的文章都有很多珍贵的资料。这些史料,以及反映银行和交易会组委会(一般对大交易会时期交易额作出估算)业务活动的文件可以供作研究信贷活动的规模和性质。在多种多样的史料中,主要是在市委员会的决议、法律、大单位(修道院、大学等)的账目和报表中,在日记中有关于各种商品价格的资料,特别是它对价格革命的研究特别重要。这种资料是如此之多,根据它可以编制出价格在所有国家每年的涨落表。

根据货币法令和关于货币、货币流通的专门文章可以研究价格革命所引起的在货币流通中的失调现象。

对最初积累时期很典型的国家捐税和国债的增长情况可以从下列史料中加以研究:国家预算、度支局的报表、法律和税收、关于发行无限期公债和公债的决议等。

(李琳译　胡敦伟校)

---

① 参见本书第 111 页。

319 第二十四章　一些国家历史的史料

16 世纪的英国

554

英国农业变革史的史料首先是反圈地条例和政府专门委员会所研究的材料。它们既提供发展圈地过程的总的图景，也提供国家一些地方丰富而具体的材料(研究记录)。

都铎王朝从国库、国事和政治方面的考虑不止一次地颁布了反圈地条例。政府努力在全国保留独立自主的小农作为纳税者和士兵。此外，政府害怕被剥夺了财产的农民起义。但是条例的实际效力并不大，因为英国业已开始的农业资本主义的发展靠立法是阻挡不住的。

首批条例属于 1488—1489 年；它们的结构对后来也是很典型的，它们作为史料的价值在于序言部分一般会有一幅由于圈地而造成农民破产的图景，指出圈地的性质和范围。然后列举为恢复被毁坏的农民家园所采取的措施：退还土地和家园、赔偿所受的损失、废除大农场租赁条约、对不执行者给予罚款等。1488 年第一个条例只在威地岛实行；政府非常担心圈地威胁到全岛变为荒无人烟的地方(该岛对英国南部海岸的防卫很重要)。1489 年条例已在全王国实行。从后来的条例中可明显看到 1489 年条例只在国王领地和王族直接领有的土地上实行；封建领主们则不愿执行。

在亨利八世统治初期，当圈地已达到相当的规模时，曾颁布过几项法令。1514 年发布了一条告示（命令），不准扩大农场，不准把耕地变为牧场和驱逐农民。1516 年政府通过议会颁布一项新条例来肯定和补充 1489 年的条例。为了贯彻这一条例，1517 年成立了一个特别委员会，在 35 个郡对圈地进行调查（英国当时有 40 个郡）。这个委员会发布的具体指令是非常珍贵的史料，因为它对圈地作了有价值的描述，列举了委员会的任务和工作方法。委员会关于 1517—1518 年对许多地方和教区调查的记录提供了 320
很多精确的资料，它们是圈地具体史的极重要的史料。材料中引用有关于圈地地域范围、耕地变成牧场的规模、关于被毁农庄的数目、关于被剥夺财产的农民数目的数字材料。委员会用拉丁文写的所谓《大臣报告书》的原本只有 10 个郡保存下来，而且缺损颇多。16 世纪中叶根据《大臣报告书》真本的拉丁文简记可以对那些现已失传的记录作某种补偿，但是那里没有关于被驱逐农民数目的材料，没有圈地前土地情况的说明，没有占有者和农场主的材料。《大臣报告书》和简记的材料包含全国各地的 19 个郡，结合其他（极片断的）材料，这个数字达到 23 个郡。总之，尽管其材料极为珍贵，但是这样重要的史料也难以为全英国提供完全确切的资料。

1526—1529 年连续颁布了一系列取消圈地法令的。

1533 年的条例是针对英国中部和部分东部、南部的 14

个郡的，那里圈地已达很大的规模；条例还普及到教会的封建领主。禁止靠减少耕地和租赁两个以上农场的办法来扩大养羊业。法律文本中有宝贵的数字：指出封建领主和富有的农场主羊群的规模，还有羊和羊毛的价格。规定一个人拥有羊的最高限（两千只），否则就要罚款。接着颁布了1536年的条例，要求严格执行1533年的条例，否则对违反者追究刑事责任，并处以高额的罚款。

为1548年成立的新委员会制订了有价值的指令，但由于封建领主们的反抗，委员会很快就停止了工作，也没有留下像1517—1518年委员会那样的记录。

最后应该提一提关于恢复被毁坏的农民家园和停止圈地的1597年条例；这个条例也只是一纸空文。

在圈地的讼争中，记述王国诉讼具体程序的史料是相当珍贵的，自然其中有圈地本身的直接材料，它们是高级法院（国王枢密院于1487年成立的法院）和宽恕院的记录。农民常常上告法院，控告违反反圈地条例，但这些王国高级审判机关经常作出有利于地主的判决。农民向政府或议院提交的请愿书是重要的史料。

在地方采邑的史料中，特别是在编制相当详细的，有关采邑的面积（分别有领地和圈地的面积）、占有者的数目和他们占地的多少等的清单中，保存着整个农业制度史的不少资料。从为数众多的租赁契约中可以看出资本主义租赁事业的发展。阿·菲茨格尔别尔特（1470—1538年）的两篇农业论文很有价值。第一篇《农业

监督和增产指南》(*The Boke of Surveyinge and Improvements*)
发表于 1523 年,在 16 世纪被五次重版,它的对象不是农民,而是
大地主,并号召实行新的土地规划(为了建立大片土地而交换地 321
段)和农业集约化。文章提出增加领地的收入,轮作,提高产量等
一系列建议。第二篇文章《农业指南》(*The Boke of Husbandry*),
闻名遐迩,在 16 世纪重印了八次。文章有关于农业技术(记述了
工具、马具、各种农耕法)和畜牧业的有价值材料。文中园艺学占
了很大的分量。T. 泰谢尔的长诗《农业的百项建议》(*A hundreth
good pointes of husbandrie*)记述各月的农作。

教会土地世俗化过程,土地的出卖或馈赠记述在 1536 年、1539 年和 1541 年的废除(来自拉丁文的 dissolutio)条例、国王文书和买卖文据中。

马克思在《资本论》第一卷第 24 章中所分析过的《血腥立法》和关于降低工资、习艺所、穷人捐税、手工业和工业等条例一起是 16 世纪侵害人民群众史和雇佣工人处境史的主要史料。都铎王朝的《骇人听闻的法律》(1530 年、1547 年、1572 年和 1597 年等年度的条例)的目的是强迫被强行驱逐出农村的农民为得到微薄的报酬而劳动。

人民运动史的主要史料是政府信函、起义的纲领文件(1534—1537 年英国北部起义时期提出的《顿卡斯捷尔要求》,1549 年在杰旺希尔和康瓦尔起义农民的《埃克泽捷尔条文》,1549 年罗伯特·克特起义纲领等),以及 1549 年起义后颁布的条例。关于起义进程的一些资料保存在年代记中。

工业史的史料主要由文件材料[①]组成。其中应该提出的是关于作坊(特别是毛纺作坊),关于商业的文章,采矿业和采煤业的发展规划、关于航海业、捕鱼业、殖民地制度的文章(例如《论英国在北美殖民制度的必要性和利益》(*Discourse of the necessity and commoditie of planting English colonies upon the North parts of America, by Peckhan*,皮克亨写于1583年)。在政府颁发给各作坊的特许证中有珍贵的资料。商业大公司的史料是公司成员会议记录。在托马斯·杰隆(约1543—1600年)的很多小说中记述了各种作坊;最有价值的是小说《来自纽别里的吉克》(Jack of Newbery,1594),小说夸奖作坊主的魄力和财富。大毛纺作坊既雇用成年人,也雇用童工劳动,作者对其描写尽管很谄媚,但很有趣。

英国宗教改革运动史有大批史料:教会法、教皇训谕、英国教堂祈祷书(Prayer Books)、神学论文、教堂收入文件、加尔文教徒会议记录、布道演说和内容广泛的信件。

维洛乌巴、钦斯列尔、吉利别尔特、弗罗皮舍尔、哈乌金斯等人所写的众多的游记描绘出16世纪下半叶英国开始的殖民扩张活
322 动。在这些作品中,如同这类题材的抨击性文章一样系统宣传了对北美土地的占领,在那里建立殖民地、开发自然财富等。

政治史的文件材料非常之多,并且内容丰富。

英国16世纪的历史著作相对不多;其中有些还保留以前年代记的形式。对亨利七世的统治情况有意大利人文主义者帕利多

① 参见本书第317—318页。

尔·维尔基利(1470—1555年)的拉丁文著作(1534年的*Historia Angliae*)。霍尔(死于1547年)在《约尔克和兰卡斯捷尔两位名门望族的联盟》(*The union of the two noble and illustre families York and Lancaster*,1542)写了亨利八世的历史。这是16世纪上半叶最优秀的叙述性史料,尽管记述具有过分颂扬的性质。

两位历史学家霍林舍德(约死于1580年)和斯托乌(1525—1605年)写的几乎是同一时间,并相互采用。在霍林舍德的年代记(写到1586年)中记述了英国、爱尔兰、苏格兰的历史。最珍贵的是写伊丽莎白统治的那部分。第一版在1577年问世,第二版(1587年)按政府旨意删去了有关英国同苏格兰的关系、莱斯捷尔的阴谋等篇幅。在斯托乌的《英国年代记汇编》(*A summarye of Englyshe Chronicles*,1565)中有严格按年代顺序、内容广泛的实际材料。

克姆坚(1551—1623年)的拉丁文著作《史册》(1615年)也具有同样的模式,一出版就被译成了英语。克姆坚是别尔拉亲近的财务主任。克姆坚广泛使用了别尔拉所保存的文件资料,并根据这些资料很好地阐述了伊丽莎白统治的内政外交史。

英国16世纪的政论作品内容广泛,极为丰富,记述了社会生活的各个方面:圈地、宗教改革运动、殖民活动等。政论作品常常有非常珍贵的史实材料。属于此类史料的还有人文主义者托马斯·莫尔(1478—1535年)的著名作品,即他的《乌托邦》(1516年)。第一部分描绘出一幅英国16世纪初社会生活和政治生活的鲜明图景(其中包括使农民破产的圈地),莫尔在书中对其给予尖锐的批判,并在第二部分以乌托邦岛居民的幸福社会制度与其相对立。

应该指出圈地的很有价值的民间叙事诗，诗中表达出对驱逐农民、破坏农民家园的反抗心情。

法　国

农业制度史最重要的史料是私人文据，保存量很大，部分是原件，还有副本，但它主要留存于当时的公证手记和档案清册[①]中。对这种文据研究得尚不充分。其中反映了16世纪法国开始的最贫困农民被剥削的过程，其表现形式是官吏和贵族化了的资产阶
323 级以及富裕农民大宗收买农民的土地（纳赋永佃制）。因此这些文件主要是一些抵押证书，特别是卖地文据。其中包括破产的氏族贵族不断出卖（全部或部分）贵族土地（采邑）的文据。定期租赁契约（金钱的或对分制的）在16世纪得到大规模推广，它一般详细列举出佃户的全部义务，因而这些文据提供了一幅向资本主义过渡的新的剥削形式的具体图景。与此同时，既然还保留着封建的基础——土地的封建所有制，因此其正式颁布的那些土地文件还继续保留着。如仆从宣誓书（附有纳赋永佃制的清单），农民应交付的条件和贡赋的清单等。但是在评价16—17世纪法国农业制度状况时，这些史料应结合上述记述农村封建制度解体的文据一起来研究。

① 在公证手记中略去了文据格式（见本书第110页），在档案清册中仅有文据的简明摘要。

农业论文应提出其中两篇最有分量的。第一篇是出版于1574年的Ш.埃季延和Ж.利叶鲍写的《农艺和农业》(*L'agriculture et la maison rustique*),文中有农技的详细记述及对领地管理的不少建议,在领地上耕种佃户的劳动起着重要的作用。奥利维耶·德·谢尔遵照亨利四世的旨意写了著名的作品《农艺区和大田作业》(*Théatre d'agriculture et mesnage des champs*),于1600年发表,亨利四世想让法国贵族为获取利润而经营的农业。作者详细记述各领域:大田作业、畜牧业、园艺业等。他特别注意养蚕业,为了在法国推广养蚕业,他下了不少气力。主要的是作品谈经营方法的第一部分。作者作为刚贵族化了的资产阶级家庭的典型代表,坚决主张改革老爷的土地,即把土地定期出租,或采取雇佣劳动,他对后者倍加推崇,详细地记述了当时在法国南部定期租赁的所有形式。

法国大量的工业和贸易史料完全和此类史料[①]的上述特征相适应,这种特征见于资本主义制度发展的所有国家。特别应该提到的是亨利四世时期商业厅会议的记录。那上面有向商业厅提交的机械、发动机和各种技术革新的设计,商业和作坊等发展方案。出版于1615年的A.蒙克列季延的《政经学论文》很重要。作者到过英国和荷兰,不仅熟知法国的贸易情况,还深知英国和荷兰的贸易状况,就像他了解这些国家作坊的组织和性质一样。他的著作是长期观察的结果,并对17世纪初法国工业、贸易和殖民状况提供一幅鲜明的图景。它作为一篇最早认识到必须一贯奉行重商主

① 参见本书第317—318页。

义政策的文章,对经济思想史也很有价值。

324 按黎塞留的要求,高级文官拉·戈姆别尔基叶尔编写了《对王国各种和有用必需商品和产品的统一新规章》(*Nouveau règlement général sur toutes sortes de marchandises et manufactures qui sont utiles et nécessaires dans ce royaume*),于1634年出版。它不仅记述了那时工商业的情况,还写了从16世纪末的工商简史。作者力图证明法国工业、工场手工业如此发达,国家完全可以不需要靠外国进口。他要求在外贸和保护国家生产上加强关税政策的保护。

大史学家、经济学家和政治作家让·博登(1530—1596年)的论文是16世纪中叶对法国价格革命史很有价值的史料。在1568年发表的《让·博登给杰·马利特鲁阿的答复》(*Responses de Jean Bodin à M. de Malestroit*)中作者以论战的形式论述了对物价上涨和货币贬值原因的看法。博登是同时代人中明悉这些现象同贵金属从美洲流入欧洲之间联系的第一人。

原始积累的过程在法国也像在英国一样,伴随着反对被剥削者的血腥立法。第一部法律(敕令)公布于1534年,它只实施于最早反映这过程后果的朗格多克。以后的敕令涉及全国。逃避劳动的穷人和流浪者被威胁坐牢和在帆桨大船上做苦役。从1545年起,一系列敕令都是关于强行征收救济穷人的施舍费。1544年、1567年、1577年等的敕令力求调整工人工资以利于企业家。在法国历史上,里昂和巴黎的印刷雇佣工人首批罢工发生于1539—1541年,其主要史料是文件材料:里昂市政府的录事簿,官员的来往信件和送交巴黎议会的工人请愿书。此外,从法国无产阶级出现初期这些阶级斗争起，法国也开始了反对工人联盟的立法。1539 年在维尔-科特尔为造船业颁布的敕令末尾增补条文（185—192 条）禁止“全王国工人和行会手工业者的所有团体和任何工人举行集会”。此后又有其他很多此类敕令问世（1541 年、1542 年、1544 年等）。1612 年一条反流浪者和穷人的敕令附有穷人习艺所章程，章程规定实行监狱的生活制度，不仅残酷剥削成年人的劳动，还包括儿童的劳动。

16—17 世纪中叶法国政治史的主要史料是相当多的文件材料，首先是官员的来往信件和中央及地方各机关的会议记录（国王会议、议会、市政局和财政机关等）。数量越益增多的法律典籍作为史料也有重大的意义，它关联到国家和社会生活的几乎所有方面。可以说在这一历史时期发生的所有事件都在浩繁的文件材料中得到某种完整的记述，其作为历史史料的珍贵性已多次提及。325
它对众多的（特别是在 1630—1640 年）人民运动史非常重要。

法国宗教改革运动史反映在众多的各种史料中：加尔文及其信徒的神学著作和抨击性著作、他们的布道演说和大量的来往信件、法国新教徒公社会议和教会事务协商会议的记录、国王多次颁布的宗教政治性质的敕令，其中 1598 年的南特敕令尤为重要。

大量的各种文件使历史著作和回忆录作为史料退居到第二位。这种作品在 16—17 世纪的法国曾大量出现，但，一部作品仅有几十页篇幅而已。有时它含有丰富的事实材料，这时期的任何一位研究者舍此不可能对其开展研究。只须注意一下，16 世纪中叶开始的宗教纠纷，很快演变为残酷的内讧，这给史学史和政论作品打下深刻的烙印。后者成了法国新教徒、天主教徒和“政治家”

(专制政体的捍卫者)之间思想斗争的场所。因此,在16世纪的很多历史作品中,事件常常被歪曲而有利于作者的政治和宗教的观点。例如新教党有名的活动家阿格里帕·德·奥比尼耶(1552—1630年)的《世界史》(*Histoire universelle*)和回忆录。他的诗歌天赋使他在法国文学史上享有荣誉的地位,但他的历史著作由于史料价值不高,就需要极仔细审查。书中有很多年代上的错误,对前人和同时代人的著作和文件不求甚解,并有歪曲。

议会高官和专制政体的拥护者德·图(1553—1617年)的《我的时代史》则是另一种性质,它先用拉丁文出版,后才译成法语。这部著作有1543—1607年法国史的很有价值和记述真实的材料。但就是这样一部当时在所有历史著作中最公正的著作也经不住和文件材料相比较。比较中可使研究者明显地看到事件进程和本意在文件中要比杰·图的著作反映得更详尽、更深刻。然而这部著作作为16世纪社会思想史的史料在史料史发展上有着重要的价值。

在17世纪前半叶的历史著作中应简略地提一提当时两位非常有名的政治活动家(絮利和黎塞留)所写的回忆录。

絮利公爵(1560—1651年)是多次内战的参加者,是亨利四世时期的财政长官,他的回忆录名为《国家经济原则》(*Mémoires des sages et royales oeconomies d'Estat*)。它编写于1611—1617年,后在1638年作了修改,把事件写到1606年,并在1638年以两卷集在自己的出版社出版。接下去的两卷(1606—1610年的事件和亨利四世死后的法国史)已在絮利死后的1661年问世。整部著作的主要目的是歌颂亨利四世及其忠臣。记述采取絮利秘书和絮利谈话的形式，这使作者避免自己来吹捧自己。絮利著作作为亨利四世统治史和玛丽亚·麦季恰摄政史的史料长期以来（特别是在18世纪和19世纪）声誉非常显赫。但是19世纪末—20世纪初以保存下来的文件为依据对其作了批判性的研究，其结果使它的声誉一落千丈，作者在亨利四世书信中所引用的很多东西都是伪造的；很多歪曲事实的地方被揭露出来等。研究絮利在财政以及其他方面的活动现在不是根据他那些不可信的回忆录，而是根据众多的文件，才得以批判性地评价他活动的性质和规模。 326

红衣主教黎塞留（1585—1642年）是法国专制政体的最著名的代表，他的回忆录和絮利回忆录的史料命运十分相似。他的回忆录的可靠性也长期未曾受到怀疑，并为历史学家广为引用。后来，由于自1907年出版了许多历史科学著作，因此出现了大量的批判工作。很多年来，法国历史学家热烈讨论这些回忆录是否是黎塞留之作的问题。原来，黎塞留回忆录并非完全属实。这是红衣主教一种辩护之作，编写使用正式文件要按他的指令、受他的监视，而且有些部分他还要亲自参与编写。回忆录中事实材料的取舍要视回忆录的需要，立意赞扬黎塞留的行为。因此，在阐述事件的过程时，不可信任这部著作。这部著作的价值在另一方面：它是一部研究红衣主教意图的史料，他的意图是想营造一种对他有利的社会舆论。

另一部和黎塞留名字有关联的著作（他的《政治遗嘱》[*Testament politique*]）的研究有着一段很长的历史。但这段历史比起絮利和黎塞留回忆录的命运则具有另一种性质。《政治遗嘱》于1637—1642年编写（可能是在他直接领导下），红衣主教编写的目的是在他死后可垂教国王路易十三。它首先问世于1688年,从那时起曾多次再版。伏尔泰在一系列文章中对其真实性坚决提出异议,他根据的不是历史分析,而是臆断,他认为如此重要的文件就应该有对君主重大事件的论断,而不是谈些他在《政治遗嘱》中所看到的那些“庸俗细节”。伏尔泰的论据当时就被方谢曼有力地驳倒,而19—20世纪的研究也证实了后者观点的正确和伏尔泰论断的错误。

《政治遗嘱》是某种唯一的和极为珍贵的史料。开头部分简要地记述1637年前黎塞留的国事活动;然后相当详细地记述他对教会、贵族、官吏、平民、商业的政治观点;最后有黎塞留的财政方案,计划在税收领域进行重大的改革。黎塞留把自己的见解和忠告说得具体而详细,力图使未来的国王避免犯各种可能的错误。同时他以其素有的清晰思路提出自己的主要政治原理。因此这份史料
327 对于了解专制政体的思想和阶级实质是不可替换的。

在16世纪,特别是17世纪的法国,政论作品得到重大的发展。流传至今的几千份小册子和大文章,涉及政治、社会、宗教、历史的各种各样大众关注的问题。这些作品非常鲜明地反映了阶级、阶层、各宗教和政治团体的斗争,因此,应对这类史料分外加以关注,况且在资产阶级史料中还对其研究和使用得不够充分。

17世纪初开始发行年鉴《法国商业神》(*Mercure françois*),它对过去一年的事件作了相当全面的评述。1631年T.列诺多按黎塞留的指令创办了法国第一份报纸*Gazette*。这两份出版物都具有官方的性质,都有很多国内外历史的相当珍贵的材料。

荷　兰

私人的土地买卖证书和短期租赁合同像在法国一样，几乎是唯一的农业制度史料。与此同时，在较落后的东方和南方各省，封建关系几乎仍然没变，但留存下一些记述封建剥削农民的文件。

反对流浪者和穷人的法律始于1501年的法令，随后又有许多别的法律，按其内容均仿照于英国和法国的法律。

有关贸易、工业、造船业和捕鱼业历史的史料非常丰富。各种个人和公共性质的文件占据多数。捕鱼业在荷兰的经济中位居前列，捕鱼史的史料特别多（主要是一些国家的决议）。史料中反映有该行业的技术和组织的所有方面。在弗兰德里亚和勃拉班特城市的呢绒业及一般纺织业史的主要史料像16世纪前一样还是市政府的证书。

荷兰、意大利、德国及其他国家的贸易公司大量的事务来往信件（例如富裕家族经理人员的书信）不仅有经济史，还有政治史的珍贵资料。特别应指出的是佛罗伦萨历史学家弗兰切斯科·格维恰尔季尼的侄儿洛多维科·格维恰尔季尼（1523—1589年）的《荷兰记述》（*Descrittione di tutti i Paesi Bassi*，1567年出版，并被翻译成各种欧洲语言）。作者作为一位经商者长期居住在荷兰，并精心收集了丰富的素材。他的著作是荷兰贸易、工业和交易所业务状况总貌的非常重要的史料。

经济上很多珍贵的材料散落在国务活动家的大量来往信件中。

荷兰的宗教改革及后来的革命历史史料是众多的指令：查理五世和菲利普二世反对邪教徒的《宣传告示》(除了已指出过的英国和法国的史料外)。

328 荷兰革命史的史料文件非常丰富：国会和省府、城市委员会和阿尔巴的《红色委员会》的记录，查理五世、菲利普二世、奥兰的威廉、格兰韦列的红衣主教、帕马的马格丽特、奥地利、阿尔巴及其他许多国家和社会活动家的书信和指令。在革命过程中产生的条约和合并书(《根特绥靖》，乌德勒支和阿拉斯的合并)、告示和告人民书、外国使团们的外交报告、英国的伊丽莎白、美第奇家族的喀德琳等人的书信、军事性质的众多文件——这还远不是研究者拥有的各种各样文件史料的全部。

大部分有相当价值的政论文章都渲染着宗教色彩。这是荷兰革命总的一个鲜明特征。

叙述性史料应推当代人的回忆录，例如马格丽特时代帕马的维格利乌斯(1507—1577 年)和菲利普二世的大臣戈佩尔的回忆录。这两种史料对革命的初期阶段都很有价值。第一份报纸《法国—比利时水星报》(*Mercurius Gallo-Belgicus*)在科隆出版(但在荷兰发行)，有两个版本，一个版本发行于 1588—1608 年，另一个版本发行于 1596—1610 年。报上有争取独立，和西班牙斗争的后期实际材料，阐述法国在外交谈判中所起的作用。著名的法学家古戈·格罗齐(1583—1645 年)的巨著《年鉴和比利时讼案史》(*Annales et historiae de rebus Belgicis*)记述的是 1566—1609 年，但到 17 世纪才写完。

意大利

由于意大利在政治上的四分五裂，16—17 世纪中叶意大利的史料仍然只与意大利北部和中部大中心周围所形成的某些公国和共和国相关联（热那亚共和国和威尼斯共和国；托斯卡纳公国、米兰公国、莫德纳公国、帕马公国和皮叶蒙特公国），与教皇州有关联，与西班牙统治下的两个西西里王国有关联。

意大利这时的历史发展——在资本主义因素增长中萧条，但没有发生像在德国、捷克和波兰等国那样农民第二次成为农奴。它在史料中的反映按其性质和 14—15 世纪的史料几乎没有差别。

农业制度史的主要史料还是私人文据（土地买卖证书、捐赠书、典当单、租赁契约、遗嘱和婚约等）和法令。在一些公国（如在托斯卡纳）实行土地封建分封制度，并有特别的文据，这是一种新因素。阿戈斯季诺·加洛（1550 年）、托列洛（1556 年）、阿弗里科·克列缅捷（1572 年）的农业文章，卢伊吉·阿拉马尼亚（1546 年）和鲁切拉亚的史诗是 16 世纪发展集约农业，特别是发展园艺业和蔬菜栽培业的好史料。

工商业史的主要史料是商业书籍、贸易公司和银行的商务通信，各种私人财产文据，法令和征税文件。有些材料还见于外交报告和历史著作中。

政治史的文件材料非常丰富。除了意大利君主、教皇、城市的 329
官方文件，大量的意大利外交官和罗马教皇使节的报告外，在法国和意大利的政府和外交来往信件中有意大利史的很多资料，意大利16—17世纪中叶的命运和这两个国家有着紧密的联系。

意大利每个国家在16世纪都出现了自己的历史著作，这些著作一般都是由君主或政府约稿并在其监视下写成的，因此具有一种官方的性质。这样的著作有红衣主教别姆鲍(1470—1547年)的《威尼斯史》、威尼斯官方的历史编纂学家帕鲁季(1540—1598年)的同名著作及其他许多著作。

还应提一提16世纪初佛罗伦萨的两位大历史学家马基雅维利和格维恰尔季尼。

佛罗伦萨共和国1499—1512年的首相尼科洛·马基雅维利(1469—1527年)是意大利人文主义史学史的著名代表。他的主要著作《佛罗伦萨史》(*Istorie fiorentine*，1532)按其内容还是属于15世纪(写到1492年)，并主要根据先辈的著作(皮奥多、维拉尼、布鲁尼等)写成；马克思称这是一部杰作[①]。这部著作在史料史上占有重大的地位，这首先归功于马基雅维利著作的质量上乘，他作为一位历史学家，力求揭示社会生活事件的因果联系，并以此立场来描绘自己故乡城市的往事。这部著作的史料学意义要比其史料史的价值低得多。马基雅维利16世纪初的其他著作作为史料更为重要：从法国、罗马等地发回的外交报告，特别是1514年编写的和1535年首次印刷的文章《君主论》(*Il principe*)和书信。马基雅维利在文章中描绘出一位强有力的统治者形象，他应是一位不择手段的统治者(由此有“马基雅维利主义”、“马基雅维利政治”的概念)。他为意大利所构想的正是这样的君主，这时的意大利内

① 《马克思恩格斯通信选集》，俄文版，第93页。

讧不休，外强侵扰。他认为政治上的四分五裂是意大利灾难的主要根源。马基雅维利的文章是16世纪初意大利政治全貌的重要史料，也是当时意大利最杰出的政治思想典籍之一。他对法国、西班牙和英国的专制政体的政治和思想曾有过相当大的影响。

弗兰切斯科·格维恰尔季尼（1483—1540年）是佛罗伦萨的政治活动家、教皇的专职外交家。他出身于佛罗伦萨一个最富有的贵族家庭，这特别反映在他的历史著作总的观念中。他在1378—1509年间写的《佛罗伦萨史》，特别是1494—1534年间写的《意大利史》不仅对史料史的发展，还作为史料都很珍贵，因为作者由于其先是佛罗伦萨的使者，后来是教皇使者的这种地位，通晓实情，并能直接阅读到档案资料。他十分关注经济生活，作出中肯的评价和解说，看清种种政治事件。

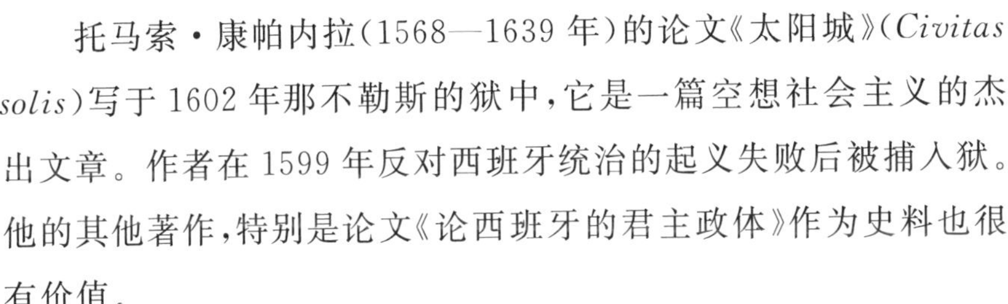

托马索·康帕内拉（1568—1639年）的论文《太阳城》（*Civitas* 330
solis）写于1602年那不勒斯的狱中，它是一篇空想社会主义的杰出文章。作者在1599年反对西班牙统治的起义失败后被捕入狱。他的其他著作，特别是论文《论西班牙的君主政体》作为史料也很有价值。

西班牙和葡萄牙

早在15世纪末，西班牙和葡萄牙除了本国的史料外，还出现西班牙和葡萄牙海外殖民地的史料，特别是在美国的殖民地史料。

比利牛斯半岛农业关系史的主要史料还是像以前提到过的法

国、荷兰和意大利那种私人文据。在国会的请愿书和决议、王国法律中都有很多资料(主要是农业日益衰落)。《地方机关》1511年编纂的特权和关于牧场的法律是牧羊业历史的史料。

工商史有一些城市相当丰富的文件材料,例如由于专制政体的发展在16—17世纪重新审订的城市规章,还有国会请愿书和决议,呈交政府的报告书,当代人的描述和论文(如有许多商业资料的阿隆索·莫尔加多的《塞维利亚史》或托马萨·德·麦尔卡多关于交易的论文),车间规章,贸易公司和港口领事馆的条例及贸易条约等。内容广泛的工商法律的数量超过了法国。保存有很多调节工商活动的命令,关于商业和金融交易所等的命令。特别应提到对历史很重要的价格革命(不仅在西班牙,还在整个欧洲),塞维利亚的商业厅年度报告,贵金属正是从美国运到这里。这些文件使我们准确知道金银进口的规模,它的增长幅度,以及金银相对的数量。从年度报表中获取的准确材料使我们不仅能统计出整个16世纪的全部数字,还能了解到每年进口的数字变化,划分出时期等,这对蓬勃发展的价格革命时期西班牙及其他欧洲国家的详细经济史非常重要。城市的、修道院的、大学的及其他的登记簿也能使我们准确确定食品和工业品在西班牙不同城市和地区的价格增长状况。

课税文件不仅提供了税务的,还提供了整个社会经济关系的不少材料。例如国库的人口调查作为人口和不同阶层的统计史料也很重要。

西班牙某些地区实施不同法律的情况一直延续到16—17世纪;因此每个地区都有自己的法典。1527年批准了比斯开地区的

自治特权，1547年编制出农业法汇集，1557年批准了纳瓦尔法集，
1567年批准了卡斯季尔法集（《新法典》），1580年批准了瓦伦西亚
法集，1588—1589年批准了卡塔隆法集。法集中有部分自治特
权、国会决议和国王命令等。这些法集后来不止一次加以补充，并 331
部分加以修改。这些法律典籍有很多关于西班牙行省生活的各自
特点的材料。

特别应提到反对摩尔人（摩尔人的后代）的很多决议和残酷迫害异教徒、犹太人和穆斯林的西班牙宗教裁判所的文据。

对于政治史，不仅是比利牛斯山脉一带的国家，还是他们统治下的国家（两个西西里的王国、米兰、荷兰、美国的殖民地），在16—17世纪中叶几乎欧洲各国的主要史料都是政府文件（特别是菲利普二世内容丰富的来往信件）、外交报告、国会决议和请愿书、地方长官和总督的报告等。1520—1521年卡斯蒂利亚“科穆涅罗斯”的起义反映在起义者的请愿书、政府来往信件、阿利科谢尔的年代记及其他当时的历史著作中。

西班牙人和葡萄牙人的伟大地理发现史和征服史的史料是由文件、书信和历史著作等组成的。

最早的文件是1452年、1455年和1456年的教皇训谕，赏赐给葡萄牙人占据西非沿岸土地的“权利”。接着在1493年出现了亚历山大六世教皇有名的关于西班牙和葡萄牙分割大西洋的训谕 *Inter Caetera*。后来这两个国家已不用听命于教皇的干预：按1494年他们签订的托尔杰西利亚斯条约，葡萄牙海洋部分的边疆比原有的大大向西扩展（占领了大部分比利时），而按1529年的萨拉戈斯条约也在太平洋上划分了边界。这些具有重大意义的外交

文件记述了第一次在当时两个最强大的殖民国家间瓜分世界的情况。15—16世纪的地图和地球仪是珍贵的史料。

葡萄牙王国，西班牙王国同探寻和征服新土地的航海者及征服者们签订的条约在15世纪70年代就已出现，并称之为卡皮图利亚齐亚[①]。在条约中政府保留对新掠夺领土的最高权力（最高管辖权、征税、派钦差大臣和财务大臣等）。1492年4月17日在圣菲（被围困的格里纳达营地）和哥伦布签订了类似的协定：为他提供海军将官、总督和省长的地位（后来在1492年4月30日由国王的文书正式加以承认），并且他可得到掠夺的全部财宝和货物的十分之一和商务讼争的审判权。关于哥伦布的《热那亚文件》是关于他的祖宗、父母及他本人的公证书，对哥伦布生平的第一部分（意大利部分）有准确的资料。

发现新大陆最早的史料是1498年3月4日哥伦布给宫廷行政官员阿拉冈·桑坦赫利和桑切斯的信函（在返程的卡那尔群岛附近）。信中记述了哥伦布的首次航行、他发现的岛屿和土著居民的生活习俗。信未必出自哥伦布本人的手笔，因为他不太会写卡
332 斯蒂利亚文。最可能是他口授给秘书，秘书再进行文字修饰。原信未流传下来；留下的只是众多的抄本（其中有些还是在1493年当年所抄）。此信迅速传开。大量出版了加泰罗尼亚语、法语、拉丁语、德语等版本。在哥伦布和西班牙国王的来往信件中，在国王指令和哥伦布的工作细则中有哥伦布其他各次航行情况的材料。在哥伦布为国王写的回忆录（备忘录）中有1493年10月到1494

① 条约文本中所分各项称为卡皮图尔，因此得名。

年1月末埃斯帕尼奥尔岛事件的报告。在保留下来的这份文件的原稿中有边上写的注和斐迪南及伊莎贝拉的意见和决定。1506年他的遗嘱以及他的后裔在1511—1563年同西班牙国王进行的诉讼材料对哥伦布的发现及生平资料都很有价值。

至于以他的名字编写的哥伦布首航日记不完全可靠。从其他史料中可知哥伦布确实有自己的航海日记，但流传下来的都只是改写过的。这篇(提纲挈领形式)的改述是哥伦布身边的人拉斯·卡萨斯[①]编写的，他能接触到海军将官的文件，并在这篇改述中加上自己的注解。然而该文在一定程度上保留下记述的最初轮廓，于是它作为第一次航行的史料，其珍贵性是很重要的。

医生昌卡曾参加过哥伦布第二次探险，他在一封给塞维利亚市政当局的信中对这次探险有所记述。第四次航行的许多材料保留在一位探险者季叶多·缅杰斯·杰·谢戈拉于1536年的遗书中。斐迪南和伊莎贝拉的内侍官彼德·马尔季尔·安基叶拉(1457—1526年)在1490年代写给西班牙和意大利不同人士的信件很有价值，信中有同时代人对哥伦布的发现的感想。

出版于1530年的安基叶拉的著作《关于新大陆》(*De Orbe Novo decades*)是地理发现最初的综合报道。

同行者科尔捷萨·别尔纳利·季阿斯(15世纪末—1560年)留下关于征服墨西哥、关于阿西德克人的社会制度和习俗的非常有价值的札记《征服新西班牙正传》(*Verdadera historia de la conquista de Nueva Espana*)，它至今也是墨西哥征服史的主要史

① 参见本书第333页。

料之一。

西班牙人征服美洲其他地方及在那里的一些统治情况的文件相当丰富。除了前面提过的国王和航海探险家签订的条约外，还有《阿西延多》（国王和征服者的协定），《瓜分制》文据（直意是瓜分文据，把土地和印第安人分配给西班牙居民的正式文书）和《委托监护制》文据（即赏赐给西班牙人的“自由的”印第安人——指西班牙国王的臣民——的文据，他们在一定期限和在交付国库四分之一收入的条件下有权剥削这些印第安人的劳动。）瓜分制和委托监护制实际上是征服者对土著居民奴役剥削的一种形式。更有意思的是瓜分制文据，这是西班牙约在1508年制定的文件，一种似乎是印第安人“自愿”承认西班牙国王统治的模式。征服者有责任在征服区公开宣读。

 333 西班牙殖民史的法律典籍是1542年查理五世批准的《新法汇集》（*Leyes Nuevas*）。它反映出政府力图对殖民者的胡作非为加以某些限制，并保证西班牙国王行政和财政的权利。但是这一汇集的颁布引起了西班牙移民的坚决反对，结果新法的大部分内容被删除。

1571年在威尼斯用意大利文出版的《哥伦布传》（*Historie della vita e de fatti dell'Amiraglio Christoforo Colombo*）是他的儿子费尔南多的著作，但不一定是他写的。最可能是某一位深谙哥伦布家事的人所为，但他对文件任意使用，作了很多歪曲；因此这一史料绝不是可信和可靠的。

16世纪的叙述性史料有内容丰富、基本可靠的关于殖民地发现和征服的材料。前已提及的别尔纳利杰斯[①]在自己著作中根据哥伦布本人及其伙伴的报道提供了珍贵的资料。多米尼加人巴尔托洛麦·拉斯·卡萨斯(1474—1566年)的著作是最有价值和很有特色的史料,他是当时的一位传教士,西班牙著名的史学家,并且是一位被征服者压迫奴役的印第安人的非常热忱的捍卫者。他自己曾在埃斯帕尼奥尔和古巴住了几年,亲眼目睹了西班牙对印第安人的荼毒生灵、惨绝人寰的行为。他保护印第安人的抨击文章,特别是1552年写于塞维利亚的文章《蹂躏印第安简史》(*Brevissima relasción de la destruyccion de las Indias*)愤怒地揭露了征服者对印第安人的非人待遇。《印第安史》(*Historia de las Indias*)是他根据哥伦布及其后代档案材料编写的。书没有写完,并直到19世纪才出版。

洛佩斯·德·戈马拉(1510—约1560年)访问过美洲,并对征服西印第安和墨西哥作了系统的记述(La historia de las Indias y conquista de Mexico),但有许多不实之处,可在当时名气很大。奥维叶多-伊-瓦利杰斯(1478—1557年)的著作《印第安通史和自然史》(*Natural y general historia de las Indias*)有很多材料。

16世纪西班牙的著名史学家安托尼奥·埃列拉(1549—1625年)是菲利普二世时期的"两印和卡斯蒂利亚的历史编纂学家",后来又担任了国务秘书。他的主要著作《卡斯蒂利

① 参见本书第239页。

人在海洋岛屿和大陆活动通史》(*Historia general de los hechos de los Castellanos en las islas y tierra firme del mar oceano*)是根据众多的档案文件(征服者和西班牙政府在殖民地的代表的报告)写成的。特别的《西印第安记述》是其前言。他的其他著作属于菲利普二世1554—1589年统治的通史,西班牙在意大利的统治史及葡萄牙人夺取阿佐尔岛屿等的历史。

在类似的史料中有葡萄牙人漫游和征服的资料。关于瓦斯科·杰·加马于1497—1499年第一次的探险情况保留在他的一位旅伴的札记中。他在离开麦哲伦去环球旅行前,也和西班牙政府签订了类似的条约。旅行情况在他的一位探险家意大利人安托尼奥·皮加费塔(1491—1534年)的日记中有所记述。葡萄牙的
334 旅行史可见于里瓦杰奈拉(约16世纪中叶—1606年)的著作《……群岛史》(*Historia de las islas del archipelago*…),该书于1601年在巴塞罗那出版。

如同所述,莱茵河以东的国家的史料在很多方面都有别于英国、法国、荷兰、意大利和西班牙的史料。的确,16世纪初资本主义因素在德国、捷克短暂时期的发展导致那里出现了相应的典籍。其实例就是德国和瑞士的大印刷厂的文件材料,捷克、什季里、西列兹和绍林吉亚矿山的文件材料,甘泽伊各城市造船厂的文件材料,德国富格尔、维利维尔、戈赫什捷吉尔大工贸公司在欧洲,甚至美洲的活动文件材料等。然而由于这些国家后来向另一途径发展,此类文件也就不能得到广泛的推广。莱茵河以东的国家的史

料基本上保留封建的性质，特别是农业制度的史料。乌尔巴里亚大地产的财产清册，管家的报告及他们同地主间的来往信件开始相当多起来。随同议会的法律和决议的出现，他们在总的方面加大了劳役和加强了农奴制的剥削。农业文章总结经营贵族大地产的经验，根据的不是雇佣劳动，而是劳役劳动。农民的诉状和诉讼文件提供了阶级斗争史的材料。

德　国

村社条例[①](Markweistümer)是研究早在15世纪农业制度就开始的封建反动的主要材料，这种封建反动变化后来导致了农民第二次农奴化。此时这些史料的性质已发生了变化。如果在13—15世纪史料主要还是习惯法的记事，那么到了16世纪它已开始变为主人命令的汇集。封建主利用农民的公社组织，来为自己谋福利。村社条例出现了一些增加农民义务和支付范围及削弱农民法律地位的新条文。很多农民的控诉状(Beschwerden)和诉讼材料、(奥地利)国王和公爵的法令、地方自治代表会的材料、有关土地所有权的私人文据、农民战争的纲领性文件等都可证明这一过程。

戈赫别尔格的著作《引人入胜的农艺学》(*Georgica curiosa*)是反映17世纪中叶奥地利农业制度和贵族大农庄的别具特色的农业百科全书。经营建立在残酷剥削农奴的劳役上，但在一定程

① 参见本书第182—183页。

度上全书偏重于讲述企业的经营活动。作者建议地主们经营啤酒业、锯木业、砖厂及大规模经营养羊业。

地方城市的文件记述的是城市的经济和政治史,以及城市的
335 起义,这些文件的性质和以前的时期相比没有变化(城市委员会和法院记录,和其他城市、国王和王公的来往书信,以及本市文据真本和副本等)。它们的数量很大。

德国宗教改革史的史料是路德著名的维坚别尔格提纲、教皇圣谕、查理五世的书信、帝国的敕令、路德公爵和城市编制的1529年的《新教义》(由此文件出现了先是路德的,后是其他宗教派别的"新教"这个名称)和宗教条约的提纲(其中最主要的是1555年阿乌格斯布尔格宗教和约)。很多神学性质的专题文章和抨击文章、布道演说、宗教改革活动家的宣言和信函(闵采尔、路德、萨文黎、梅兰希通等人),他们大量的信件,以及路德自传和梅兰希通、马捷齐等人编写的路德传。德国宗教改革的很多事实材料见于新教徒斯雷丹(1506—1556年)的著作《查理五世皇帝统治时期的国家和宗教状况评述》(*Commentarii de statu religionis et reipublicae Carolo V Caesare*)和16世纪德国其他史学家的著作。应该指出,在很多的此类史料中都有那时阶级斗争史的珍贵材料,特别是1525年的农民战争史。此类资料有闵采尔的布道演说和书信,路德的布道演说、抨击文章、书告和信件等。

《提纲信》(*Artikelbrief*)作为了解农民战争纲领的史料具有非常重要的意义。它如果不是闵采尔本人编写(把握不大),也是根据他的社会政治观点编写的。这份革命党的纲领性文件在1525年农民春季起义前(在1524年年末或1525年1月)就已出现,它

谈的是推翻现有制度。《提纲信》颇具特色的是披上一层宗教的外衣："神权"在信中被看成驾驭于全社会的民权（即农民和城市贫民的权利）。从其形式上看这个文件是一封信（或便函），可能是附在当时通行一时的农民条文上（但不属《十二条》）。

1525 年春在什瓦勃-黑森林区的起义过程中，即在《提纲信》出现之后，《十二条》出现了，这与其说是纲领性的，倒不如说是妥协的，令人觉得是和封建主妥协的纲领。由此它具有温和的性质。《十二条》是根据很多本地农民的申诉（Beschwerden）编制的。各村各地方农民的具体要求都是纯地方性的，但赋予统一的形式，形成为答应全农民要求的办法。《十二条》的编者引证了圣书。《十二条》印成了文字，不仅在德国的西南部得到广泛的传播，例如在 1525 年的普鲁士的农民起义中也明确地表达了十二条。

萨尔茨堡农民和矿工的《十四条纲要》和《十二条》相似，并和《十二条》在同时期出现。稍后形成的亚尔萨斯农民的《十二条纲要》具有激进的色彩（取消所有十一税，具有撤换和选举官吏的权利，取消高利贷）。

德国市民阶级的纲领文本——《盖利勃隆纲领》——留存于洛 336
连茨·弗里斯的年代记里。它的主要作者是参加农民战争的骑士基普列尔。这个把农民利益向帝国市民集中的任务相靠的纲领是 1525 年 5 月在盖利勃隆编制的，当时农民队伍的代表正在那里，讨论要以全体起义农民的名义向皇帝呈送的建议。

便于搞清起义者纲领和策略的其他史料是农民在战争过程中同封建主及奥地利政府签订的条约（例如，勃莱斯高农民 1525 年 9 月 18 日的奥芬堡条约，黑森林农民 11 月 13 日的条约等），以一些农民队伍的名义发出的号召信，致全体居民书，部队首长的命令等。遗憾的是它们为数不多。历史性质的民歌也很有价值。

16—17 世纪中叶农民战争及德国的其他起义的文件材料主要是城市和公爵的来往书信，被告人（如闵采尔）的供词，诉讼记录，起义者和政府的谈判文件。反映农民战争失败后农民境况恶化的很多珍贵资料留存于司法典籍（命令，地方法典）中。

农民战争史的叙述性史料相当有价值。很多事实材料存在于城市年代记中，这种年代记在德国政治分裂的条件下还保存了很长一段时间。特别珍贵的是和农民起义有关系的城市或经受过城市起义的那些城市的年代记（缪利高津年代记，弗兰克富尔特曼年代记、斯特拉斯堡年代记等）。讽刺作家——诗人和巴泽尔出版商潘菲利·根根巴赫（约死于 1525 年）的大事记记述了十分有价值的关于 1513 年《农民鞋》的密谋故事和密谋者的纲领。曾提到过的维尤茨布尔格的大主教的秘书和编年史家洛连茨·弗里斯（1491—1550 年）写的年代记名为《东弗兰科尼亚农民战争史》（*Die Geschichte des Bauernkrieges in Ostiranken*），这是同时代人和见证人对事件所作的详细记述。作者作为德国一位宗教领袖的秘书能够接触到各种各样的文件：书信、报告、犯人的口供及纲领等等。他在自己的大事记中或则直接引用（如盖利勃隆纲领），或则详细记述。

16 世纪前半叶德国最优秀的历史著作无疑是塞巴斯梯安·弗兰克（1499—1542 年）的作品，它在德国人文主义史学史和社会思想发展史的地位上都很重要。弗兰克的社会政治观点富有民主色彩。他用德语写作，并把自己的著作定位在广大群众上，力图把自己的读者培养为热爱自由的爱国主义者，同时他的世界观中又表现了那时市民阶级不成熟的状况。

作为史料（总体上）颇具重要意义的是出版于1531年并几次 337
再版的弗兰克的《大事记、编年史和历史圣经》（*Chronik*，*Zeitbuch und Geschichtsbibel*）（但只是16世纪前半叶，即在贵族反动势力取得最后胜利之前）。准确地说，有极重要意义的是作者记述的1525年事件和血腥镇压战败的农民的那部分。弗兰克在1534年出版的另一部著作《世界之书》（*Weltbuch*）中鲜明地描绘了德国社会制度的图景。富有特征的是作者在记述宗教界、贵族和市民阶级（被称为第二阶层）状况和生活方式后，还讲了"第四阶层"：农民、矿工、牧羊人等，关于他们热爱劳动，受到劳役捐税的压迫等情况。

阿文京（1477—1534年）的《巴伐利亚大事记》作为德国农民战争时代的史料很有价值，他在著作中表现出强烈的反教会和追求民主的精神，揭露王公们对农民的暴行和迫害。

16—17世纪中叶德国政治史在内容广泛的文件材料中反映得最完整最全面：查理五世和其他皇帝的书信、帝国（奥地利）各机关的记录、外交报告。30年代战争史有极为丰富的文件史料，不仅有德国的，还有捷克的、法国的、瑞典的、英国的、意大利的和西班牙等国的。特别值得一提的是1648年10月24日签订的威斯特伐利亚和平条约。条约文本分两部分：皇帝和瑞典在奥斯纳布律克签订的条约及皇帝同法国在缪斯捷尔签订的条约。

政论作品作为史料是很珍贵的，特别是乌利里赫·方-古坚的反教皇的抨击文章，以及德国人文主义的所有作品。

捷　克

16—17 世纪中叶，捷克农业制度史的史料由于发展过程具有共同的相似性，在很多方面都和德国类似史料很相像。这是村社章程，后来它变为庄主命令，地主对自己管家和仆人的指令，乌尔巴里亚，立法机构的决议，农民的申诉书和对其复文的汇集。此外，应提到在 30 年战争之初没收捷克起义者领地时编制的清册，以及 1603 年和 1615 年的国家纳税者名单。勃尔特文写的关于经营的文章《管家》(*Hospodar*)出版于 1587 年，文章总结了管理贵族大地产的经验。文中不仅谈及养鱼、酿酒、对佣人和农民的监视，还谈到矿场，冶金和金属加工企业，木材出售和木材流放等。这些史料记下了贵族大地产的经济状况。

16 世纪捷克城市史的文件材料按其性质和 15 世纪的相比变化甚少。从(奥地利)帝国中央机关的文件和议会决议及一些特殊的文书中可以看到加勃斯布尔格对捷克的政策；其中主要的有
338 1609 年的《陛下文书》，按此文书捷克得到完全的信仰自由，而贵族和城市得到了阶层的特权。

1618—1620 年捷克起义史的主要史料是下列文件：执政内阁成员的书信、号召书、决议及内容广泛和有价值的政论文章(主要是为起义辩护的)；这些文章在德国和法国得到广泛的反应。维列姆·斯拉瓦特(1572—1652 年)的回忆录充满对起义的仇恨，但在回忆录中有很多真实的材料。斯拉瓦特是 17 世纪前半叶一位大政治活动家，在白山捷克人失败后任首相和总督。

波　兰

16—17 世纪庄园的发展决定了农业制度史料中占多数的是这样一些文件，如领地目录，对管家的指令及管家的报告，以及王家领地的管理材料：国有财产清册（在一些主要部门定期进行清查的文件），财产清册（王家地产出租时编制的清单），还有私人文据：馈赠文书、租赁条约、土地买卖文据等。

劳役租制和农奴制的发展可根据很多的法律（特别是关于出逃农民的法律）和议会的决议进行仔细的研究。17 世纪中叶初波兰所有地区的农奴法已固定在法律典籍中。戈斯托姆斯基的文章《经济》（*Gospodarstwo*）是一份很有价值的史料，可资研究庄园中建立在残酷剥削农奴上的内部规章。它出版于 1588 年，后来多次再版。

农民阶级斗争史的史料是农民的申诉书、法庭记录、起义农民的号召书（如 1651 年的号召书等）。城市书册和地方自治会书册继续记录下各种文件，因此这种史料有经济、社会和政治史的材料，这些材料不仅有城市的，还有全国的。从 16 世纪中叶起，书册又开始分为城市管理部分和城市审判部分。城市管理部分登记私人文据（遗嘱、委托书、各种动产和不动产的契约）和公共文据（宪法、通令、规章、特权、税率等），城市审判部分登记的是城市法庭判决书、城市委员会的决议和行会规章。

16—17 世纪波兰进步的政论文章有总的社会关系史，特

> 别是农民史的很有价值的材料。在尼古拉·莱(1505—1569年)、安德烈·弗里奇·莫杰夫斯基(1503—1572年)、斯塔尼斯拉夫·奥热霍夫斯基(1513—1583年)、谢巴斯季扬·克列诺维奇(1545—1602年)等人的抨击文章、讽刺文章和文学著作中有残酷压迫农民、市民的无权处境及城市下层所受灾难的鲜明记述,还有什利亚赫特共和国政治制度的景象。这些先进的政论家坚决呼吁缓和农奴制的剥削,提出能根除影响国家进步发展的那些农奴制最难以容忍方面的改革方案。反动政论作品的代表者捍卫大地主政治和天主教教会的政权,其主要代表者是耶稣会教徒彼得·斯卡尔格(1536—1612年)。

波兰政治史文件有内容广泛的政府公文、外交报告、议会日志
339 及意义非凡的政治文件,如1569年的卢布林教会合并和1573年的亨利刑法典(在此条件下选举出亨利·瓦卢阿,后来他成为法国国王亨利三世),此法典的效力一直延续到18世纪中叶。

16世纪众多的波兰史学家继续书写德鲁戈什的著作,在自己的著作中提供丰富的事实材料。在这些著作中应提出麦霍夫的马采(1457—1523年)人道主义类型的年代记,马尔增·别利斯基(约1495—1575年)的波兰第一部世界年代记,马采·斯特雷科夫斯基(1547—16世纪末)的《波兰、立陶宛、日穆特及全罗斯的年代记》。

匈牙利

匈牙利的农业关系史的主要史料是乌尔巴里亚和领地管家的总结报告。

1514年农民战争史的文件史料是国王和将军的书信，国王给贵族和城市的命令和通告，法院侦查材料，国王文书和大赦材料。在血腥镇压农民起义后，1514年议会通过一部71条的法律，完全是反对农民的。这部法律宣告农民完全被农奴化，增加徭役及其他义务，对参加起义的农民惩罚办法。这部法律的残酷程度，致使通过该法律的议会得到一个野蛮议会的称呼。

此时，国王录事公证处的维尔别齐编制的法典《匈牙利王国习惯法的三部法典》(*Tripartitum opus juris consuetudinarii regni Hungariae*)正提交审批。这部法律没有得到官方的批准，但作为一部法典像德国的守法镜和法国的习惯法汇编一样很快得以推广。这部著作系统地阐述了匈牙利现行的习惯法和抄袭了一些罗马法和宗规法的国王法律。维尔别齐法典，像各种法典一样是一部很重要的历史史料，它总结了16世纪初匈牙利社会和政治的发展。此法典肯定了唯一的全权阶层(贵族和牧师)的特权和严格的阶层划分。富裕市民保留下某些权利；农民则完全隶属于贵族。

叙述性史料当推达尔马特人文主义的图别罗(1459—？年)写于1520年代的著作《当代史评述》最后部分。著作中有1514年农民战争史的珍贵资料。用演说风格撰写的伊什特凡·陶林的《斯塔乌罗马尼亚》作为史料，其价值不高，因其中有许多不实之词等。

斯堪的纳维亚国家

丹麦和瑞典的农业制度史料和中欧各国的典型史料有很多相似之处(特别是丹麦)。至于瑞典,尽管其农奴制发展不大,并保留下小农所有制,但贵族大地产的存在决定了相应文件的出现。因
340 此主要史料是地产管家的报告,地主来往的信件,农业论文。此外还应提的是私人的土地买卖契约,租赁条约等,还有法律文据,法院和政府机关的记录,土地清册。这些材料记述土地所有权的分配,贵族经济的性质和平分制的租赁性质。C.罗先哈湿写于1660年代的瑞典论文《经济》(*Oeconomia*)特别有价值。作者向地主们建议除了粮食生产、养马业和养羊业外,还应关注从事一些利润高的行业,如制铁、开矿、伐木等,以提高自己庄园的商品率。从论文中可以看出在瑞典有些地产采用雇佣劳动,实行平分制租赁。

丹麦和瑞典16—17世纪的政治史和宗教改革史在大量丰富的史料中描绘得异常详尽。从17世纪起,由于这些国家卷入全欧的大政治,有关这些国家的资料在几乎所有欧洲国家的外交文件中都有所保留。

在历史著作中应特别提到奥莱·马格努斯(1490—1557年)的巨著,他是乌普萨拉的大主教,在瑞典宗教改革运动胜利后于1526年离开瑞典。他写的《北方人民史》(*Historia de gentibus septentrionalibus*)于1554年在罗马出版,并几乎立即被翻译为多国语言(全部或改编),此书首次向欧洲各国介绍斯堪的纳维亚各族人民的文化和历史。作者把很大精力放在自然条件和经济的描

写上(如整个第13卷都用来写农业状况)。他强烈谴责古斯塔夫·瓦扎的政治和宗教改革。

教　会

16—17世纪天主教反动势力史的主要史料是教皇训谕和信件、教皇的总督和使节的报告、欧洲君主给罗马的书信,以及耶稣会章程及其奠基者和成员的传记。特里真特大教堂史的文件材料非常丰富:记录、参加人员的日志、外交报告。在和它有关的众多的文章中主要有罗马教廷的敌人帕奥洛·萨尔皮(1552—1623年)的《特里真特大教堂史》(*Istoria del concilio Tridentino*)。为罗马教廷辩护的为数众多的论文和抨击文章大多为耶稣会人所写,它们反对宗教改革运动或反对民族教会权益的捍卫者(如法国的加利坎教会)。这些文章均具有明显反动的性质。

巴尔干国家(希腊、保加利亚、塞尔维亚、赫尔瓦地亚)的史料具有特别的性质。

土耳其人征服斯拉夫国家和1453年君士坦丁堡的陷落并不意味着保加利亚、塞尔维亚、希腊及其他巴尔干民族的灭亡。他们的历史在土耳其的统治下延续不断,但是征服者残酷的压制沉重地影响到这些国家的历史命运,阻碍了自然的发展进程。这也反映在史料上。土耳其人迫害斯拉夫人和希腊人的民族文化,并千方百计地使其土耳其化。这些企图遭到失败;甚至在最困难的时期巴尔干人民还是保存下自己的语言和文化。但是有许多无论是旧的、还是15—17世纪的文字典籍惨遭毁灭。

希　腊

341 社会经济史的材料极为贫乏。材料几乎全是寺庙土地文据，主要是因为雅典的一些寺庙档案保存得比其他部门要好。

叙述性史料主要是“庸俗化”的年代记，即不是用文学语言，而是用新希腊口语写就。其中许多至今也没有问世。这些年代记的成分及相互联系很少有人研究，但它无疑和拜占庭的世界年代记有密切的关系；它们也像拜占庭年代记一样从创世开始，材料按拜占庭帝国统治及后期土耳其苏丹统治来安排。这些年代记所述的历史资料匮乏，只牵涉到政治史和教会史。在这些年代记中有一部是希腊人最喜爱的历史书，从17世纪前半叶起到19世纪(包括在内)止。这部年代记称为《从创世到君士坦丁堡陷落历史详解》，都主教莫涅瓦西斯基·伊叶罗菲(16世纪末—17世纪初)根据各种真实资料编成，第一版作者的名字被误印为“多罗菲”；这一错误在以后各版重复发生，并也发生在年代记的各抄本中；只到19世纪后半叶才发现了错误。因此在文学中这部年代记称为《伪多罗菲年代记》。年代记的最后几章写的是16世纪末的事件，写得相当详细，并是这一时期希腊教会史的重要而相当可靠的史料，因为都主教伊叶罗菲不仅是目击者，又是很多事件的参加者。他于16世纪80年代陪同君士坦丁堡的都主教耶利米二世访问莫斯科，成立都主教管辖的罗斯教会，对于这些事件史来说，伊叶罗菲的年代史是最重要的史料之一。都主教达马斯金·斯图季特(约死于

1580 年)的君士坦丁堡大牧首史由德国学者马尔京·克鲁齐于 1584 年在巴泽尔几乎全部出齐(从 1454 年到 1578 年),克鲁齐是西欧从事研究土耳其人统治下希腊人民史的第一位学者。克鲁奇的这部著作称为《土耳其希腊》(*Turcograecia*),其内容除了大牧首史外,还有其他文件,其中收集了有关 16 世纪后半叶希腊人民、希腊教会和希腊语言历史的很多资料。但是达马斯金的著作在克鲁齐这一版本中被说成是来自纳夫普林的马努伊尔·马拉克思所写。马拉克思是世界编年史的作者,写到 1573 年。

最后,教会史的文件,首先是君士坦丁堡都主教史的文件:希腊宗教界对宗教论争和宗教组织的各种问题的书信、教堂在 15—17 世纪期间的文据、向邻国(如向俄国沙皇)的求助信等,可以看作是 15 世纪中叶—17 世纪希腊人民史的史料。

保加利亚

土耳其的压迫不仅阻碍了保加利亚人民文化的进一步发展,而且造成了保加利亚珍贵的文字典籍的毁灭。保存在保加利亚修道院和教堂的手抄本被毁灭,这已是人所共知的事实。这些手稿 342
有的是毁于土耳其人,有的毁于看不起保加利亚人民的无知的希腊僧侣。因此保加利亚在土耳其统治时期的史料数量很少。留存的只有不多的教会手抄本,一般都是在阿方写的,在阿方很早(从 11 世纪)就有一个保加利亚的佐格拉夫修道院,那曾是这一困难时期保加利亚文化的中心。

保加利亚的传记文学在土耳其的压制下具有独特的性质。传记鲜明地反映出人民的爱国主义和对征服者的仇恨。这些传记的主人公是保加利亚为信仰而斗争的殉难者,他们拒绝了土耳其人皈依伊斯兰教的要求。这些传记在人民中最负盛名的是 16 世纪保加利亚作家马特维·格马季克写的《圣索菲亚的尼古拉传》。作者提供了索菲亚城的情况,保加利亚人对土耳其人的态度,以及土耳其人力图使被征服的保加利亚人土耳其化等许多珍贵的资料。

保加利亚人的艰难处境也可从土耳其史料中看出:(土耳其语写的)有关土地交易的私人文据、诉讼记录、土耳其法律(通用土地法,《卡农-那迈税法》以及地方法律汇编),以及多次编制的地籍簿和土地清册。

塞尔维亚和杜勃罗夫尼克

16—17 世纪塞尔维亚史的史料要比同时期的保加利亚史料多一些。保存下塞尔维亚专制君主给阿方山上希兰达尔修道院的一些皇帝褒奖书(主要土地馈赠文书)。

塞尔维亚史的叙述性史料是杜勃罗夫尼克年代记,因为书中不仅记载杜勃罗夫尼克本身的历史,还有巴尔干其他斯拉夫国家(塞尔维亚、霍尔瓦季亚、达尔马提亚和保加利亚部分的)历史。这些年代记部分用塞尔维亚-霍尔瓦季亚语书写的,部分用意大利语和拉丁语书写的。遗憾的是它们没有全部流传至今,有些流传下来的只是片段。

最著名的一部历史著作是尼古拉·拉尼英(1536—1607 年)编写的,它保存在 18 世纪历史学家谢拉菲姆·切尔维的作品摘要中。拉尼英的《杜勃罗夫尼克史册》从杜勃罗夫尼克建国(526 年)一直写到 1545 年;书中除了神话传说故事外,还从杜勃罗夫尼克档案中收集了珍贵的材料;例如报道了杜勃罗夫尼克共和国的财政收入。

> 佛罗伦萨人谢拉菲姆·拉齐(16 世纪中叶—1595 年后)在 1590 年写完了自己的《拉古扎史》(*La Storia di Raugia*),全书收集了杜勃罗夫尼克建国到 1588 年的事件;这部著作的最后部分记述杜勃罗夫尼克及其各州的情况,其居民的生活习俗,还有财政状况。在全书的序言中还有达尔马提亚的情况介绍。拉齐的著作参考了拉尼英的编年史,同时也有他本人所见和同时代人的叙述。《杜勃罗夫尼克教会史》也是拉齐所写,其最后部分尤为重要,记述的是 1544—1588 年的事件。

奥乐比尼奇(死于 1614 年以后)的关于斯拉夫史的历史著作特别重要,它出版于 1601 年。这部著作是编写各斯拉夫民族史所作的第一次尝试;同时,作者认为斯拉夫人还应包括汪达尔人、哥特人、格特人、格匹德人等。奥尔比尼奇根据拜占庭、德国和威尼 343 斯的史料以及罗斯编年史收集了极为丰富的材料,但对材料不加任何批判,年代顺序混乱,常有前后矛盾的现象。杜勃罗夫尼克本身的材料不多,且断断续续。著作附有南斯拉夫王公家族的沿革史。还应提到亚科夫·鲁卡里奇(1551—1615 年)的历史著作,他是 1613 年杜勃罗夫尼克共和国的一位大学校长,编写杜布罗夫尼克史到 1598 年。鲁卡里奇关于 1581—1598 年事件的材料尤为珍贵，因为他是同时代人，又是目击者。尽管鲁卡里奇的著作缺乏批判和使用史料缺乏系统性，但有很多其他史料所没有的资料，如关于杜勃罗夫尼克和东方及西班牙的关系，经济史的一些材料（关于涅列特文的煮盐场）及共和国的内外关系史。

（李琳译　胡敦伟校）

索　引*

（索引中的页码均为原书页码，即本书边码）

Аббон, монах　阿邦，修士　87

Абеляр　阿伯拉尔　141

Августин, епископ Гиппонский　奥古斯丁，希波主教　26—27

Авентин, Иоганн　阿文京，约翰　337

Авит, епископ Вьеннский　阿维特，维因纳主教　68

Агафий мирирнейский　米林涅的阿加提亚　32

Агобард, архиепископ Лионский　阿戈巴尔德，里昂大主教　87

Адалард　阿达拉尔德　73

Адам бременский　不来梅的亚当　198

Адемар Шабанский　沙班的阿德玛尔　140

Адревальд, монах　阿德列瓦尔德，修士　87

Айяла, Педро Лопес де　艾亚拉，佩德罗·洛佩斯·德　237

Акоминат, Михаил　阿科米纳特，米哈伊尔　267,279

Акоминат, Никита　阿科米纳特，尼基塔　273

Акты церковных соборов　教会会议法规　22,51,68,101,304

Аламанни Луиджи　阿拉马尼亚·卢伊吉　328

Алкуин　阿尔昆　83—84

Альба, герцог　阿尔巴，公爵　328

Альберт, аахенский каноник　阿尔伯特，亚琛的牧师　118

Альберт Великий　大阿尔伯特　183

Альбрехт Бегаймский　贝海姆的阿

* 本索引由东北师范大学唐艳凤翻译整理。——编者

尔布瑞喜特 202
Альдхельм, епископ Шерборнский 阿尔德赫尔姆,塞尔博恩主教 92
Альи Пьер д′, епископ 阿利亚·皮埃尔·德,主教 304
Альфонс Ⅹ Мудрый, испанский король 智者阿方索十世,西班牙国王 234,237
Амбруаз, жонглер 安布鲁瓦兹,行吟诗人 120
Аме, монах 阿麦,修士 223
Аммиан Марцеллин 阿密安纳斯·玛尔策林纳斯 22—23
Амори Оже из Безье 别齐叶的阿莫里·奥热 306
Ангиера, Петр Мартир 安基叶拉,彼德·马尔季尔 332
“Англосаксонская хроника” 《盎格鲁-撒克逊编年史》 93—95
Андрей, архиепископ Лундский 安德烈,伦德大主教 296
Андрей из Бергамо 帕加摩的安德烈 87
Андрей из Дубы 杜巴的地主安德烈 246
Андрей Регенсбургский 列根斯堡的安德烈 205
Анна Комнина 安娜·科穆宁 272— 273
Анналы 年代记 41—42,79—80, 85—87, 93, 97—98, 135—137, 170—171, 174, 190—191, 195, 217—218, 236, 248, 258, 292—293,296
Аноним Валезий 瓦列茨的拉文纳 53
Арсберт, клирик 安斯伯尔特,教士 119
Ансегиз, аббат 安塞吉兹,修道院院长 76
“Антиохийские ассизы” 《安提俄克法典》 123
Аньелл, епископ равеннский 安耶尔,拉文那主教 87
Апокрифы 伪经 282
“Армагская книга” 《阿尔玛格书》 98
Арнольд Любекский 吕贝克的阿诺德 119,242
Арнульф, священник 阿尔努尔夫,教士 218
Ассер, епископ Шерборнский 阿塞尔,塞尔博恩主教 90,95
“Ассизы Романии” 《罗马人地方的

法律汇编》 125
“Астроном” “天象家” 83

“Баварский Географ” 《巴伐利亚地理学家》 105
Базен Тома，епископ 巴真·汤姆，主教 152—153
Бальдуччи Пеголотти，Франческо 巴尔都奇·佩葛洛蒂，弗兰切斯科 213
Бальзее，Гинрик 巴尔，亨利 204
Барлезий，Мартин 巴尔列齐，马丁 277
“Барселонские обычаи” 《巴尔谢隆习俗》 233
Бартоломео Луккский 巴尔托洛麦奥·卢克斯基 307
Бартошек из Драгониц 德拉戈尼茨的巴尔托舍克 253
“Бдинский сборник” 《勃金集》 282
Беда Почтенный 可敬者比德 92—93
Бельский，Марцин 别利斯基，马尔增 339
Бембо，кардинал 别姆鲍，红衣主教 329
Бенедикт Левит 本笃·列维特 76
Бельо 贝尼奥 122
Берналь Диас 别尔纳利·季阿斯 332
Бернальдес，Андрес 别尔纳利杰斯，安德烈斯 239
Бернар Ги 别尔纳尔·吉 307
Бернар Клервосский 别尔纳尔·克列尔沃斯 141，307
Бернио，Гвернерио 贝尔尼，圭尔涅略 223
Бернольд，епископ Констанцский 伯诺尔德，康斯坦茨主教 197
Боден，Жан 博登，让 324
Бодри из Бургейля 布尔格里的博德里 117
“Больдонская книга” 《博敦录》 160
“Большие французские хроники” 《大法兰西编年史》 136，142—143，146—147，155，174
Бомануар，Филипп де 博玛努瓦尔，菲利普·德 132—133
Брактон，Генри 布拉克顿，亨利 169—170
Бранкович，Максим，епископ 勃兰科维奇，马克辛，主教 285

Браччиолини, Поджио　勃拉乔利尼,波德若　252
"Бревиарий Алариха"《阿拉里克法令简编》 45—46
Бри, Жан де　布里,让·德　128
Бригитта, св.　圣徒勃里吉塔　298
Брокар, доминиканец　多米尼克派僧人勃罗卡尔　286
Бртвин, Ян　勃尔特文,扬　337
Бруни, Леонардо　布鲁尼,里奥纳多　222
Бруно, клирик　布鲁诺,牧师　195
Броно, монах　勃鲁诺,修士　247
Бурхард, Иоганн　布尔哈尔德,约翰　307

Валафрид Страбон, аббат　瓦拉弗里德·斯特拉本,修道院院长　73
Вальрам, епископ Наумбургский　瓦尔拉姆,诺姆堡主教　197
Вандальберт, монах　旺达尔贝尔,修士　73
Вас см. Уас　Вас参见Уас
"Василики"《瓦西里法》 101
"Великая хартия вольностей"《自由大宪章》 167—168
"Великий декрет"《大法令》 292
Веллути, Донато　维卢蒂,多纳托　222
Вендовер, Роджер　文多维尔,罗杰尔　174
Венет, Жан де　维涅特,让·德　148
Вентури, Гульельмо　温图里,古尔耶尔莫　223
Вербеци, Стефан　维尔别齐,斯提芬　339
Вибальд, аббат Корвейский　维巴尔德,科尔维修道院院长　119,202
Веглиус　维格利乌斯　328
Видукинд, монах　维都钦德,修士　191—192
Виклеф　威克里夫　177
Виктор, епископ Витенский　维克托尔,维腾主教　51—52
Виктор, епископ Туннунский　维克托尔,顿努温主教　28,52
Виллани, Джованни　维拉尼,乔万尼　221
Виллани, Маттео　维拉尼,马蒂奥　221
Виллани, Филиппо　维拉尼,菲里波　221
Вильардуэн, Жоффруа　威拉都盎,

若弗鲁阿　124
Вильгельм Апулийский　阿普里亚的威廉　224
Вильгельм Оранский　奥伦治的威廉　317,328
Вильям Мальмсберийский　马尔姆斯伯雷的威廉　171
Вильям Ньюбургский　纽堡的威廉　172
Вильяр де Гоннекур　维里亚尔・德・贡涅库尔　130
Винеа, Петр де　维涅亚,彼得・德　202,216
Винцентий из Бове　博维的文桑蒂　145
Винцентий Пражский　文增季・普拉日斯基　249
Вислицкий статут　维斯利查法　257
Вольтерс, Генрих　伏勒泰尔斯,亨利　204

Гай, римский юрист　盖乌斯　22,45
Галл Аноним　加尔・阿诺尼姆　258
Галло, Агостино　加洛,阿戈斯季诺　328
Гальберт Брюггский　布鲁日的戛尔伯尔特　139
Гартвиг, епископ　加尔特维格,主教　293
Гаттаро, Андреа　加塔罗,安德烈　222
Гаттаро, Галеаццо　加塔罗,加列阿措　222
Гауэр, Джон　高厄尔,约翰　177
Гвиччардини, Лодовико　格维恰尔季尼,洛多维科　327
Гвиччардини, Франческо　格维恰尔季尼,弗兰切斯科　329
Гебхард, епископ Зальцбургский　格布哈尔德,萨尔茨堡主教　197
Гельмольд　格利莫利德　242
Гемелинг, Иоганн　格米林,约翰　204
Генгенбах, Памфилий　根根巴赫,潘菲利　336
Генесий　格涅西　270
Генрих Ⅷ, английский король　亨利八世,英国国王　317
Генрих Ⅲ, французский король　亨利三世,法国国王　356
Генрих Ⅳ, французский король　亨利四世,法国国王　317

Генрих Антверпенский 安特卫普的亨利 198
Генрих Гентингдонский 亨利·亨廷顿 171—172
“Геопоника” 《农业百科全书》 265
Георгий Акрополит 格奥尔基·阿克罗波利特 274
Георгий Монах или Амартол 修士格奥尔基或格奥尔基·阿玛尔托尔 102
Георгий Писида 格奥尔基·匹西达 32,101
Георгий Синкелл 格奥尔基·辛切路斯 101
Герберт, архиепископ Реймский 埃伯特,雷姆斯大主教 136
Герборд 格尔鲍尔德 242
Гервазий Кентерберийский 坎特伯雷的格尔瓦兹 172
Гервазий, пражский кононик 格尔瓦齐,布拉格的大教堂神甫 249
Герлах, аббат 格尔拉赫,修道院院长 249
Герман Паралитик 跛者赫尔曼 195
Гермогениан, римский юрист 赫摩根里鲁斯,罗马法学家 22
Герольд, издатель “Салической правды” 赫洛尔德,《萨利克法典》刊印者 60
Геррада Ландсбергская 兰兹伯尔格的格拉达 183
Ги де Базош 吉·德·巴卓什 120
Гиберт, аббат Ножанский 吉贝尔,诺戎的修道院院长 117—118,139
Гильдас, монах 吉尔达斯,修士 91
Гильом, архиепископ Тирский 吉约姆,梯尔的牧首 120—121,143
Гильом Бретонский 不列塔尼的吉约姆 142
Гильом Жюмьежский 茹默日的吉约姆 137
Гильом из Нанжи 南日的吉约姆 143—144
Гильом из Пуатье 普瓦提埃的吉约姆 137
Гильом Тудельский 图德尔的吉约姆 145
Гинкмар, архиепископ Реймский 辛克玛尔,雷姆斯大主教 88
Гиральд Камбрийский 威尔士的吉拉尔德 173
Глабер, Рауль, монах 格拉伯尔,尧

尔,修士　140—141

Гланвиль, Ранульф　格兰威尔,拉努尔夫　169

Говден, Роджер　高福登,罗杰尔　172

Гомара, Лопес де　戈马拉,洛佩斯·德　333

Гоппер　戈佩尔　328

Горн, Эндрью　戈尔恩,恩德里　170

Городские хартии　城市宪章　111, 129, 164, 189—190, 210—211, 244—245, 256—257, 288, 291, 296,298

Гостомский　戈斯托姆斯基　338

Готье, концлер　高特,宰相　120

Гохберг, B.　戈赫别尔格, B.　334

Гранвелла, кардинал　格兰维拉,红衣主教　317,328

Гранклод　格兰克洛德　122

Грациан, монах　格拉齐安,修士　305

Грегори, Уильям　格里高利,威廉　178

Григора, Никифор　格里戈拉,尼基福尔　274—275

Григорий, епископ Турский　格雷戈里,图尔的主教　23,63—65,67

Григорий Катинский　卡丁的格里高利　218

Григорий Пакуриан　格里戈里·帕库里安　278

Грифонибус, Маттео де　戈利富尼布斯,马蒂奥·德　222

Гротсвита　荷罗茨维塔　192—193

Гроций, Гуго　格罗齐,古戈　328

Гумпольд, епископ Мантуанский　古姆波利,曼图安的主教　247

Гунтер, монах　衮特尔,修士　125

Гус, Ян　胡斯,杨　251

Гуттен, Ульрих фон　古坚,乌利里赫·方　337

Гюг, монах　雨格,修士　197

Далимил　达利米尔　249

Дандоло, Андрей, дож　丹多洛,安德烈,执政　220

Даниил Ⅱ, архиепископ　但以理二世,大主教　285

Данте Алигьери　但丁·阿利吉耶里　225

Делони, Томас　杰隆,托马斯　321

Дескло, Бернат　杰斯克洛,别尔纳特　238

Десколь, Бернат　杰斯科利,别尔纳

特 239
Де Ту 德·图 325
Деусдедит, кардинал 杰乌斯杰季特,红衣主教 305
Деяния епископов и аббатов 主教和修道院院长事迹 83,135,175,191,194,198,306
Джофруа Монмаусский 孟茂斯乔的弗鲁阿 173
Дионисий Малый 季奥尼西 305
Дисето, Ральф 狄塞托,拉尔夫 172
Длугош, Ян 德卢戈什,扬 255,260—261
"Дневник парижского буржуа" 《巴黎富绅日记》 150
Доментиан, монах 多密喜安,修士 285
Дориа, Джакопо 多利亚,贾柯波 219
Дудон Сен-Кантенский 圣坎腾的迪东 137
Дука 杜卡 275
Дуклянский пресвитер 杜克梁神父 287
Дю Берни, Мишель 杜·伯尔尼,米歇尔 151
Евнапий из Сард 萨尔德的攸纳匹乌斯 23
Евсевий Кесарийский 凯撒利亚的尤西比乌斯 24—25
Евстафий Солунский, митрополит 叶弗斯塔菲·索伦斯基,都主教 279
Евтропий 攸特洛匹乌斯 26
Евфимий Тырновский, патриарх 叶弗菲米·蒂尔诺夫斯,大牧首 280
Екатерина Медичи 美第奇家族的喀德琳 317,328
Елизавета Английская 英国的伊丽莎白 317,328

Жанна д'Арк 贞德 152
Жерсон, Жан 热尔松,让 304
Жижка, Ян 日日卡,扬 253
Жития 圣徒传 43,67,83,98,103,247,258,267,280,284—285,301—302,307
Жоффруа из Вижуа 维茹阿的若弗鲁阿 140
Жувенель Дезюрсен 茹维涅尔·德居尔桑 147

Жуэнвиль, Жан　茹安维尔，让　144— 145

“Закон судный людем”　《民众审判法》　106
“Законник Стефана Душана”　《斯提芬·杜尚法典》　284
“Законы Вильгельма”　《威廉法规》　167
“Законы Торо”　《托罗法》　235
“Земледельческий закон”　《农业法》　99,104
Земские доски　地方自治厚装书　245
Земские уложения　地方法典　189, 245—246,256,287,296—302
“Зерцала”　《明镜》　111,170,186—187,234
“Золотая булла”　《黄金诏书》　188,292
Зонара, Иоанн　佐纳拉，约翰　273
Зосима　卓西穆斯　23
Зурара, Гомец　茹拉拉，戈麦茨　240

Ибелин, Жак д′　依伯林，雅克·德　122
Ибелин, Жан д′　依伯林，让·德　122
Ибрагим ибн-Якуб　伊博拉基姆-伊本-亚库勃　241
Ив, епископ Шартрский　依夫，沙特尔主教　197,305
Иван, горицкий архидьякон　伊凡，戈里茨修士大辅祭　287
Игнатий, дьякон　伊格纳季，助祭　285
Идаций, епископ　依达兹，主教　28,48
Идмер, монах　依德梅尔，修士　171
Идриси　伊德里西　256
Иероним, отец церкви　叶洛尼姆，教父　25
Иерофей, митрополит Монемвасийский (псевдо-Дорофей)　伊叶罗菲，莫涅瓦西斯基都主教(伪多罗菲)　341
“Иерусалимские ассизы”　《耶路撒冷法典》　121—123
“Именник болгарских ханов”　《保加利亚汗名册》　106
Инфессура, Стефано　英费索拉，斯提芬　307

Иоанн，епископ Бикларский　约翰，比克拉尔的主教　28,48
Иоанн，аббат Виктрингский　约翰，威克特林修道院院长　205
Иоанн Диакон　执事约翰　220
Иоанн из Лукавец　卢卡维查的约翰　253
Иоанн из Целлы　泽拉的约翰　174
Иоанн Камениата　约翰·卡麦尼阿塔　267
Иоанн Канабарий，аббат　约翰·卡纳巴里　247
Иоанн Мосх　约翰·莫斯赫　103
Иоанн Солсберийский　索尔兹伯里的约翰　172
Иоанн Экзарх　约翰·埃克扎尔　282
Иоанн Эфесский　以弗所的约翰　33
Иордан　约尔丹　55—56
Иордан Оснабрюкский　俄斯那布律克的约尔丹　206
Исидор，епископ Севильский　伊西多尔，塞维尔主教　48—50
Исидор Меркатор　伊西多尔·麦尔卡托尔　305
Итье，Бернар　依提厄，贝尔纳尔　140

Кадлубек，Винцент　卡德卢别克，文增特　259
Каллист，патриарх　卡利斯特，大牧首　280
Кальвин，Жан　加尔文，让　325—346
Кампанелла，Томмазо　康帕内拉，托马索　330
Канале，Мартино　卡纳列，马尼蒂诺　220
Капитулярии　教会法规摘录　52,60,74,76—77
“Капитулярий о поместьях”　《庄园敕令》　72—73
Карл Ⅳ，император　查理四世，皇帝　246
Карл Ⅴ，император　查理五世，皇帝　317,328,335,337
“Карта Пейтингера”　《庇廷格尔地图集》　22
Картулярии　卡尔图拉里　72,78,127,161,255
Каскифеллоне，Кафаро де　卡斯奇费伦涅，卡法罗·德　219
Кассиодор，Аврелий　卡休多鲁斯，奥里略　54—55
Кастильо，Диего дель　卡斯季里奥，

季叶戈·杰利　238
“Каталог баронов”　“贵族名册”　209
Кедрин, Георгий　克德林,格奥尔基　102,272
Кезаи, Симон　盖特,西蒙　293
Кекавмен　克卡弗缅　272
Кемден, Уильям　克姆坚,威廉　322
Кенигсхофен, Яков Твингер　克尼格斯霍芬,雅克·特温格尔　204,206
Киннам, Иоанн　金纳姆,约翰　274
Кленович, Себастьян　克列诺维奇,谢巴斯季扬　338
“Книга прав Генуэзской республики”　《热那亚共和国法令录》　212
“Книга ремесел” Этьена Буало　艾腾纳·布阿洛的《手工业志》　130
“Книга Страшного суда”　《末日审判书》　157—159
“Книга феодов”　《采邑登记册》　164
Книга ценза Дании　丹麦财产调查书　296
“Книга эпарха”　《监管员手册》　266
“Кодекс Феодосия”　《狄奥多西法典》　22
Кодекс Эйриха　《攸利克法典》　45
“Кодекс Юстиниана”　《查士丁尼法典》　29,215
Козьма, пресвитер　科齐马,神父　282
Козьма Пражский　科齐马·普拉日斯基　248—249
Колумб, Христофор　哥伦布,克里斯托弗　331—332
Коммин, Филипп де　科曼,菲利普·德　153—154
Компанья, Дино　康帕尼,狄诺　221
Конрад, священник　康拉德,神父　201
Константин Ⅶ Багрянородный　君士坦丁七世　102,268—269
Константин Философ　君士坦丁·菲洛索弗　285
“Константинов дар”　《君士坦丁的馈赠》　304
“Консульские фасты”　《执政官年鉴》　23
Кордовский Аноним　“科尔多瓦无名氏”　51

Корио, Бернардино 柯里奥,伯纳狄诺 219
Корнер, Герман 科尔涅尔,日耳曼 204,299
Крабице, Бенеш 克拉比采,别涅什 251
Красс, Петр 克拉斯,彼得 197
Крешенца, Пьеро 克列辛查,彼得罗 210
Кристиан, монах 克里斯季安,修士 247
Критовул, Михаил Гермодор 克里托武尔,米哈伊尔·格尔莫多尔 276—277
Крузий, Мартин 克鲁齐,马尔京 341
Кутюмы 习惯法 111,131—133
Кювелье, трувер 屈维烈,行吟诗人 150

Ла Брокьер, Бертрандон де 拉·勃罗基耶尔,别尔特兰顿·德 286
Лаврентий(Вавржинец) из Бржезове 勃尔热沃维的拉夫连季(瓦弗尔任茨) 252
Лаврентий, монах 拉夫连季,修士 247
Ла Гомбердьер, де 拉·戈姆别尔基叶尔,德 324
Ламарш, Оливье де 拉马尔什,奥利维耶·德 155
Ламберт Ардрский 阿尔德尔的兰伯尔特 139
Ламмешпринге, Генрих 兰梅什普林格,亨利 204
Ламперт Герсфельдский 格尔斯菲尔德的兰丕尔特 195—196
Ландульф Младший 小兰杜尔夫 218
Ландульф Старший 老兰杜尔夫 218
Лас Касас, Бартоломе 拉斯·卡萨斯,巴尔托洛麦 332—333
Лебель, Жан 列伯尔,让 149
Лебувье, Жиль 列布维耶,日尔 147
Лев Диакон(или Калойский) 立奥·戴克努斯(或卡洛伊斯基) 271
Лев, кардинал Остийский 列奥,奥斯蒂亚的红衣主教 217
Ленгленд, Уильям 朗格兰,威廉 177
Леонтий, епископ Неапольский

列翁提,那波里城主教 103
Летописи 编年史 281,284—286
“Лжеисидоровы декреталии” 《伪伊西多尔法令集》 305
Лиутпранд, епископ Кремонский 利乌普兰德,克里摩纳主教 193
“Ломбарда” 《伦巴达》 214
Лопеш, Фернан 洛佩什,费尔南 239
Луккарич, Яков 鲁卡里奇,亚科夫 342—343
Луп, аббат Ферьерский 鲁普,菲利耶尔修道院修士 88
Льебо, Ж. 利叶鲍,Ж. 323
Лютер, Мартин 路德,马丁 317,335

Магнус, Олай 马格努斯,奥莱 340
Макиавелли, Никколо 马基雅维利,尼科洛 329
Максим, епископ Сарагосский 马克西姆,萨拉戈萨的主教 48
Малала, Иоанн 马拉拉,约翰 34
Маласпина, Саба 马拉斯皮纳,萨巴 225
Малатерра 马拉蒂拉 224
Малипьеро, Доменико 马里皮埃罗,多米尼科 220
Манассия, Константин 马纳西亚,君士坦丁 273,281
Манегольд Лаутенбахский 劳滕巴赫的马涅歌尔德 197
Мап, Уолтер 马朴,沃尔特 173
Марангон, Бернард 马兰贡,伯尔纳德 222
Маргарита Австрийская 奥地利的马格丽特 328
Маргарита Пармская 帕马的马格丽特 328
Марий, епископ Аваншский 马利,阿万斯主教 28,53
Марковые уставы 马尔克章程 182—183,244,334,337
Марсилий Падуанский 帕多瓦的马西略 206
Мартин из Болькенхейма 鲍利金海姆的马尔金 253
Маскаро из Безье 贝西埃的马斯卡洛 151
Маслен, депутат Турских штатов 1484г. 马斯朗,1484年图尔三级会议代表 156
Матвей Грамматик 马特维·格马

季克　342
Матвей Парижский　巴黎的马特维　174—175
Матезий　马捷齐　335
Мацей из Мехова　麦霍夫的马采　339
Меланхтон, Филипп　梅兰希通,菲利普　335
“Мельфийские конституции”　《墨尔菲法规》　216
Менандр Протиктор　密南德尔·普罗季克托尔　32
Меркадо, Томас де　麦尔卡多,托马萨·德　330
Милеций　米列齐　289
Молинс, Адам, епископ Чичестерский　莫林斯,亚当,齐彻斯特主教　166
Моммзен, Т.　蒙森曾,特　23
Монкретьен, А.　蒙克列季延,A.　323
Монстреле, Ангерран де　蒙斯特列勒,安格兰·德　155
Монтальво, юрист　蒙塔利沃,法学家　235
Мор, Томас　莫尔,托马斯　322
Моргадо, Алонсо　莫尔加多,阿隆索　330
Морени, Отто　莫列尼,奥托　223
Морозини, Антонио　莫罗西尼,安东尼奥　220
Морские уставы　海洋法　101,135,215,232,288
Мунтанер, Рамон　穆塔涅尔,拉蒙　238—239
Муссато, Альбертино　穆萨托,阿尔伯蒂诺　222
Мюгельн, Генрих фон　缪格林,亨利·冯　293
Мюнцер, Томас　闵采尔,托马斯　335—336

Найтон, Генри　奈顿,亨利　176
Неккам, Александр, аббат　尼卡姆,亚历山大,修道院院长　164
Ненний　奈尼乌斯　93
Нери, Донато　涅利,多纳托　222
Никифор, патриарх　尼基佛尔,大牧首　102
Никифор Вриенний　尼基富尔·弗里叶尼　272
Николай из Пельгржимова　佩利格尔日莫夫的尼古拉　253
Николай Кузанский　库赞的尼古拉　207

Николай Ямсильский 亚姆希尔的尼古拉 225
Нитгард 尼特哈尔德 85
Нотариальные минуты 公证人手记 110,127—128,322
Ноткер Заика 诺特克尔·扎依卡 84

Оберто, генуэзский канцлер 奥贝尔托,热那亚公证人 219
Обинье, Агриппа д′ 奥比尼耶,阿格里帕·德 325
"Образцы описей церковных и королевских замель" "教会和王室地产记录范本" 72
"Обращение баваров и хорутан" 《巴伐利亚人与克罗地亚人的归化》 104
"Обязанности разного рода вассалов в поместье" 《各类庄园依附民之义务》 91
Овьедо-и-Вальдес 奥维叶多-伊-瓦利杰斯 333
Ожеховский, Станислав 奥热霍夫斯,斯塔尼斯拉夫 338
Озенбрюгге, Вернард 奥津勃柳格,别尔纳尔德 299
Олимпиодор из Фив 底比斯的奥林比奥多尔 23
"Описание всего мира" 《世界纪行》 22
Описи поместий 地产清册 161—162,182,244,255,264,291,296
Орбинич, Мавро 奥乐比尼奇,342
Ордерик, Виталий 俄尔德里克,维塔利 138
Орем, Николай 奥列姆,尼古拉 156
Оржемон, Пьер д′ 多尔热蒙,皮埃尔·德 146
Орозий, Павел 奥罗修斯,保罗 27
Остророг, Ян 奥斯特罗罗格,杨 262
"Ответы папы Николая Ⅰ" 《教皇尼古拉一世的答复书》 106
Оттон, епископ Фрейзингенский 奥托,弗列辛根的主教 199—200
Оттон Тюрингский, аббат 绍林吉亚的奥托,修道院院长 250

Павел Диакон 助祭保罗 57—58
Памфлеты 小册子 166,197,206—207,322,327,328,337
Паленсия, Алонзо де 帕连西亚,阿

蒙索·德 238

“Папская книга Римской церкви” 《罗马教会的教皇书》 306

Папские буллы 教皇训谕 303

“Партиды” 《详法》 234—235

Паруги 帕鲁季 329

Пастоны(архив купцов) 帕斯顿家族(商人档案) 165

Пасхазий Ратберт，аббат 巴斯哈兹·拉特贝尔特,修道院院长 88

Пахимер，Георгий 帕希麦尔,格奥尔基 274

Пелайо，епископ Овиедский 佩莱奥,奥维埃多的主教 236

Песни，баллады，эпос 歌谣,民歌,史诗 84,96,141—142,176,202,236,253,261,271,282,286

Петр，аббат Клюнийский 彼得,克吕尼修道院院长 141

Петр Дуисбургский 杜依斯堡的彼得 205

Петр Диакон 执事彼得 217

Петр из Бычины 贝钦的彼得 260

Петр из Младеновец 姆拉杰诺夫查的彼得 252

Петр из Циттау，аббат 齐塔奥的彼得,修道院院长 250

Петр Монах 修士彼得 145

Петрарка 彼特拉克 225

Петрковский статут 佩特尔科夫法 257

Пигафетта，Антонио 皮加费塔,安托尼奥 333

Пикколомини，Эней Сильвий 皮科洛米尼,埃涅伊·西利维 206,253,304

Пина，Рюи де 皮那,柳伊·德 240

“Пира” “匹尔” 112

Питеас 匹泰阿斯 15

Питти，Бонакорсо 佩提,博纳考尔索 222

Плиний Старший 老普林尼 15,17

“Податной устав” 《税务条例》 266

Полидор Виргилий 帕利多尔·维尔基利 322

Полиптихи 地产清册 41,70—71,209

Поло，Марко 波罗,马可 226

“Порядок ведения парламента” 《议会管理制度》 178—179

Посмертные расследования 《死后调查》 163—164

Поссидий, епископ　波希底，主教　52

“Постановления св. Мартина”　《圣马丁命令》　216

Правды　法典　38—39, 45—57, 52—53, 56—57, 59—62, 74—76, 89—90,290—291,297

Приказчичьи отчеты　代管人的报告　162—163

Примат, монах　普里玛特，修士　143

Приск Панийский　潘尼亚的普里斯库斯　53

“Продолжатели Фредегара”　《弗列德加尔后继者书》　66—67

“Продолжение хроники Иоанна Бикларского”　《比克拉尔的约翰编年史续编》　51

“Продолжение Феофана”　《蒂奥番续编》　270—271

Прокопий Кесарийский　凯撒利亚的普洛可比　31—32

Проспер Тирон　普罗斯匹尔·蒂洛　28

Пруденций, епископ Труасский　普鲁登齐，特鲁阿主教　86

Псевдо-Маврикий　伪摩里斯　33—34

Псевдо-Фредегар　伪弗列德加尔　65—66,104

Пселл, Михаил　普谢勒，米哈伊尔　271

Птоломей　托勒密　19—20

Пулкава, Прибик　普尔卡瓦，普里比克　250

Пульгар, Эрнандо дель　普利加拉，埃尔南·杰利　239

Пульола, Франческо делла　普里奥拉，弗朗切斯科·德拉　222

Путеводители　旅行指南　116

Пшибрам, Ян　普什勃拉姆，杨　253

Пюилоран, Гильом　皮伊洛伦，吉约姆　145

Рабан Мавр　拉班·摩尔　84

Рабочее законодательство　工人立法　112,169,235

Рагвальдсон, канцлер　拉格瓦利德，大臣　298

Рада, Хименес де　拉达，罗德里戈·德　236—237

Раймунд Агильский　阿吉尔的莱蒙德　118

Раньина, Николай 拉尼英,尼古拉 342

Рахвин 拉赫芬 200

Рацци, Серафим 拉齐,谢拉菲姆 342

Регинон, аббат 列吉农,修道院院长 87

Рей, Николай 莱,尼古拉 338

Риан 李安 124—125

Риваденейра 里瓦杰奈拉 334

Ригор, монах 里葛尔,修士 142

Риго, Эд, архиепископ Руанский 里戈,埃德,卢昂大主教 305

Рикардо из Сан-Джермоно 圣杰马诺的利卡多 224

Римберт, монах 里姆别尔特,修士 295

Рихер, монах 里西尔,修士 136

Ричард каноник 理查牧师 120

Ришар Паломник 朝圣者理查 119

Ришелье, кардинал 黎塞留,红衣主教 317,326

Робер де Клари 罗贝尔·德·克拉里 124

Роберт Монах 罗贝尔,修士 117

Роде, Иоганн 洛德,约翰 204

Ролевинк, Вернер 罗列文克,维尔涅尔 205

Ромуальд, архиепископ Салернский 罗穆阿尔德,萨勒诺的大主教 218,224

Россенхане, С. 罗先哈涅,С. 340

Руа, Жан де 鲁瓦,让·德 153

Руотгер, монах 卢特格尔,修士 194

Рурицнй, епископ Лиможский 鲁利兹,里摩日的主教 47

Рус, Мельхиор 鲁斯,梅勒肖尔 205

Руфин Аквилейский 阿奎利亚的鲁芬奴斯 25

Ручелаи 鲁切拉亚 328

Сабеллико 萨贝里科 221

Савва, сербский архиепископ 萨瓦,塞尔维亚大主教 284

Саксон Грамматик 萨克松·格拉马季克 296—297

Саги 史诗 98,300—302

Саксонский анналист 萨克森年代记史学家 199

Салимбене Пармский 帕尔马的萨里姆贝尼 223

Салутати, Колуччьо 塞琉塔蒂,侣

樵　225

Сальвиан　萨耳维安奴斯　27

Сампиро, епископ Асторгский　萨姆皮罗,阿斯托尔格的主教　236

Санудо, Марино, Младший　萨努多,小马利诺　220

Санудо, Марино, Старший　萨努多,老马里诺　125

Сарпи, Паоло　萨尔皮,帕奥洛　340

Сборники формул　公文程式汇编　40,47,62—63,78—79

Свида　斯维达　105,269—270

"Свод канонического права"　《宗规法法典》　306

Секунд, епископ Тридентский　塞琨德,特里登特主教　57

Сели(архив купцов)　塞里家族(商人档案)　165

Сен-денийский монах　圣德尼的修士　147

"Сенхус Мор"　《申胡斯·莫尔》　97

Серкамби, Джованни　赛尔堪比,乔万尼　222

Серр, Оливье де　谢尔,奥利维耶·德　323

Сигиберт из Жамблу　冉布鲁的西吉伯尔特　139

Сидоний, Аполлинарий　西多尼·阿波利纳里　47

Сикард, епископ кремонский　西卡德,克里摩纳主教　222

Симеон Дерамский　德拉姆的西门　98,170－171

Симеон Магистр и Логофет　西蒙·马基斯特尔和洛戈费特　270

Симеон Метафраст　西蒙·麦塔弗拉斯特　103,270

Симокатта, Феофилакт　西莫卡特,费奥费拉克特　32

Симонетта, Джиованни　西蒙尼塔,乔万尼　219

"Синодик царя Борила"　《追荐亡人名簿》　282

"Сказание о чудесах св. Дмитрия"　《圣德米特里传奇》　33

Скарга, Петр　斯卡尔格,彼得　338

Скилаца, Иоанн　斯基利查,约翰　272

Славата, Вилем　斯拉瓦特,维列姆　338

Слейдан, Иоанн　斯雷丹,约翰　335

Снорри Стурлусон　斯诺里·斯图尔鲁松　301,302

Созомен　索卓敏　26

Сократ Схоластик　学院大师索克拉特　25

Сотенные Свитки　《百户区卷》　160

“Статут медных и серебряных рудников города Массы”　马萨城市的铜矿和银矿条例　212

“Статуты Конрада”　《康拉德章程》　245

Стелла, Георгий　斯蒂拉,乔吉奥　219

Стелла, Джованни　斯蒂拉,乔万尼　219

Стефани, Марчионе　斯蒂凡尼,马尔琼尼　221

Стоноры(архив купцов)　斯托诺尔家族(商人档案)　165

Стоу　斯托乌　322

Страбон　斯特拉波　17

Стрыйковский, Мацей　斯特雷科夫斯基,马采　339

Студит, Дамаскин, митрополит　斯图季特,达马斯金,都主教　341

Стурла Тордсон　斯图尔拉·托尔德松　302

Сугерий, аббат　苏格里,修道院院长　119,128,136—137

Судебные регистры　法庭登记册　134—135,163,169,320

Сульпиций Север　苏勒比秀斯·塞维鲁斯　26

Сюлли, Максимилиан де　絮利　325—326

Тагенон　塔格农　119

Тангмар Гильдесгеймский　吉尔德斯海姆的坦格马尔　194

Таурин, Иштван　陶林,伊什特凡　339

Тацит　塔西佗　18—19

Теган　特甘　82

“Телячья книга бегетрий”　《农民公社的牛皮书》　228

Теодрик, монах из надхольма　捷奥德里克,那德霍利姆僧人　300

Теодульф　提奥杜尔夫伦　84

Тигернах, аббат　梯格尔纳赫,修道院院长　97

“Тимарион”　《季马里昂》　267

Титмар, епископ Мерзебургский　提特马尔,梅尔泽堡主教　193—194

Томас из Стрегнеса, епископ　斯特列格涅斯的托马斯,主教　299

Торгильсон, Ари　托尔吉利松,阿里

301
Торговые книги 商业手册 111,131,185,213,328
Туберон, аббат 图别罗,修道院院长 339
Тудебод 图德博德 117
Туроци, Иоанн 图罗齐,约翰 293
Тэссер Т. 泰谢尔,T. 321

Уас, поэт 瓦斯,诗人 137
Унии 合并证书 262,297
Унрест, Яков 温列斯特,雅各 205
Уолсингем, Томас 沃尔辛安,托马斯 175
Урбарии см. Описи поместий 参见 Описи поместий
“Устав тамплиеров” 《圣殿骑士团章程》 123
Уццано, Бернардо д′Антонио 乌查诺,翁伯尔纳多·德·安东尼奥 214

Фальканд, Гуго 法尔坎德,雨果 224
Фалько Беневентский 贝内文托的法尔科 224
Фауст, епископ Риезский 浮斯特,列兹的主教 47
Феодорит Кирский 基鲁斯的提奥多里特 26
Феодосий, монах 狄奥多西,修士 285
Феофан Исповедник 忏悔者蒂奥番 101—102
Феофил, монах 塞俄菲尔,修士 183
Феофилакт, архиепископ Охридский 费奥菲拉克特,奥赫里德大主教 279
Филипп Ⅱ, испанский король 菲利普二世,西班牙国王 317,328,331
Филипп Новарский 诺瓦尔的菲利普 121—122
Фицгерберт, А. 菲茨格尔别尔特,阿 320
Фиц-Ниль, Ричард, лондонский епископ 费兹-尼尔,理查,伦敦主教 172,179
Фиц-Тедмар, Арнольд, лондонский олдермен 菲兹-泰德马尔,阿诺德,伦敦元老 177
“Флета или комментарий по

английскому праву”《弗里特或英吉利法律诠释》 170
Флодоард Реймский 雷姆斯的弗洛多阿尔德 135
Флоренций, монах 弗洛棱兹,修士 170
Фогельвейде, Вальтер фон дер 弗格尔维德,瓦尔特·封·德尔 202
Фома Сплитский, архидиакон 斯普利特的福马,修士大辅祭 287
Фонтен, Пьер де 来唐,皮耶尔·德 133
Формулярии см. Сборники формул 参见 Сборники формул
Фортескью, канцлер 福特斯居,大法官 180
Фортунат 福尔图纳特 67—68
Фотий, патриарх 福提阿斯,大牧首 103
Франдзи, Георгий 弗兰吉,格奥尔基 275—276
Франк, Себастиан 弗兰克,塞巴斯梯安 336—337
“Франко-бельгийский Меркурий”《法国—比利时水星报》 328
“Французский Меркурий”《法国商业神》 327
Франтишек, пражский каноник 弗兰齐舍克,布拉格大教堂神甫 250
Фрис, Лоренц 弗里斯,洛连茨 336
Фрич-Моджевский, Андрей 弗里奇-莫杰夫斯基,安德烈 338
Фротарий, епископ Тульский 图尔主教弗洛塔里 88
Фруассар 弗鲁瓦沙尔 149
Фульхерий Шартрский 沙特尔的弗尔舍 118
Фуэрос《法规》 111,229—235

Хаген, Готфрид 哈根,葛特弗里德 203
Халкокондил, Лаоник 哈勒科康季尔,拉奥尼克 276
Хенли, Вальтер 亨利,瓦尔特 162
Хигден, монах 西格登,修士 177
“Хождение митрополита Пимена в Царьград”《都主教皮缅帝都游记》 285
Холиншед 霍林舍德 322
Холл 霍尔 322
Хоматиан, Дмитрий 霍马季安,德米特里 280
Храбр, Черноризец 赫拉勃尔,切尔诺里泽茨 280

Христина Пизанская 比萨的赫里斯提娜 150
“Хронограф 354 г.” 《354年年鉴》 24

Цамблак, Григорий 查姆勃拉克，格利高里 285
Цвингли 萨文黎 335
Цезарь 恺撒 16—17
“Церковная таксация папы Николая Ⅳ” 《教皇尼柯莱四世的教会税章》 160—161
Цеховые уставы 行会章程 111, 130,184—185,211,231,245
Цинк, Буркард 秦克，布尔卡尔德 203,204

Чуди, Эгидий 楚迪，埃吉迪 205

Шартье, Жан, монах 沙尔蒂厄，让，修士 147
Шатлен, Жорж 沙特朗，若尔日 155
Шедель, Гартман 谢德利，哈尔特曼 204
Шиллинг, Дибольд, Младший 西林，小迪博尔德 205
Шиллинг, Дибольд, Старший 西林，老迪博尔德 205

Эбендорфер, Томас 埃本多菲尔，托马斯 205
Эд Дейльский 德依尔的俄多 119
Эдды см. Саги 参见 Саги
Эйке, судья из Репгова 埃克，列普戈夫的法官 186
Эймоин, монах 埃莫因，修士 136
Эйнгард 艾因哈德 81—82,88
Эккехард из Ауры 奥尔的埃克哈尔德 118,196
“Эклога законов” 《法律问答》 100
Экстенты см. Описи поместий 参见 Описи поместий
Эльфрик, архиепископ Кентерберийский 艾尔弗利克，坎特伯雷大主教 91
Энодий, епископ Павийский 艾诺第，巴维亚主教 53
Эрмольд Черный 黑夜者埃尔莫尔德 82
Эрнуль 艾尔努勒 121
Эррера, Антонио 埃列拉，安托尼奥 333
Эрхемперт, монте-кассинский монах 艾尔亨佩尔特，蒙特·卡西诺修士 87

Эсту ле Гоз　艾斯特·列·葛滋　128

Этельверд　艾特尔维尔德　95

Этьен, Ш.　埃季延,Ш. 323

Юлиан, епископ Толедский　朱利安,托勒多主教　50

Юстингер, Конрад　尤斯廷格尔,康拉德　205

Яков Витрийский　维特里的雅克　121

Янко из Чарнкова　恰尔恩科夫的扬科　260

图书在版编目(CIP)数据

中世纪史料学/(苏)亚·德·柳勃林斯卡娅著;庞卓恒等译.—北京:商务印书馆,2024
(汉译世界学术名著丛书:120年纪念版:珍藏本:增订本)
ISBN 978-7-100-23723-9

Ⅰ.①中… Ⅱ.①亚…②庞… Ⅲ.①世界史—中世纪史—史料 Ⅳ.①K13

中国国家版本馆CIP数据核字(2024)第077331号

权利保留,侵权必究。

汉译世界学术名著丛书
(120年纪念版·珍藏本·增订本)
中世纪史料学
〔苏〕亚·德·柳勃林斯卡娅 著
庞卓恒 李琳 等译
郭守田 胡敦伟 等校
胡敦伟 总校

商 务 印 书 馆 出 版
(北京王府井大街36号 邮政编码100710)
商 务 印 书 馆 发 行
北京中科印刷有限公司印刷
ISBN 978-7-100-23723-9

2024年5月第1版 开本 710×1000 1/16
2024年5月北京第1次印刷 印张 39¾
定价:288.00元